L'ILLUSION DE LA VIE ET DE LA MORT

Dzogchen Pema Kalsang Rinpoché

Traduction française de Jean-François Buliard

Éditions Mahasandhi

Éditions Mahasandhi
11 Herrick Close
Sileby
Leicester
LE12 7RL

www.dzochen-monastery.org

© 2025 Éditions Mahasandhi

Tous droits réservés. Aucune partie de ce livre ne peut être reproduite par quelque moyen que ce soit sans l'autorisation préalable de l'éditeur.

Conception et mise en page par Mahasandhi Publishing

L'ILLUSION DE LA VIE ET DE LA MORT
Dzogchen Pema Kalsang Rinpoché

Traduit du tibétain en anglais par Christian A Stewart
Traduction française par Jean-François Buliard

ISBN 978-0-9568596-1-7

Table des matières

Brève présentation de Dzogchen Pema Kalsang Rinpoché.....................1
Un | Le premier hier et le dernier demain 9
Deux | Les mystères de la vie 23
Trois | L'impermanence de la vie humaine... 37
Quatre | Le futur destin sacré 53
Cinq | L'entrée sans erreur 67
Six | Le paisible et frais nectar intérieur 81
Sept | Le portail de la félicité éternelle 93
    La foi admirative...98
    La foi incitative 98
    La foi convaincue...98
Huit | Le conjurateur des illusions transitoires...................................... 103
Neuf | Les phénomènes trompeurs et sans essence 113
Dix | La prison des trois types de souffrance...119
Onze | La torche de l'heureuse libération éternelle 129
Douze | Le trésor de joyaux exauçant les souhaits 139
Treize | Comment les choses apparaissent : la coproduction
    conditionnée 145
Quatorze | La terre pure occidentale de la félicité 151
Quinze | Le suprême refuge infaillible et permanent....................... 157
Seize | Le caractère précieux du merveilleux esprit d'éveil 169
    1. L'immensurable équanimité...169
    2. L'immensurable compassion 170
    3. L'immensurable amour 171
    4. L'immensurable joie empathique.. 173
    Engendrer la bodhicitta 174
    1. Méditer sur la bodhicitta plaçant les autres et soi-même à
        égalité... 176
    2. Méditer sur la bodhicitta échangeant soi-même avec autrui . 176
    3. Chérir autrui plus que soi-même... 176
    La bodhicitta en application : cultiver les six transcendances 177
    1. La générosité 177
    2. La discipline intérieure 178
    3. La patience...178
    4. La diligence... 179
    5. La concentration... 179
    6. La sagesse transcendante..180

Dix-sept | La lune immaculée et non-éclipsée 183
    1. La force du support.. 185
    2. La force du regret d'avoir mal agi 186
    3. La force de la résolution 186
    4. La force de l'antidote 187
Dix-huit | Le trésor des mérites immensurables 191
    La méthode de l'offrande de mandala 195
    L'extraordinaire mandala du sambhogakaya 196
    L'excellent mandala du dharmakaya 196
Dix-neuf | L'offrande sacrée du corps 197
    La visualisation..198
    La distribution blanche 199
    La distribution bigarrée 200
Vingt | La voie directe vers l'accomplissement suprême 201
    La branche des prosternations 212
    La branche des offrandes 212
    La branche de la confession 212
    La branche de la réjouissance 213
    La branche de la requête aux bouddhas pour qu'ils tournent la roue du dharma 213
    La branche de la requête aux bouddhas pour qu'ils ne passent pas en nirvana 213
    La branche de la dédicace 213
Vingt et un | L'union de la fusion et du transfert au moment de la mort 217
Vingt-deux | Les signes de la mort dans le miroir du temps 233
    Les signes de mort imminente 238
Vingt-trois | Tromper la mort en prolongeant la vie 241
Vingt-quatre | La grande voie de l'impermanence et de la mort 251
Vingt-cinq | Purger la maladie chronique du dualisme illusoire 263
Vingt-six | Le mécanisme du souffle de la non-pensée 269
Vingt-sept | La paisible concentration inébranlable........................... 275
Vingt-huit | Le pouvoir des canaux, souffles et gouttes 281
Vingt-neuf | L'importance vitale de l'initiation portant à maturité 289
Trente | Épilogue : regard sur le paysage futur du nouveau millénaire
....295
Présentation du monastère de Dzogchen 311
Le collège bouddhiste Shri Singha du monastère de Dzogchen 314
Les centres de retraite du monastère de Dzogchen 315

Avant-propos du traducteur

En 2011, paraissait l'ouvrage « Illusion of Life and Death », écrit par Dzogchen Pema Kalsang Rinpoché, un éminent maître actuel de la tradition nyingmapa, abbé du monastère de Dzogchen au Tibet.

Traduit du tibétain par Christian A Stewart pour le public anglophone, il m'a paru d'emblée d'un intérêt particulier pour plusieurs raisons : il s'agit tout d'abord d'un enseignement détaillé et complet qui pose de solides fondations pour tous les pratiquants de la voie menant au plein éveil dans la tradition du bouddhisme tibétain. D'autre part, si le style et le fond restent traditionnels en expliquant les différentes thématiques des pratiques préliminaires, le livre est néanmoins adapté au public occidental auquel il s'adresse plus spécialement et l'auteur n'hésite pas à partager à différents moments ses propres expériences difficiles pour illustrer ses propos. Son enseignement touche ainsi le cœur du lecteur et produit d'autant mieux ses effets sur l'esprit.

À sa lecture, il m'est paru important que l'ouvrage puisse bénéficier de l'audience la plus large possible. C'est la raison pour laquelle j'ai proposé à Christian A Stewart de le traduire en français à partir de sa version anglaise. Il a alors transmis ma requête à Dzogchen Pema Kalsang Rinpoché et j'ai eu le grand plaisir d'apprendre qu'il l'avait acceptée et était heureux qu'une version française puisse exister.

Je me suis donc mis à l'ouvrage et après avoir revu avec Christian A Stewart quelques points nécessitant d'être clarifiés dans la traduction, « L'Illusion de la vie et de la mort » est maintenant disponible pour le public francophone.

Je m'en réjouis en émettant le vœu que tous les lecteurs puissent en tirer le meilleur profit.

Jean-François Buliard

2025

Brève présentation de
Dzogchen Pema Kalsang Rinpoché

Dzogchen Pema Kalsang Rinpoché est l'un des rares maîtres encore en vie à avoir grandi au Tibet avant les années 1950. Il a eu la chance de recevoir une éducation spirituelle traditionnelle auprès de certains des maîtres les plus éminents du XXe siècle et il est devenu le douzième détenteur du trône du monastère de Dzogchen alors qu'il était encore adolescent. Tout au long de la période sombre des années 1960 et 1970, il est parvenu à maintenir le Dharma et à le pratiquer en secret et, sitôt que les circonstances l'ont permis, il a entièrement reconstruit le monastère de Dzogchen ainsi que le Collège bouddhiste Shri Singha en établissant également le Centre de retraite Pemai Thang, la « Plaine de lotus ». Il consacre aujourd'hui son temps à enseigner le Dzogchen à des dizaines de milliers de disciples du monde entier. À ce jour, plus de trente volumes de ses enseignements ont été publiés en tibétain et un nombre croissant d'entre eux sont également disponibles en traduction.

Pema Kalsang Rinpoché est né durant l'été 1943 à Dzachuka, au Tibet oriental, pays natal de nombreux maîtres exceptionnels, dont le grand bodhisattva Patrul Rinpoché et l'incomparable érudit Mipham Rinpoché. La mère de Lama Rinpoché était la sœur du maître accompli du Dzogchen Adro Söchö et elle présentait de nombreux signes d'une dakini. L'oncle maternel de Rinpoché, le quatrième Mura Rinpoché Pema Norbu, donna à l'enfant le nom de Pema Kalsang.

Lorsque Pema Kalsang atteignit l'âge de cinq ans, Dzogchen Kongtrul Rinpoché, qui avait été très proche du second Pema Bendza, se rendit à Dzachuka et arriva au campement familial. Dès que le jeune Pema Kalsang vit le maître, il alla vers lui très joyeusement, comme s'il s'agissait d'un bon ami. Il reconnut également le couteau attaché à la ceinture de Kongtrul Rinpoché en s'exclamant : « C'est le mien ! ». Ce couteau avait appartenu au deuxième Pema Bendza. Les noms des parents de Rinpoché, son lieu de naissance et d'autres détails correspondaient aux prophéties de Jamyang Khyentse Chökyi Lodrö, du sixième Dzogchen Rinpoché et d'autres maîtres authentiques. Pema Kalsang fut ainsi reconnu comme la troisième incarnation du grand khenpo Pema Bendza.

Le premier Dzogchen Pema Bendza, également connu sous le nom de Padma Vajra ou Pema Dorje, était considéré comme le maître le plus érudit de son temps. Il présida le Collège bouddhiste de Shri Singha en tant que khenpo principal pendant de nombreuses années et, à la fin de sa vie, il vécut et enseigna à Dzogchen Pemai Thang. C'était un maître d'une exceptionnelle réalisation. En particulier, dans ses visions du corps de sagesse de l'omniscient Jigme Lingpa, il eut les signes qui marquent la réalisation de la lignée ultime, recevant ainsi la transmission directe des enseignements du Nyingthig, « l'Essence du Cœur ». Le grand khenpo Pema Bendza eut de nombreux disciples éminents dont Mipham Rinpoché, Jamyang Khyentse Wangpo, le quatrième Shechen Gyaltsab, Do Khyentse, le troisième Dodrupchen, Adzom Drukpa, le cinquième Shechen Rabjam et le révélateur de trésors Lerab Lingpa.

Pema Bendza était, pour sa part, considéré comme l'émanation de Zurchen Chöying Rangdröl, qui fut le maître tantrique, le lama-racine et maître Dzogchen de nul autre que le Grand Cinquième Dalaï Lama. Il s'agissait donc d'une figure très importante et influente du bouddhisme tibétain qui compta parmi ses disciples de nombreux maîtres éminents du dix-septième siècle.

Pendant sa jeunesse, Pema Kalsang Rinpoché vécut et étudia dans la résidence des lamas du monastère Dzogchen avec khenpo Yönten Gonpo – son lama-racine – et en compagnie du sixième Dzogchen Rinpoché. Ensemble, ils se rendirent également au monastère de Dzongsar Jamyang Khyentse Chökyi Lodrö pour recevoir des initiations de l'ancienne et de la nouvelle tradition, des sutras, des tantras et des textes termas. En 1955, accompagné de khenpo Yönten Gonpo et du sixième Dzogchen Rinpoché, Lama Rinpoché se rendit au Tibet central et dans la province du Tsang pour un grand pèlerinage, à l'occasion duquel il rencontra de nombreux grands maîtres, dont le jeune quatorzième Dalaï Lama. Après leur retour, entre quatorze et seize ans, Lama Rinpoché vécut dans le centre de retraite « Longue Vie », au-dessus de la vallée de Dzogchen, avec le grand khenpo Pema Tsewang, qui lui donna des enseignements personnels. Ce fut la dernière occasion pour Lama Rinpoché d'étudier avec ses maîtres.

À l'automne 1958, alors que Lama Rinpoché avait dix-sept ans, Dzogchen Rinpoché l'emmena à Gyalgi Drakkar, célèbre pour être l'une des grottes de retraite de Guru Rinpoché et le site du centre de retraite du grand khenpo Thubten Nyendrak. Les larmes aux yeux, Dzogchen Rinpoché demanda au khenpo de donner à Lama Rinpoché dix-sept initiations de longue vie, chiffre correspondant à son âge. Dzogchen Rinpoché dit au khenpo : « Très bientôt, la tradition bouddhiste sera confrontée à de grands obstacles et à la destruction. À ce moment-là, ne vous préoccupez pas de moi, concentrez votre attention sur ce jeune », en désignant Lama Rinpoché. Quelques jours plus tard seulement, la situation politique se détériora et sombra dans la violence.

L'année suivante, au cours de l'hiver, Lama Rinpoché, Dzogchen Rinpoché et khenpo Gönre furent emprisonnés à Derge pour subir une rééducation politique. À un moment donné, parce qu'il n'était encore qu'un adolescent, Lama Rinpoché eut l'autorisation de retourner au monastère de Dzogchen. Ce fut la dernière fois qu'il vit Dzogchen Rinpoché et son lama-racine khenpo Yönten Gonpo. Lama Rinpoché se souvient d'un bref échange qu'il eut avec Dzogchen Rinpoché plusieurs années auparavant :

Un jour, alors que nous étions assis ensemble, Dzogchen Rinpoché se tourna vers moi et me dit avec insistance : « Je n'ai pas d'autre héritier que toi. Comprends-tu ? » Je ne comprenais pas à l'époque, mais plus tard, j'ai réalisé le caractère prophétique des paroles de Rinpoché ce jour-là.

Les vingt années suivantes furent marquées par de terribles souffrances, avant même les troubles de la Révolution Culturelle. Le monastère Dzogchen et le collège bouddhiste Shri Singha furent totalement rasés et Lama Rinpoché fut envoyé vivre dans le village de Dzogchen. De 1959 à la fin des années 1970, sous une contrainte extrême et sans liberté personnelle, Lama Rinpoché se vit attribuer les travaux manuels les plus lourds ; il fut contraint de déplacer de la terre et des pierres, de construire des routes et des maisons pour les Chinois communistes.

Durant les pires années, non seulement il se vit confier de lourdes tâches pendant la journée mais il dut aussi subir pendant la nuit de terribles séances de rééducation politique. De temps à autre, Lama Rinpoché était arrêté et menacé d'emprisonnement, voire de mort, s'il ne se conformait pas aux directives. Il faisait souvent l'objet d'intimidations, de répressions et de conflits. Pendant les années de la Révolution Culturelle, Lama Rinpoché fut accusé de divers crimes antirévolutionnaires et contraint de vivre dans des conditions pires que n'importe qui d'autre. Ce n'est que bien des années plus tard qu'il se vit confier le travail moins exigeant de tailleur. Comme le dit Lama Rinpoché lui-même :

Plus dévastateur que tout cela fut le total gaspillage de cette période cruciale où mes jeunes facultés mentales étaient les plus aiguisées. Mes progrès dans l'étude des domaines généraux de la connaissance et de la science, en particulier des traditions du bouddhisme tibétain, furent brusquement interrompus par la Révolution Culturelle. Le peu de connaissances que j'ai du Dharma ne va pas au-delà de celles que j'avais à l'âge de seize ans. Si j'avais pu terminer mes études, je pense que j'aurais certainement pu écrire quelques livres supplémentaires sur le Dharma et laisser un héritage positif qui aurait profité à de nombreuses générations futures. Cependant, mes parents et ma famille ont été tués alors que j'étais jeune et mes saints tuteurs, mes amis spirituels et mes maîtres khenpos furent séparés de moi par la force, me laissant en vie mais orphelin de leur sagesse comme de leur amour.

Pendant cette période, Dzogchen Pema Kalsang Rinpoché pria jour et nuit pour la renaissance des précieux enseignements bouddhistes. Il risqua tout pour conserver secrètement le moindre écrit ou la moindre représentation du Bouddha qui entrait en sa possession. Ne perdant pas de temps à se reposer après l'épuisant travail quotidien, il pratiqua inlassablement l'approche et l'accomplissement du yidam, les phases tantriques de création et d'achèvement ainsi que le Dzogchen. C'est de cette manière qu'il intégra les mauvaises conditions à la voie du Dharma pour accroître sa réalisation. Selon les propres mots de Rinpoché :

Malgré toutes les épreuves et les souffrances autant physiques que mentales endurées, j'ai également tiré de nombreux aspects positifs de ces expériences qui sont de véritables maîtres qu'on ne pourrait trouver dans les livres. Il s'agit notamment du véritable renoncement au samsara, de la prise de conscience de l'impermanence et du manque de fiabilité des activités mondaines, de la manière de trouver le bonheur intérieur grâce à un samadhi sans tache et de la non-séparation d'avec le lama qui demeure au centre du cœur.

Au cours des années 1978 et 1979, une liberté limitée de voyager fut autorisée et Lama Rinpoché en profita pour se rendre en pèlerinage dans presque tous les lieux saints importants des régions tibétaines du centre et du Tsang. En voyageant beaucoup à pied, il réussit à récupérer de nombreux textes et statues importants qui avaient échappé à la destruction. Il les sauva et, souvent en les portant sur son dos, les ramena à Dzogchen. Il réussit ainsi à préserver de nombreux objets sacrés qui, autrement, auraient été perdus ou volés.

De retour à Dzogchen, Lama Rinpoché réunit les ressources nécessaires pour reconstruire une petite bâtisse pour moulin à prières sur le terrain du monastère de Dzogchen, dont il ne restait que quelques murs effondrés. C'était à peine admissible à l'époque mais il réussit à achever la construction. Finalement, Lama Rinpoché put retourner sur le site du monastère où il vécut sous une tente. De petites pujas commencèrent à être organisées dans des bâtiments de fortune et les moines eurent enfin l'autorisation de porter à nouveau leurs habits religieux.

En 1981, Lama Rinpoché commença à reconstruire le rez-de-chaussée de la résidence des lamas de Dzogchen. Il s'inspira du bâtiment original et débuta la construction sur le site d'origine, terminant le rez-de-chaussée la même année. Ce fut la première étape cruciale de la renaissance du monastère de Dzogchen.

La même année, Dzogchen Pema Kalsang Rinpoché et Zenkar Rinpoché réussirent à obtenir l'autorisation d'établir le premier collège de langue tibétaine de la province du Sichuan, sur le site original du collège bouddhiste de Shri Singha. Lama Rinpoché se donna beaucoup de mal pour inviter d'éminents maîtres à l'esprit non-sectaire, détenteurs survivants de la lignée de transmission des enseignements du monastère de Dzogchen, afin de donner des cours de langue tibétaine et d'enseigner sur d'autres sujets essentiels. Dzogchen étant historiquement un siège monastique très important, ces éminents lamas et khenpos acceptèrent de jouer le rôle de professeurs dans la nouvelle école de langue tibétaine.

Au début, l'école se résumait à quelques tentes plantées sur le site du collège d'origine. Ce n'est que plus tard qu'il fut possible de construire des salles de classe et des logements. L'école servit d'avant-poste isolé d'apprentissage et de culture pour éduquer une génération de Tibétains qui, autrement, n'auraient pas eu la possibilité de recevoir une éducation, ni même d'étudier leur propre langue. À l'époque, il était interdit de devenir moine ou nonne. L'école servit donc également de refuge aux jeunes hommes et femmes, qui purent se consacrer à l'étude. Plus tard, l'école de langue tibétaine fut déplacée à Dartsedo, où elle continue d'offrir des possibilités d'apprentissage complètes aux jeunes Tibétains, possibilités qui sont encore très difficiles à trouver ailleurs dans la région.

En 1982, à l'âge de trente-neuf ans, Lama Rinpoché entreprit un pèlerinage en Inde, mais en chemin, il fut victime d'un terrible accident de voiture. Gravement blessé, il frôla la mort. Selon les propres mots de Lama Rinpoché :

> *J'avais réussi à survivre à tous les obstacles qui menaçaient ma vie. De tous les lamas et moines qui avaient vécu dans la résidence des lamas de Dzogchen, il ne restait plus que moi. Si j'ai pu continuer à travailler pour le Dharma à une époque de déclin extrême, c'est certainement grâce à la puissance des prières de Dzogchen Rinpoché et aux bénédictions des dix-sept initiations de longue vie de khenpo Thubten Nyendrak.*

Lama Rinpoché fut contraint de passer un an à l'hôpital où il subit de multiples opérations pour resouder des os cassés, dont certains durent être repositionnés à plusieurs reprises. Sans se décourager, Lama Rinpoché reprit des forces et, s'appuyant sur deux cannes, voyagea en Inde et au Népal, œuvrant pour les enseignements et se rendant en pèlerinage sur tous les principaux lieux saints. C'est à cette époque qu'il retrouva Sa Sainteté le quatorzième Dalaï Lama. De l'Inde, il visita l'Europe et les États-Unis, où il donna également des enseignements à de nombreux Occidentaux chanceux.

De retour à Dzogchen, Lama Rinpoché prit la responsabilité d'achever les étages supérieurs de la résidence des lamas ainsi que de reconstruire le grand temple du monastère. Malgré les difficultés physiques, il participa une fois de plus au travail manuel sur le chantier. Lama Rinpoché put également bâtir un stupa reliquaire en or pour abriter les reliques du sixième Dzogchen Rinpoché qu'il avait, au risque de sa vie, gardé cachées pendant vingt-cinq ans. Le stupa est aujourd'hui enchâssé dans la résidence de Dzogchen récemment reconstruite.

Selon une prophétie du grand révélateur de trésors Pema Namdröl Lingpa :

> *Sur le trône suprême de l'intrépide lion*
> *Du Centre du Dharma Shri Singha,*
> *L'émanation de l'esprit de Padma, nommée Pema,*
> *Illuminera comme le soleil*
> *Les excellentes qualités lumineuses*
> *De tous les enseignements du Bouddha*
> *Et les lotus à mille pétales*
> *De nombreux jeunes Pema s'épanouiront.*

Cette prophétie se réalisa lorsque la reconstruction du grand collège bouddhiste de Shri Singha commença en 1988, année chanceuse sous le signe du dragon. Lama Rinpoché utilisa la petite somme d'argent qu'il avait reçue en compensation de son accident de la route pour commencer les travaux. Auparavant, le collège était un établissement hautement spécialisé qui n'accueillait qu'une cinquantaine de tulkus et de moines parmi les plus exceptionnels et les plus prometteurs, ainsi que les khenpos et les lamas les plus éminents. Lama Rinpoché vit l'opportunité de s'agrandir et construisit des bâtiments pouvant accueillir cinq cents moines et un grand temple pouvant contenir un millier de personnes. Là encore, Lama Rinpoché travailla personnellement à la construction, au point que la plante de ses pieds se fendit.

Une fois le bâtiment achevé, il invita un grand nombre des maîtres les plus âgés et les plus érudits de toutes les écoles du bouddhisme tibétain à faire revivre les lignées d'enseignement et le collège bouddhiste de Shri Singha attira ainsi des étudiants de toutes les traditions. C'était une période très fragile pour le Dharma au Tibet mais Lama Rinpoché réussit à éduquer une nouvelle génération de moines, de tulkus et de khenpos dans le Dharma authentique, en les amenant au plus haut niveau possible. Il passa les dix années suivantes à vivre au collège, se concentrant sur l'éducation de la jeune génération afin qu'il y ait des enseignants qualifiés pour répandre le Dharma à l'avenir.

Lama Rinpoché raviva également la tradition de l'ordination au Tibet et fut le premier maître à prononcer les vœux d'ordination au monastère de Samye après la Révolution Culturelle, dans le temple même où les tout premiers Tibétains devinrent moines. Voyageant beaucoup, il fut invité à donner des enseignements et des initiations dans les grands sièges monastiques de Dorje Drak, Mindröling, Palri – le siège de Jigme Lingpa à Tsering Jong–, Samye et Drikung, ainsi que dans plus d'une centaine de monastères secondaires de Dzogchen. Lama Rinpoché mit également en place de vastes programmes d'aide à la communauté et d'éducation par l'intermédiaire de son organisation caritative, la Fondation Kalsang.

En 2003, Lama Rinpoché acheva le centre de retraite Dzogchen Pemai Thang, sur le site de celui de son incarnation précédente, Pema Bendza. C'est de là qu'il partage aujourd'hui les bénédictions de l'une des lignées du Longchen Nyingthig les plus courtes et les plus pures au monde. Seuls cinq détenteurs de la lignée relient l'omniscient Jigme Lingpa à Lama Rinpoché, tous étant de véritables maîtres éminents.

Bien qu'il soit toujours très actif dans l'enseignement, l'écriture et les voyages, Lama Rinpoché passe désormais la plupart de son temps en retraite silencieuse, se levant tôt chaque jour pour des séances de prosternation, d'écriture et de méditation. Malgré les difficultés et les défis considérables auxquels il a été confronté tout au long de sa vie, Lama Rinpoché incarne pleinement les activités du Corps, du Verbe et de l'Esprit des bouddhas. Avec son corps, il a reconstruit le monastère de Dzogchen depuis les fondations ; avec sa parole, il enseigne la vision lumineuse de la Grande Perfection et avec son esprit, il ne cesse de bénéficier à tous les êtres animés en transmettant la réalisation du Dzogchen.

Un
Le Premier Hier et le Dernier Demain

Pour commencer, j'aimerais examiner d'où nous venons, nous tous qui vivons sur cette planète sphérique, comment nous existons et, en fin de compte, ce que nous deviendrons. Mais pour cela, il faut avant tout aborder la question de la nature du temps. Le moment où nous avons commencé à réfléchir à ce sujet est maintenant passé ainsi que quelques autres moments de notre vie, alors jetons un coup d'œil en arrière et demandons-nous : où ces moments ont-ils disparu ?

Ce que nous appelons « le temps » est un vaste fleuve qui coule sans cesse, un grand démon qui consume tout. Si je remontais de ce matin à hier, d'hier à avant-hier et ainsi de suite, je finirais par atteindre le jour où je suis apparu pour la première fois dans ce monde. Le jour précédent, je n'étais pas encore né mais il y avait certainement beaucoup d'autres personnes qui l'étaient. Si nous remontons encore le long de ce flux d'hier sans fin, nous finirons par arriver au moment où les premières créatures vivantes sont apparues. Avant que ces créatures unicellulaires n'apparaissent, il n'y avait que de la matière physique. Bien que dépourvue de conscience, la matière physique se forme et se désintègre de la même manière que les créatures vivantes du monde naissent et meurent. Si nous remontons encore plus loin dans le temps, avant même l'existence de la Terre, nous pouvons déduire qu'il y avait d'autres planètes à l'époque mais qui peut dire combien il y en avait ? Le télescope le plus perfectionné ne peut voir ne serait-ce qu'une fraction de l'univers, de sorte qu'il est actuellement impossible de déterminer avec précision comment les étoiles et les galaxies se sont formées.

Le Bouddha a enseigné que les cycles de l'univers sont sans fin et sans commencement. Les écritures bouddhistes enseignent également qu'il existe un nombre inimaginable d'univers dans un seul atome. Ces concepts profonds sont importants à prendre en compte, quelles que soient les limites de notre vision du monde.

Également, si nous avançons dans le temps à partir de demain, nous trouverons inévitablement un autre demain. Même si je meurs demain, il est très probable qu'il y aura d'autres humains encore en vie qui connaîtront encore d'autres lendemains. Grâce à ce processus d'analyse, nous pouvons parvenir à la conclusion affirmée par le Bouddha, à savoir que la ronde des existences qu'est le samsara est sans fin.

D'où venons-nous ? Nous venons tous de nos parents. D'où viennent-ils ? De leurs parents. Si nous remontons le temps de cette manière, nous arriverons au moment où une créature a produit sa toute première progéniture. D'où vient cette créature ? Elle a pu évoluer à partir d'une espèce similaire, elle a pu venir d'une autre planète ou elle est peut-être apparue miraculeusement. Ce sont les seules options possibles.

Si nous suggérons que la créature est venue d'une autre planète, nous supposons qu'il existait des créatures vivantes sur d'autres planètes dans l'univers. Nous ne pouvons pas voir ces planètes et nous ne savons pas combien il y en a. C'est peut-être faire preuve d'imagination mais nous ne pouvons pas être certains que les mondes et les créatures extraterrestres n'existent pas. Même si nous remontons ainsi le temps jusqu'à un ancêtre d'une autre planète, nous ne sommes toujours pas en mesure de déterminer le début du temps.

Si les êtres humains et les autres types de créatures sont le résultat d'une évolution ou même sont issus d'une naissance miraculeuse, ils ont tous pour base les quatre éléments principaux (la terre, l'eau, le feu et l'air) et leur interaction. Cependant, une créature vivante ne naît pas d'un simple arrangement de ces éléments. Quel que soit le type d'être vivant ou le lieu où il naît, chacun est conscient, à un degré plus ou moins élevé. Le continuum de la conscience est déterminé par les imprégnations psychiques et leurs résultats, ce que l'on appelle le karma.

Il y a deux mille cinq cents ans, le Bouddha a enseigné que de multiples types d'univers naissent de l'action des liens interdépendants et du karma. Ces deux concepts, ainsi que la véritable nature inimaginable des phénomènes qui dépasse l'entendement normal des êtres ordinaires, doivent devenir le centre de notre attention si nous voulons comprendre la nature de notre existence dans ce monde.

Il existe un point, connu dans les écritures du Dzogchen, qui est celui de la « Base où samsara et nirvana se séparent ». Il marque le moment précis où les quatre éléments et les souffles karmiques s'unissent par le pouvoir créateur de l'interconnexion et où une conscience est associée à un corps physique doté des cinq facultés sensorielles. Selon mon opinion, c'est en examinant cet événement crucial que les recherches des matérialistes, des croyants religieux et des chercheurs scientifiques impartiaux trouveront un terrain d'entente.

Le cycle temporel d'un univers comporte trois phases : la formation, le maintien et la destruction. Ce cycle de changement est la nature essentielle de tout objet physique. Dans les écritures bouddhistes, la période de formation de l'univers est appelée « éon de formation ». La période pendant laquelle il demeure est l'« éon de maintien » et, enfin, lorsque l'univers se désintègre, on parle de l'« éon de destruction ». C'est ainsi que nous pouvons comprendre les changements de notre système cosmique.

Par ailleurs, l'examen de roches anciennes et de fossiles nous permet de découvrir la formation progressive de notre univers sur des centaines de milliers d'années, ainsi que son évolution. Cependant, il est certain qu'à terme, ce système cosmique atteindra un point de désintégration. À ce moment-là, il n'est pas certain que d'autres systèmes cosmiques se désintègrent également. La planète sur laquelle nous vivons finira par être détruite, mais d'autres planètes ne le seront peut-être pas.

Selon la conception bouddhiste, la conscience existe séparément des quatre éléments et elle est capable de changer de base physique. Si notre planète devait être détruite, nous pouvons en déduire que la conscience pourrait être transférée sur une autre planète ou un autre système cosmique. Pour cette raison et d'autres encore, les chercheurs devraient au moins développer une compréhension claire de ce qu'est la conscience par essence, d'où elle naît et enfin comment elle peut changer.

Selon les écritures bouddhistes, il existe six ou huit consciences différentes, mais aucune d'entre elles n'est censée transcender les illusions qui apparaissent à l'esprit comme étant la réalité. Cela signifie que dans la vie quotidienne, la conscience lumineuse naturelle de l'esprit est agitée par des souffles karmiques qui font surgir toutes sortes de pensées discursives et de sensations. Si nous sommes continuellement poussés par ces souffles karmiques, nous éprouvons des sensations instables de plaisir et de souffrance, renaissance après renaissance.

Cependant, si nous nous engageons dans des pratiques particulières et que les conditions sont favorables, nos expériences peuvent changer. La conscience mentale peut être séparée des souffles perturbateurs. Cela coupera leur continuité et l'esprit se reposera dans son état naturel. Dans le bouddhisme, il s'agit de l'état spécial appelé « atteinte de la libération » ou « éveil ». Il est également connu sous le nom de « séparation de la souffrance » ou « dépassement de la souffrance », *Nirvana* en sanskrit. Il s'agit ni plus ni moins que d'entrer dans un état de bonheur permanent et pleinement satisfaisant.

S'il en est ainsi, la question se pose de savoir quand la conscience est apparue pour la première fois. Hormis l'aspect de la conscience qui est plongée dans la confusion depuis des temps immémoriaux par la force de l'ignorance, il n'y a pas de nouvelles consciences qui apparaissent. Si de nouvelles consciences apparaissaient, nous pourrions découvrir le début du samsara. Ce début est introuvable. De la même manière, il est impossible de découvrir un début à la conscience.

Le temps est le nom donné à la division entre le passé et le futur. Personne n'est en mesure de dire : « Ceci est le début du temps ». C'est pourquoi les écritures ésotériques du Dzogchen représentent l'aboutissement de toutes les traditions analytiques bouddhistes : l'état véritable est compris comme étant intemporel, au-delà des trois temps. Il est connu sous le nom de « quatrième temps » ou « temps de l'égalité ».

En raison de notre ignorance ou de l'influence extérieure de l'ignorance, nous prenons continuellement toutes sortes de formes physiques et connaissons des épisodes de bonheur et de souffrance. Dans la vie présente, nous sommes nés dans ce monde de parents avec lesquels nous avons des liens karmiques. Si nous continuons à créer des propensions karmiques, nous n'aurons pas d'autre choix que de suivre les influences qui en résultent, tout comme un rêve se déroule de manière incontrôlée pendant que nous dormons.

Des milliards de personnes qui vivent actuellement dans ce monde sont sans cesse occupées chaque jour et incapables de se détendre la nuit. Elles se consacrent à d'innombrables tâches jusqu'à leur mort. Nous n'avons jamais rencontré et nous ne rencontrerons jamais quelqu'un qui ait réussi à accomplir toutes les tâches qu'il pense devoir accomplir au cours de sa vie. Nous sommes tous nés dans des endroits dissemblables, nos destins sont différents, le niveau de confort et de statut dont nous jouissons varie mais nous passons tous notre vie à courir après le bonheur et le confort. Au bout du compte, nous finissons tous de la même manière. Nous devons tout laisser derrière nous et partir les mains vides. Le mendiant vulnérable et épuisé qui erre dans les faubourgs d'une ville et le roi vêtu de soie qui vit dans un palais magnifique rempli de joyaux sont tous deux impuissants face au Seigneur de la mort.

Les hommes modernes deviennent des experts en ingénierie et en sciences, et nous assistons chaque jour à des avancées dans le domaine du développement technologique. La force de la concurrence garantit que cette évolution se poursuivra avec des progrès encore plus impressionnants à l'avenir. Cependant, avec la prolifération rapide des objets matériels externes, les perturbations internes de notre esprit augmentent également. Les tendances positives ne sont pas encouragées et il en résulte un déséquilibre. La recherche du plaisir des uns nuit aux autres. Ce type de motivation égoïste entraîne des malheurs, tant pour nous que pour autrui, et ces répercussions s'étendent au reste du monde, influençant des sujets qui nous dépassent.

En analysant les limites d'hier et de demain, nous constatons que le temps ne s'arrête pas un seul instant mais qu'il s'écoule continuellement. Un éon entier et un seul instant sont identiques lorsqu'ils se terminent. Nous considérons qu'une vie de cent ans est une longue vie mais dans un autre système cosmique, elle peut s'écouler en un claquement de doigts. Notre vie consiste à dormir, à se réveiller, à manger et à dormir à nouveau. Nous pouvons nous occuper de choses insignifiantes, comme des enfants qui jouent mais après ce qui nous semble être un rien de temps, c'est comme si un interrupteur était soudainement éteint. Entre un battement et le suivant, notre cœur s'arrête et nous sommes impuissants à nous lever de ce qui est devenu notre lit de mort.

Comme un rêve de la nuit dernière, le temps de l'enfance et de la jeunesse défile sans que l'on s'en aperçoive, de la même manière que le soleil passe au-dessus des montagnes de l'ouest. Lorsque nous nous heurtons soudain à la grande porte de la mort, nous constatons que toutes les choses que nous nous sommes empressés de réaliser sont inutiles. Cela confirme que tout ce que nous faisons dans la vie est comme la danse d'un fou. C'est pourquoi je considère qu'il est très important que nous examinions attentivement notre situation présente.

À l'heure actuelle, des milliards d'humains vivent sur cette planète. Les générations précédentes en comptaient également un grand nombre. Le nombre total d'humains ayant posé le pied sur cette terre est incalculable. Comme nous, ils ont tous couru dans tous les sens, essayant frénétiquement de réaliser des choses dans leur vie. En fin de compte, ils n'ont rien accompli de permanent et même leurs noms ont fini par disparaître des mémoires. C'est à la fois comique et déprimant. Parmi ces milliards de personnes, il y avait certainement beaucoup de gens intelligents et clairvoyants mais aucun d'entre eux n'a trouvé le moyen de vivre éternellement. Seuls quelques-uns parmi eux n'ont jamais eu peur de la mort, ayant compris et étudié le bonheur et la souffrance qui l'accompagnent. Pour quelle raison si peu de personnes étudient et réalisent la nature de la vie et de la mort ?

Il est terriblement dommage qu'à travers les âges, diverses fausses religions et cultes aient exploité d'innombrables humains à des fins politiques et financières. En inculquant des philosophies ignorantes, une foi aveugle et la peur, ces fausses religions ont ruiné la vie et l'esprit de nombreuses générations. Cependant, considérer l'importance de l'avenir, en termes de renaissance par exemple, comme le font certains cultes religieux, est bien mieux que de ne jamais aborder de tels concepts. Ainsi, une voie erronée peut favoriser l'envie de trouver une voie authentique et, en faisant l'expérience de points de vue opposés, cette situation a contribué à créer un héritage d'expériences pour les générations futures. Si les humains d'hier et d'aujourd'hui s'intéressaient autant aux questions de la mort et de l'au-delà qu'à celles de cette vie, tout le monde en bénéficierait.

Certains maîtres bouddhistes exceptionnels, en passant leur vie entière à méditer sur des vérités profondes, ont réellement transmuté leur corps physique en lumière. Cependant, je pense que s'ils avaient concentré leur attention et leurs efforts sur les activités mondaines d'une vie, ils auraient probablement réalisé des progrès scientifiques encore plus importants que les scientifiques modernes les plus avant-gardistes.

Mais ces maîtres, profitant de l'occasion offerte par ce qu'ils considéraient comme le corps emprunté d'une vie, ont réfléchi profondément et avec une grande perspicacité à la manière dont leur souffrance et celle des autres pouvaient être surmontées, une fois pour toutes. Comprenant les implications des renaissances futures, ces maîtres ont cherché une méthode leur permettant d'abandonner les afflictions qui sont la cause et les principaux facteurs de tous nos problèmes. Ils ont cherché la réponse à la question cruciale : comment mettre définitivement fin à la souffrance. Ces maîtres bouddhistes ont établi une nouvelle voie pour atteindre ce but qui est un million de fois plus utile pour tous que, par exemple, l'établissement d'une colonie humaine sur Mars.

Pour illustrer l'importance d'une attitude clairvoyante par rapport à notre situation actuelle, examinons la légende du suprême destrier :

Il y a bien longtemps, avant son éveil, le bouddha Shakyamuni naquit fils d'un marchand sillonnant les mers. Il s'appelait Singala et était très beau et très fort. Enfant, il était extrêmement intelligent, étudiait tous les domaines et devenait très sage. À l'âge adulte, après avoir supplié son père, il obtint finalement la permission d'équiper un navire et il partit avec cinq cents hommes à la recherche de joyaux exauçant les souhaits.

Pour naviguer sur le grand océan, ils savaient qu'ils devraient affronter de graves dangers et risquer leur vie à plusieurs reprises, mais ils étaient déterminés. Singala se dit : « Si nous ne rencontrons pas d'obstacles, nous pourrons traverser le grand océan et trouver ce que nous désirons, mais si le bateau coule, nous serons dévorés par les monstres marins. Si des vents défavorables nous font dévier de notre route, nous ne pourrons pas rentrer chez nous et nous perdrons tous la vie ». Singala était le capitaine du bateau, avec un équipage de cinq cents autres marchands.

Après avoir pris la mer, un puissant vent d'est fit dévier le navire de sa route vers les côtes méridionales de l'île cuivrée où vivaient des démones mangeuses de chair, chose que les marins ignoraient. Sur l'île se trouvaient deux bannières de voyance, l'une indiquant les événements heureux, l'autre prédisant les catastrophes. Lorsque le navire marchand se heurta à la côte rocheuse de l'île, la banderole annonçant les événements heureux trembla. Cela attira l'attention des démones qui comprirent immédiatement qu'un navire avait fait naufrage.

Les démones se transformèrent en belles femmes, s'habillèrent de beaux vêtements, se parèrent de magnifiques bijoux et coururent jusqu'au bord de la mer. Lorsqu'elles virent les marchands nager vers l'île, les démones les appelèrent : « Charmants hommes, approchez ! Nous avons la meilleure nourriture et les meilleurs vêtements, des pavillons et des villas ravissants, des jardins d'agrément, des forêts, des parcs et des piscines. Nous avons des joyaux exauçant les souhaits, des pierres précieuses, des perles, des conques dextrogyres et bien d'autres richesses encore. Prenez-les pour vous, nous n'avons pas d'hommes ici, devenez nos époux et prenez soin de nous ». Tout cela était promis aux marchands à une seule condition : il leur était interdit de s'aventurer sur le chemin menant au sud de l'île.

Séduits par les démones, les hommes tombèrent amoureux d'elles et eurent beaucoup d'enfants. Une longue période s'écoula. Le chef des marchands, Singala, commença à réfléchir à ce qui s'était passé et se demanda pourquoi les femmes protégeaient tant le chemin du sud. Il décida de découvrir le secret. Une nuit, il laissa précautionneusement sa femme endormie dans son lit, attacha une épée tranchante sous son bras et se mit en route vers le sud.

Après avoir marché un certain temps, il commença à entendre les cris d'une foule d'hommes qui résonnaient dans l'obscurité. En y prêtant attention, il entendit la complainte : « Nous sommes à jamais séparés de nos familles, de nos enfants et de nos amis bien-aimés... Nous ne reviendrons jamais dans le merveilleux monde des humains au cours de cette vie... » Terrifié par ce qu'il entendait, Singala se figea. Surmontant enfin sa peur, il se dirigea dans la direction d'où provenaient les cris et atteignit rapidement une immense cité de fer entourée d'une haute muraille. Pensant qu'il devait y avoir quelques ouvertures dans le mur, il fouilla le périmètre mais ne trouva même pas un trou assez grand pour qu'un rat puisse y pénétrer. Cependant, près de l'extrémité nord se trouvait un très grand arbre. Singala y grimpa et put observer la ville en contrebas.

À l'intérieur, il aperçut un groupe d'hommes misérables, recroquevillés dans des maisons de métal. Les interpellant, Singala leur demanda : « Comment avez-vous atterri ici ? Pourquoi pleurez-vous ? » Les hommes répondirent : « Nous étions des marchands du monde des humains. Nous naviguions sur cet océan lorsque des monstres marins détruisirent notre navire. En nous accrochant aux espars et à des bouts de bois, nous survécûmes et nageâmes jusqu'à cette île cuivrée. Mais à notre arrivée, nous fûmes trompés par un groupe de démones. Elles se transformèrent en jolies femmes et nous séduisirent pour que nous devenions leurs amants et que nous leur fassions des enfants. Peu de temps après, d'autres commerçants firent naufrage et arrivèrent sur l'île. Lorsque les déesses découvrirent que de nouveaux marchands étaient arrivés, elles nous révélèrent leurs vraies formes terrifiantes. Elles dévorèrent immédiatement la plupart d'entre nous, jusqu'au dernier cheveu et au dernier ongle. Elles léchèrent même les gouttes de sang qui étaient tombées par terre. Les quelques personnes qu'ils ne furent pas mangées furent jetées dans cette forteresse de métal pour être dévorées plus tard. »

Singala demanda aux prisonniers s'il y avait un moyen de s'échapper. Ils répondirent : « Nous n'avons aucun moyen de sortir. Nous avons beau essayer, les murs de métal doublent ou triplent de taille et nous ne pouvons pas nous échapper. Mais il y a une issue pour vous. Un jour, des dieux sont passés dans le ciel et nous ont interpellés : "Hé, petits commerçants du monde des humains ! Le quinzième jour de ce mois, à la pleine lune, suivez le chemin du nord. Là, le roi des chevaux, connu sous le nom de Nuage Puissant, se nourrit de riz sauvage *salu*. Il n'est jamais malade et possède une grande force. Lorsqu'il étend sa tête et demande trois fois d'une voix humaine : "Qui veut voyager facilement et en toute sécurité vers le monde de l'autre côté de l'océan ?", approchez-le et dites : "Nous voulons voyager à travers l'océan, emmenez-nous en toute sécurité vers le monde des humains". Il vous transportera alors à travers l'océan ».

Entendant cela, Singala mémorisa les instructions exactes des dieux et retourna chez lui, se glissant dans son lit sans réveiller la femme-démon endormie. Le lendemain, il se leva tôt et réunit secrètement les autres marchands dans un parc isolé. Il leur raconta exactement ce qu'il avait vu et entendu la nuit précédente. Tout le monde accepta de partir pour le nord le quinzième jour, et Singala interdit aux marchands de parler de leur plan ou d'emmener leurs enfants et leurs femmes.

Par une nuit de pleine lune, les marchands suivirent le chemin du nord, trouvèrent le roi des chevaux et le supplièrent de les ramener dans le monde des humains. Le roi des chevaux leur parla ainsi : « Ne vous attachez absolument pas à vos femmes, à vos enfants, à vos maisons ou à vos richesses et ne regardez pas en arrière. Si vous êtes attachés, vous chuterez de ma croupe comme le fruit mûr d'un arbre et les démones vous mangeront tout crus. Ceux qui n'ont pas d'attachement n'ont qu'à s'accrocher à ma crinière et vous vous échapperez facilement. » En disant cela, le grand cheval se baissa et leur permit de monter.

Certains marchands grimpèrent sur sa croupe, d'autres sur ses postérieurs et tous s'accrochèrent à sa crinière. De toutes ses forces, le roi des chevaux, Nuage Puissant, s'éleva dans le ciel. En bas de l'île, la bannière qui annonçait le désastre trembla soudain violemment et les démones comprirent immédiatement que les marchands s'échappaient. Elles transformèrent rapidement leurs visages pour les rendre plus beaux, se parèrent des plus beaux bijoux et, portant leurs enfants, lancèrent des cris déchirants : « Charmants hommes ! Vous n'avez pas de conscience ? Restez nos amants et nos protecteurs, c'est votre maison, ce sont vos enfants et nous sommes vos femmes ! » Certains marchands, attachés à leur partenaire, à leurs enfants et à leurs biens, glissèrent de la croupe du puissant destrier. Alors qu'ils tombaient à terre et couraient vers leurs femmes, les démones révélèrent leur véritable forme repoussante et les dévorèrent entièrement, léchant même les dernières gouttes de sang sur le sol. Singala et les marchands restants ne ressentirent aucun attachement et retournèrent sains et saufs dans le monde des humains.

Comme les marchands de la légende, si nous sommes attachés à notre identité et à nos biens, nous ne serons jamais libérés de la ronde des existences. Si nous ne faisons pas l'expérience de l'attachement, nous serons libérés pour toujours. Nous devons donc penser ainsi : nous ne sommes qu'une conscience errante provenant d'un lieu inconnu. Cette conscience s'est unie au sperme et à l'ovule de nos parents pour produire un corps solide de chair et d'os mais c'est à cause de lui que nous connaissons toutes les souffrances de cette vie, sans le moindre bonheur véritable.

Tout ce qui est désirable dans le samsara est assurément trompeur, tout comme l'île des démones de la légende. À la fin de la vie, il n'y a pas un être vivant qui ne doive aller hurler dans la gueule de la démone de l'impermanence. Si un être humain parvenait à ne pas s'accrocher aux phénomènes trompeurs et sans essence pour trouver une méthode permettant de s'échapper définitivement de ce lieu de souffrance qu'est la ronde des existences, il deviendrait le chef d'un grand nombre de personnes, à l'instar du chef marchand Singala. Tout le monde le verrait comme quelqu'un de sage, intelligent et supérieur aux autres.

Nous considérons que la durée de notre vie humaine est très longue. Le temps que nous passons à courir et à nous occuper de choses banales peut être divisé entre le passé, le présent et l'avenir. Cependant, nous sommes incapables de séparer le moment présent du passé et du futur. De ce fait, le passé et le futur ne peuvent pas non plus être déterminés. Par conséquent, tout ce qui dépend de la continuité du temps, qui n'existe pas intrinsèquement, est soit grossièrement impermanent, c'est-à-dire qu'il change continuellement, soit subtilement impermanent, mais il change quand même d'instant en instant.

Si tel est le cas, alors, que nous considérions le passé ou le futur, même la nature des grandes montagnes et de la terre elle-même est changeante et instable. Il est évident que notre petit et faible corps humain est encore plus instable. Constitué de chair, de sang et d'os fragiles, il peut être détruit par de simples changements de chaleur ou de froid. Comparons les photos de nous lorsque nous étions enfants à celles prises à l'âge adulte ou à l'âge mûr et peut-être maintenant, lorsque nous sommes vieux et décrépits. En repensant aux événements passés qui se sont déroulés hier ou avant-hier, il est difficile de croire que les mois et les années se sont envolés pour toujours.

L'aspect changeant de notre visage et de notre corps peut être comparé à un feuilleton télévisé. C'est un peu comme si la souffrance de la vie humaine vécue par une personne de l'enfance à la vieillesse était condensée en un seul épisode d'une heure ou d'une demi-heure. Mais il s'agit là d'un véritable feuilleton télévisé, d'une tragédie vivante de la vie humaine. La manière de terminer le scénario de ce bref programme dépend de nous, l'auteur et le réalisateur, et elle est liée à la voie que nous emprunterons dans la vie.

Le chemin qui s'ouvre devant nous comporte de nombreux virages. À la croisée des chemins incertains, la direction que nous choisissons doit dépendre de nos nouveaux yeux de sagesse, faute de quoi nous serons désorientés par manque de conscience. Si nous n'avons même pas de plan pour demain, nous nous laisserons bousculer par les autres. Si nous laissons faire et que le groupe aveugle que nous suivons saute dans un grand océan, le suivrons-nous aussi ? Réfléchissons-y.

Nous passons par les apparences de l'enfance, de la jeunesse, de l'âge adulte et de la vieillesse, qui s'accompagnent des souffrances de la naissance, du vieillissement, de la maladie et de la mort. Nous finirons par atteindre le bout de notre vie humaine. Nous nous efforçons donc d'accroître nos richesses et nos biens, de faire face aux circonstances défavorables et de prendre soin de nos proches. Les tâches qui requièrent notre attention continuent d'apparaître, les unes après les autres, comme les ondulations d'une rivière. Si ces tâches ne cessent d'apparaître, nous n'atteindrons jamais un objectif final ou définitif. Par conséquent, si nous n'avons pas la garantie de vivre éternellement, notre façon de vivre n'est pas différente de celle de l'animal le plus ignorant. Après avoir été rassemblé pour être abattu, un troupeau de yaks continue de brouter l'herbe, ignorant que la vie est sur le point de s'achever.

Depuis la formation de la terre, il y a plusieurs milliards d'années, il n'y a pas eu un seul être qui ne soit mort. Dans cent ans, tout le monde sur cette Terre sera presque certainement mort. Si nous étions clairvoyants ou si nous connaissions à l'avance le jour, le mois, l'année et la cause exacts de notre mort, nous n'aurions aujourd'hui aucun appétit pour la nourriture. Cependant, nous sommes comme de stupides yacks à bien des égards. Nous savons qu'un jour nous mourrons mais nous ne savons ni quand ni comment, alors nous nous laissons aller à l'insouciance, en nous abusant nous-mêmes, comme si nous pouvions rester ainsi pour toujours. N'est-ce pas incroyablement dangereux ?

Maintenant, je vais guider la plume de mon stylo pour enregistrer le souvenir d'événements de ma propre vie :

Dans les bras de mes parents sont nés cinq esprits précieux, comme cinq plumes réunies par le souffle du karma. Il s'agit de mes frères et sœurs aînés et cadets. Pendant la période où nous étions ensemble, notre situation familiale était riche et harmonieuse. Nous menions une vie nomade dans des pâturages semblables à des jardins, où les cerfs et les ânes sauvages ainsi que d'autres animaux de la forêt déambulaient paisiblement. Nous mangions des aliments frais et nutritifs, portions des vêtements en toison d'agneau blanche et douce, et passions notre temps à jouer et à profiter de la vie. Quand j'y pense maintenant, cette vie était aussi merveilleuse que celle des dieux. Mais cette vision d'une vie humaine heureuse et plaisante a disparu comme la brume au sommet d'une montagne, l'arc-en-ciel d'un été ou le rêve de la nuit dernière ; un exemple de plus de l'impermanence.

Mon frère cadet était un jeune moine intelligent au grand cœur, au visage bronzé et aux joues roses. Tout le monde l'appréciait. En août 1959, alors qu'il n'avait que treize ans, il fut contraint de fuir sa maison et de laisser derrière lui son terrain de jeu. Entouré des corps des parents qui l'avaient élevé, son père, ses oncles et ses tantes, et du gentil cheval qui était son compagnon de tous les instants, sa robe bordeaux fut déchirée en morceaux. Au milieu des bombes qui frappèrent comme l'éclair, tout comme une fleur est détruite par les grêlons, une pluie de balles sans compassion vola sa vie chérie et son sang chaud tomba sur le sol froid.

Ma sœur cadette avait également treize ans lorsque nous avons été séparés pour toujours. Elle avait un teint clair, des joues roses et des dents comme des rangées de perles. Comme toutes les filles des pâturages de nomades, elle était toujours gentille et heureuse, vêtue de ses doux vêtements en laine d'agneau et de son chapeau. Parfois, elle partait avec un millier ou plus de moutons de notre famille dans les pâtures des montagnes, semblables à un jardin. Là, elle s'amusait à cueillir des fleurs dont les pétales ressemblaient à des glands de soie rouge et à jouer avec les petits agneaux. Après que son frère aîné et toute sa famille eurent emprunté ensemble le chemin de l'impermanence, elle n'erra pas longtemps dans la plaine stérile de la souffrance. Dans l'obscurité de la nuit, les hurlements d'un loup se mêlèrent aux gémissements du vent du nord à travers le désert et une jeune fille seule, radieuse dans la fleur de l'âge, tomba soudainement.

Ma plus jeune sœur, charmante et emplie de toute la beauté de la jeunesse, devint orpheline à l'âge de six ans. Après avoir été abandonnée sans ami ni protecteur, elle souffrit d'une grande misère et d'une grande nostalgie, n'ayant aucune chance d'éprouver des sentiments de bonheur et de plaisir en ce monde. Peu de temps après, l'esprit fragile de cette petite fille s'engagea à nouveau sur le chemin des vies suivantes.

En été, les jeunes fleurs de lotus dans un jardin fleuri sont belles à tout point de vue et dégagent un parfum naturel. Les lisses surfaces des pétales frais sont plus belles que celles peintes par le pinceau d'un artiste. Certains lotus commencent à fleurir, d'autres sont complètement développés, d'autres encore sont en train de former des bourgeons. Tous ont poussé à partir de la même racine, leurs pétales et leurs feuilles magnifiques attirant tout le monde. Mais soudain, de noirs nuages d'orage ont recouvert le ciel. Les éclairs, le tonnerre et les grêlons se sont abattus et les fleurs délicates ont été détruites jusqu'à la racine.

Mes larmes d'une terrible tristesse tombent sur les flammes ardentes de la nostalgie. D'insupportables sentiments douloureux montent dans mon cœur. Poussé par la force de la tristesse et du désir, j'utilise mes larmes comme de l'encre pour dessiner l'image suivante :

> *Hélas ! Toi le soleil qui me surplombe ! Peux-tu voir*
> *Sur le sol, tes rayons embrasser*
> *Les vagues reflets de mes sœurs et de mes frères ?*
> *Je t'en prie, envoie de chauds rayons de lumière bienveillante*
> *Pour prendre soin de chacun d'eux.*
>
> *Pleine lune blanche à la teinte de conque !*
> *As-tu vu dans ton orbite*
> *Trois esprits errants et sans soutien ?*
> *Je t'en prie, éclaire leur chemin solitaire*
> *De ta flamboyante lumière.*
>
> *Vaste terre ! Que le sang frais*
> *De mes frères et sœurs chéris et si précieux*
> *Se dissolve dans ton sol et te fasse revivre.*
> *Que l'essence de leur radieuse chair*
> *Se fonde dans ta grande étendue.*
>
> *Garde-les à jamais en sécurité*
> *Dans ton aimante bonté.*
>
> *Parfois, je visite leurs tombes endeuillées,*
> *Froides, environnées d'esprits errants.*
> *Mais les hautes falaises escarpées,*
> *Perçant la fine épaisseur d'air,*
> *Enveloppées de grêle et de tonnerre,*
> *Sont toujours vengeresses.*
>
> *Hélas ! Seigneur de la mort !*
> *N'accorderez-vous pas*
> *À trois innocents esprits errants*
> *La liberté de s'en aller à leur guise ?*
>
> *Ah ! Trois joyaux du ciel !*
> *Guiderez-vous mes frères et sœurs*
> *Avec des aspirations pures*
> *Vers une céleste terre pure ?*
>
> *Petit nuage blanc de l'est !*

As-tu accueilli mes frères et sœurs
Avec une pluie de fleurs et une lumière arc-en-ciel
Tombée de ton cœur ?

Vous les trois beaux esprits, mes frères et sœurs bien-aimés, écoutez ! Nous n'avons eu qu'une courte opportunité de nous rencontrer dans cette vie mais, avec une confiance indestructible et une armure inébranlable, puissions-nous trouver un moyen de protéger d'autres enfants timides et effrayés semblables à nous. En générant une confiance et une force véritables, puissions-nous protéger tous les êtres animés, nos mères dans d'innombrables vies, menacées par les trois types de souffrances dans l'océan infini du samsara. Telle est mon aspiration sincère, puisse-t-elle être aussi la vôtre !

Ce serait peut-être mieux si, au moment de notre mort, il ne restait rien qui puisse nous faire éprouver du plaisir ou de la souffrance, si nous disparaissions naturellement et complètement, comme une lampe à beurre qui s'éteint ou une empreinte de patte de loup dans la neige fondue. Cependant, il n'existe aucun argument logique fiable ni aucune garantie officielle qu'il en sera ainsi. Par conséquent, si nous ne sommes pas prudents à partir de maintenant, nous risquons de commettre l'erreur de concentrer constamment de manière incorrecte notre énergie et nos efforts.

Certains ne croient pas à la relation de cause à effet du karma. Ils décident qu'il n'y aura pas de vies futures. Sous l'influence de l'ignorance et parce qu'ils ne peuvent pas percevoir les vies futures, ils pensent que celles-ci n'existent pas. Ce point de vue illogique ne peut être défendu indéfiniment. Certains, tant qu'ils sont en vie et en bonne santé, sont heureux de croire en l'inexistence des vies futures mais au moment de leur mort, ils prennent soudain peur et s'écrient : « Aidez-moi ! ». D'autres, dans leur jeunesse, ont de la chance dans leurs entreprises et sont fiers de croire qu'il n'y a personne de meilleur qu'eux dans le monde entier. Ce n'est que lorsqu'ils rencontrent des circonstances négatives qui les obligent à baisser la tête qu'ils commencent à considérer les causes et les effets karmiques. Ces attitudes à courte vue sont insensées.

Pour prendre conscience de notre situation humaine, nous devons d'abord comprendre certains points essentiels. Par exemple, nous devons comprendre les fondements des vies passées et futures, ainsi que les causes et effets karmiques. Nous devons comprendre d'où nous venons, où nous allons et combien de temps nous resterons ici. Une fois que nous y sommes parvenus et que nous avons apaisé notre esprit en assimilant ces idées, nous devrions vivre une vie confortable et heureuse. Mais nous ne devons pas nous contenter d'accepter aveuglément tout ce qui nous arrive et de nous occuper avec des distractions secondaires. C'est dangereux, à l'image de la vie d'un porc qui, la tête baissée vers le sol, cherche sa nourriture avec son groin coriace. Il ne regarde jamais le ciel. Un porc ne voit le ciel qu'une seule fois dans sa vie, lorsque le boucher le retourne sur le dos pour lui planter un couteau dans le cœur. Il est alors trop tard.

Tout d'abord, nous nous sommes abusés et nous errons par conséquent dans la ronde des existences dont la racine est l'ignorance. Dans cette vie, nous sommes constamment sous l'influence de facteurs afflictifs et accumulons toutes sortes de propensions karmiques négatives. Nous vivons notre courte vie dans un état de tension et d'anxiété. Enfin, nous nous engageons, impuissants, sur la voie de l'impermanence et de la mort. À ce moment-là, nous faisons l'expérience des résultats indésirables des imprégnations karmiques négatives que nous avons accumulées et une fois de plus, nous devons errer sans fin dans la ronde des existences. Quelle honte ! Cela fait froid dans le dos !

En fait, nous avons aujourd'hui une occasion rare de découvrir le vrai bonheur. Nous ne devrions pas gaspiller le temps dont nous disposons dans cette vie ; nous devrions donner un sens à celle-ci. Ayant trouvé un moyen d'atteindre le but du bonheur ultime, nous devrions certainement nous y consacrer sans tarder.

Selon la conception bouddhiste, il est très rare d'obtenir un corps humain avec toutes les libertés et toutes les ressources dont il peut disposer. Pendant cette courte vie humaine, nous ne devrions pas mourir les mains vides, après avoir gaspillé toute cette liberté et cette opportunité. Nous pouvons donner un sens à notre vie. Nous devrions trouver le chemin qui mène infailliblement au bonheur et à l'épanouissement, non seulement dans l'immédiat, mais aussi pour l'avenir. Nous devrions nous engager avec détermination dans les grandes pratiques qui mènent au bonheur éternel et réaliser notre véritable potentiel sans tarder !

Deux
Les mystères de la vie

Dans l'ancienne tradition bouddhiste du Tibet, la vie est considérée comme la période pendant laquelle le corps physique est uni à l'énergie ou à la force vitale. Dans le canal subtil de vitalité, l'élément air et l'essence subtile se combinent en quelque chose qui ressemble à de la salive. On y trouve deux éléments : la base de la conscience – qui produit la chaleur de la vie – et l'essence subtile du souffle, qui ressemble à un crin d'une queue de cheval. Si ce crin se fissure, se tord ou se plie, cela crée une prédisposition à de nombreuses conditions physiques défavorables. S'il n'y a pas de fissures, de torsions ou de ruptures de son intégrité et qu'en plus il est long, alors la vie sera également longue. Lorsque cette combinaison de facteurs est active, c'est ce que nous appelons la « vie ».
Le terme « force vitale » fait référence à la conscience demeurant dans un corps ou, en d'autres termes, au fait qu'il y ait une combinaison des cinq agrégats (forme, sensation, perception, formation et conscience). C'est le continuum de la vie ou le continuum d'un être vivant.

La « conscience » est le nom collectif donné aux perceptions des cinq « portes » : les yeux, les oreilles, le nez, la langue et la peau. L'exemple traditionnel pour expliquer ce concept consiste à utiliser la métaphore d'un singe dans une pièce dotée de cinq fenêtres. Les perceptions (les fenêtres) sont des facettes de la conscience (le singe), mais ces facettes de la conscience ne perçoivent rien d'autre que les illusions de l'esprit ignorant. Cet exemple montre que le courant de conscience est le facteur dominant dans les perceptions des six sens : la vue, l'ouïe, l'odorat, le goût, le toucher et la conscience mentale.

Le fait d'être en vie est défini comme la combinaison 1. du corps physique, 2. des facultés sensorielles et 3. de la conscience, soit l'union de la vie, de la force vitale et de la conscience.

Un corps dont la force vitale a disparu est appelé cadavre. Une conscience sans support et sans corps est un « être animé du bardo ou état intermédiaire », entre la mort et la renaissance.

Un corps est le résultat de la fusion du spermatozoïde mâle et de l'ovule femelle, qui passent par un processus de croissance et de division, pour devenir une combinaison des « trente-six substances impures », c'est-à-dire des nombreux composants physiques détaillés par la science biologique moderne. Les cellules de l'embryon vivant se multiplient ainsi et la forme de cette nouvelle vie est clairement visible à l'échographie. Il n'est pas nécessaire d'en parler plus en détail.

Cependant, l'entité mystérieuse connue sous le nom d'« esprit » ou de « conscience » semble se cacher dans la vie et la force vitale. Nous ne pouvons la détecter nulle part, que ce soit à l'intérieur ou à l'extérieur du corps, dans les régions supérieures, moyennes ou inférieures. Cette entité informe, indescriptible et insaisissable que nous appelons « conscience » a une nature claire et discernante.

Les profondes complexités de l'esprit voilent la véritable nature de la conscience, qui n'est pas entachée par des pensées discursives ou des réflexions mentales. C'est le mode d'être de la « nature absolue non fabriquée ». Les illusions des domaines célestes et infernaux, la conscience qui éprouve le plaisir et la souffrance tout comme les causes et effets cumulés du karma sont autant de miroitements de la nature absolue non fabriquée. Il est très important que nous investiguions rigoureusement toutes les profondeurs secrètes de notre esprit. Nous pouvons postuler que notre corps et notre conscience se développent de concert, à l'image d'une lampe à beurre et de sa flamme, de sorte que, lorsque le corps se décomposera, la conscience disparaîtra également, comme une lampe à beurre qui s'éteint. Cependant, si tel était le cas, étant donné que notre corps a été formé à partir du sperme et de l'ovule de nos parents, nous devrions accepter que notre conscience ait été formée de la même manière. Or, si nous acceptons ce présupposé, nous sommes confrontés à une situation qui exige que nos parents aient plusieurs consciences ou des consciences capables de se fragmenter, de se diviser en plusieurs parties. Ce type d'explication suggère un résultat sans cause et est logiquement impossible, tout comme il est impossible qu'une fleur de lotus apparaisse au hasard dans le ciel.

Des causes similaires donnent des résultats similaires. Par conséquent, la cause d'une conscience intangible doit logiquement être la continuité d'une conscience similaire et il doit s'agir de la continuité d'une conscience issue d'une vie antérieure. Le problème d'un argument qui postule qu'aucune conscience antérieure n'existe est que, lorsque les corps des êtres animés se décomposent, le nombre de consciences doit diminuer. Ainsi, lorsque davantage d'êtres viennent prendre une nouvelle naissance, parce que les consciences antérieures n'existent plus, les êtres animés deviennent de moins en moins nombreux et finissent par cesser d'exister.

Si nous connaissions réellement le nombre d'êtres doués de conscience, nous pourrions calculer si de nouvelles consciences apparaissent ou non. Cependant, en raison des limitations de nos connaissances et de notre esprit ordinaire, nous ne pouvons pas faire un tel calcul. Nous ne connaissons pas le nombre d'univers et de planètes qui existent, à l'exception de ceux qui se trouvent à proximité de la Terre, ni le nombre de planètes qui constituent une galaxie. De plus, le nombre d'univers qui, selon les enseignements, existent sur un point aussi minuscule que la pointe d'un cheveu, est incalculable et incommensurable. Ces choses dépassent non seulement les limites de nos capacités de déduction mais aussi les limites de notre compréhension. Nous n'avons tout simplement aucun moyen de les connaître.

Si nous utilisons une logique erronée ou si nous acceptons de simples postulats comme étant la vérité alors qu'il n'en existe aucune preuve, c'est comme si nous regardions le monde à l'envers et que nous considérions tous les autres de la même façon. Si nous continuons à agir de la sorte, nous finirons par croire que tous les autres sont en fait à l'envers.

Nous en concluons donc qu'il n'existe pas un seul phénomène conditionné qui soit indépendant de causes et conditions, et que les phénomènes se produisent toujours en lien avec les autres et en se connectant entre eux. La cause ultime de cette situation indique la nature inconcevable des phénomènes.

Nous naissons tous du ventre de notre mère. Nous faisons tous l'expérience de phénomènes terrestres, sous les aspects d'autres êtres vivants et d'objets inanimés tels que le sol, les rochers, les collines, les vallées et nos maisons. Il est important de nous demander si la matière, composée des quatre éléments, et les multiples créatures vivantes, basées sur le continuum de la conscience, sont toutes deux issues de causes et de conditions.

Pourquoi le monde extérieur naît-il uniquement de la matière, alors que les êtres vivants naissent de l'action de la conscience ? Parce que la conscience possède une qualité, celle de se perpétuer d'elle-même, de sorte que sa nature même fait qu'elle entraîne des renaissances futures. Lorsque le corps périt, le courant de conscience ne périt pas. Ce continuum existe bel et bien, et lorsqu'il est associé à un corps, ce corps possède une force vitale et on le désigne sous le terme de « créature vivante ». Il est vivant, il bouge et possède une claire mémoire. Si la conscience est séparée du souffle – que l'on compare traditionnellement à un cheval – elle se dissout dans l'espace intérieur ou peut entrer dans un autre corps. Le corps restant devient une matière inanimée, comme la terre ou la pierre. La force de cet argument fait que la conscience ou la base sur laquelle le karma est déposé, doit exister séparément du corps.

Le corps est comme un tas de pierres sur le point de s'effondrer et la conscience est comme un oiseau qui s'est posé dessus et qui est sur le point de s'envoler. Lorsque les conditions requises sont remplies, le tas de pierres s'effondre et l'oiseau s'envole. Cependant, si les conditions nécessaires à l'effondrement de la pile ne sont pas remplies mais que l'oiseau rencontre d'autres conditions déterminantes, il s'envolera quand même. Ainsi, lorsqu'un corps meurt de vieillesse ou de maladie, la conscience part à la recherche d'un autre corps mais si les conditions de la mort du corps ne sont pas remplies, par exemple lorsque le corps est encore jeune et en bonne santé, des événements traumatisants tels que des accidents peuvent également amener la conscience à passer à un autre corps.

La conscience a-t-elle une cause ? La réponse est oui. Le moment de conscience précédent est la cause perpétuante d'où naît le moment de conscience suivant. La cause originelle de la conscience est l'ignorance coémergente. À l'origine, depuis le substrat universel, le souffle de sagesse demeurant dans la force vitale a été agité et instantanément les êtres animés des trois mondes sont devenus dépendants des pensées discursives liées à la saisie d'un soi, soit l'attachement à un « je » et à un « mien ». En raison de cette cause, les êtres animés errent continuellement dans la ronde des existences, plongés qu'ils sont dans la confusion la plus totale. Sous l'influence de celle-ci, les pensées discursives d'attachement et d'aversion provoquent l'apparition de graves afflictions, la création de karma et, par conséquent, l'expérience de la souffrance.

Ce qu'on appelle « karma » est ce qui apparaît sous la forme des différents résultats des actes accomplis. Le Bouddha a enseigné que de multiples types de mondes apparaissent en raison du karma. Ainsi, une myriade de causes produit une myriade de résultats. Le bonheur est le résultat de l'accumulation de karma vertueux et l'accumulation de karma négatif entraîne la souffrance. Nous pouvons l'observer clairement dans notre propre vie.

Il y a eu et il y aura de nombreuses personnes dans le monde entier qui se souviennent de leurs vies antérieures. Certaines d'entre elles sont capables de raconter des détails précis, par exemple : « Dans ma vie passée, je suis né avec tel ou tel corps. Maintenant, dans cette vie, je suis comme ça. » Ces témoignages peuvent nous aider à valider l'existence des vies passées et futures. La contemplation de l'existence des vies passées et futures clarifie notre compréhension du karma et de ses résultats : des vies antérieures découlent les vies suivantes.

Le Bouddha a enseigné huit analogies pour expliquer comment une vie antérieure donne naissance à une vie ultérieure. La première analogie est celle d'un enseignant qui récite un texte et d'un étudiant qui l'apprend. L'enseignant et l'élève sont tous deux en possession de toutes leurs facultés et l'enseignant lit le texte. L'élève écoute le texte et le mémorise. Si ces trois facteurs sont réunis, le processus de transmission se produira. L'enseignant symbolise la vie actuelle. L'élève symbolise la vie suivante. Le texte représente la conscience qui fait le pont entre les vies.

La deuxième analogie est celle d'une lampe à beurre allumée par la flamme d'une autre. La lampe à beurre est composée de beurre, d'une mèche et d'un récipient. La première lampe représente la vie présente. La seconde lampe représente la vie prochaine. Le feu de la première lampe allume la mèche de la suivante. Cette analogie démontre le non-transfert des choses permanentes, en ce sens que la lampe ne se perpétue pas ; seule la flamme peut être transférée. L'analogie montre également que les choses ne peuvent pas naître sans cause car le feu de la deuxième lampe a été allumé à partir du feu de la première.

La troisième analogie est celle d'un reflet apparaissant dans un miroir. Lorsque quelque chose se trouve devant un miroir et qu'il y a de la lumière, un reflet apparaît. Cette analogie démontre que, bien que les choses elles-mêmes ne puissent être transférées, ce que nous avons dans cette vie, indiqué par ce qui se trouve devant le miroir, apparaît également dans notre prochaine vie comme une sorte de reflet.

La quatrième analogie est celle d'un moule pour fabriquer des *tsa-tsas* (petites images d'argile). Cette analogie indique que la nature des activités que nous menons dans cette vie dicte la forme de notre future renaissance, comme un moule façonne son contenu.

La cinquième analogie est celle d'une loupe qui concentre les rayons du soleil pour allumer un feu. Le feu démarre lorsque la loupe, la lumière du soleil, l'herbe sèche et les brindilles sont réunies. Cette analogie montre comment différents types de vies, dans cet exemple les objets pour allumer un feu, donnent lieu à différentes renaissances représentées par le feu, lequel diffère en nature des objets qui l'ont allumé.

La sixième analogie est celle d'une graine à partir de laquelle grandit une pousse. Une pousse grandit à partir de la réunion d'une graine, de la terre, de l'humidité, etc. Cela indique que lorsque la continuité de quelque chose s'arrête elle ne disparaît pas mais se transforme, à l'exemple de la graine et de la pousse.

La septième analogie est la façon dont la simple mention d'une chose acidulée nous fait saliver. Si nous avons fait l'expérience de boire quelque chose d'acidulé, lorsque nous entendons le mot « acide », nos glandes produisent de la salive. Cette analogie illustre la façon dont nos expériences donnent lieu à des renaissances.

La huitième analogie est celle de l'écho d'une falaise. Lorsqu'un son est émis et qu'une falaise se trouve à proximité, nous entendons un écho, à moins que d'autres bruits forts ne nous distraient. Cela montre comment la renaissance se produit à partir d'une combinaison appropriée de facteurs.

Ces analogies indiquent comment la renaissance se produit si les causes et les conditions sont présentes et s'il n'y a pas d'autres conditions perturbatrices. Ces analogies montrent également que la vie présente et les vies futures ne sont ni identiques ni différentes les unes des autres. Les limites des premières analogies sont clarifiées dans les derniers exemples.

Ces huit analogies illustrent non seulement la manière dont les vies se succèdent mais démontrent également le mécanisme de l'existence conditionnée ; comment les êtres tournent continuellement dans le samsara par le processus des douze liens de la coproduction conditionnée : l'ignorance, les formations et la conscience, jusqu'à la naissance, le vieillissement et la mort.

Dans la vie actuelle, qui résulte de la force propulsive du karma, nous pouvons voir des gens à tous les degrés de richesse et de pauvreté, de bonheur et de misère. De même, le type d'avenir auquel nous pouvons nous attendre est également dicté par le karma. La générosité nous apportera la richesse et des biens précieux, mais si nous volons ou si nous sommes avares, nous souffrirons de la pauvreté. Si nous maintenons un niveau élevé de conduite morale, nous aurons un bon corps physique mais si nous abandonnons celle-ci, nous aurons un corps inesthétique et en mauvaise santé.

Par conséquent, bien que nous soyons des êtres humains dans cette vie, il n'est pas certain que nous renaissions humains dans le futur. Il en va de même si nous sommes pauvres aujourd'hui car il se peut que nous soyons riches dans notre prochaine vie. C'est pourquoi nous connaissons tous des personnes qui se livrent à de nombreuses activités négatives, telles que la malhonnêteté et l'agressivité mais qui semblent être heureuses et à l'aise. Et pourtant, il y en a d'autres, quel que soit le nombre d'actes justes et méritoires qu'ils accumulent, dont la vie devient de plus en plus difficile.

Nous pouvons nous demander comment une telle situation peut se produire. Les ramifications des actes et des résultats karmiques dépassent notre compréhension mais nous savons que la force des actes ne peut jamais être perdue. Nous pouvons ressentir les résultats de nos actes passés dans cette vie ou dans la suivante, ou ne pas les ressentir avant plusieurs vies, mais nous pouvons être sûrs qu'ils nous rattraperont tôt ou tard. En outre, il existe plusieurs types de karma : le karma propulseur et le karma paracheveur, ainsi que de nombreuses divisions des effets karmiques : l'effet rétributif, l'effet dominant, l'effet souverain et ainsi de suite.

Les gens qui se comportent de manière négative peuvent être vus comme heureux parce qu'ils expérimentent le résultat d'un karma positif antérieur mais, plus tard, ils connaîtront inévitablement le résultat de leur karma négatif. Ceux qui suivent uniquement un comportement vertueux dans cette vie mais qui continuent à souffrir purifient les restes du karma négatif accumulé antérieurement et les résultats de leurs actes positifs mûriront assurément dans le futur.

Par exemple, lorsqu'un oiseau vole haut dans le ciel, nous ne pouvons pas voir son ombre, mais à un moment donné, lorsqu'il se pose sur la terre ferme, son ombre noire est visiblement reliée à son corps. Le karma que nous avons accumulé ne peut pas mûrir pour quelque chose d'inanimé, par exemple la terre ou la pierre ; il doit mûrir à travers notre corps physique, qui possède une conscience.

Le courant de conscience fait l'expérience du plaisir et de la souffrance à travers de nombreux corps. Nous pouvons voir que les corps des différentes vies n'ont aucun lien, ils sont toujours séparés. De la même manière, la conscience grossière de différentes vies diffère également comme, par exemple la conscience d'un chien et celle d'un humain. La conscience d'un chien ou d'un homme est dirigée par la cognition ordinaire liée à leur corps particulier et leur comportement est donc différent.

C'est pourquoi nous pouvons constater que l'être animé qui accumule le karma et celui qui en vit les effets sont distincts. Il n'y a pas que les chiens et les humains, les pensées, les actions et les perceptions des six sortes d'êtres animés sont distinctes. La raison en est que le karma vertueux et non vertueux infuse une tendance ou un modèle de comportement dans la conscience et que cette tendance se perpétue dans la conscience à travers les renaissances. Le pouvoir du karma positif ou négatif est à l'origine de la naissance de tous les types de corps des êtres dans les mondes supérieurs et inférieurs. Lorsque la renaissance se produit, le caractère de la conscience change également. Par exemple, lorsque le corps d'un rat est pris, son instinct est de voler, et lorsque le corps d'un chat est pris, son instinct est de tuer.

En plus de ce type d'association, les tendances que nous développons dans nos vies passées se poursuivent dans nos vies futures. Prenons l'exemple d'une femme ayant six fils, chacun ayant les mêmes parents, mais chacun ayant vécu leur existence précédente dans l'un des six domaines d'existence. Les six fils éprouveraient des perceptions propres à l'être humain mais ils manifesteraient également des tendances karmiques issues de leurs vies antérieures. Le fils dont la vie précédente était celle d'un dieu dans les mondes célestes serait beau et doux. Le fils qui renaît du monde des demi-dieux serait jaloux et vicieux. Le fils dont la vie précédente était celle d'un humain serait intelligent et faible. Le fils venant du monde des animaux serait stupide et robuste. Celui du monde des esprits avides aurait un mauvais teint et serait plein de désir et le fils venu du monde des enfers serait repoussant et souffrirait constamment.

Les êtres humains partagent la même perception et les mêmes liens de chair et de sang mais leur histoire, leur mode de pensée, leur comportement et leur caractère sont manifestement très différents. La perception naît du pouvoir de ressemblance causale et a pour base le courant de conscience entre les vies antérieures et postérieures. Cependant, sous l'influence du karma, nos caractères changent.

Le Bouddha a enseigné que les êtres qui renaissent en tant qu'animaux de la forêt aiment manger de l'herbe et que la renaissance en tant que prédateur entraîne le désir de manger de la viande. Dans le cas d'un être dans l'état intermédiaire, pendant la première moitié de cette période, son corps et ses perceptions sont similaires à ceux de sa vie précédente. Au cours de la seconde moitié, cela change, anticipant le corps et les perceptions de sa future renaissance.

Les détails concrets des effets du karma propulseur, du karma paracheveur, etc., sont incroyablement complexes. Seule la sagesse omnisciente de l'éveil permet de comprendre toutes les différentes sortes de causes et la manière dont les causes et les effets opèrent dans leur totalité. Ainsi, jusqu'à ce que nous devenions un parfait bouddha, nous ne pouvons que parler de manière générale sur ce sujet.

La continuité d'une conscience qui accumule toutes sortes de karmas et connaît des résultats divers cesse-t-elle un jour et meurt-elle ? Du fait que la conscience n'a pas de forme, sa continuité ne peut pas être interrompue mais elle se transforme. En fin de compte, la conscience atteindra le niveau de la bouddhéité et sa continuité se transformera alors. Dit autrement, la partie de la conscience qui était fourvoyée cessera d'exister. En d'autres termes, il est enseigné que la conscience se libèrera des obscurcissements.

Du point de vue de l'aspect de la conscience qui est parfaite dans la sagesse de l'éveil, séparée des facteurs afflictifs de l'esprit et mature dans les qualités éveillées, on peut dire de manière générale qu'il n'y a ni début ni fin au samsara mais pour un être animé particulier, il y a une fin au fourvoiement. La raison en est que dans le courant de conscience du plus petit insecte jusqu'au bouddha le plus parfait, il y a la même graine de la nature de bouddha.

Cette nature de bouddha imprègne un être comme l'huile imprègne une graine de sésame. Plus nous analysons et étudions cette véritable nature, plus nous finirons par comprendre ce que le Bouddha a enseigné : La nature de bouddha est le mode d'être, vide, non élaboré et inconcevable. Il n'y a rien à ajouter à cela. Si nous faisons confiance à ces paroles immuables, nous ne serons certainement pas trompés. Par l'investigation et l'analyse, nous atteindrons la certitude. En méditant sur la nature inconcevable des phénomènes, le soleil intérieur de la sagesse sans élaborations discursives s'élèvera de nos cœurs et nous pourrons entrer dans le saint royaume immuable et immortel de l'éveil en cette vie.

Dans les sutras, le Bouddha Shakyamuni a enseigné les causes et les effets du karma :

Quelle que soit l'action que l'on accomplit,
Le plein effet se produira conformément à elle.
Même après dix millions d'éons, cela ne changera en rien.

Et encore :

Si l'on s'engage dans la voie de la vertu, on atteindra le bonheur.
Les actions non vertueuses engendrent la souffrance.
Les effets karmiques de la vertu et de la non-vertu sont ainsi clairement démontrés.

Voici une liste des dix vertus. Voyons-les comme un véhicule qui nous mènera à un heureux état d'existence :

* Si nous cessons de tuer, nous aurons une longue vie sans maladie.
* Si nous ne prenons pas ce qui ne nous est pas donné, nous aurons de grandes richesses.
* Si nous nous abstenons de toute inconduite sexuelle, nous rencontrerons un beau ou une belle partenaire qui ne se retournera pas contre nous.
* Si nous cessons de mentir, nous serons loués et nous connaîtrons la gloire.
* Si nous nous abstenons de créer la discorde par nos paroles, nous serons appréciés de tous et nos associés seront aimables.
* Si nous évitons les mots blessants, nous entendrons toujours des mots agréables et nous serons heureux.
* Si nous ne faisons pas de commérages, nous atteindrons une position où nous serons respectés et où les gens croiront ce que nous disons.
* Si nous rejetons la convoitise, nous obtiendrons tout ce que nous voulons.
* Si nous cessons d'avoir des pensées malveillantes, nous paraîtrons attirants et nous aiderons les autres à se sentir calmes.
* Si nous abandonnons les croyances fallacieuses, nous maintiendrons une vue juste dans toutes nos vies à venir.

Par ailleurs, si nous nous engageons dans des activités non vertueuses, nous renaîtrons inévitablement dans l'un des états d'existence inférieurs, selon la force de la motivation négative qui sous-tend nos actes : le monde des enfers, le monde des esprits avides ou celui des animaux. Outre ces effets karmiques, il existe ce que l'on appelle l'« effet de l'expérience », qui est conforme à la cause. En voici des exemples :

- Tuer entraîne une vie courte.
- Voler entraîne la pauvreté.
- L'inconduite sexuelle crée de nombreux ennemis.
- Le mensonge pousse les autres à nous dénigrer.
- Les paroles de discorde séparent des bons amis et font de chacun un ennemi.
- Prononcer des mots blessants signifie que nous entendrons toujours des mots désagréables.
- Les commérages font que nos paroles ne seront pas respectées.
- La convoitise fait que nos espoirs resteront insatisfaits.
- Les pensées malveillantes nous rendront continuellement nerveux et craintifs.
- Les croyances fallacieuses entraîneront la stupidité et la confusion.

Une autre fonction du karma est appelée « effet conforme à la cause ». Il s'agit d'une accoutumance aux actions lors de la renaissance. Par exemple, si quelqu'un a créé une prédisposition karmique en abattant fréquemment des animaux dans une vie antérieure, il prendra plaisir à tuer dans sa vie suivante.

L'effet dominant des actes mûrit également dans notre environnement et les résultats peuvent se produire dans cette vie comme dans les vies futures :

- Tuer réduit l'efficacité de la médecine.
- Le vol empêche l'augmentation de nos richesses.
- L'inconduite sexuelle rend notre environnement sale.
- Le mensonge rend notre environnement malodorant.
- Les paroles de discorde ont pour conséquence une région avec beaucoup de précipices et de ravins.
- Les mots blessants sont la cause des déserts épineux.
- Les commérages rendent les saisons très changeantes.
- La convoitise fait que nos efforts ne donnent que peu ou pas de résultats.
- Les pensées malveillantes donnent à nos aliments un mauvais goût et une faible valeur nutritive.
- Les croyances fallacieuses causent la perte de nos récoltes.

Commettre des actes non vertueux revient à consommer un poison mortel qui nous ruine et nous détruit. Sachant cela, si nous désirons le bonheur, nous devons abandonner les actes négatifs, nous engager dans les dix vertus méritoires et pratiquer progressivement les racines de bien libératrices. Si nous nous engageons pas à pas dans les différentes voies des êtres aux capacités inférieures, intermédiaires ou supérieures, nous pouvons suivre la voie de la libération. Cela conduit au bonheur permanent de la paix de l'éveil, comme le raconte la légende de Latshamma :

Dans une région de l'Inde ancienne, vivait un roi nommé Rabsel, dont le frère s'appelait Topkyi Drogpo. La fille de Topkyi Drogpo s'appelait Latshamma, une jeune fille sage et sincère. Dans un royaume voisin, l'un des ministres du roi, Ridag, avait sept fils ; Latshamma fut donnée en mariage au plus jeune fils de Ridag et devint chef de famille.

Un jour, un oiseau venu d'une île de l'océan survola le palais en emportant un épi de riz et le laissa tomber sur le toit du palais. Le roi Rabsel ordonna à ses ministres de planter les grains de riz pour produire des médicaments. Obéissant à cet ordre, quelques ministres plantèrent une partie du riz, mais celui-ci ne poussa pas du tout. En revanche, Latshamma planta quelques grains et la récolte fut abondante. La femme du roi Rabsel fut guérie de sa maladie grâce au médicament fabriqué à partir du riz de Latshamma.

À un autre moment, le chef d'un autre royaume mit le roi Rabsel au défi de tenter certaines épreuves afin de tester sa sagesse et son autorité. Tout d'abord, ce rival envoya au roi une paire de chevaux, une jument et son poulain, qui se ressemblaient exactement. L'épreuve du roi consistait à identifier correctement lequel était la jument et lequel était le poulain. Personne ne put faire la différence, mais Latshamma sépara la jument de son poulain en donnant une poignée d'herbe à l'une, mais pas à l'autre. Plutôt que de manger elle-même l'herbe, la jument alla la donner à son poulain, ce qui permit à Latshamma de savoir immédiatement de quel animal il s'agissait.

Ensuite, le souverain rival envoya deux serpents identiques. La tâche consistait à déterminer lequel des deux était un mâle et lequel une femelle. Latshamma savait que si elle plaçait les deux serpents sur un tissu lisse, le mâle s'agiterait de façon désagréable mais la femelle resterait immobile. En guise de test final, deux bûches furent envoyées, de longueur et d'épaisseur identiques, mais coupées l'une au sommet et l'autre à la base d'un jeune arbre. La tâche consistait à déterminer quelle bûche avait été coupée par le haut et quelle bûche avait été coupée par le bas. Latshamma mit les bûches dans l'eau, sachant que celle coupée du bas coulerait et que celle coupée du haut flotterait. Tous les défis ayant été relevés avec succès, le roi Rabsel et son rival se réconcilièrent et Latshamma fut généreusement récompensée pour son ingéniosité.

Après un certain temps, Latshamma tomba enceinte et, neuf mois plus tard, donna naissance à trente-deux œufs. Lorsque les œufs furent éclos, chacun d'entre eux contenait un beau garçon. Les garçons grandirent, chacun ayant la force d'un millier d'hommes. À cette époque, le Bouddha se rendit chez Latshamma pour enseigner le Dharma. Toutes les personnes présentes atteignirent le fruit de l'entrée dans le courant, à l'exception du plus jeune garçon.

Parti à dos d'éléphant et traversant un pont sur un grand fleuve, le plus jeune garçon rencontra le fils d'un autre pasteur monté sur un char et aucun des deux ne voulut céder sa place. Le garçon né d'un œuf se mit en colère et jeta à l'eau le fils du ministre ainsi que son char. Bouleversé et déprimé, le fils du ministre alla pleurer auprès de son père et lui raconta ce qui s'était passé. Le ministre se mit en colère et conçut un plan diabolique. Il se rendit à l'endroit où vivaient les trente-deux garçons et leur donna un petit bâton couvert de bijoux, mais il avait caché à l'intérieur du bâton une épée acérée à double tranchant.

Les trente-deux fils de Latshamma aimaient jouer avec le bâton et l'emportaient partout où ils allaient. Le lendemain, les trente-deux garçons choisirent par hasard le jardin du roi Rabsel comme terrain de jeu. Le ministre dont le fils avait été jeté dans la rivière s'approcha du roi et lui murmura à l'oreille : « Les enfants de Latshamma complotent pour te tuer. Si tu ne me crois pas, regarde dans leur bâton ». Lorsque le roi découvrit l'épée tranchante cachée dans le bâton, il entra dans une colère noire et coupa la tête de tous les garçons. Il mit les têtes dans une boîte en bois et envoya celle-ci à Latshamma.

Ce jour-là, Latshamma avait invité le Bouddha et sa suite chez elle. Lorsque la boîte arriva, elle pensa que le roi Rabsel avait envoyé des offrandes pour le Bouddha. Alors qu'elle s'apprêtait à ouvrir la boîte, le Bouddha dit : « Ne l'ouvrez pas tout de suite, servez d'abord le repas. » Après le repas, le Bouddha donna des enseignements et Latshamma atteignit le résultat du non-retour. Après les enseignements, elle promit de fournir à certains moines malades qui accompagnaient le Bouddha toutes les provisions dont ils avaient besoin et d'offrir tout ce qui était nécessaire à ceux qui s'occupaient d'eux et des autres moines. Latshamma donna également des provisions à un groupe de moines qui se préparaient à partir en voyage. En réponse à cela, le Bouddha dit : « Excellent ! Le mérite de vos quatre offrandes est grand, aussi grand que celui de faire des offrandes à un Bouddha ».

Lorsque le Bouddha fut parti, Latshamma ouvrit la boîte et y trouva les têtes de ses fils. Cependant, comme elle avait été libérée de l'attachement, Latshamma ne fut pas troublée mais ceux qui l'entouraient se mirent en colère, rassemblèrent une armée et entreprirent de tuer le roi Rabsel. Le roi réussit à s'échapper et se réfugia dans le camp du Bouddha, dans la forêt de Jetavana. Lorsque l'armée encercla le camp, Ananda, l'assistant du Bouddha, interrogea le Bouddha sur la cause karmique d'une telle situation. Le Bouddha donna l'enseignement suivant :

« Il y a bien longtemps, trente-deux personnes décidèrent de voler une vache. Dans les environs vivait une pauvre vieille dame sans enfants, ni neveux, ni nièces. Après avoir volé la vache, les trente-deux voleurs l'emmenèrent dans la maison de la vieille dame. Ils tuèrent la vache, partagèrent chair et sang entre eux et la vieille dame, qui fut satisfaite. Cependant, consciente de sa mort imminente, la vache avait fait le serment suivant : "Puisque vous avez l'intention de me tuer maintenant, dans le futur, même si j'atteins la réalisation, puissé-je tenir ce serment et vous tuer tous !"

La vache a fini par renaître en tant que roi Rabsel. Les trente-deux voleurs sont devenus les trente-deux fils de Latshamma et la vieille dame est maintenant Latshamma. Le plein effet karmique de cet acte négatif a fait que les voleurs ont été tués cinq cents fois au cours de cinq cents vies. En tant que vieille dame, Latshamma était heureuse de tuer la vache. À cause de cela, elle a souffert d'être la mère des trente-deux voleurs et d'assister encore et encore à leur mort. »

Le Bouddha a également enseigné la cause du karma positif qui a permis à Latshamma et à ses fils de renaître dans une famille noble, de jouir du pouvoir ainsi que de grandes richesses et de rencontrer le Bouddha :

« Lorsque le précédent Bouddha Kasyapa était dans ce monde, une vieille dame pieuse acheta de l'encens et des lampes à beurre et les offrit à un stupa au bord de la route. Trente-deux personnes vinrent l'aider. Ensemble, elles formulèrent une prière d'aspiration pour que le mérite ainsi créé fasse qu'elles ne soient jamais séparées, quel que soit l'endroit où elles renaîtraient par la suite, mais qu'elles soient toujours mère et fils. Elles prièrent également pour renaître dans la caste la plus élevée, avec un corps fort et sain, des richesses ainsi que des biens en abondance, pour rencontrer le Bouddha et recevoir des enseignements du saint Dharma ».

En entendant l'enseignement du Bouddha, les partisans de Latshamma et leur armée comprirent que la situation actuelle était le résultat d'un karma antérieur. Ils calmèrent donc leur colère et n'eurent pas de mauvais sentiments envers le roi Rabsel.

Cette légende nous apprend que si nous tuons et nous nous réjouissons de tuer, si nous commettons tout acte négatif ou que nous

nous en réjouissons, le plein effet désagréable est inévitable. Il en va de même pour les actes positifs, surtout s'ils sont accomplis en relation avec un objet sacré. Nous voyons également que les prières d'aspiration faites au moment de la mort sont très puissantes et que la loi de cause à effet est infaillible.

Trois
L'impermanence de la vie humaine

À un moment donné, notre univers est apparu ; à l'heure actuelle, il existe toujours mais il finira par se désintégrer, laissant un espace vide, tel qu'il était avant sa formation. De même que le monde extérieur est sujet à la désintégration, les corps de ses habitants sont destructibles. Dans le cas de l'esprit, tout d'abord, à partir de l'état naturel de l'esprit qui est semblable au ciel, l'ignorance et le souffle de la discursivité forment la base de l'esprit conceptuel. Cet esprit subsiste pendant un certain temps, puis finit par être détruit. Cela se produit parce que toutes les choses conceptuelles sont composées et doivent donc se séparer, de la même manière que tout ce qui est né doit mourir et que tout ce qui a été formé doit se désintégrer.

Au moment de notre mort, les quatre éléments externes se dissolvent dans les quatre éléments internes. Les éléments internes se dissolvent alors dans la luminosité et il y a un moment où cette expérience devient égale au ciel.

Par le jeu du karma, toutes sortes d'univers voient le jour. De même, dès lors que l'on postule l'existence d'une vie antérieure, l'existence d'une vie future est naturellement établie. Nous comprenons ainsi qu'à la mort, nous nous débarrasserons de notre corps actuel, comme d'un vêtement emprunté pour un instant. Si nous prenons le temps de réfléchir à l'endroit où nous pourrions renaître, c'est une perspective effrayante et redoutable.

Si nous pouvions rassembler les os de tous les corps des innombrables renaissances supérieures et inférieures que nous avons prises dans le passé, la pile serait certainement aussi haute que la plus haute montagne. Ou encore, si nous rassemblions toutes les larmes que nous avons versées au cours de toutes nos vies, le volume formerait certainement un énorme océan. Cela étant, le nombre de fois où les êtres animés ont été parents, enfants, amis et ennemis les uns des autres est incalculable. Sur la base de ces vérités, nous reconnaissons que les êtres animés sont totalement inconscients de leur sort et qu'ils sont sous l'emprise totale du karma. Nous sommes continuellement entraînés par notre karma, ne connaissant que la souffrance, comme une abeille piégée dans un bocal dans lequel elle tourne en rond, incapable de s'échapper. Nous prenons la souffrance du samsara pour du bonheur. Qu'y a-t-il de plus misérable que cela ?

Je suis sûr que certains d'entre vous qui lisez ces lignes sont jeunes, en bonne santé, séduisants et bien lotis, et vous vous dites peut-être : « Le monde est si agréable ! Comment se fait-il qu'il dise qu'on y souffre ? C'est insensé, il ne sait pas de quoi il parle ! » Je vous réponds : « Réfléchissez-y ! ».

Comment sommes-nous arrivés dans ce monde ? Avant la naissance, nous avons lutté pour survivre et grandir, à l'étroit dans le ventre sombre de notre mère. Puis, renversés par les souffles karmiques, nous avons souffert les affres de la naissance. En arrivant dans ce monde, nous avons enduré des sensations pénibles, comme si nous étions tombés dans un puits d'épines. Ensuite, nous avons été totalement incapables de prendre soin de nous ; l'incapacité à contrôler notre corps, la chaleur et le froid, les mouvements, la vessie et les intestins, et ainsi de suite, nous a causé de grands problèmes. Nous ne pouvions même pas communiquer avec les autres. Nous n'avons aucun souvenir de ces souffrances et d'autres que nous avons vécues pendant les premières années ou les deux premières années de cette vie, tout comme nous ne sommes pas capables de nous souvenir des événements de notre vie précédente.

Si nous réfléchissons vraiment à notre situation depuis notre naissance jusqu'à ce que nous apprenions à parler et à nous déplacer, nous pouvons constater que notre enfance a également été pleine de souffrances car nous étions complètement dépendants d'autrui. De même, le temps que nous avons passé à étudier à l'école a été plein de souffrances car nous n'arrivions pas à comprendre ce que l'on nous enseignait. En jouant avec nos camarades, nous avons souffert de la rivalité. Les bagarres, les brimades, la colère et les sentiments blessés nous ont fait souffrir. Aujourd'hui, nous sommes adultes. Si nous sommes riches, nous nous tourmentons à l'idée de perdre notre richesse. Si nous sommes pauvres, nous sommes constamment angoissés à l'idée de ne pas pouvoir nous procurer suffisamment de nourriture ou de vêtements. Non seulement nous souffrons continuellement de la chaleur et du froid, de la faim et de la suralimentation, mais nous souffrons également lorsque nous n'obtenons pas ce que nous voulons et lorsque des choses indésirables nous sont imposées. Chaque heure de chaque jour, notre vie humaine n'est jamais exempte de souffrance.

Nous ne nous rendons pas compte que nos maigres plaisirs sont imprégnés de la souffrance du changement et de la souffrance omniprésente, et nous les prenons pour du bonheur. Si quelqu'un n'a jamais goûté au sucré, il ne sait pas quel est son goût. Il en va de même pour nous. Nous n'avons jamais connu le vrai bonheur sans souffrance. Aussi, prenons-nous la souffrance pour du bonheur. Parce que notre perception est altérée, le plaisir que nous tirons de nos attachements et de nos désirs est le même que celui qu'éprouve un asticot à se vautrer dans ses excréments.

Nous avons été enfants et aujourd'hui nous sommes peut-être encore dans la fleur de l'âge mais nous ne resterons pas ainsi ; le temps continue à passer jour après jour, nous dérobant toutes les qualités de la jeunesse que nous pourrions encore garder. D'ici peu, notre visage sera plein de rides, nos cheveux seront aussi blancs qu'un bouquet d'herbe flétrie et nos membres deviendront raides et secs comme du bois. Cette apparence décrépite nous apportera certainement beaucoup de chagrin. Les amis bien-aimés qui appréciaient autrefois notre compagnie s'éloigneront peu à peu. De plus, toutes nos facultés se dégraderont. Notre vue se brouillera, notre ouïe s'affaiblira. Nos dents, autrefois belles, régulières et bien espacées, se déferont et tomberont, et nous perdrons le goût des aliments délicieux. Ce déclin physique s'accompagnera d'une dégénérescence de l'esprit et de son infantilisation. L'approche de la sénilité entraîne le désespoir. Tout le monde nous traitera de « vieille peau » ou de « vieux schnock » et nous serons exclus des rangs des vivants.

Cependant, tant que nous restons dans la souffrance du samsara, nous devrions considérer que nous avons de la chance de vivre une longue vie. Au Tibet, au lieu de se dire « au revoir », les gens se souhaitent une « longue vie » en disant : « Puissiez-vous vivre jusqu'à cent ans ! » Cependant, tant que nous n'aurons pas atteint le corps immuable et immortel de l'éveil, il semble improbable que nous restions toujours pleins de vigueur et de jeunesse.

Dans l'ombre de la vieillesse et de la maladie se trouve notre grand ennemi, la mort, qui ronge en ce moment même, bouchée par bouchée, nos vies humaines. Face à cela, osons-nous nous laisser aller à la nonchalance ? Sachant que la confusion de la ronde des existences est une illusion, nous devrions commencer le plus tôt possible à pratiquer le saint Dharma pour libérer notre esprit de ce fourvoiement. Pour ceux qui agissent ainsi, qu'il s'agisse des souffrances de la vieillesse, de la maladie, de la mort ou de tout bonheur ou misère que nous rencontrons, tout devient comme un ami sur le chemin de la libération et apparait comme autant d'instructions pour améliorer notre pratique.

Comme l'a dit Milarepa :

Personne ne me demande si je suis malade,
Personne ne pleurera quand je mourrai.
Mourir seul dans ce cimetière
Réalise les souhaits du yogi.

Et aussi :

Ce qu'on appelle la mort
Est un petit éveil pour un yogi.

Lorsque nous atteignons ce stade de réalisation, la félicité s'élève naturellement de notre cœur. Tout le bonheur et toute la souffrance qui surviennent extérieurement ne servent donc qu'à soutenir cette félicité. Ainsi se poursuit mon discours décousu...

À présent, pour illustrer davantage cela : dans cette sphère d'existence qu'est notre Terre, l'espèce que nous appelons « homo sapiens » est celle qui est la plus avancée de toutes les créatures vivantes et notre intelligence supérieure nous permet de contrôler des animaux puissants, sauvages et carnivores tels que les tigres, les lions, etc. Nous n'avons pas d'ailes mais les réalisations des scientifiques et des ingénieurs nous ont permis de voler dans le ciel et même dans l'espace. Nous sommes devenus maîtres de notre monde par ces moyens et par bien d'autres encore mais nous n'avons toujours pas trouvé le moyen d'éviter la mort. Nous ne possédons aucune méthode pour inverser le processus de la mort, aucun moyen d'éviter la renaissance dans les mondes inférieurs de l'existence, ni même un moyen d'assurer des renaissances futures exemptes de souffrance. Nous n'avons pas trouvé de solution pour échapper définitivement à l'une ou l'autre de ces menaces.

Cela dit, il existe quelques personnes qui savent vraiment comment accomplir de telles choses mais très rares sont ceux d'entre nous qui tournent réellement leur esprit vers ces préoccupations. Quelle folie que nous soyons si peu nombreux ! Comme nous l'avons déjà dit, le mieux serait peut-être d'avoir la certitude que les renaissances futures n'existent pas. Cependant, il n'y a pas de véritables arguments logiques ou de raisons réfutant l'existence des vies futures si ce n'est leur imperceptibilité apparente. Par conséquent, en l'absence d'alternatives viables, il est logique que nous accordions une plus grande confiance à la véracité des enseignements du Bouddha.

À l'heure actuelle, nous trouvons insupportable que notre précieux corps chéri soit abîmé, même légèrement. Inutile donc de mentionner ce que nous ressentirons lorsque notre corps sera détruit après la mort. Cependant, nous portons tous le nœud coulant du Seigneur de la mort et l'année, le mois, le jour et la minute de notre mort ont déjà été déterminés. Osons-nous rester les bras croisés ? Depuis notre naissance, l'heure de notre mort n'a cessé de se rapprocher. Même si quelqu'un a la force de vivre cent ans, dès le premier soir de sa naissance, les années et les mois de sa vie raccourcissent d'une nuit. Notre vie se raccourcit chaque jour qui passe.

Selon la théorie tibétaine, nous respirons vingt et un mille six cents fois par jour. Chaque respiration ou chaque seconde que nous vivons, nous rapproche de la mort. Le temps s'écoule sans cesse, à l'image d'une cascade se déversant sur le flanc d'une montagne escarpée. Comme le soleil couchant disparaissant peu à peu, nous approchons de notre mort. Notre vie est semblable au soleil couchant qui s'approche des montagnes de l'ouest, tandis que l'ombre du Seigneur de la mort se rapproche de plus en plus. Cela fait froid dans le dos !

Supposons que nous ayons actuellement trente ans et que notre espérance de vie soit de quatre-vingts ans ; il nous resterait cinquante ans à vivre, ce qui semble très long. Environ un tiers de ces cinquante années sera consacré au sommeil qui, à quelques nuances près, s'apparente à une petite mort dans laquelle nous nous enfonçons inconsciemment. Sur la trentaine d'années restantes, la moitié sera consacrée à travailler pour subvenir à nos besoins en nourriture et en vêtements, et il est difficile de dire exactement où passe le temps. Il reste maintenant quinze ans. Cinq jours par semaine, nous sommes occupés à travailler et les deux jours restants sont généralement remplis de distractions, de sorte qu'il est très difficile de trouver du temps libre. Nous voyons donc qu'aussi longue que puisse paraître notre vie humaine, elle n'en est pas moins très courte.

Nous chérissons ce que nous appelons notre corps ; nous lui donnons des aliments savoureux à manger et nous l'ornons de beaux vêtements et accessoires. Nous organisons des rituels pour le maintenir propre et sain et nous faisons attention à ce que nous lui permettons de faire. Nous nous efforçons de nous protéger et de préserver notre vie de centaines de façons. Certaines personnes tuent même sans réfléchir pour se nourrir. Nous n'aimons pas que les autres nous critiquent, même légèrement, ou qu'ils nous jettent un bref regard désagréable, mais certains, en position de pouvoir, emprisonnent et battent des gens innocents et sans défense, alors qu'ils ne supportent pas d'être eux-mêmes piqués par une épine. Ils sont incapables d'éprouver de la compassion pour autrui. Lorsque le Seigneur de la mort arrivera soudainement pour ces égoïstes, tout leur pouvoir et leur statut, leurs possessions et leurs richesses, leur bravoure et leur vigueur ne seront pas de taille face à la mort. Alors qu'ils seront couchés dans leur dernier lit, ils auront des visions de leur prochaine vie et des larmes couleront de leurs yeux. Quand vient le moment de partir, ces gens auront soudain l'air pitoyable.

Si nous avions une durée de vie déterminée, nous nous sentirions peut-être un peu mieux mais nous n'avons aucune certitude quant à notre longévité. Nous pourrions mourir demain ou après-demain. Nous ne savons pas si nous allons mourir maintenant ou plus tard dans la soirée. De plus, nous ne connaissons même pas les conditions qui causeront notre mort. Que pouvons-nous faire ?

Nous pourrions penser : « Je pourrai supporter cela quand je mourrai. Des personnes bien plus importantes que moi ont toutes emprunté le chemin de la mort, il n'y a pas lieu de s'en étonner. Cependant, mes enfants, mon partenaire de vie et mes amis me sont encore plus chers que mon propre corps. Ils ressentiront certainement plus de chagrin et d'angoisse à ma mort que s'ils mouraient eux-mêmes. Comment pourrai-je supporter cela ? »

« Et si je devais mourir en premier ? Plus tard, lorsque mes proches traverseront les dangereux défilés de l'état intermédiaire, le bardo, il n'y aura personne pour les protéger de la peur. Je n'aurai aucune possibilité de les accompagner dans leur désespoir, à l'image d'une lampe brillant dans l'obscurité, ou de leur montrer le chemin de la libération. Si un enfant est tué sous les yeux de sa mère, c'est elle qui éprouve la plus terrible des souffrances. Mon incapacité à assurer la protection de mes proches est tout aussi angoissante ».

Si les éléments qui constituent notre corps se déséquilibrent ne serait-ce qu'un peu, notre état physique se détériore. Si nous sommes en phase terminale, notre corps devient notre pire ennemi. Souffrant de traumatismes et de douleurs terribles avant la mort, c'est comme si nous faisions l'expérience du monde des enfers avant de mourir.

Nous consommons de délicieux aliments et boissons sucrées pour nourrir notre corps mais ceux-ci peuvent facilement nous nuire, causer des problèmes de santé et finalement entraîner notre mort. En outre, il existe de nombreux risques potentiels : catastrophes, accidents, conflits, etc. et relativement peu de conditions favorables à la vie. Certains êtres meurent dans le ventre de leur mère sans avoir vu ce monde. Certains meurent en tant que bébés, sans avoir eu le temps de profiter des plaisirs de ce monde. Certains meurent dans la fleur de l'âge, soudainement séparés de leur compagnon de vie. Certains meurent vieux et décrépits, sans amis, après avoir enduré toutes les souffrances de la vieillesse.

En bref, les manifestations de l'impermanence du temps, connues sous le nom de « grossière impermanence continue » et de « subtile impermanence momentanée », sont comme de grands ennemis destructeurs qui engloutissent les trois domaines de l'existence. Personne n'échappe à leur pouvoir.

Le fragile continuum de notre faible force vitale dépend du petit mouvement de l'air qui entre et sort de nos poumons. Soudain, sans avoir fini notre repas, notre travail ou sans avoir profité pleinement de tout ce que nous avons, nous laissons derrière nous nos parents et nos proches, comme un cheveu arraché du beurre, et nous partons seuls et impuissants. Quelle pitié !

Lorsque le corps que nous avons tant chéri deviendra un cadavre, son éclat vivant cessera et les gens auront peur de le regarder. Les parents, les amis et les enfants que nous avons chéris et protégés toute notre vie nous quitteront et notre corps se retrouvera dans une fosse noire ou sera brûlé dans un feu ardent et deviendra une simple poignée de cendres. Quelle que soit la manière dont notre corps sera éliminé, à partir de ce jour, nous serons exclus de la compagnie des vivants et nous nous rangerons parmi les morts. À ce moment-là, il est douteux que la fumée des offrandes brûlées ou les fleurs déposées sur notre pierre tombale nous soient bénéfiques car nous nous aventurerons sans protection et sans refuge dans l'état intermédiaire qu'est le bardo.

Parmi les gens vivant sur cette planète, ceux qui acceptent l'existence de vies passées et futures sont minoritaires. Un grand pourcentage croit qu'il n'y a pas de vies futures et certains n'ont aucune certitude quant à l'existence ou non des vies passées et futures. Ce dernier groupe peut être divisé en quatre catégories de personnes : 1/ celles qui n'ont jamais étudié le sujet, 2/ celles qui sont naïvement étroites d'esprit, 3/ celles qui n'osent pas penser à la mort et 4/ celles qui ne veulent pas en parler.

Deux types de personnes acceptent l'existence des vies futures. Le premier groupe croit aux vies futures non pas parce que les autres y croient, mais parce qu'il a mené sa propre analyse et sa propre enquête. Ces personnes déterminent par une étude et une logique correctes que les vies futures existent et elles se font leur propre opinion. Les secondes pensent que du fait que tel ou tel saint personnage a enseigné ceci ou cela ou peut-être parce que l'existence des vies futures a été acceptée dans un endroit particulier depuis les temps anciens, cela doit être vrai ; elles acceptent donc automatiquement et aveuglément l'existence des vies futures sans le moindre doute.

Il est difficile pour ceux qui pensent qu'il n'y a pas de vies futures de trouver des recherches convaincantes ou un solide soutien logique pour leur servir d'argument. Il existe plusieurs grandes religions dans le monde ainsi que de nombreuses autres sectes plus petites et de nombreux autres systèmes de croyance. Chacun revendique une autorité scripturale et des théories apparemment valables pour étayer son dogme. Si l'une d'entre elles est effectivement correcte, il s'ensuit que les autres sont nécessairement fausses. Au fil des siècles, des individus très différents ont propagé des théories religieuses, certains à des fins égoïstes, d'autres s'efforçant d'aider l'humanité, et d'autres encore avec des motivations diverses. Nous pouvons nous sentir déconcertés par toutes ces théories religieuses contradictoires. C'est pour ces raisons que certaines personnes arrivent à la conclusion que toutes les religions sont fausses.

Ceux qui soutiennent qu'il n'y a pas de causes et d'effets peuvent également être divisés en deux catégories. Le premier groupe comprend ceux qui suivent les doctrines traditionnelles de certaines écoles philosophiques postulant que tout ce qui n'est pas un objet des cinq sens n'existe pas. Le second groupe est constitué de ceux qui suivent les idées d'individus persuasifs qui promeuvent, conformément à un agenda personnel, la croyance en la non-existence de la vertu et du péché ou des causes et de leurs effets. Cependant, si la majorité des gens devait croire aux causes et à leurs effets, la position de ce deuxième groupe deviendrait moins tenable.

Incertains quant à l'existence de vies antérieures et futures, de nombreuses personnes sont prêtes à en envisager l'idée mais restent finalement indécises. D'autres, dont l'intelligence est plus limitée, n'envisagent même pas la possibilité d'une renaissance après la mort. Elles ont même peur de parler de la mort et n'osent même pas y penser. Pour utiliser une analogie, c'est comme si, en voyageant, nous rencontrions un abîme inévitable sur le chemin devant nous. Les personnes qui ont peur d'envisager la mort ne peuvent se résoudre à penser à l'expérience terrible que représenterait la chute dans l'abîme. De plus, sachant qu'il y a un gouffre, qu'il n'y a pas d'autre chemin et qu'il n'y a pas d'autre option que de continuer à avancer, ces personnes ferment les yeux et essaient de faire comme s'il n'y avait pas de gouffre devant elles !

Lorsqu'ils éprouvent des souffrances mentales, certains individus stupides boivent de l'alcool ou prennent des drogues pour engourdir leur corps et leur esprit afin de soulager la souffrance pendant un certain temps. Ces gens immatures agissent sous l'influence de l'ignorance et ne trompent qu'eux-mêmes. Ils font également partie de cette deuxième catégorie de personnes.

À l'heure actuelle, il semble qu'il y ait une grande division entre les écoles de pensée qui se conforment à la théorie scientifique moderne et celles qui évitent cette conformité. À mon avis, il serait utile d'effectuer des recherches sur la terminologie employée par chaque école de pensée, afin de clarifier la signification précise des différents termes. Les mentalités, les points de vue et les idéologies des uns et des autres s'opposent toujours en raison des différences de compréhension ou d'explication des termes et des références textuelles. Selon moi, quel que soit le cadre de référence utilisé, qu'il s'agisse du matérialisme ou de l'idéalisme, il devrait résister à l'examen de la méthode scientifique.

Il me semble que, quel que soit l'objet ou le phénomène connaissable examiné, une compréhension authentique, non déformée, non trompeuse et correctement conclue de sa nature déterminée dans tous ses aspects est en fait finalement atteinte en étudiant et en réalisant l'ultime ou ce que l'on appelle la vraie nature de tous les phénomènes, le véritable mode d'être. Je pense que cette recherche de la réelle nature de tous les phénomènes est le véritable objectif de la pure recherche scientifique et la mise en application de ce type de recherche peut donc être considérée comme étant en accord avec les authentiques principes scientifiques.

Fondamentalement, la science pure prétend découvrir des vérités indubitables. Cependant, il est très difficile de trouver un expert scientifique qui ait réellement atteint l'objectif suprême de comprendre la vérité ultime. Les scientifiques d'aujourd'hui ont identifié des particules invisibles à l'œil nu et ont développé des méthodes pour manipuler leurs forces. Il est plus que probable que de nombreuses choses que les scientifiques ne peuvent pas voir ou qu'ils n'ont pas découvertes aujourd'hui seront détectées et identifiées par les scientifiques du futur. De plus, il se pourrait que de nombreuses choses qui ne peuvent être détectées ou conceptualisées par les yeux ou l'esprit des humains de cet univers soient conceptualisées par des êtres d'autres univers. Beaucoup de choses que nos yeux physiques d'êtres humains ne peuvent pas voir sont certainement perçues par des yeux non physiques.

Les matérialistes affirment que tout ce qui ne peut être perçu instantanément devant nos yeux n'existe que dans le monde imaginaire des idéalistes. Dès lors, si un inventeur avait donné une conférence sur la possibilité de construire une machine capable de voler dans le ciel il y a deux ou trois cents ans, la communauté scientifique l'aurait rejetée comme le fruit de l'imagination d'un idéaliste. Aujourd'hui, alors que nous pouvons voir des avions dans le ciel, pouvons-nous accepter que le point de vue des idéalistes soit devenu celui des matérialistes ?

Si nous pensons que le point de vue des idéalistes est faux et que l'esprit, qui n'est pas un objet brut, n'a ni pouvoir ni influence, nous devrions alors commencer à étudier certains phénomènes rares mais néanmoins manifestes, tels que les effets puissants de la concentration méditative. Si elle est pratiquée efficacement, en signe de puissance et d'accomplissement, la méditation peut faire disparaître le corps physique en un corps de lumière appelé « corps d'arc-en-ciel ». La méditation peut également raviver des souvenirs de vies antérieures, etc.

Nous devons au moins admettre que si notre esprit est heureux, nous rions, et que s'il est malheureux, nous pleurons. En ce qui concerne le corps, la parole et l'esprit, ce dernier est comme le roi qui contrôle le corps et la parole. Nous sommes tous conscients de cela. Alors, soutenir l'opinion que tout ce qui dépasse nos perceptions ordinaires n'existe pas ne peut pas être en accord avec les principes scientifiques purs. D'autre part, lorsque quelque chose ne correspond pas à la situation correcte et évidente, cela s'oppose également au point de vue scientifique.

Prenons l'exemple d'un chercheur impartial qui décide honnêtement de trouver pour lui-même et pour toute l'humanité une voie correcte menant à la fin de l'inconfort et de la souffrance humaine : s'il n'a pas eu l'avantage de rencontrer des bouddhistes, s'il n'a pas été influencé par des adeptes d'autres religions et s'il n'a pas rencontré d'autres personnes ayant des points de vue opposés, il devra adopter un point de vue impartial et ainsi déterminer soigneusement la voie correcte.

Les premières civilisations humaines croyaient aveuglément que tout ce qui échappait à leur contrôle, par exemple les éléments, le soleil et la lune, etc., étaient des dieux. Peu à peu, de nouvelles religions furent créées pour répondre à des besoins individuels, sociaux ou politiques. Certaines de ces religions ont prospéré et comptent aujourd'hui des adeptes dans le monde entier. Chaque enseignement religieux offre des raisons de croire en chacun de ses principes doctrinaux. Cependant, il est très rare que ces principes résistent à l'analyse logique ou qu'ils puissent être corroborés par des preuves. C'est pourquoi je considère qu'il n'est pas approprié de faire confiance à toutes les religions.

Cependant, il est également trompeur et faux de suggérer que les religions ne se préoccupent que d'obtenir un profit matériel ou un réconfort spirituel et qu'elles sont donc entièrement erronées. Dire de telles choses ne fait que mettre en évidence un manque général de compréhension. Quels que soient les principes de la religion que nous examinons, si nous menons une analyse minutieuse, nous nous rendons compte que chaque doctrine a de nombreuses facettes de signification intérieure qui sont authentiques et que chaque voie est sûre d'avoir un but ultime étayé par le raisonnement. Si nous souhaitons choisir une religion, nous voulons absolument choisir la meilleure et la plus authentique, celle qui ne comporte aucune erreur et qui est fiable à cent pour cent. C'est la chose la plus importante pour notre bonheur, à la fois dans cette vie et dans les autres.

La façon d'examiner une religion consiste à utiliser les trois types de raisonnement intellectuel : clair, non apparent et ultime, à partir desquels nous pouvons parvenir à des conclusions qui correspondent à notre compréhension individuelle. Nous devons savoir si l'enseignant du système religieux, quel qu'il soit, est omniscient, si le chemin qu'il enseigne est infaillible et, quels que soient les résultats qui peuvent être obtenus grâce à cet enseignement, s'ils se traduisent par un bonheur éternel totalement exempt de souffrance.

Encore une fois, quel que soit l'enseignant sur lequel nous nous appuyons, nous devons être sûrs que son enseignement n'est pas une voie incertaine. Parfois, une voie spirituelle ne fait que créer les causes d'une renaissance dans les mondes supérieurs du samsara et non la félicité éternelle de la libération. Certains chemins sont irréfléchis et sont plus nuisibles qu'utiles, ce qui induit en erreur tous ceux qui s'y engagent. Tous ces facteurs ainsi que d'autres doivent être soigneusement pris en considération.

Personnellement, je considère que la capacité d'analyser les phénomènes cachés et les phénomènes extrêmement abstrus, au-delà de ce qui est évident, est l'objectif de la pure méthode scientifique. En fin de compte, je crois que les recherches scientifiques et philosophiques les plus rigoureuses des chercheurs les plus qualifiés et des savants les plus érudits aboutiront un jour à une conclusion qui concorde avec le sommet de la sagesse bouddhiste et qu'une compréhension commune de la véritable nature de la réalité sera atteinte.

De plus, d'un point de vue politique, en supposant que les idéologies des dirigeants mondiaux et des détenteurs du pouvoir terrestre soient considérées comme vraies, contrairement aux discours des autres, si deux dirigeants de même statut avaient des opinions différentes, qui des deux croirait-on ? Face à ce type de situation, toutes les distinctions entre ce qui est correct et ce qui est incorrect devraient être décidées en dernier ressort par une approche scientifique avec laquelle tout le monde est d'accord. Trouver le vrai chemin de cette manière, par une analyse correcte, vaut bien mieux que de ne jamais porter notre attention sur la religion ou les recherches spirituelles, ou sur les concepts des vies futures, du bien et du mal ou bien encore des actes que nous devrions entreprendre et de ceux que nous devrions abandonner.

Sur la base de cette compréhension, nous saisissons l'importance de trouver une bonne voie à l'avenir. Lorsque nous faisons l'expérience des problèmes causés par une voie erronée, nous pouvons apprendre à choisir une voie authentique et à ne plus jamais nous tromper, comme l'illustre l'histoire de Maître Pawo :

Maître Pawo (Acharya Vira) était un célèbre yogi non-bouddhiste qui s'engagea dans un débat avec les bouddhistes à Nalanda mais ne put les vaincre. Cependant, il refusa d'abandonner ses croyances et d'adopter le bouddhisme, comme le voulait la tradition, et fut donc enfermé dans la bibliothèque. Au début, il empilait les volumes d'écritures pour s'en faire une couche, mais peu à peu, il commença à les lire et se rendit compte de leur authenticité. Finalement, il devint un maître bouddhiste très érudit et entreprit de nombreuses activités dans le vrai Dharma.

Tout sera détruit et dévoré par le temps, le « destructeur de tout ». Le moment venu, le monde entier sera détruit. Le dévoreur du temps est le Seigneur de la mort. Il dévorera même les dieux qui vivent dans les mondes célestes et dont la durée de vie s'élève à des centaines de millions d'années humaines. La durée de notre vie humaine est incertaine. Que nous occupions une position élevée ou basse, que nous soyons forts ou faibles, nous finirons tous, sans exception, par être détruits. C'est pourquoi le grand ennemi que tous les êtres vivants doivent craindre est la mort.

Dans ce monde, je vois deux types de personnes qui, en menant leur vie, non seulement ne craignent pas la mort, mais l'attendent en fait avec impatience dans leur cœur. D'une part, celles qui endurent de terribles douleurs dans leur maladie telle que le cancer et, d'autre part, celles qui souffrent de violences physiques constantes et qui veulent également mourir. Certaines tentent d'échapper à la souffrance en se suicidant. D'autres, en revanche, motivées initialement par la peur des horreurs de la mort, pratiquent le saint Dharma et, par la force de la méditation sur les quintessentielles instructions profondes, déterminent en elles-mêmes le véritable état d'immortalité et le vrai bonheur dans leur cœur. Ces personnes attendent également la mort avec impatience. Elles considèrent celle-ci comme le vol d'un cygne d'un bassin de lotus à un autre. En quittant le corps humain qui ressemble à une prison, elles se réjouissent à l'idée de se rendre dans les parcs d'agrément des mondes célestes et elles y aspirent bien plus qu'à toute autre perspective.

Il y a aussi d'autres types de personnes qui, lorsqu'elles arrivent au seuil de la mort, peuvent se frapper la poitrine, gémir et pleurer. Certaines s'agrippent aux membres de leur famille et à leurs amis, les suppliant de ne pas les laisser mourir. Mais beaucoup d'autres passent leur vie à travailler dur, à accomplir des actions vertueuses et, bien qu'elles n'aient pas hâte de mourir, elles n'éprouvent aucun regret au moment de la mort.

Certains Tibétains ne sont ni lamas ni moines mais au moment de mourir, ils se redressent et prononcent la syllabe HIK ! Certains disparaissent même en un corps de lumière arc-en-ciel où, à l'exception des cheveux et des ongles, leurs grossiers éléments corporels s'évanouissent en lumière irisée. La plupart des Tibétains décèdent comme tout le monde mais ils continuent à joindre les mains pour prier fidèlement les Trois Joyaux. De nombreux Tibétains possèdent des représentations de Dewachen, la « Terre Pure de Félicité » ou de Zangdok Pelri, le « Glorieux Mont Cuivré » et les contemplent, les paumes des mains jointes, gardant la vision d'un monde céleste dans leur esprit alors qu'ils meurent.

On connaît également de nombreux individus qui, lorsqu'ils meurent, ont des visions effrayantes du bétail et des animaux sauvages qu'ils ont eux-mêmes tués au cours de leur vie et qui hurlent en suppliant que ces visions cessent. Certains sont tellement attachés aux plaisirs qu'ils ont chéris durant leur vie (famille, amis, biens...) qu'ils sont obsédés par l'idée de devoir les quitter. Ils sont également très désemparés au moment de la mort.

Parmi tous ces gens, ceux qui meurent en priant leur lama et les Trois Joyaux ont la conviction personnelle qu'ils disposent d'un refuge fiable et inébranlable, d'un guide qui les protège de la peur et les accompagne sur le chemin de la mort. Ils se sont d'avance préparés à celle-ci et, par conséquent, leurs souffrances ne sont pas trop pénibles.

Comme le dit un proverbe tibétain :

Remettez-vous en au lama et aux Trois Joyaux,
Discutez des choses avec vos parents bienveillants.

Placer notre confiance dans le lama et les Trois Joyaux n'est jamais une erreur, que ce soit maintenant ou à l'avenir. Les parents bienveillants et aimables n'ont jamais une mauvaise attitude envers nous, il est donc approprié de discuter avec eux.

Certains, au moment de la mort, se concentrent sur un monde céleste et, par la concentration méditative, fusionnent leur conscience avec l'espace extérieur. Au moment de la mort, ils s'engagent dans la mise en pratique effective des instructions essentielles du transfert de conscience (powa) pour franchir la mort. Leur corps se réduit à l'état d'atomes et ils réalisent l'observable corps de lumière d'arc-en-ciel. C'est la manière la plus exaltée de mourir. Non seulement ces personnes n'ont pas peur, mais en plus elles apprécient la mort. Elles affrontent celle-ci directement et ceux qui restent derrière elles se retrouvent dans un heureux état d'esprit. Elles sont un bon exemple pour ceux qui les entourent et leur mort prend un sens pour tous ceux avec qui elles ont un lien karmique.

Ceux qui se livrent à des actes négatifs et nuisent à autrui au cours de leur vie n'ont pas de lieu de refuge ni d'objet de confiance au moment de la mort. En pleurs et sans aucun enseignement bouddhiste, ils doivent aller à la mort les mains vides et méritent donc notre compassion. Même si, à ce moment-là, cent bouddhas compatissants tenant des crochets de compassion venaient les secourir, du fait qu'ils ignorent toute dévotion, leur karma négatif fait qu'ils n'ont pas l'anneau de la foi par lequel ils pourraient être saisis et conduits vers la liberté. Leur vision est impure et il n'y a donc pas d'autre endroit pour eux que les cités d'acier des enfers. Quelle terrible souffrance !

En général, lorsque les gens voient un nouveau-né, ils sont joyeux et font la fête. Au tournant de l'année, nous organisons une fête du Nouvel An. Lorsque des gens meurent, nous les pleurons avec tristesse. Mais si nous réfléchissons logiquement, nous faisons les choses à l'envers. Dès la naissance d'un enfant, non seulement sa mort approche, mais en plus, à partir de ce jour, les causes et conséquences de la souffrance commencent. Alors pourquoi la fêter ? On pourrait aussi dire que l'enfant est venu au monde en pleurant et qu'il serait donc plus approprié de lui tenir compagnie en pleurant à notre tour. La vie humaine est courte et il n'existe aucune certitude quant à sa durée. En outre, au Nouvel An, une année s'achève et il serait donc approprié de pleurer son passage. Je pense donc que les célébrations du Nouvel An sont inappropriées.

De la même manière, lorsque la mort survient, nous nous débarrassons de notre vil corps de souffrance. En particulier, après la mort, des opportunités bienvenues et bénéfiques se présenteront pour ceux qui ont une certaine confiance dans la pratique. Ils connaîtront la félicité et des sensations incomparables dans les Terres pures, etc. Les gens n'agissent pas ainsi parce qu'ils considèrent leurs expériences hallucinatoires comme réelles et qu'ils y sont fortement attachés. C'est la vérité exprimée dans l'adage « On considère sa maison comme agréable, même si c'est l'enfer ». Les apparences de toutes ces activités du samsara ne sont qu'un étrange spectacle illusoire.

Ainsi, lorsque nous sommes arrivés à la porte de la cité de la mort, il est inutile de pleurer. Nous pouvons crier à nos amis : « Ne me laissez pas mourir ! », mais quand la vie est finie, même si le bouddha de médecine lui-même venait à notre secours, il ne pourrait pas nous aider. Penser inconsidérément : « Tout le monde doit mourir, je ne fais pas exception, alors quoi qu'il arrive, que cela arrive... » ne sert à rien pour ce qui est des effets négatifs de nos mauvaises actions. Ceux qui doutent qu'il y ait ou non un « je » dans la prochaine vie pour faire l'expérience de la souffrance deviennent encore plus misérables au moment de la mort.

Au moment de mourir, nous devons méditer sur les six remémorations :

- Le Bouddha
- Ses enseignements (le Dharma)
- La communauté spirituelle (le Sangha)
- La générosité
- La conduite éthique
- La déité personnelle (le yidam).

En outre, nous devrions nous rappeler ce que le Bouddha a enseigné :

La nature de toute chose étant pure,
Méditez donc sur la connaissance de l'intangibilité.
Avec la bodhicitta, méditez sur la sagesse munie de la grande compassion.
Tout étant naturellement sans point de référence et claire lumière,
Ne vous fixez pas sur quoi que ce soit.
L'esprit étant la cause de la sagesse éveillée,
Ne cherchez donc pas le Bouddha ailleurs.

Rappelons-nous également les dix connaissances enseignées dans les sutras :

- Souvenez-vous de ne pas vous attacher à cette vie.
- Pensez à l'amour bienveillant envers tous les êtres animés.
- Abandonnez complètement tout ressentiment.
- Abandonnez complètement tout relâchement dans la discipline.
- Engagez-vous dans toutes les formes de la pure discipline.

- Considérez que toutes les fautes graves commises peuvent s'alléger dans leur force karmique.
- Engendrez l'absence de peur envers toutes les vies futures.
- Méditez sur l'impermanence de tous les phénomènes composés.
- Souvenez-vous que tous les phénomènes n'ont pas d'essence propre.
- Souvenez-vous que le nirvana est la pacification de toutes les souffrances.

Nous devrions également contempler encore et encore l'ensemble des Terres pures des bouddhas et dédier le parachèvement des deux accumulations ainsi que toutes les racines de bien nées du développement de l'inégalable bodhicitta, de sorte que cela puisse former la cause pour renaître dans les Terres pures.

Quatre
Le futur destin sacré

Quels que soient le karma et les facteurs afflictifs de l'esprit qui nous ont amenés à renaître, une fois que nous avons pris notre corps actuel, il n'y a pas de moyen rapide d'inverser le processus. Cependant, notre corps n'est pas plus solide qu'une bulle d'eau ; il n'a pas d'essence durable. De même, toutes les satisfactions que nous procurent les apparences de cette vie sont aussi impermanentes qu'un arc-en-ciel. Les plaisirs des sens nous abusent comme les tours d'un magicien. Trompeurs comme un mirage, ils sont illusoires et faux. Parce que telle est la nature des phénomènes, les visions karmiques individuelles des transmigrants sont irréversibles à court terme, de sorte que leurs frasques sont, d'un certain point de vue, absurdes et dépourvues de sens. D'un autre point de vue, leurs expériences sont si tristes que nous avons envie de verser des larmes pour leur souffrance.

Tous nos parents, nos proches et nos amis de cette vie ignorent totalement qu'ils ont eu des liens antérieurs les uns avec les autres. Quelques consciences errantes dans l'état intermédiaire se sont réunies à partir de cette base physique qu'est le corps humain, comme des voyageurs indépendants logeant ensemble dans un hôtel. Pourquoi devrions-nous nous attacher les uns aux autres ? Il se peut que ces personnes aient été nos ennemis dans le passé. Pensons à cette situation. N'est-ce pas ironique ? Pensons à ceux qui ont emprunté le dernier chemin et sont morts : nos parents, aimés du fond de notre cœur, nos frères et sœurs bien-aimés ou peut-être le partenaire que nous adorions. Parmi les six types d'êtres, lesquels sont-ils aujourd'hui ? Les phénomènes qui se manifestent dans leurs perceptions sont-ils les mêmes que les nôtres ?

Selon leur karma, qu'ils aient pris naissance dans un monde inférieur ou supérieur, si nos parents, nos proches et nos amis de cette vie ont transmigré dans un autre monde, ils ont dû passer par le bardo, l'état intermédiaire. Alors, les phénomènes apparents qui se manifestent dans leurs perceptions ont-ils changé ou non ? Est-il possible qu'ils aient repris naissance dans ce monde que nous voyons ? Ont-ils repris naissance dans notre entourage sous la forme d'une personne, d'un animal ou d'un insecte que nous pouvons voir ou entendre ? S'ils ont pris une telle naissance et que nous nous rencontrons, nous ne nous reconnaîtrons pas. Même si nous savions qu'il s'agit d'eux, nous ne serions pas nécessairement en mesure de les aider s'ils sont nés sous la forme d'un insecte, par exemple. Comprendre la vérité sur notre situation peut être difficile à supporter.

Dans l'épopée héroïque tibétaine basée sur la vie du roi Gesar de Ling, l'épisode connu sous le nom de « Conquête du Hor » raconte l'histoire suivante :

Alors que le roi Gesar était absent de son royaume, soumettant l'horrible roi Lutsen en un lieu appelé les Hautes Terres du Nord, l'armée de Gurkar, roi du Hor, envahit Ling, marchant dans la région supérieure du district de Tramo. Auparavant, Bumpai Gyatsa Shelkar – le demi-frère aîné du roi Gesar – et Tsashang Denma Changtra, ainsi que trente autres guerriers célèbres dans tout le pays, avaient défendu et protégé Tramo pendant de nombreuses années, chaque guerrier s'étant battu plusieurs fois à mains nues, toujours victorieusement.

Mais alors que le roi Gesar voyageait dans le nord, il fut trompé par des démons qui lui firent consommer de la nourriture et des boissons enchantées dont les effets lui firent complètement oublier ses devoirs de roi, ce qui l'empêcha de revenir à Tramo pendant neuf ans. Finalement, l'armée du roi Gurkar l'ayant largement surpassé en nombre, le fils d'un conseiller général appelé Nangchung Yutag et d'autres fils chéris de Ling furent tués. Les représentations du Bouddha, du Dharma et du Sangha furent volées, le château du roi fut détruit, l'épouse la plus âgée de Gesar, Sengcham Drukmo, fut enlevée et Hor fut victorieux.

À cette époque, le héros Gyatsa, qui n'avait pas son pareil pour sa bravoure et son habileté à l'épée, avait éliminé sept princes et fait couler le sang de cent mille soldats du Hor. Il finit par tuer de son épée son demi-frère de sa vie antérieure, le prince du Hor Lhabu Legpa. Alors qu'il tranchait la tête du prince, du sang blanc jaillit, ce qui montrait que Lhabu Legpa était en fait lié à Ling par son allégeance. Gyatsa en fut bouleversé. Au même moment, un nuage en forme d'arc-en-ciel apparut dans le ciel et un seul nuage blanc flotta vers le nord. Une pluie fraîche mêlée de soleil tomba, un vautour à poitrine blanche tournoya au-dessus de sa tête et Gyatsa pensa à son jeune frère Gesar. Il fut envahi par la tristesse.

Impulsivement, Gyatsa se débarrassa de son armure impénétrable et pria pour qu'elle tombe entre les mains de son frère Dralha. Puis il enfourcha Paon, le cheval du prince défunt du Hor, dégaina son épée nommée Yazi Kartren et s'élança à la poursuite du maléfique Shenpa Meru du Hor. N'ayant trouvé aucun moyen de s'échapper, Shenpa Meru s'était caché dans un profond trou dans le sol. Il attendait là, enfonçant le manche de sa lance dans le sol et la tenant bien droite. Alors que Gyatsa s'approchait, le cheval Paon fit un écart sur le côté du trou, se cabra et le projeta. Gyatsa tomba alors directement sur la pointe rigide de la lance de Shenpa Meru et mourut. C'était aussi tragique que si la pleine lune de la quinzième nuit était tombée sur la terre.

Peu de temps après, le roi Gesar, enfin libéré de l'enchantement de l'oubli, quitta le pays des démons pour rentrer chez lui et soumettre Gurkar, le roi du Hor. Au cours de son voyage, Gesar rencontra quatre-vingt-dix-neuf ennemis, qu'il vainquit par son habileté, par la magie ou bien encore par la force physique et la puissance. Alors que Gesar rentrait chez lui, le héros Gyatsa avait pris la forme d'un jeune faucon et était occupé à poursuivre certains soldats du Hor qui avaient pris l'aspect de petits oiseaux. Soudain, Gyatsa aperçut l'écusson du casque du roi Gesar de Ling et fut ravi. Il se posa un instant sur l'arc blanc de Gesar. Pensant que Hor avait envoyé le faucon, Gesar fut rempli de rage. Il prit une flèche dans son carquois et tendit la corde de son arc. Au moment où il allait tirer, son cheval sauvage de couleur alezane reconnut l'épervier et fit une ruade. La flèche de Gesar passa alors à côté de sa cible.

Effrayé, le jeune faucon n'osa plus s'approcher de Gesar mais ne put supporter de partir et tourna en rond dans le ciel. Gyatsa se mit à chanter une chanson triste d'une voix humaine, ce qui attira l'attention de Gesar :

> *Frère cadet, Seigneur Gesar,*
> *Pendant que tu étais parti dans les Terres du Nord,*
> *Les forces d'invasion du Hor*
> *Ont dirigé leurs troupes contre Ling.*
> *Le général Denma a fait voler de nombreux chevaux du Hor,*
> *A arraché le crâne de Shenpa du Hor et sa cervelle s'est répandue sur le sol.*
> *Moi, Gyatsa, chef des guerriers,*
> *Victorieux, j'ai gagné de nombreuses batailles à moi tout seul.*
> *Du Hor, quatre millions d'hommes se sont avancés sur nous ;*
> *Il n'en restait que quatre-vingt-dix mille pour battre en retraite ;*
> *Mais en vain : nous avons été trahis.*
> *La terre sacrée de Ling est occupée par des ennemis.*
> *La longue forteresse de Ja a été rasée,*
> *Le cou de notre jeune frère a été ensanglanté,*
> *Et ta femme, Sengcham Drukmo, a été enlevée de force.*
> *En voyant cela, moi, Gyatsa, je préfère mourir et aller dans le monde des enfers*
> *Plutôt que de rester vivant et impuissant.*
> *J'ai poignardé les neuf princes du Hor,*
> *Sans parler des centaines de milliers de soldats du Hor que j'ai éliminés,*
> *Mais à la fin, je suis tombé sur la lance de Shenpa.*
> *Ma conscience a été emportée comme une plume par le vent*
> *Et l'état intermédiaire de la mort était vraiment misérable.*

> J'avais juré que si je ne goûtais pas au sang du cœur de la tribu de la Tente blanche du Hor,
> Je ne serais plus Gyatsa.
> En raison des conséquences négatives de la rupture de ce vœu,
> Et comme j'étais prêt à devenir un faucon,
> Regarde, j'ai maintenant la forme d'un faucon !
> Toutes les troupes du Hor que j'ai tuées sont devenues des oiseaux.
> Je les ai donc poursuivis sur les collines toute la matinée ;
> L'après-midi, je les ai pourchassés dans les vallées.
> Chaque grand oiseau que je tuais,
> Je considérais que j'avais tué un chef boucher du Hor.
> Pour chaque petit oiseau tué,
> Je considérais que j'avais tué un soldat du Hor.
> Cette hallucination n'est pas encore terminée...
> Mais mon jeune frère et chef, Gesar, toi le Grand Tigre,
> Quand tu es allé dans les Terres du Nord,
> Pourquoi as-tu mis tant de temps à revenir ?

Le faucon Gyatsa poursuivit :

> Ce matin, assis au creux de mon nid dans l'abri en bois des Cent mille déités du col sur le mont Yakla Sebo, j'ai été submergé par une joie soudaine. Lorsque j'ai pris mon envol pour chasser les troupes de Hor qui avaient pris la forme d'oiseaux, j'ai vu l'écusson de mon jeune frère. Tu es apparu dans ma vision et j'ai été rempli de joie. C'est ainsi que je suis venu me percher sur ton arc.

Gesar vit que son frère aîné s'était réincarné en faucon mais que sa conscience n'avait pas changé. Il réalisa que la conscience de son jeune frère, Rongtsa Marleb, et celles d'autres personnes décédées avaient également changé de forme physique. Mais Gesar savait que s'il les rencontrait, il ne les reconnaîtrait pas et que même s'il les reconnaissait, ces êtres ne le reconnaîtraient pas.

Le frère aîné de Gesar, Gyatsa, eut alors le souhait de renaître dans un monde céleste et il entonna une chanson liée à cette aspiration. Une fois la chanson achevée, Gyatsa comprit que le moment n'était pas venu pour lui de s'y rendre. En raison du vœu qu'il avait fait, seul le fait de boire le sang du cœur de Gurkar, roi du Hor, lui permettrait de renaître là où il le souhaitait.

Gyatsa expliqua tout cela au roi Gesar et, ensemble, ils élaborèrent un plan. Ils décidèrent que Gesar capturerait le roi Gurkar du Hor et qu'à ce moment-là, le cheval magique de Gesar émanerait un vautour pour appeler Gyatsa. Ce dernier pourrait alors boire le sang du cœur du roi Gurkar et serait ainsi libre d'aller dans une Terre pure.

Cet épisode de la saga se termine par le retour du roi Gesar au pays du Hor et la victoire sur ses ennemis. Gesar convertit tout le territoire au bouddhisme et permit à Gyatsa de réaliser son souhait, se rendre dans un monde céleste.

Toutes les créatures vivantes que nous voyons et entendons autour de nous ont certainement été nos parents dans de nombreuses vies passées mais certaines d'entre elles sont maintenant devenues nos ennemies. Pire encore, un nombre incalculable d'entre elles sont tuées chaque jour pour nous fournir de la nourriture et des vêtements. Une telle réflexion peut être très dérangeante mais à qui pouvons-nous demander de l'aide ?

Quelle que soit notre réflexion, il est évident que cette vie dans le samsara est une immense prison de forces négatives dont les limites supérieures sont appelées les « trois états d'existence élevés » : les mondes des dieux, des demi-dieux et des humains où, pour un instant, les conditions d'emprisonnement sont un peu plus supportables. Les limites inférieures, appelées les « trois funestes destinées », sont celles du monde des enfers, des esprits avides et des animaux où les conditions d'emprisonnement sont très dures et où les êtres vivent dans une misère et une souffrance accablantes.

S'il existait un moyen de s'échapper de cette vaste prison, nous devrions certainement le faire maintenant. Nous sommes déjà emprisonnés depuis bien trop longtemps. Si nous sommes occupés à tort à rechercher le bonheur et le confort insignifiants de cette vie actuelle, nous négligeons le grand objectif significatif, considérant nos médiocres ambitions comme tout à fait importantes. Nous ne sommes pas différents des enfants qui construisent des châteaux de sable.

Les activités du samsara cessent dès que nous cessons de les poursuivre mais une fois que nous nous y sommes engagés, le temps où elles seront complètement terminées ne viendra jamais. Nous pouvons passer toute notre vie à nous préparer à vivre confortablement en nous levant tôt et en nous couchant tard mais avant d'avoir accompli tout ce qu'il y a à faire, notre vie s'achèvera et la corde des messagers du Seigneur de la mort sera autour de notre cou. Il ne restera plus un instant pour regarder en arrière ; il sera temps de partir.

Durant l'enfance, nous sommes sous le contrôle de nos parents et la vie est misérable. À l'âge adulte, nous nous plions aux désirs de nos amis comme de nos partenaires et nous souffrons de l'importance que nous accordons à l'accumulation d'argent et de biens. Nous sommes préoccupés par le maintien de ce que nous avons et anxieux à l'idée de perdre quoi que ce soit, de sorte que la vie est misérable. Lorsque nous sommes âgés et fragiles, nous tombons sous la coupe de nos enfants, de notre partenaire, de nos beaux-parents, etc., et nous souffrons de la santé défaillante de la vieillesse.

Bien que tout cela soit vrai, ce monde, connu sous le nom de monde des humains, est le meilleur des trois états d'existence élevés du samsara. Dans ce monde, nous faisons évidemment partie des créatures supérieures. Bien qu'il n'y ait personne parmi nous qui n'éprouve pas les trois types de souffrance, les animaux que nous voyons ainsi que tous les êtres des enfers et des autres funestes destinées que nous ne pouvons percevoir doivent éprouver des tourments bien plus insupportables.

Telle est la situation actuelle mais que se passerait-il si, à un moment donné, quelque chose changeait et que l'occasion se présentait à nous d'éviter d'avoir à connaître ces souffrances ? Et si nous trouvions le chemin du bonheur permanent, de sorte que non seulement nous-mêmes mais aussi nos parents, nos frères, nos sœurs, nos partenaires, nos enfants et tous ceux que nous aimons n'aient jamais à connaître la moindre souffrance ? Ne serait-ce pas la plus belle des découvertes ? Un chemin vers la libération de la souffrance serait le plus beau cadeau que l'on puisse faire et apporterait le plus grand bénéfice possible à chacun. Il ne fait aucun doute que cette découverte serait saluée comme un accomplissement suprême parmi tous les êtres.

Mais les êtres vivants sont faibles et étroits d'esprit, avec peu de pouvoir et de capacité. Nous pouvons nous aimer mais nous n'avons aucun moyen de nous protéger véritablement les uns les autres. En ce sens, nous sommes impuissants, comme une mère sans bras dont l'enfant tombe dans une rivière et est emporté ou comme deux personnes englouties par une marée rapide, incapables de s'aider elles-mêmes et encore moins l'une l'autre. Mais s'il existe un protecteur capable de nous fournir un refuge sûr et fiable, il est évident qu'il serait intelligent pour nous d'essayer de le trouver.

Certaines personnes acceptent le point de vue philosophique des matérialistes mais pas celui des idéalistes, qui postulent que les objets matériels n'existent pas indépendamment de l'esprit. Si nous examinons la théorie intrinsèque du matérialisme, nous constatons qu'il s'agit de la science. Mais nous devons nous assurer que la science est vraie et vérifiable, et qu'elle ne repose pas sur des théories erronées. Sinon, comment pouvons-nous qualifier de scientifique le fait de dire que ce que je vois existe et que ce que je ne vois pas n'existe pas ? Vous, moi et d'autres comme nous, qui nous fions à la vision de nos yeux physiques ne pouvons pas nier l'existence de quelque chose simplement parce que nous ne pouvons pas le voir.

En fin de compte, chercher à savoir si les enseignements du Bouddha sont authentiques ou non, c'est comme essayer de saisir une étoile dans le ciel avec les mains tendues. Pour utiliser une analogie, lorsque nous examinons des objets invisibles à l'œil nu, nous avons besoin d'un microscope. De la même manière, afin d'étudier les grands mystères de la vie, nous avons certainement besoin d'un esprit sans erreur, avec une cognition valide, afin d'évaluer les choses correctement.

Dans l'Antiquité, les mathématiciens et les philosophes ont formulé des théories, plus ou moins précises, pour expliquer la nature et le fonctionnement de notre univers. Ils considéraient que la Terre était plate et que le ciel était comme un bol renversé au-dessus d'eux, plus haut au milieu, plus bas sur les côtés et de forme ronde. À l'époque, à l'exception des autres personnes qu'ils voyaient autour d'eux, ils n'avaient aucun moyen réel de connaître d'autres océans et continents, des races d'hommes et des espèces animales différentes de celles qu'ils connaissaient en dehors des récits rapportés par les voyageurs.

Toutes les sociétés de l'Antiquité ont formulé des mythes pour tenter d'expliquer comment le monde naturel et les êtres humains sont apparus. Le thème commun à tous les mythes de la création est qu'il y avait d'abord un espace vide mais qu'à l'intérieur de cet espace, expliqué en termes mystiques plutôt que rationnels, se trouvait une force créatrice qui s'est donné les moyens de naître. Cette force a été personnifiée sous la forme d'un dieu créateur tout-puissant qui a ensuite créé d'autres dieux et le reste du monde naturel. Cette hypothèse a inévitablement conduit à la croyance que toutes les catastrophes naturelles sont l'œuvre des dieux et que les esprits de la nature sont beaucoup plus puissants que les humains.

La croyance voulait que toutes les montagnes, les rivières, la mer, le ciel, le soleil et la lune soient les manifestations d'êtres divins ou les demeures des esprits qui les gouvernaient. En s'abandonnant à ces forces puissantes, les gens ont développé des pratiques superstitieuses dont ils espéraient qu'elles les protégeraient et les sécuriseraient. La croyance en de multiples dieux différents, qui étaient vénérés à travers de nombreux rituels différents, a donné naissance à différentes religions. Diverses opinions ou écoles philosophiques se sont formées, dont beaucoup subsistent encore aujourd'hui, notamment celle des éternalistes, qui croient en l'existence permanente de choses telles que l'âme, et celle des nihilistes, qui pensent que rien n'existe en réalité.

Certaines religions enseignent qu'il est du devoir religieux de leurs adeptes de faire du mal aux non-croyants, voire de les tuer, tandis que d'autres enseignent que le bien d'autrui est le but suprême de leur religion. Il est important pour nous de ne pas avoir de préjugés dans notre soutien à une religion plutôt qu'à une autre. Ce que nous devons faire, c'est établir une vérité objective et ne pas nous appuyer sur des vœux pieux. Il est important que ce sur quoi nous décidons de nous appuyer apporte un bénéfice dans cette vie et dans les suivantes, un bénéfice pour nous-mêmes et pour les autres. Nous devons être sûrs que cela peut réellement promouvoir le bonheur, quel qu'il soit.

En tant qu'individus lucides, nous ne devons pas être superstitieux et, après avoir étudié en profondeur les différentes idéologies religieuses, nous avons certainement besoin de trouver un refuge ou un guide infaillible pour le chemin spirituel. Lorsque nous enquêtons et analysons correctement les choses, nous pouvons découvrir que certains enseignants ou guides ne se sont pas libérés des chaînes du samsara et qu'ils sont imprégnés des mêmes défauts du monde que nous. Certains enseignants ont atteint un certain degré de ce que l'on appelle les « accomplissements » ou « pouvoirs spirituels ordinaires » mais ne se sont pas complètement libérés des chaînes du samsara. D'autres fabriquent une spiritualité qui n'a jamais existé, à l'image des cornes d'un lapin. Quelques-uns, poussés par des motifs politiques ou égoïstes, créent même des systèmes de croyance trompeurs pour inciter les gens à les suivre.

Il y a tant d'écoles de pensée, aussi nombreuses que les lamelles d'un champignon... Beaucoup d'entre elles semblent très impressionnantes de l'extérieur mais lorsqu'on les côtoie de plus près, on s'aperçoit qu'elles ont beau exposer leurs théories, elles ne disent rien qui puisse ressembler un tant soit peu à la vérité. Leurs propos antérieurs contredisent les propos ultérieurs, leurs termes expriment le contraire de ce qu'ils veulent dire et leur doctrine contient de nombreux principes qui s'opposent directement les uns aux autres. Si nous essayons de vivre selon de tels enseignements, nos afflictions ne feront qu'augmenter ; ils influenceront notre courant de conscience de manière négative parce qu'ils ne sont pas authentiques. Nous devons tourner le dos à toutes ces idéologies.

Nous devrions tester toutes les idées comme si nous testions de l'or. Un orfèvre fond, coupe et frotte l'or, l'examinant cent fois pour s'assurer qu'il est authentique. De la même manière, nous devons nous assurer que le chemin spirituel que nous choisissons possède les qualités qui nous encourageront à faire des changements positifs dans notre vie. Il doit nous protéger de la souffrance, il doit être véridique et sans tromperie.

Mon analyse minutieuse et ma longue expérience m'ont permis de constater que les enseignements du Bouddha sont à la fois authentiques et extrêmement fiables. Je suis convaincu que si nous voulons être heureux dans cette vie et dans les vies futures, nous devons nous réfugier auprès de ce maître éveillé et mettre en pratique son authentique enseignement du sens définitif, tel qu'il est résumé dans la Voie de la cessation. Il s'agit de la sainte doctrine bouddhiste dans ses aspects de transmission et de réalisation, dont la mise en pratique est irréprochable. C'est la voie d'accès à des mérites illimités et la base à partir de laquelle naît une conviction définitive.

Tous les êtres animés sont occupés à courir après le bonheur et le plaisir. Il va sans dire qu'ils sont tous en compétition pour leur bonheur et leur plaisir personnels. Les gens à l'esprit étroit ne travaillent que pour le bonheur et le plaisir d'aujourd'hui et de demain, ou de cette année et de la suivante. Les plus prévoyants travaillent pour connaître le bonheur et le plaisir avant la fin de la vie présente. Les plus sages savent penser à la fois au présent et à l'avenir, au court et au long terme. Ils comprennent que le bonheur à court terme n'est pas très utile et s'efforcent donc d'atteindre le bonheur éternel. Les personnes les plus sages renoncent à se préoccuper de leur propre bonheur comme de leur propre tristesse et œuvrent à établir les autres êtres dans le suprême bonheur.

D'une manière générale, il existe deux types de joie : le plaisir physique et le bonheur psychique. Aucune expérience de bonheur ordinaire ne peut transcender la condition sous-jacente et omniprésente de la souffrance. Cependant, comparé à la souffrance évidente, le bonheur terrestre est l'expérience d'une souffrance légère, de sorte que nous, les êtres du samsara, acceptons l'idée qu'il s'agit du bonheur. Nous pouvons obtenir ce type de bonheur superficiel, par exemple le plaisir fugace dont jouit notre corps physique en acquérant des possessions matérielles. Cependant, le bonheur mental et spirituel intérieur ne peut être trouvé qu'en pratiquant les saints enseignements bouddhistes. Si nous voulons trouver le bonheur unique du corps et de l'esprit, en ce moment et ultimement, nous devons pratiquer l'extraordinaire félicité de la concentration méditative telle qu'elle est enseignée dans la sainte doctrine bouddhiste.

En dehors d'elle, il n'y a pas d'autre moyen de trouver cette félicité extraordinaire qui est à la fois temporaire et ultime, physique et mentale. Le Bouddha a enseigné que l'éveil est le résultat, la cause étant la pratique d'une voie pure. C'est pourquoi, en premier lieu, pour quelqu'un qui veut atteindre le bonheur éternel, le Bouddha est le véritable refuge sacré et l'objet de l'accomplissement auquel on aspire pour soi-même et autrui.

Afin d'illustrer l'expérience des grandes qualités de l'éveil, qui libère à jamais de la souffrance, voici l'histoire suivante :

Lorsque le Bouddha Shakyamuni résidait à Rajagriha, dans la bambouseraie de Kalandaka, six enseignants non-bouddhistes, Maskari Gosaliputra, Sanjayi Vairadiputra, Ajita, Kakuda Katyayana, Purna Kasyapa et Nirgrantha Jnatiputra, discutaient : « Autrefois, les gens étaient très respectueux envers nous mais maintenant, ils suivent tous le moine Gautama. Nous devons organiser une compétition, rivaliser avec lui pour montrer nos pouvoirs miraculeux. Et nous ferons en sorte qu'il perde. »

Ils rendirent visite à Bimbisara, le roi de cette région, et tentèrent de le persuader, encore et encore, d'autoriser une telle compétition. Le roi leur répondit : « Le Bouddha sait et voit tout, et son corps physique manifeste des miracles sans entrave, fondés sur des pouvoirs supranormaux. Votre idée de vous mesurer à lui est comparable à une luciole essayant d'éclipser le soleil ou à un renard se mesurant à un lion. Cela ne peut que vous nuire et vous mettre dans l'embarras ».

Cependant, les enseignants non-bouddhistes insistèrent pour que la compétition ait lieu dans sept jours.

Au cours des sept jours suivants, le Bouddha se rendit à un endroit appelé Nganyi Dukyen, puis il s'éloigna encore. Finalement, il retourna à Shravasti où le roi Bimbisara et sa suite étaient rassemblés avec des dizaines de milliers et des centaines de milliers de spectateurs. Les six maîtres non-bouddhistes devinrent encore plus prétentieux et se vantèrent : « Gautama s'est soudain enfui lorsqu'il a été confronté à un concours visant à comparer ses capacités miraculeuses avec les nôtres et il doit maintenant concourir ! Maintenant, il doit concourir ! » Les maîtres non-bouddhistes adressèrent une nouvelle requête au roi, qui adressa alors des prières au Bouddha, lui demandant de consentir à la compétition. En réponse, le Bouddha dit : « Je sais que le moment est venu. » C'était le premier jour de la nouvelle année solaire.

Avant que le roi ne fasse des offrandes au Bouddha pour le Nouvel An, il lui donna d'abord un cure-dent que le Bouddha accepta. Lorsqu'il l'eut utilisé, le Bouddha planta le cure-dent dans le sol et, instantanément, celui-ci commença à pousser pour devenir un grand arbre dont les branches et les feuilles s'étendaient sur plus de deux mille kilomètres. Les branches et les feuilles étaient précieuses et couvertes de fleurs et de fruits au goût de nectar, et leur parfum procurait à tous un sentiment de bonheur et de satisfaction. Lorsque le vent soufflait à travers les branches et les feuilles, on pouvait entendre les sons mélodieux des enseignements bouddhistes et tous ceux qui les écoutaient développaient une intention pure. En même temps que cette émanation, le Bouddha donna des enseignements et beaucoup atteignirent le fruit de la réalisation ou renaquirent dans les mondes célestes.

Le deuxième jour, lorsque le roi Udrayana présenta des offrandes, le Bouddha fit apparaître deux précieuses montagnes, une de chaque côté de son corps, ornées de diverses plantes, fleurs et fruits. Une herbe excellente, tendre et au goût sucré poussa et les foules de gens et d'animaux devinrent heureux, satisfaits et joyeux. Après avoir émané cela, le Bouddha donna des enseignements et beaucoup, engendrant l'inégalable bodhicitta, reprirent naissance dans les mondes célestes.

Le troisième jour, lorsque le roi Shuntsidala présenta des offrandes et que l'eau destinée à baigner les pieds du Bouddha fut versée, elle forma un magnifique lac de mille kilomètres de long, rempli des sept substances précieuses et possédant les huit qualités de l'eau parfaite. Il était couvert de fleurs de lotus de toutes les couleurs, de la taille d'une roue de charrette, d'où s'échappaient différents parfums et lumières attractifs. Tout en manifestant ses émanations, le Bouddha donna des enseignements et ceux qui l'écoutaient atteignirent le fruit de la réalisation, renaquirent dans les mondes célestes et générèrent des mérites illimités.

Le quatrième jour, lorsque le roi Indrawama présenta des offrandes, le Bouddha fit jaillir huit canaux d'eau dans chacune des huit directions entourant le précieux lac et s'y déversant. Le son de l'eau qui s'écoulait proclamait les enseignements bouddhistes et beaucoup en réalisèrent le sens, ce qui leur permit d'atteindre le fruit de la réalisation et de renaître dans les mondes célestes.

Le cinquième jour, lorsque le roi Brahmadana présenta des offrandes, une lumière dorée jaillit du visage du Bouddha, remplissant le trichiliocosme. Tous les êtres touchés par la lumière furent libérés de leurs afflictions et comblés de félicité. Le Bouddha donna des enseignements et beaucoup atteignirent le fruit de la réalisation comme auparavant.

Le sixième jour, lorsque les habitants de Licchavi présentèrent des offrandes, les bénédictions du Bouddha firent que toutes les personnes présentes atteignirent des perceptions supérieures et louèrent les qualités éveillées du Bouddha. Les gens formulèrent des prières d'aspiration et le Bouddha enseigna à nouveau. Beaucoup atteignirent ainsi le fruit de la réalisation.

Le septième jour, lorsque le clan Shakya présenta des offrandes, tous ceux qui étaient présents virent avec un grand respect une émanation du souverain universel avec son royaume, les sept précieux attributs de la souveraineté, ainsi que ses princes et ses ministres. Le Bouddha donna alors d'incroyables enseignements et nombreux furent ceux qui obtinrent le fruit de la réalisation.

Le huitième jour, lorsque Kaushika, roi des dieux, présenta des offrandes, le Bouddha s'assit sur un trône de lion. Lorsque les rois des dieux, Brahma et Indra, firent tous deux des offrandes, un grand son, semblable à celui d'une trompette d'éléphant, retentit. Soudain, cinq énormes démons assoiffés de sang apparurent et détruisirent les trônes des six maîtres non-bouddhistes. Vajrapani, de la suite du Bouddha, frappa les six maîtres sur la tête avec un vajra flamboyant. Les six charlatans eurent honte et s'enfuirent ; certains sautèrent dans des rivières et se noyèrent. De nombreux disciples des maîtres non-bouddhistes se tournèrent vers le Bouddha pour se réfugier en lui, reçurent les vœux d'ordination et devinrent par la suite des arhats.

Puis, des quatre-vingt mille follicules pileux du corps du Bouddha, la lumière jaillit et combla le ciel tout entier. À l'extrémité de chaque faisceau de lumière se trouvait une grande fleur de lotus sur laquelle apparaissait un bouddha émané, accompagné de sa suite, enseignant la sainte doctrine bouddhiste. Tous ceux qui voyaient cette émanation virent leur foi s'amplifier et ils reçurent davantage d'enseignements. Nombreux furent ceux qui éveillèrent en eux la bodhicitta et atteignirent le fruit de la libération.

Le neuvième jour, lorsque le roi des dieux, Brahma, présenta des offrandes, le Bouddha fit lever son corps à une telle hauteur qu'il atteignit le monde des dieux de Brahma et émit de la lumière. Tout le monde le vit et entendit sa voix qui éveilla leur foi, et il donna des enseignements. Beaucoup atteignirent le fruit de la libération.

Le dixième jour, lorsque les Quatre Grands Rois présentèrent des offrandes, le Bouddha fit émaner son corps jusqu'à atteindre le faîte de l'existence. Des corps des Quatre Grands Rois jaillirent quatre grandes lumières. Le Bouddha enseigna à l'entourage et d'innombrables êtres illimités engendrèrent la bodhicitta, atteignant le fruit de la libération.

Le onzième jour, lorsque le maître de maison Anathapindada présenta des offrandes, le Bouddha entra dans la concentration de la grande compassion. Assis sur son trône de lion, il se rendit invisible et enseigna à partir d'une masse de lumière. D'innombrables êtres engendrèrent la bodhicitta.

Le douzième jour, lorsque le maître de maison Jinta présenta des offrandes, le Bouddha remplit le trichiliocosme d'une lumière dorée qui pacifia l'esprit de tous les êtres malveillants qu'elle toucha. La lumière leur permit de développer des sentiments les uns pour les autres comme s'ils étaient des parents ou des frères et sœurs. Le Bouddha donna des enseignements et un nombre illimité d'entre eux développèrent la bodhicitta.

Le treizième jour, lorsque le roi Shuntsidala présenta des offrandes, deux grandes lumières jaillirent du nombril du Bouddha, sur chacune desquelles se trouvait une fleur de lotus. Sur chaque lotus était assis un bouddha émané dont le nombril faisait jaillir deux grandes lumières de la même manière, remplissant ainsi complètement le grand chiliocosme de bouddhas émanés visibles par tous. Ces bouddhas donnèrent des enseignements et, de la même manière, d'innombrables êtres engendrèrent la bodhicitta.

Le quatorzième jour, lorsque le roi Udrayana présenta des offrandes, les fleurs que le roi avait dispersées en guise d'offrandes devinrent comme des arbres précieux et tous les êtres des grand chiliocosmes les virent. Grâce aux enseignements du Bouddha, comme auparavant, un nombre incalculable d'êtres firent naître la bodhicitta en eux.

Le quinzième jour, lorsque le roi Bimbisara présenta des offrandes, tous les récipients furent remplis de nourriture aux cent saveurs différentes et tout l'entourage fut ravi. Le Bouddha frappa le sol de sa main et les innombrables êtres des dix-huit enfers devinrent visibles. Le Bouddha expliqua comment, dans le passé, ils avaient accumulé du karma négatif et comment cela avait causé la souffrance qu'ils éprouvaient maintenant, de sorte que tout l'entourage prit peur et développa de la compassion pour les êtres des enfers. Le Bouddha donna différents enseignements et certains êtres des enfers firent naître en eux l'inégalable bodhicitta. Certains atteignirent le stade du non-retour. Un nombre incalculable d'êtres créèrent des racines de bien pour renaître en tant que dieux ou humains. Les êtres des enfers virent le Bouddha et le fait d'avoir écouté ses enseignements leur permit de développer la foi. Ils furent libérés de la vie dans les enfers et reprirent naissance en tant que dieux ou humains.

Cette histoire nous aide à comprendre l'importance des enseignements de cet extraordinaire maître. La sainte doctrine bouddhiste ainsi que les instructions essentielles d'un maître sur la cause ultime de la joie intérieure contiennent la méthode suprême menant à l'expérience de la véritable félicité, à la fois pour soi-même et pour autrui. L'étude, la contemplation et la mise en pratique de ces enseignements donnent un sens à la vie humaine ; elles éliminent la peur et la panique face à la naissance et à la mort. En suivant le Dharma, nous devenons libres de toute peur et le restons, même si le ciel devait s'effondrer sur nous. Les espoirs et les doutes inappropriés sont résolus intérieurement.

Si nous appliquons les méthodes bouddhistes pour trouver cette extraordinaire félicité intérieure de relaxation et de bonheur de l'esprit, nous finirons par atteindre la pure félicité sacrée. Parmi des millions d'autres activités, c'est celle qu'il faut choisir et c'est notre meilleure chance d'être heureux. C'est pourquoi le moment est venu d'agir. Si nous nous laissons distraire par la paresse, nous regretterons plus tard notre procrastination et deviendrons très malheureux.

Si nous examinons de près le bonheur de cette vie, nous constatons qu'il a la nature de la souffrance. Ne nous attachons pas aux séduisantes possessions matérielles, aux objets désirables, aux compagnons, à la famille ou aux proches. Nous devrions pratiquer les enseignements bouddhistes avec autant de ferveur qu'une belle jeune fille essayant d'éteindre les flammes lorsque ses longs cheveux prennent soudainement feu ou avec l'énergie d'un peureux s'efforçant de se débarrasser du serpent tombé sur ses genoux. Ne remettons pas cela à demain ou au jour suivant, à l'année prochaine ou à l'année d'après. C'est dès aujourd'hui que nous devons nous efforcer d'atteindre le bonheur pour nous-mêmes et pour autrui.

Cinq
L'ENTRÉE SANS ERREUR

Le bouddhisme s'est d'abord répandu en Inde où l'on enseignait qu'au début, ce monde était un grand océan. Sur cet océan apparut une fleur de lotus dorée aux mille et deux pétales. Grâce à ce lien d'interdépendance, mille deux bouddhas apparaîtront donc dans cet âge. Parmi eux, le quatrième bouddha est notre maître, le bouddha Shakyamuni. Il était en réalité pleinement éveillé avant cette naissance ; cependant, il a choisi de démontrer par sa vie la voie qui mène à la réalisation de l'éveil afin d'enseigner à ceux qui sont capables de comprendre. À travers ses douze actes majeurs, il a exposé les trois approches spirituelles des enseignements bouddhistes. Près de Varanasi, le Bouddha a donné son premier enseignement, les Quatre Nobles Vérités, à ses cinq excellents disciples, ainsi qu'à quatre-vingt mille dieux.

Ensuite, sur le site souverain qu'était le Pic des Vautours, le Bouddha a exposé la section des enseignements expliquant la vacuité à une assemblée de bodhisattvas, fils des Victorieux. En outre, en de nombreux endroits différents, dont Vaishali et le pays de Lanka (Sri Lanka), il a exposé la dernière section des enseignements qui définit précisément et complètement la nature absolue de toutes choses. Les trois sections d'enseignements sont connues sous le nom de « Véhicule causal des caractéristiques » ou enseignements des sutras et chaque étape correspond aux capacités des personnes aux aptitudes limitées, intermédiaires ou supérieures. Le Bouddha a exposé la section de l'ésotérique approche résultante des enseignements qui caractérise le bouddhisme tibétain aux êtres fortunés, aux dieux et aux nagas appropriés ainsi qu'à d'autres êtres n'appartenant pas nécessairement au monde humain. Grâce à cela, d'innombrables étudiants non éveillés sont entrés sur la voie et ont atteint les niveaux d'accomplissement spirituel qui en résultent.

Après que le Bouddha fut passé au-delà de la souffrance, la collection de la première section de la Doctrine, les enseignements du Hinayana, fut compilée en trois groupes désignés sous le terme des « trois corbeilles ». Kashyapa et six autres héritiers des enseignements ainsi que les membres des trois conciles successifs réalisèrent cette compilation. Complétés par des commentaires écrits sur les paroles du Bouddha, les enseignements ont prospéré et se sont répandus. Le corpus des enseignements du Mahayana a été diffusé par Nagarjuna et Asanga et a prospéré grâce à leurs efforts. Nagarjuna et Asanga ont atteint la réalisation des bouddhas Manjushri et Maitreya, ainsi que Aryadeva, Vasubandu, Dignaga et Dharmakirti. Ces maîtres sont connus sous le nom des « Six Ornements ».

Deux cents ans après le parinirvana du bouddha Shakyamuni et conformément à sa prophétie, le bouddha nommé Vajrapani, le Seigneur des Secrets, vint en personne exposer aux Cinq Éminents Êtres tous les tantras qui avaient été transmis dans les trois mondes célestes. Ces cinq éminents êtres étaient le dieu Yashasvi Varapala, le roi naga Takshaka, le yaksha Ulkamukha, le rakshasa Matyaupayika et l'humain Licchavi Vimalakirti. À cette époque, le rakshasa Matyaupayika utilisa de l'or fondu pour inscrire ces tantras sur du lapis-lazuli, les scella avec les sept capacités de l'esprit éveillé et les bénit. Grâce à ce pouvoir, le roi Dza fit sept rêves étonnants qui l'incitèrent à se concentrer uniquement sur la pratique. Comme prédit dans l'un de ces rêves, Tulku Garab Dorje reçut la phase tantrique de création du Mahayoga de Vajrasattva, qui lui rendit visite en personne dans le pays occidental d'Oddiyana.

Les kriya tantras furent amenés à Varanasi. Les yoga tantras furent apportés au sommet de la Montagne Ardente, Meri Barwa. Grâce à cela, tous les tantras secrets extérieurs et intérieurs devinrent célèbres dans le monde des humains. Plus particulièrement, Manjushri enseigna les ésotériques tantras intérieurs au dieu Yashasvi Varapala dans les mondes célestes. De là, ils furent progressivement transmis et Indra, le roi des dieux, les pratiqua avec toute sa suite de cent mille personnes. Ils atteignirent ainsi le stade du plein éveil. Arya Avalokiteshvara enseigna ces tantras au roi naga Kālākaṇṭha, « Gorge Noire », dans le monde des nagas. Ils furent ensuite davantage transmis et le roi naga Takshaka ainsi que cent mille membres de sa suite atteignirent le niveau de détenteur de science ou vidyadhara. Le Seigneur des Secrets, Vajrapani, enseigna les tantras au yaksha Samantabhadra, dans le monde des yakshas. Par la suite, ils furent graduellement transmis à d'autres et le yaksha Ulkamukha ainsi que sa suite de cent mille personnes atteignirent le niveau de détenteur de science en pratiquant ensemble.

Sur son lit de mort, le Bouddha a prophétisé que son enseignement se répandrait vers le nord et c'est ainsi que les enseignements ont été découverts au Tibet, le pays des neiges, par le roi tibétain Lhathori Nyenshul. À l'époque du roi Songtsen Gampo, les enseignements bouddhistes se sont établis au Tibet. Ils se sont répandus et ont prospéré sous le règne de Trisong Detsen, qui a invité cent huit pandits indiens au Tibet, au premier rang desquels se trouvaient le maître Padmasambhava – le second bouddha –, et l'abbé Shantaraksita. Cent huit érudits émanés travaillèrent ensemble à la traduction des enseignements et la lampe de leur sainte sagesse brûla avec éclat.

Le maître Padmasambhava était une émanation du bouddha Amitabha qui émana de son cœur une syllabe HRIH vers le lac Dhanakosha à Oddiyana, où Padmasambhava naquit. Sur le lac Dhanakosha, Padmasambhava apparut miraculeusement dans le cœur d'un lotus, vierge des souffrances de la naissance. Il fut adopté par le roi d'Oddiyana mais trouva le moyen de renoncer au trône et pratiqua la discipline yogique dans les huit grands charniers. Grâce à ces pratiques, Padmasambhava parvint à maîtriser sa longévité et, en tant que Victorieux de tout aux pouvoirs miraculeux, il accomplit des actions merveilleuses au profit des êtres, demeurant en Inde pendant de nombreuses années. Le moment venu, Padmasambhava se rendit au Tibet et lia sous serment les esprits hostiles ainsi que les démons locaux, leur ordonnant de servir le Dharma. Il bénit de nombreuses montagnes et falaises pour en faire des lieux de pratique et dissimula des trésors d'enseignements bouddhistes ainsi que d'autres objets précieux dans tout le Tibet afin qu'ils soient redécouverts dans le futur. Il transmit sa doctrine à neuf fils de cœur, aux vingt-cinq heureux disciples, dont le roi Trisong Detsen et ses sujets, et à beaucoup d'autres, établissant tous ces disciples sur la voie de la maturation et de la libération.

L'abbé Shantarakshita ordonna les premiers moines du Tibet, connus sous le nom de « Sept hommes à l'essai ». Par la suite, beaucoup d'autres prononcèrent des vœux monastiques et la communauté vêtue de safran ainsi que la tradition bouddhiste de la noble discipline morale furent établies. C'est ainsi que la doctrine des sutras et tantras se répandit.

De cette manière, les précieux enseignements de l'ancienne tradition Nyingma ont été transmis à Nyag Jnanakumara qui a eu, entre autres, huit élèves portant le nom « Pel ». Ceux-ci et beaucoup d'autres sont devenus des êtres accomplis. Deuxièmement, l'enseignement a été transmis à Nubchen Sangye Yeshe qui a eu, entre autres, quatre disciples-fils de cœur. Troisièmement, la doctrine fut transmise à Zurchen Shakya Jungne, qui eut beaucoup de disciples et quatre principaux dont Zurchong Sherab Drakpa. Celui-ci eut, parmi ses disciples, quatre « piliers », détenteurs principaux de l'enseignement, et huit soutiens appelés « poutres ». Zurtro Phugpa Shakya Senge suivit en tant que maître de la lignée. Parmi ses disciples, on comptait les « Quatre enseignants » et le célèbre « trio Zur, Me et Ön ». Le maître suivant dans la succession de la transmission fut l'omniscient Rongzompa Chökyi Zangpo. Vint ensuite le maître omniscient Longchenpa Drime Öser, qui transmit la lignée au maître omniscient Jigme Lingpa, lequel compta parmi ses élèves les quatre « Jigme ». Depuis ces maîtres, la transmission de la réalisation dans l'ancienne lignée Nyingma des ésotériques enseignements tantriques, de la transmission orale et des instructions essentielles s'est poursuivie sans interruption jusqu'à aujourd'hui.

L'abbé du Zahor, Pelden Atisha, et ses fils de cœur furent les premiers maîtres de la précieuse lignée Kadampa. Le grand pandit Naropa eut un fils de cœur ou disciple principal, Marpa Chökyi Lodrö, qui enseigna à son tour à quatre détenteurs principaux de cette tradition, principalement Jetsun Milarepa et l'incomparable Grand Gampopa qui comptèrent, parmi leurs principaux élèves, les trois accomplis du Kham, lesquels poursuivirent la transmission de la lignée des pratiquants réalisés, connue sous le nom de tradition Kagyu.

Depuis le grand pandit indien Gayadhara, le grand traducteur Drokmi Lotsawa et ainsi de suite jusqu'aux cinq Jamyang Gongmas, la réalisation de la glorieuse tradition Sakya, profonde et étendue, a été transmise.

Tsongkhapa Lobsang Drakpa, détenteur de l'ensemble des enseignements des sutras et tantras des anciennes et nouvelles traditions, a diffusé avec ses disciples la tradition Gelug des trois sections de la doctrine du Bouddha. À cette époque, les maîtres, à la fois érudits et spirituellement accomplis, devinrent aussi nombreux que les étoiles dans le ciel nocturne.

C'est ainsi que l'enseignement et l'étude de la sainte doctrine bouddhiste se sont répandus dans tout le Tibet, le pays des neiges. Des milliers de monastères ont été construits ainsi que de nombreux collèges bouddhistes et centres de méditation. Les neuf approches spirituelles qui constituent l'ensemble des enseignements bouddhistes ont été maintenues dans leur intégralité et ont intégré les approches des sutras et des tantras. Au fur et à mesure que s'établissait la doctrine bouddhiste, sans erreur, sans tromperie et sans taches, le Tibet devint un grand centre d'étude et de pratique des enseignements du Bouddha.

À l'heure actuelle, la doctrine bouddhiste s'est répandue dans de nombreux pays du monde mais dans certains pays, seule l'approche spirituelle inférieure du Hinayana est enseignée, sans l'approche spirituelle supérieure du Mahayana. Ailleurs, seule l'approche spirituelle du Mahayana est enseignée, sans les enseignements tantriques secrets. Il existe des lieux où les deux approches spirituelles sont enseignées mais la continuité de l'enseignement et de la guidance a été perdue, laissant les enseignements incomplets et inutiles, comme des serrures sans clés. De nos jours, seule la tradition bouddhiste du Tibet maintient une transmission complète et pure de la doctrine du Bouddha. Il est évident qu'au cours de l'histoire du Tibet, les enseignements ont prospéré pendant certains siècles et se sont affaiblis pendant d'autres, avec des périodes d'expansion et de déclin. Cependant, il reste encore aujourd'hui une lignée ininterrompue de saints enseignements bouddhistes non contaminés et cela est dû à la force du karma positif des êtres de ce monde.

En outre, il existe ce que l'on appelle les « Quatre Fleuves de Transmission » des enseignements secrets de l'ancienne école Nyingma du bouddhisme tibétain. Le premier grand fleuve est celui de l'enseignement scriptural commun, qui englobe les commentaires et les exposés synthétiques. Le deuxième fleuve est celui des initiations qui font mûrir l'esprit. Il comprend les méthodes d'initiation et de présentation de la nature de l'esprit. Le troisième fleuve est celui des conseils expérimentaux, qui comprend les instructions essentielles, et le quatrième fleuve est celui de la mise en œuvre de diverses activités, dont le travail avec les déités protectrices des enseignements et avec les mantras courroucés. Tous ces enseignements sont complets et sans erreur.

Il existe également trois ou six lignées au sein de la tradition Nyingma. Les trois lignées sont :

1. La lignée de transmission d'esprit à esprit des Victorieux
2. La lignée de transmission symbolique des détenteurs de science
3. La lignée de transmission orale des personnes ordinaires.

Outre les trois lignées, les six lignées comprennent les suivantes :

4. La lignée de transmission des écrits sur papier jaune
5. La lignée de transmission prophétisée
6. La lignée de transmission de pouvoir et d'aspiration.

Ces lignées contiennent les instructions profondes pour atteindre l'éveil en une seule vie et en un seul corps. Elles devraient donc être considérées comme encore plus précieuses qu'un joyau exauçant les souhaits.

Même les innombrables richesses et possessions, l'or et l'argent, les émeraudes et les diamants, sont autant d'illusions qui ne peuvent nous rendre heureux et satisfaits mentalement ou émotionnellement, pas plus qu'ils ne le peuvent dans nos vies futures. Le bonheur que nous désirons dans cette vie est qualifié d'entaché ou d'insatisfaisant et nous devons faire la différence entre les aspects physiques et mentaux de ce bonheur. Même si toutes nos richesses peuvent nous rendre physiquement heureux, elles ne peuvent pas nous rendre mentalement heureux. En outre, la richesse ne peut même pas empêcher les terribles souffrances de la naissance, de la vieillesse, de la maladie et de la mort.

La science moderne permet de voyager vers d'autres planètes ou a le pouvoir de détruire massivement notre propre planète en un clin d'œil. Cependant, la science moderne n'offre aucune méthode pour atteindre le bonheur éternel de la libération et de l'éveil. La seule chose au monde qui soit vraiment unique et qui ait une valeur suprême, c'est la sainte doctrine bouddhiste et plus précisément les enseignements de la tradition tibétaine. Non seulement celle-ci conserve le Canon complet de la doctrine du Bouddha mais elle possède également des méthodes expérimentales uniques pour réaliser l'éveil.

Obtenir une vague compréhension des enseignements en lisant quelques livres et en essayant ensuite de pratiquer n'apportera aucun résultat. Pour obtenir des résultats, il est nécessaire que nous disposions de toutes les initiations complètes, les transmissions orales, instructions, conseils personnels et expériences, ainsi que les bénédictions inaltérées de la lignée. Le fait de pouvoir entrer en contact avec ces éléments est le résultat du karma accumulé antérieurement. En ayant déjà rencontré ces enseignements dans le passé, les prédispositions karmiques seront ravivées et nous nous retrouverons une fois de plus à la porte de cette tradition. Nous pouvons en être certains.

Si nous y réfléchissons d'un point de vue différent, la condition première pour établir le bonheur dans ce monde est l'enseignement bouddhiste. De nos jours, nous savons fabriquer des armes biologiques et nucléaires destructrices et toute la machinerie de guerre. En même temps, motivés par une jalousie et une rivalité féroces, de nombreux pays rivalisent pour construire et développer des armes de plus en plus puissantes et terrifiantes, à la fois ouvertement et en secret. C'est pourquoi hostilités et guerres sont endémiques, comme une maladie récurrente qui ne provoque que des malheurs. Parmi toutes les choses qui apportent le bonheur dans le monde, où que l'on cherche, le seul remède durable que l'on puisse trouver à ce problème est la sainte doctrine bouddhiste.

Si tous les habitants de la planète ou même simplement nos dirigeants politiques cultivaient dans leur esprit les Quatre Immensurables (amour, compassion, joie empathique et équanimité immensurables) ainsi que l'esprit d'éveil ou bodhicitta, il n'y aurait plus besoin de soldats, d'armes ou de contrôles aux frontières et le monde deviendrait assurément une famille heureuse et pacifique. Cela dit, même si le Bouddha apparaissait réellement dans l'expérience conditionnée par le karma de certains individus, ces derniers auraient l'impression qu'il ne possède aucun pouvoir réel.

Si nous tournons notre esprit vers les enseignements bouddhistes et que, grâce à ce corps humain doté des dix-huit libertés et ressources que nous avons obtenues, nous extrayons l'essence de ces libertés et ressources pour pratiquer authentiquement la sainte doctrine bouddhiste, ce sera alors comme un voyage au pays des joyaux et de l'or ; nous ne reviendrons pas les mains vides.

Si nous ne nous préparons pas maintenant à ne pas avoir peur quand nous mourrons, le temps n'attendra pas. Si nous nous y prenons trop tard, notre retard deviendra la cause de profonds regrets. Ce qu'on appelle la doctrine sacrée du Bouddha est comme un remède à la maladie des facteurs afflictifs de l'esprit. Il ne suffit pas d'avoir un médicament ; si le patient ne le prend pas, il ne sert à rien. De la même manière, nous ne pouvons pas nous contenter d'écouter les enseignements, il est nécessaire de les intégrer dans notre esprit.

Si nous ne modifions pas les caractéristiques négatives de notre personnalité et que nous laissons les enseignements bouddhistes à l'état de mots dans des livres, c'est comme si un soldat partait au combat contre l'ennemi et laissait ses armes à la maison. Nous errons ainsi dans la ronde des existences et souffrons parce que nous avons été frappés par le démon de l'illusion et que nous sommes sous l'emprise des facteurs afflictifs de l'esprit. En reconnaissant ceux-ci comme nos ennemis, nous devrions partir au combat contre eux, armés de toutes sortes de méthodes et d'idées, et munis d'armes correctives. Si nous parvenons à vaincre ces ennemis, nous atteindrons le stade du bonheur éternel et, dès lors que nous aurons obtenu les attributs extraordinaires de la réalisation, nous serons en mesure de soulager la souffrance des autres êtres. C'est pourquoi nous devons développer une ferme détermination, sans la moindre seconde de retard.

Les enseignements bouddhistes sont des instructions clés sur la manière d'amener toute souffrance ou tout plaisir sur la voie, afin de goûter à la félicité suprême de ce que l'on appelle notre « nectar intérieur ». En méditant sur les enseignements, la souffrance liée à l'attachement aux espoirs et aux doutes sera réduite en conséquence, ce qui, à son tour, réduira notre expérience de la maladie et de la douleur. L'un des résultats est que nous créerons l'opportunité d'accroître notre longévité. Lorsque le moment de mourir sera venu, nous aurons pris nos dispositions et nous aurons déjà jeté les bases pour ne plus souffrir à l'avenir.

Parce que nous sommes des créatures pitoyables, la chose la plus bénéfique que nous puissions faire pour nous-mêmes en ce moment est d'emprunter l'infaillible chemin du bonheur. Si nous sommes paresseux, nous éprouverons à l'avenir des regrets irréversibles. Il sera très difficile de récupérer ce que nous avons perdu, aussi difficile que de récupérer une flèche perdue, tirée au hasard dans un fourré épineux.

Tout d'abord, la doctrine du Bouddha a été diffusée, elle subsiste actuellement et finira par être perdue. On dit que les enseignements bouddhistes demeureront pendant cinq mille ans mais ce temps n'est pas encore écoulé. Le bouddha Shakyamuni est venu en ce monde et a exposé trois sections d'enseignements afin que chacune soit comprise selon la disposition et l'intelligence des trois types d'êtres à discipliner. La continuité de sa doctrine est ininterrompue et subsiste encore dans ce monde, en particulier la grande approche spirituelle du Mahayana, avec les enseignements complets des sutras et des tantras sans erreur.

Les enseignements du Mahayana se sont répandus depuis le lieu où le Bouddha lui-même a atteint l'éveil, Bodhgaya en Inde, jusqu'aux sommets septentrionaux du pays des neiges. Aujourd'hui, le seul endroit au monde qui conserve la transmission complète et l'expérience pratique de ces enseignements est la terre bouddhiste du Tibet. Le Tibet est entièrement imprégné, du centre jusqu'aux confins, de la précieuse doctrine bouddhiste dans ses aspects de transmission et de réalisation. Pure comme un doux drap de satin blanc, elle est le fondement du bonheur et du confort pour tous les êtres.

La pérennité de ces enseignements dépend des personnes ordinaires qui les maintiennent. Les pratiquants qui vivent sur le plateau des montagnes enneigées, à travers l'enseignement et la pratique, maintiennent, protègent, développent et répandent la doctrine du Bouddha dans ses aspects de transmission et de réalisation. Ils sont donc de précieux joyaux parmi tous les peuples.

Considérons simplement ceci : si tous ceux d'entre nous qui ont peur de mourir ou peur de la souffrance post-mortem, qui aspirent à ce que les mauvaises circonstances et les obstacles de cette vie soient atténués et qui souhaitent devenir de plus en plus heureux à l'avenir, mettent de nouveaux fers sur leurs sabots de cheval et passent leur vie entière à chercher dans divers temples religieux en passant par tous les pays du monde en demandant à plusieurs millions de personnes où cette sagesse peut être trouvée, ils ne trouveront pas de meilleur endroit que le Tibet, le toit du monde. Pensons au Tibet : un haut plateau oriental, entouré d'une guirlande de montagnes de neige blanche où des milliers de personnes ont réalisé le corps d'arc-en-ciel et où un nombre inconcevable d'érudits et de maîtres accomplis ont vécu.

Du trésor des connaissances anciennes et modernes du monde, le seul joyau bénéfique et chatoyant de cette vie comme des vies futures est la tradition bouddhiste du Tibet, dont je considère qu'elle est le fruit du mérite extraordinaire des êtres du monde, ainsi que des dieux. À l'heure actuelle, ce ne sont pas seulement les personnes incultes, inintelligentes, analphabètes et âgées de ce monde qui ont foi dans le bouddhisme tibétain ; il y a de grands groupes de bouddhistes dans le monde entier, qui sont jeunes et bien éduqués et qui représentent un pourcentage significatif de la population mondiale. Le nombre de bouddhistes dans le monde augmente spontanément chaque jour, une nouvelle et irrépressible poussée de foi.

Si nous en recherchons la raison, c'est tout simplement parce que chacun dans le monde aspire au bonheur et souhaite éviter le malheur. Prenons un exemple : si nous sommes confrontés à de mauvaises conditions économiques, nous nous efforçons d'avoir suffisamment de nourriture et de vêtements ; nous essayons d'éviter la faim et la soif, et nous faisons de notre mieux pour nous réchauffer. Si nous avons suffisamment de nourriture, de vêtements et de biens ainsi qu'un lieu où dormir, nous nous efforçons de trouver un moyen de nous assurer que le reste de notre vie ainsi que celui de nos enfants et de leurs descendants, de nos parents et de nos amis, continuera d'être heureux et agréable.

Mais même si nous pouvions soudainement réunir toutes les parfaites conditions prédisposantes pour y parvenir, tous nos efforts ne seraient d'aucune utilité pour créer le bonheur dans notre vie future. De plus, si une personne avait le contrôle de toutes les richesses du monde, cela ne lui garantirait pas un bonheur durable et sincère. De plus, une richesse infinie n'a pas le pouvoir d'effacer l'inévitabilité de la mort. La souffrance après la mort ne sera pas atténuée ; il faut l'affronter.

Cependant, un jour, les questions du bonheur et de la souffrance après la mort sont inévitablement soulevées dans l'esprit de chacun, que ce soit tôt ou tard dans la vie, ou en fonction de la capacité de notre sagesse individuelle ou de notre pouvoir de raisonnement. À ce moment-là, nous nous réveillons complètement du sommeil de l'ignorance et nous réalisons que nous avons gaspillé notre vie jusqu'à présent en poursuivant une voie erronée. Nous réalisons qu'il n'y a rien d'autre que les saints enseignements du Bouddha qui puissent nous aider dans notre vie future. En d'autres termes, nous franchissons la porte de la sainte doctrine bouddhiste en raison de notre propre intérêt. Plus nous goûtons à elle, plus elle devient délicieuse. C'est la seule raison pour laquelle nous nous y engageons. Si nous n'étions pas disposés à le faire et qu'une autorité nous obligeait à nous y conformer, nous pourrions obéir extérieurement aux instructions mais notre cœur resterait fermé.

À partir du moment où nous sommes devenus bouddhistes, nous apprenons que tous les êtres ont été nos mères dans des vies antérieures et la compassion naît alors dans notre esprit, nous motivant avec le désir spontané d'œuvrer pour le bien d'autrui. Lorsque cela se produit, nous considérons les autres d'une manière tout à fait différente de celle que nous avions l'habitude de voir et nous devenons plus aimants. À partir de ce tournant, nous ne faisons plus de mal aux autres et eux cessent de nous faire du mal. Nous sommes respectueux et attentionnés envers autrui, ouverts et honnêtes dans nos actions physiques, nos paroles et nos pensées, sans arrière-pensée, et les autres nous y répondent naturellement avec respect. Tous ceux d'entre nous qui sont bouddhistes entraînent leur courant de conscience dans le souhait sincère que tous les êtres soient heureux et traitent chacun avec humanité et respect. Peu à peu, si le nombre de bouddhistes augmente, notre société deviendra heureuse et s'il y a suffisamment de personnes qui pratiquent les véritables enseignements du Bouddha, le soleil d'un confort et d'un bonheur encore plus grands se lèvera alors partout.

Cependant, dans le même temps, des charlatans qui ne sont pas de vrais bouddhistes ne manqueront pas d'apparaître. En particulier, dans des centaines d'années à partir de maintenant ou même dans dix ou vingt ans, de faux bouddhistes apparaîtront, des personnes qui semblent être bouddhistes mais qui ne le sont pas. Des lamas tibétains, des maîtres accomplis et des érudits prétendant être des étudiants de la lignée de tel ou tel maître et de telle ou telle lignée de transmission utiliseront de faux noms ainsi que quelques mots et termes bouddhistes. Ils prendront certaines idées d'autres religions et quelques fausses prophéties qui n'ont de sens que pour eux-mêmes, en mélangeant le tout. Ils se baseront sur le simple son des mots pour écrire toutes sortes de livres et seront les enseignants d'une mauvaise voie, comme un bourreau qui se présente sans avoir été convoqué. Ils porteront des costumes incongrus et souilleront les enseignements bouddhistes par leur ignorance. Il est inévitable que de telles personnes arrivent du monde oriental et occidental, de toutes les nationalités, y compris tibétaine, sans distinction de cheveux blonds ou noirs.

La période entre une génération et la suivante est l'occasion de renouveler les enseignements bouddhistes. De la même manière, le corps d'une personne doit rester pur en maintenant une alimentation et une conduite saines et en s'abstenant de tout ce qui peut être malsain. Ces préparatifs sont nécessaires pour éviter que le mal ne se produise à l'avenir. De même, nous pouvons considérer la sainte tradition bouddhiste comme un juge qui condamnera les faux enseignants et les charlatans, préservant ainsi la pureté des enseignements. Cela profitera à toutes les ethnies. Celui qui entreprend cette grande tâche est un véritable détenteur des enseignements bouddhistes et il est sans aucun doute une émanation du Bouddha. Je pense que cette tâche est bien plus importante que, par exemple, de chercher à savoir si notre planète est menacée par des dangers provenant d'autres planètes. C'est même plus important que de protéger l'environnement local ou mondial.

Nous sommes tous les héritiers de la richesse des saints enseignements non contaminés du Bouddha. Si nous ne les préservons pas, si nous ne les chérissons pas correctement ou si nous ne les protégeons pas contre les dommages en bloquant toutes les menaces, alors les faux enseignants feront semblant d'enseigner, uniquement pour gagner de l'argent, et les étudiants feront semblant de s'engager dans les pratiques principales sans avoir d'abord formé leur esprit ou accompli les pratiques préliminaires. En fin de compte, les enseignements tantriques secrets deviendront des objets à acheter et à vendre. Si cela se produit, cela formera la base de la ruine des enseignements. En s'offusquant, les protecteurs de la Doctrine provoqueront des conditions adverses dans cette vie et ceux qui commettent l'acte négatif de vendre les enseignements créeront le karma d'être rôtis dans l'enfer des tortures incessantes. Non seulement cela, mais le manque de respect pour les enseignements causera en lui-même le coucher du soleil de la doctrine du Bouddha en ce monde. Mieux que d'accumuler ce genre de karma, il suffirait de développer un cœur bienveillant et de réciter le Mani, mantra de la compassion.

Les générations futures nées dans le grand pays du Tibet, le toit oriental du monde, n'ont pas à se sentir inférieures aux autres nations industrialisées. Nos ancêtres tibétains ont atteint la réalisation et étaient très érudits. Si les générations passées de Tibétains avaient tourné leur attention vers des réalisations mondaines, le Tibet serait aussi avancé que n'importe quelle nation dans le monde. Au contraire, le vrai bonheur ne résulte pas du progrès matériel, il se trouve dans nos cœurs. Conscients de cela, les Tibétains se sont concentrés sur la pratique des saints enseignements bouddhistes.

Le bouddhisme tibétain et la culture tibétaine sont des trésors précieux transmis de génération en génération par le peuple tibétain et c'est la richesse de chacun dans ce monde. Par conséquent, les Tibétains du pays des neiges bouddhiste n'ont pas à se sentir gênés face à des gens qui n'ont que des richesses matérielles.

Le pouvoir de maturation de la sainte doctrine bouddhiste est un nectar de l'esprit pour tous les êtres qui peuvent saisir le concept selon lequel nous avons tous été, à un moment donné, le père ou la mère, le frère ou la sœur de l'autre, cher à toutes les créatures vivant dans les conditions difficiles qui nous entourent. Les enseignements bouddhistes sont la quintessence des instructions pour devenir de plus en plus heureux, aujourd'hui et à l'avenir. Ce nectar profond et complet est actuellement en possession des habitants du Pays des Neiges.

La sauvegarde des enseignements pour toute notre époque relève de la responsabilité personnelle, non seulement des bouddhistes, mais aussi de tous ceux qui ont foi en la compassion et la sagesse véritables. Le parfum de cette racine sacrée doit être diffusé en permanence dans les huit directions et, dans le même temps, les enseignements bouddhistes doivent être examinés régulièrement pour s'assurer qu'ils restent purs et intacts. C'est la tâche la plus importante que les bouddhistes de toutes les nationalités doivent s'efforcer d'accomplir ; c'est pourquoi je répète ce point crucial.

Si nous commençons à faire la différence entre les énormes foules qui constituent l'ensemble de la race humaine vivant sous le ciel au-dessus de nous, nous constatons qu'elles sont composées d'individualités. Si chaque individu se comportait bien, savait distinguer le bien du mal et pensait gentiment aux autres, alors la population entière deviendrait paisible et détendue. De la même manière, ce qu'on appelle la communauté spirituelle unie des détenteurs de la doctrine bouddhiste est également composée de groupes d'individus. Dès lors, si chaque étudiant du bouddhisme et chaque membre individuel de la communauté spirituelle avait à l'esprit la richesse de la réalisation complète du triple entraînement dans notre tradition, alors les enseignements immaculés du Bouddha resteraient intacts et purs.

Il y a bien longtemps, dans un pays lointain, vivait un moine pleinement ordonné, un ermite, qui consacrait son temps à méditer et qui dépendait de la mendicité pour sa subsistance. Ayant peu de besoins, il se contentait de ce qu'il avait. Il était instruit et sage dans la doctrine du Bouddha. À cette époque, vivait dans les environs un maître de maison, un disciple laïc du Bouddha qui avait une grande foi dans les enseignements. Observant les cinq disciplines constantes du Dharma, il fit la promesse de devenir le protecteur de l'ermite et de subvenir à ses besoins aussi longtemps qu'il vivrait. Ce bienfaiteur préparait toutes sortes de nourritures et les apportait à l'ermite afin qu'il ne soit pas dérangé dans sa pratique et qu'il ne souffre pas de la chaleur ou du froid en allant chercher ses provisions.

À la même époque et dans la même région, un autre pieux maître de maison avait un fils qui avait reçu les vœux d'ordination du moine ermite et pratiquait en tant que novice, vivant avec son maître. Un jour, le patron de l'ermite était tellement occupé et distrait par tout ce qu'il avait à faire qu'il en oublia la nourriture. L'ermite envoya donc son novice chercher les provisions. L'ermite lui dit d'aller en ville, de se conduire correctement selon les enseignements du Bouddha et de ne pas s'attacher à quoi que ce soit.

Le moine novice se rendit à la maison du mécène mais celui-ci n'était pas chez lui. Cependant, la fille du protecteur, âgée de seize ans et d'une beauté saisissante, était là et invita le novice à entrer. La jeune fille se dit : « Les novices sont censés être célibataires... Maintenant, quelles astuces puis-je utiliser pour éveiller son désir et le séduire ? » Le moine novice était très attentif à sa conduite et ne répondait pas du tout à la jeune fille. Enfin, espérant toujours le séduire, la jeune fille se prosterna devant le moine. « Prenez tout », supplia-t-elle, « prenez toute la multitude de bijoux, tout l'or et l'argent de cette maison. C'est un trésor aussi vaste que celui du Bouddha de la richesse ! Je deviendrai votre servante, je vous servirai et je vous honorerai. Vous devez exaucer mon souhait ! »

Le novice se dit : « Qu'ai-je fait de négatif pour être confronté à une telle situation ? Je veux bien renoncer à mon corps et à ma vie mais je ne violerai pas les vœux de discipline morale que j'ai prononcés devant les bouddhas des trois temps. Le désir tourmente cette fille et c'est pourquoi elle n'a ni pudeur ni honte... Si je m'enfuis, elle me poursuivra. Si elle me rattrape, elle prétendra que nous sommes amants et si les gens du village nous voient ensemble, ils me mépriseront. Il serait certainement préférable que je finisse ma vie dans cette maison, ici et maintenant ».

Il dit alors à la jeune fille : « Ferme bien la porte, j'ai quelque chose à faire. Cela ne prendra qu'un instant et nous pourrons alors être ensemble ». La jeune fille ferma la porte et s'en alla. Pendant ce temps, le moine novice passa dans la pièce voisine, ôta sa robe, s'agenouilla sur le sol et joignit les paumes de ses mains pour prier. « Je n'abandonne pas la discipline morale du Bouddha, son enseignement, la communauté spirituelle, les enseignants ou les maîtres. Pour maintenir la discipline morale, je vais abandonner mon corps. Où que je naisse, que je sois ordonné moine dans la tradition bouddhiste. En maintenant une conduite pure, que mes souillures soient épuisées et que j'atteigne l'éveil ! » Il termina cette prière et, sans hésiter, sortit un couteau, se trancha la gorge et mourut.

Atterrée par ce qui s'était passé, la jeune fille fut prise de remords. Lorsque son père, disciple laïc du Bouddha, rentra à la maison, elle lui expliqua franchement tout ce qui s'était passé. Il en parla à son tour au roi de la région et tous furent stupéfaits. Louant la discipline morale du novice, ils firent des offrandes à sa dépouille. Ils envoyèrent alors un message à l'ermite. Lorsque le maître arriva, il enseigna la doctrine bouddhiste et toute la famille de l'adepte laïc du Bouddha prononça les vœux d'ordination. Ils éveillèrent l'inégalable esprit d'éveil et tout le royaume s'en réjouit.

Six
LE PAISIBLE ET FRAIS NECTAR INTÉRIEUR

Ce que l'on appelle le « nectar » est une sorte de médicament qui soulage la maladie et prévient la mort. Il existe grâce aux mérites des dieux dans les mondes célestes et représente une substance suprême qui protège de la mort. En raison de tels effets, le terme est également utilisé pour désigner la doctrine sacrée du bouddhisme.

Toutes les souffrances extérieures peuvent être soulagées par des choses extérieures. Si la relation entre les quatre éléments extérieurs du corps physique est déséquilibrée, les éléments seront perturbés, ce qui entraînera des maladies que les traitements médicaux et les médicaments ont le pouvoir de guérir. Les souffrances de la faim, de la soif, de la chaleur et du froid peuvent être soulagées par la fourniture de nourriture et de boissons, de vêtements et d'abris.

Cependant, la racine de ces souffrances provient de l'esprit intérieur. Il s'agit de la maladie des facteurs afflictifs de l'esprit qui perturbent le courant de conscience. La méthode utilisée pour corriger et soulager cette maladie consiste à s'appuyer sur le plus grand des remèdes, la sainte doctrine bouddhiste. Il n'y a pas d'autre remède, car celle-ci peut nous libérer de la maladie des facteurs afflictifs et a le pouvoir de mener au stade du bonheur ultime. C'est pour cette raison que les enseignements sont connus comme le « nectar intérieur » de l'esprit.

Quelles sont les causes et conditions de notre souffrance ? La cause pour laquelle nous et tous les êtres tournons en rond dans les trois mondes du samsara est l'« ignorance de même identité ». La condition est notre absence de reconnaissance de la Conscience éveillée, ce qui entraîne une conceptualisation erronée du monde. En conséquence, nous sommes contrôlés par nos expériences, qui ne sont en fait rien d'autre que des hallucinations et qui sont toutes liées par le nœud coulant des trois types de souffrance. C'est comme si nous étions retenus prisonniers dans une prison obscure ou épuisés par la maladie fiévreuse des facteurs afflictifs de l'esprit. La sainte doctrine bouddhiste est le moyen profond de s'échapper de cette prison. Elle est apaisante et rafraîchissante, un remède soulageant notre fièvre intérieure, tout comme le camphre est un médicament très efficace pour soulager notre fièvre extérieure.

Les facteurs afflictifs que sont le désir-attachement, l'aversion, l'opacité mentale, l'orgueil, la jalousie, etc. sont comme un poison et sont la source de notre malheur comme de notre inconfort. Nous pouvons voir à quel point il est imprudent de tomber sous leur influence. Il existe un argument valable qui amène à conclure que toute liberté est un bonheur et que tout asservissement est une souffrance. À mon avis, cela ne s'applique pas seulement aux relations entre les personnes. Nous pouvons comprendre que lorsque nous nous laissons dominer par des facteurs afflictifs, nous créons toutes sortes de souffrances, non seulement à court terme, mais aussi pour nos vies futures.

Par exemple, lorsqu'un individu perd le contrôle et tombe sous l'influence du désir, il vole l'argent et les biens d'autrui, dilapide les fonds publics, accepte des pots-de-vin et ainsi de suite, jusqu'à ce que la loi le rattrape et qu'il soit poursuivi. Ou encore, par un fort attachement, le désir pousse une personne à commettre des actes sexuels contraires à l'éthique ou des abus. Par le pouvoir de ces actes et d'autres actions immorales, non seulement nous infligeons à nous-mêmes et aux autres des souffrances physiques et mentales mais beaucoup en perdent littéralement la tête ou les membres. Si nous laissons notre discipline intérieure se relâcher, notre corps physique souffrira, notre vitalité s'affaiblira et notre intégrité physique sera perturbée, ce qui nous rendra malades et finira par détruire notre vie.

De même, si nous perdons le contrôle sous l'influence de la colère, nous critiquons sans réfléchir, nous hurlons de rage, nous soumettons les autres à toutes sortes de calomnies, ce qui provoque des querelles et des bagarres inutiles, de la violence, des vols et même des meurtres. En fin de compte, ce comportement provoque des désastres pour nous-mêmes et pour les autres, et devient la cause de grands regrets. La colère enflamme et agite notre esprit, et cette agitation est la cause de nombreuses maladies, telles que la débilité et la dépression. Alors même que nous nous félicitons d'avoir vaincu ceux que nous considérons comme nos ennemis, nos actes ont le même effet sur nous, comme si nous avions poignardé notre propre corps avec un couteau tranchant. Le bénéfice de la prise de médicaments pendant un an est anéanti par un jour de colère.

Perdant le contrôle sous l'influence de l'illusion, nous devenons confus, n'étant plus certains que nous devrions entreprendre des actes positifs et abandonner les actes négatifs. Comme un animal, nous ne savons que manger, dormir et déféquer, et notre vie est complètement gâchée. Nous détruisons toutes les bonnes choses de notre vie, maintenant et pour le futur. L'illusion entraîne le développement de toutes les souffrances ; c'est le début du désastre.

Si nous perdons le contrôle et sommes possédés par l'orgueil, nous sommes sarcastiques et irrespectueux envers les autres. À l'exception de notre propre corps, tout le monde et toutes les choses deviennent des ennemis. Nous attirons toutes sortes de souffrances, ayant beaucoup d'ennemis et peu d'amis. Si notre ego, considéré comme largement supérieur de notre point de vue, est légèrement endommagé, nous souffrons d'autant plus de notre orgueil blessé. Nous créons nous-mêmes la cause de cette souffrance et nous n'en tirons aucun plaisir.

Si nous sommes sous l'influence de la jalousie, ouvertement ou dans notre cœur, nous sommes consumés par des pensées négatives et abusives de mépris et d'envie envers les autres. Si nous rabaissons les autres, il est naturel qu'ils nous rabaissent. Si nous critiquons les autres, il est évident qu'ils nous critiqueront en retour. Lorsque nous regardons le reflet d'un miroir, si notre visage est sale, ce n'est pas la faute du miroir, cela confirme simplement que c'est notre propre faute. Une personne jalouse n'est jamais satisfaite et ne connaît pas de moments heureux. La jalousie cause des souffrances au corps et à l'esprit. La maladie d'un esprit envieux et malheureux ne peut être guérie par la médecine ou par un nombre quelconque de possessions.

Si nous sommes sous l'emprise de l'avarice, nous ne sommes jamais convaincus de posséder quoi que ce soit. Même si nous devenions l'unique propriétaire d'une montagne d'or, nous ne croirions toujours pas que c'est suffisant. En tant qu'avares, nous convoitons et désirons toujours plus, même si nous possédons plus de vêtements et de nourriture que nous ne pourrions en porter ou en manger. Nous sommes épuisés par la souffrance d'accumuler, de protéger et de craindre de perdre nos richesses. Notre vie humaine passe et après la mort, nous continuerons à exister en tant qu'esprit tourmenté. Au moment de la mort, nous devrons partir nus, les mains vides, sans richesse ni enseignements bouddhistes et il n'y a pas un seul instant où nous ressentons du bonheur dans cette vie. Nous ne pouvons être insouciants le jour ni détendus la nuit et nous éprouvons des souffrances dans le corps et l'esprit.

Depuis des temps immémoriaux, notre esprit est marqué par les empreintes négatives d'habitudes dont il est difficile de se défaire sans un effort continu. Lorsque de forts facteurs afflictifs surgissent dans l'esprit, nous devons être immédiatement sur nos gardes et donc capables de résister à leur influence. Il est important de penser aux situations du passé lointain et aux répercussions dans l'avenir à long terme, et d'utiliser toutes les méthodes possibles pour vaincre les ennemis que sont nos facteurs afflictifs. Si nous y parvenons, cela s'avérera être l'unique remède à tous nos problèmes, un remède qui peut à la fois guérir et prévenir nos maladies. Ce grand médicament sacré que nous utilisons pour protéger ce corps que nous chérissons et protégeons est plus efficace que n'importe quel autre remède, même si nous fouillions tous les hôpitaux du monde et si nous consultions les plus éminents spécialistes de la planète.

En résumé, les facteurs afflictifs de l'esprit sont des sensations erronées et malheureusement trompeuses. Non seulement ils causeront des souffrances dans nos vies futures mais ils attirent aussi toutes les choses indésirables dans cette vie. Même si nous ne croyons pas aux vies futures, nous croyons en cette vie et souhaitons prendre soin de notre corps. Pour ce faire, nous devons abandonner les facteurs afflictifs de l'esprit ou au moins résister à leur influence lorsqu'ils sont forts.

Parce que nous avons eu des habitudes négatives pendant longtemps, nous devons d'abord développer une forte détermination sans nous laisser décourager par les difficultés et partir en guerre contre les facteurs afflictifs. Jusqu'à présent, ils ont vaincu nombre de gens et si nous n'avons pas une tenace confiance, nous serons également vaincus.

La tradition de la médecine tibétaine identifie les facteurs afflictifs de l'esprit comme étant la cause des maladies. Le désir-attachement provoque des troubles de l'humeur du souffle. L'aversion provoque des troubles de l'humeur de la bile et l'opacité mentale entraîne des troubles de l'humeur du phlegme. Les trois poisons des facteurs afflictifs sont à l'origine de tous les types de maladies et provoquent un déséquilibre des trois humeurs, le souffle, la bile et le phlegme.

L'humeur du souffle est située au niveau de la taille et imprègne la partie inférieure du corps. L'humeur de la bile est située dans le foie et la vésicule biliaire, imprégnant ainsi le milieu du corps. L'humeur du phlegme se trouve dans le cerveau et imprègne la partie supérieure du corps. Lorsque les niveaux de ces humeurs s'élèvent ou diminuent, ils sont transmis par la peau, la chair, les canaux du corps, les os, les cinq organes vitaux, les six organes creux, etc. Il existe quatre cent vingt-cinq divisions de maladies, qui peuvent être ramenées aux maladies chaudes et froides. Il existe cinq sortes de souffle : le souffle maintenant la vitalité, le souffle ascendant, le souffle descendant, le souffle pénétrant et le souffle accompagnant le feu. On distingue cinq sortes de bile : digestive et métabolique, régulatrice de la couleur, accomplissante, donnant la vue et éclaircissant le teint. Quant au phlegme, il en existe également cinq types : soutien, décomposition, expérience, satisfaction et liaison.

Les constituants corporels sont au nombre de sept : essence nutritive, sang, chair, graisse, os, moelle et fluide régénérateur. Avec les excréments, l'urine et les menstruations, ils forment les vingt-cinq constituants corporels. Lorsque le goût, la capacité et l'activité de ces éléments sont équilibrés, la force du corps augmente, la peau est saine, la régénération et la croissance se produisent. Si ce n'est pas le cas et que les constituants ne sont pas équilibrés, ils deviennent destructeurs ; nous éprouvons des souffrances et des douleurs terribles et, finalement notre vie s'arrête si l'une des neuf maladies mortelles se développe.

Les neuf maladies mortelles sont principalement causées par les facteurs afflictifs de l'esprit. Quel que soit le facteur afflictif le plus fort, il entraîne le développement de la maladie correspondante. C'est pourquoi les trois facteurs afflictifs fondamentaux sont appelée les « trois poisons ».

Non seulement les facteurs afflictifs de l'esprit détruisent le confort et le bonheur de cette vie mais ils engendrent également la souffrance insupportable des funestes destinées pour les vies futures. Nous savons qui est un bon ou un mauvais pratiquant des enseignements bouddhistes lorsque nous rencontrons les ennemis que sont les facteurs afflictifs. Si nous sommes capables d'éviter de succomber à leur influence en utilisant les nombreux moyens habiles à notre disposition pour les surmonter ou en les intégrant réellement à la voie, la maladie et la douleur de la souffrance seront réduites et notre corps sera en bonne santé. Lorsque nous sommes en bonne santé, nous nous sentons heureux. Lorsque nous sommes heureux, nous sommes moins malades. Lorsque nous sommes libérés de la maladie, notre vie est longue. Lorsque nous avons peu de désirs et que nous savons quand nous en avons assez, tous nos souhaits sont intrinsèquement satisfaits.

L'aspiration à une longue vie et à la réalisation de tous nos souhaits est le sommet du bonheur humain. Il s'ensuit qu'un individu ayant de telles aspirations adoptera naturellement le comportement de la classe la plus noble de personnes. Une personne ayant ce genre de noble comportement s'abstiendra de faire quoi que ce soit qui puisse nuire à autrui. Parce qu'ils peuvent reconnaître que de telles personnes s'abstiennent d'actions nuisibles, tous les êtres vivants les apprécieront et leur feront confiance. On dit qu'il est extrêmement vertueux d'être apprécié de tous et que l'abandon des actes négatifs est le plus grand des mérites.

Lorsque nous nous abstenons d'actes négatifs et que nous accomplissons des actes positifs, notre esprit ne subit pas l'influence des facteurs afflictifs. Ces ennemis qui coexistent avec l'esprit depuis des temps immémoriaux sont ainsi détruits. Par ailleurs, la maîtrise de l'esprit est ce que l'on appelle l'enseignement du Bouddha sur la « discipline intérieure » et constitue en soi l'essence de la doctrine bouddhiste.

Ne pas permettre à notre esprit d'être perturbé par les facteurs afflictifs et rester calme est la suprême médecine intérieure qui produit le bonheur physique et mental. S'il existe une voie ou un moyen de générer un extraordinaire bonheur du corps et de l'esprit, temporel et ultime, nous devrions suivre cette voie, quel que soit celui qui l'a enseignée, qu'il s'agisse ou non du Bouddha. Générer du bonheur nous est bénéfique à la fois physiquement et mentalement.

Tous les êtres animés sont occupés à courir après le bonheur. Ayant trouvé le chemin du bonheur pour moi-même, il ne suffit pas que je sois seul à être heureux. Imaginons que les membres de ma famille, mes proches et mes amis puissent atteindre le bonheur de cette manière ! De la même manière, en raisonnant pas à pas, tous les êtres animés ne veulent pas souffrir et ils sont tous les mêmes à vouloir le bonheur. Comme moi, ils aspirent au bonheur mais ne savent pas comment le créer. Dans l'ignorance, par le pouvoir de l'illusion, nous sommes tous les mêmes, courant partout dans la confusion. Quelle pitié !

Lorsque nous pensons : « Ne serait-ce pas merveilleux si tout le monde pouvait trouver le chemin du bonheur ? » cette pensée fait écho à la sainte doctrine du Bouddha et nous nous retrouvons donc naturellement sur la voie qu'il a enseignée. Ainsi, quelle que soit la manière dont nous envisageons les choses, si nous prenons comme point de départ l'affirmation selon laquelle tous les êtres aspirent au bonheur, il est clair qu'il n'y a pas de meilleur chemin, avec ses moyens habiles, que la sainte doctrine du Bouddha pour atteindre le bonheur.

Il y a bien longtemps, lorsque le Bouddha était sur terre, il y avait dans une certaine région de l'Inde un roi qui gouvernait son royaume comme un tyran, sans se soucier du bien-être de son peuple. L'éléphant que montait le roi tuait d'innombrables personnes, les écrasant à chaque pas. Tous les habitants du royaume devinrent très malheureux et craintifs. À cette époque, cinq cents jeunes filles de la caste la plus élevée du royaume, désillusionnées par la ronde des existences, abandonnèrent leur famille et prononcèrent des vœux de nonnes.

Peu de temps après leur ordination, elles rendirent visite à une nonne pleinement ordonnée nommée Utpalavarna. Les jeunes filles dirent à celle-ci : « Lorsque nous vivions à la maison, nous étions distraites par la ronde constante des tâches quotidiennes. Nous avons prononcé des vœux de nonnes mais nous ne pouvons pas nous libérer de l'influence du facteur afflictif du désir-attachement. Par compassion pour nous, veuillez nous donner un enseignement bouddhiste afin que nous puissions apprendre à le repousser ».

Les cinq cents nonnes firent donc leur demande et Utpalavarna leur donna l'enseignement suivant :

> « Le désir-attachement est comme le feu, il brûle l'esprit. Sous l'influence de cet esprit brûlant, une personne ne peut que nuire à une autre. Le résultat est que nous tombons dans les funestes destinées où il n'y a jamais d'échappatoire. La maison dans laquelle nous vivons est comme une prison.
>
> Apprenez de mon histoire : je suis née dans une caste élevée et j'ai été donnée en mariage au fils d'une famille de la même caste. Nous avons eu un fils. Plus tard, je suis tombée à nouveau enceinte

et mon mari et moi sommes partis avec notre petit garçon pour nous rendre chez mes parents. À mi-chemin, j'ai ressenti un malaise dans mon ventre et ce soir-là, nous avons campé près d'un arbre. À minuit, j'ai donné naissance à un autre fils. Mon mari a dormi à un autre endroit. Il a été mordu par un serpent venimeux et en est mort. Le lendemain, lorsque j'ai trouvé son corps, je me suis effondrée et je me suis évanouie. Lorsque j'ai repris connaissance, soucieuse de rejoindre la maison de mes parents, j'ai porté mon fils aîné sur mon dos et tenu mon petit bébé dans mes bras, marchant en pleurant sans trouver personne pour m'aider dans mon voyage.

Un peu plus loin, il y avait une grande rivière que nous devions traverser. Comme je ne pouvais pas porter les deux garçons ensemble, j'ai laissé mon fils aîné sur la rive voisine. J'ai porté mon petit garçon pour traverser la rivière et je suis retournée chercher l'aîné. Mon fils a vu sa mère arriver et a sauté dans la rivière. Il a été emporté par le courant et s'est noyé. Lorsque je me suis retournée, j'ai vu que mon bébé avait été mangé par un loup et qu'il ne restait qu'un peu de sang. Je suis tombée à genoux, évanouie.

Après un long moment, j'ai repris conscience et j'ai continué à lutter. Dans un endroit proche de la maison de mes parents, j'ai rencontré une vieille connaissance et j'ai demandé de leurs nouvelles. Le voisin m'a dit : "La maison de tes parents a pris feu et ils sont morts brûlés avec toute la famille". En entendant cette nouvelle, j'ai été bouleversée. Le voisin m'a prise en charge, m'a ramenée chez moi et s'est montré gentil avec moi.

Plus tard, je suis devenue la femme d'un homme de la même caste que moi. En vivant avec lui, je suis à nouveau tombée enceinte. J'ai porté mon bébé à terme et j'ai accouché pendant que mon mari faisait la fête avec ses amis. Tout à coup, mon mari est rentré ivre. Je ne pouvais pas me lever et il n'y avait personne pour ouvrir la porte, alors il s'est mis en colère. Il a enfoncé la porte, est entré et m'a battue. Je lui ai dit que j'avais accouché mais cela ne servit à rien, il a tué mon petit garçon, l'a fait cuire dans du beurre et m'a forcée à le manger.

J'étais dévastée. J'ai quitté mon mari et me suis enfuie loin de là. En chemin, j'ai rencontré un jeune homme assis sous un arbre. Il m'a dit que sa femme venait de mourir. Il avait enterré son corps dans une tombe et portait le deuil dans un état misérable. J'ai parlé avec lui et, plus tard, je suis devenue sa femme. Peu de temps après, il est tombé malade et en est mort. Selon la religion de ce pays, la femme devait être enterrée vivante avec le corps de son mari et c'est ainsi que j'ai été enterrée.

Ce soir-là, une bande de pilleurs de tombes est arrivée, a creusé la tombe et m'a découverte. Le chef de la bande m'a forcée à devenir sa femme. Peu de temps après, le roi a attrapé le chef des pilleurs de tombes et l'a tué, et une fois de plus, j'ai été enterrée vivante avec un cadavre. Au bout de trois jours, un loup a déterré la tombe et je me suis échappée. J'étais complètement désemparée et j'ai compris que la ronde des existences n'avait aucun sens. J'ai décidé de me tourner vers le Bouddha pour trouver refuge et je me suis rendue à l'endroit où il séjournait.

Le Bouddha savait que le moment était venu de m'instruire et il est sorti pour m'accueillir. J'étais nue et tellement gênée que j'ai couvert mes seins et me suis accroupie sur le sol. Le Bouddha a demandé à son disciple Ananda de me donner quelque chose à porter. J'ai mis les vêtements qu'on m'avait donnés et je me suis prosternée aux pieds du Bouddha, priant pour être ordonnée. Le Bouddha m'a montré à sa tante, la nonne Prajapati, et j'ai reçu l'ordination. Dès que j'ai entendu les enseignements bouddhistes, je les ai pratiqués avec sérieux et diligence. J'ai atteint l'état d'arhat en résultat et j'ai réalisé tout ce qu'il était possible de savoir sur les trois temps.

Les nonnes interrogèrent alors Utpalavarna sur la cause karmique de ses terribles expériences et celle-ci leur enseigna ce qui suit :

« Il y a longtemps, un maître de maison extrêmement riche avait deux femmes. La plus jeune donna naissance à un fils. L'aînée devint jalouse et planta une aiguille dans la fontanelle de l'enfant, le tuant. Lorsque la mère s'écria : "Tu as tué mon fils !", la femme jalouse devint folle et fit le vœu suivant : "Si j'ai tué ton fils, que mon mari soit tué par un serpent venimeux au cours de chacune de mes vies. Si j'ai des fils, qu'ils soient emportés par l'eau et mangés par les loups. Que je sois enterrée vivante à plusieurs reprises et que je mange la chair de mon fils. Que la maison de mes parents prenne feu et qu'ils meurent brûlés !"

J'étais la femme jalouse. Dans ce corps, j'ai fait l'expérience du plein effet karmique du meurtre du bébé et du faux serment. La raison pour laquelle le Bouddha est venu gentiment m'accueillir et la cause qui m'a permis plus tard d'atteindre la réalisation est la suivante :

Jadis, je pris naissance en tant qu'épouse d'un maître de maison et lorsqu'un bouddha par soi, un pratiekabuddha, se présenta pour mendier sa subsistance, j'eus grande foi en lui et lui offrit des provisions. Le bouddha par soi exhiba toutes sortes de pouvoirs magiques et la femme du maître de maison que j'étais à l'époque fit cette prière d'aspiration : "Puissé-je dans le futur atteindre moi aussi des qualités d'éveil telles que celles-ci". C'est ainsi qu'en résultat j'ai atteint l'état d'arhat où l'esprit est complètement libéré ».

Après avoir écouté l'enseignement d'Utpalavarna, la torture du désir-attachement fut complètement épuisée chez les cinq cents nonnes. Elles méditèrent et obtinrent effectivement l'état d'arhat en résultat.

Le parfait Bouddha est habile et possède une très grande compassion ; il a enseigné le remède aux quatre-vingt-quatre mille facteurs afflictifs de l'esprit, à savoir les quatre-vingt-quatre mille divisions de la doctrine bouddhiste. La racine de tous ces facteurs afflictifs est constituée par les trois poisons. C'est pour cette raison que le Bouddha a enseigné que les quatre-vingt-quatre mille divisions de la doctrine sont ramenées aux trois ou quatre corbeilles d'enseignements.

Le remède pour maîtriser le facteur afflictif du désir-attachement est exposé dans la corbeille de la discipline intérieure (Vinaya) en vingt-et-un mille enseignements. Le remède au facteur afflictif de l'aversion est exposé dans la corbeille des discours (Sutras) en vingt et un mille enseignements. Le remède au facteur afflictif de l'opacité mentale est exposé dans la corbeille de la connaissance manifeste (Abhidharma) en vingt et un mille enseignements. Le remède pour soumettre les trois poisons est exposé dans la corbeille des tantras secrets en vingt et un mille enseignements.

Le sujet de ces enseignements est constitué des trois entraînements que sont la discipline intérieure, la concentration et la connaissance pénétrante. Ces trois entraînements contiennent toutes les voies des sutras et des tantras. Ce que l'on appelle la sainte doctrine bouddhiste combine la transmission et la réalisation. La transmission comprend les trois corbeilles d'enseignements et la réalisation comprend les trois entraînements.

Tout d'abord, nous devons étudier les enseignements du Bouddha ainsi que les commentaires qui les clarifient, rédigés par ses disciples très érudits. Nous devrions toujours être à la recherche de plus de supports et d'occasions d'étudier. Ensuite, nous devons analyser et contempler ce que nous avons étudié. Enfin, nous devons appliquer par la contemplation méditative ce que nous en avons conclu. Ce processus peut être comparé à un escalier que nous devons gravir de bas en haut. En outre, nous devons prendre les vœux de délivrance individuelle. Il en existe huit types :

* Abstinence de vingt-quatre heures

* Pieux laïc
* Pieuse laïque
* Moniale probatoire
* Simple moine
* Simple moniale
* Moine pleinement ordonné
* Moniale pleinement ordonnée.

Si nous respectons ces vœux avec l'esprit extraordinaire de la bodhicitta qui se concentre sur le bien de tous les êtres animés, les vœux deviendront ceux de l'approche spirituelle du Mahayana. En prenant les vœux de délivrance individuelle avec un esprit de désillusion à l'égard du samsara, nous étudions et apprenons les enseignements des fidèles du Hinayana. Ensuite, nous devons prononcer les vœux de bodhisattva dans le cadre d'un rituel. Il en existe deux lignées. Celle de la vaste activité a été transmise par le seigneur Maitreya à Asanga et celle de la vue profonde a été transmise par Arya Manjushri à Nagarjuna. Il est approprié de prendre les vœux dans l'une ou l'autre de ces traditions.

Ensuite, nous devons étudier les enseignements de la Voie du Milieu, qui déterminent l'absence de soi des êtres et des phénomènes. Puis, nous devons recevoir une initiation dans l'inégalable doctrine secrète des tantras et étudier ces enseignements du Véhicule résultant. Nous devons les adopter comme voie et les mettre en pratique en développant une grande diligence afin de rendre manifestes les qualités éveillées de la réalisation et de comprendre ce que nous devons abandonner.

Si on parle en termes d'étapes, nous pratiquons d'abord les sutras, puis les tantras. Ce que l'on entend par sutras et tantras ou par approches spirituelles supérieures ou inférieures du Mahayana et du Hinayana ne doit pas être considéré comme correspondant à des voies séparées ou différentes. Par exemple, l'âge d'un enfant et celui d'un adulte ne sont pas les mêmes et, pour cette raison, la force physique qu'ils possèdent est également différente. Si un enfant et un adulte souffrent de la même maladie, on leur prescrit des doses différentes de médicaments. La méthode de traitement physique varie et doit donc être adaptée aux besoins de l'individu.

De la même manière, l'esprit des gens est différent, c'est pourquoi le Bouddha a enseigné différentes approches spirituelles. De plus, nous devons savoir que toutes ces approches sont pour nous des voies sans erreur vers l'éveil. Si nous n'en sommes pas sûrs et que nous empruntons le chemin que nous rencontrons par hasard, nous serons comme un voyageur égaré et perdrons de vue notre destination. Comment alors pourrions-nous reconnaître les signes qui marquent notre progression vers l'éveil ? Il est donc essentiel de trouver le bon chemin.

Tout d'abord, la chose la plus importante qu'un adepte du Mahayana doit viser est que lui-même et les autres atteignent le stade de l'éveil. La cause principale de l'éveil est la production de la bodhicitta, la fusion de la sagesse et de la compassion. On l'appelle « le précieux esprit d'éveil » car toute la sagesse éveillée et omnisciente du Bouddha a pour racine la compassion. La bodhicitta est à la fois la cause et la méthode qui permettent d'atteindre le but parfait qu'est l'éveil.

Cet esprit d'éveil se développe lorsque nous percevons que la souffrance est la nature du samsara. Le fait de savoir qu'il n'y a pas un seul être dans la ronde des existences qui, à un moment donné, n'ait été notre mère ou notre père, et que lorsqu'ils étaient nos parents, ils étaient aussi bons envers nous que nos parents dans cette vie, nous aide également à engendrer la bodhicitta. Si nous devions atteindre la libération pour nous seuls et laisser ces êtres derrière nous, ce serait une chose honteuse et ignoble à faire. En pensant à leur rendre leur bonté, nous devrions méditer sur l'amour qui souhaite leur bonheur et sur la compassion qui désire qu'ils soient libérés de la souffrance.

Si nous ne développons pas dans notre courant de conscience la pure bodhicitta, quelle que soit la voie étonnante sur laquelle nous méditerons, elle ne sera rien d'autre qu'un lion gonflé d'orgueil, une image tracée dans l'obscurité avec une flamme en mouvement ou un simple reflet. Une telle voie ne deviendra pas authentique.

Si nous voulons franchir la porte des saints enseignements bouddhistes, nous devons développer dans notre esprit le renoncement, la bodhicitta et la vision pure. Nous devons accumuler les deux collections de mérite et de sagesse, adopter le triple entraînement comme fondement, faire la promesse des Quatre Immensurables et nous engager continuellement dans la pratique des dix actes positifs et des Six Transcendances. En agissant ainsi, nous parviendrons à la libération dans cette vie-ci, nous atteindrons le niveau de la bouddhéité parfaite et inégalée, nous ferons enfin nos adieux à la fange du samsara et nous atteindrons l'heureuse et suprême paix éternelle.

Sept
Le portail de la félicité éternelle

Dans la ronde des existences sans commencement et jusqu'à aujourd'hui, nous avons été distraits par la surcharge irréalisable des activités mondaines. Tout ce que nous faisons est comme le rêve de la nuit dernière, un flux continu de simples illusions qui ne peuvent jamais être embrassées ou achevées.

Si nous nous posons la question : « Qui suis-je ? » le nom que nous ont donné nos parents ou d'autres personnes n'est pas nous. Notre corps est un assemblage d'atomes ; il est composé de chair, de sang et d'os, c'est un simple réceptacle semblable à un pot d'argile. Si nous disséquons notre corps, nous ne trouverons rien qui puisse être appelé « moi ». En ce moment, notre esprit est également quelque chose d'illusoire. Notre esprit réside dans un corps humain et a donc des perceptions humaines, bien différentes de celles que nous aurions eues si nous avions été un chien dans une vie antérieure. Dans une vie future, si nous renaissons sous la forme d'un serpent, notre esprit ne sera pas le même. C'est pourquoi il n'y a rien de certain que l'on puisse appeler « moi ». Il n'y a pas non plus de moyen de qualifier de « moi » le continuum de la base sur laquelle les tendances s'impriment. Dans notre recherche de l'esprit, nous sommes incapables de trouver quoi que ce soit qui puisse posséder les attributs de la forme ou de la couleur, par exemple.

Puisqu'il en est ainsi, l'objet de notre saisie d'un soi que nous appelons « moi » sous l'influence de l'illusion ne dépasse pas les limites du corps, de la parole et de l'esprit. Notre corps est comme un serviteur. Notre parole est comme un messager et notre esprit est comme un roi. Dès lors, si l'esprit est capable d'emprunter une voie sans erreur et sans illusion, le corps et la parole suivront naturellement.

Nous pouvons en déduire que l'ennemi, la saisie d'un soi qui nous fait nous accrocher à un « je » marque le début de l'illusion et de l'expérience de la souffrance. En tournant notre esprit à multiples facettes vers la contemplation des enseignements bouddhistes, la base de l'illusion qu'est la saisie d'un soi, s'estompera peu à peu. Pour ce faire, comment franchir le portail de la doctrine bouddhiste ?

Les enseignements correspondent à la voie menant à la cessation. La vérité de la cessation correspond à la vérité du dépassement de la souffrance. La vérité de la voie correspond au chemin qui peut être suivi pour passer au-delà de la souffrance. Pour parvenir à la réalisation des enseignements, nous devons d'abord initier la cause afin d'atteindre le résultat. La sainte doctrine bouddhiste doit être enseignée par un mentor spirituel érudit. La première porte des connexions interdépendantes que nous devons ouvrir est de respecter et d'honorer la sainte doctrine et celui qui l'enseigne.

Lorsqu'il s'agit d'étudier les enseignements, nous ne devrions pas le faire dans le but d'obtenir des avantages matériels ou de gagner une protection mondaine. Nous devons le faire en adoptant les trois méthodes suprêmes. Quelles sont les trois méthodes suprêmes ?

La première est la méthode consistant à engendrer l'esprit d'éveil ou bodhicitta pour embrasser la racine de bien. Cela représente l'excellent début. Il s'agit de générer la motivation nécessaire pour que tous les êtres animés soient séparés des causes et résultats de la souffrance et de les établir au stade du plein éveil, qui est libre des deux extrêmes. Pour ce faire, la pensée d'enseigner et d'étudier les saints enseignements bouddhistes est comme un crochet, la racine de bien est comme un faisceau d'herbe que nous saisissons fermement avec le crochet.

Deuxièmement, afin d'éviter que la racine de bien ne soit détruite par des conditions défavorables, nous mettons en application la deuxième méthode suprême qu'est l'excellente partie principale, sans conceptualisation. Nous devons réaliser la vue de la base, la voie et le fruit : la *base* de la Grande Voie du Milieu, la *voie* du Grand Sceau (Mahamudra) et le *fruit* de la Grande Perfection (Dzogchen). Cependant, un nouveau pratiquant peut commencer par formuler un concept proche de cette vue. Pour ce faire, nous devons acquérir la certitude que tout ce que nous voyons correspond à des apparences sans nature propre, comme une illusion, un rêve, un mirage ou le reflet de la lune dans l'eau. Lorsque nous écoutons, méditons et pratiquons la sainte doctrine, nous devons concentrer notre corps, notre parole et notre esprit.

Troisièmement, pour que la racine de bien augmente de plus en plus, nous mettons en application la troisième méthode suprême, l'excellente conclusion qu'est la dédicace. Après avoir accompli un acte positif, il est important que nous en dédiions rapidement les mérites au bien des autres afin qu'ils puissent atteindre le plein éveil. Sinon, une fois que nous aurons joui de l'heureux résultat, les mérites s'épuiseront. Les mérites accumulés au cours d'un grand éon seront détruits en un instant de colère. La dédicace empêche les mérites d'être détruits, par exemple, en regrettant l'acte méritoire ou en se vantant d'être vertueux, et elle empêche également les mérites de s'épuiser.

C'est pourquoi nous devons avoir l'esprit qui réalise la vacuité et qui considère la triple sphère (nous-mêmes comme agents de l'action, la pratique elle-même et l'action de pratiquer) comme étant sans existence intrinsèque. En unissant cet esprit à la compassion et à l'amour à travers la bodhicitta, nous récitons des prières de dédicace et d'aspiration. Lorsque cette vue est reconnue comme correcte, la triple sphère est totalement pure. C'est pourquoi cette dédicace est connue sous le nom de « dédicace libre de tout poison ».

Jusqu'à ce que nous ayons réalisé la vacuité, nous pouvons pratiquer l'équivalent approximatif de cette dédicace en combinant toutes les racines de bien que nous avons accumulées dans les trois temps et toutes les vertus non souillées des bouddhas et de leurs enfants spirituels, ainsi que les vertus souillées des êtres animés, en une seule. Ensuite, pour le bien de tous les êtres, afin qu'ils puissent atteindre le stade du plein éveil, nous procédons à la dédicace en utilisant la même méthode que celle employée par les bouddhas et leurs enfants spirituels, à la manière de leur triple sphère pure. Ces trois méthodes suprêmes sont d'une importance vitale pour ceux d'entre nous qui se sont engagés dans l'approche spirituelle du Mahayana et qui s'efforcent de parvenir à la libération.

La vaste motivation de la bodhicitta est de faire le bien suprême de tous les êtres. Elle a pour objectif qu'ils atteignent la bouddhéité. C'est avec cette motivation que nous engendrons le suprême esprit de la bodhicitta.

Les vastes méthodes des tantras secrets sont mises en œuvre lorsque nous recevons et étudions les enseignements bouddhistes sur l'approche tantrique secrète de la réalité indestructible. Nous visualisons le lieu, le temps, le maître, l'assemblée et l'enseignement comme les cinq excellentes perfections. Il est dit : « Si nous voyons le lama comme une personne ordinaire, les accomplissements ne viennent pas d'un chien ». Ainsi, parmi les cinq perfections, la plus importante est de voir le maître comme un être éveillé. En effet, l'esprit du maître est la vaste sagesse de l'éveil, le Dharmakaya. La manifestation de cette sagesse de l'éveil est le Corps formel des bouddhas, le Rupakaya, et ces deux-là, indissolublement liés, forment le Vajrakaya.

Cette source de refuge possède la nature des trois vajras : le corps de vajra, la parole de vajra et l'esprit de vajra. Elle a également les neuf attributs suivants :

L'indestructible corps de vajra, apparent et pourtant vide.
L'indestructible parole de vajra, audible et pourtant vide.
L'indestructible esprit de vajra, pleinement conscient et réalisé.

Que nous en soyons conscients ou non, nous possédons tous l'essence de l'éveil. Par conséquent, nous avons la capacité de réaliser celui-ci et sommes en mesure d'atteindre le résultat. C'est pourquoi nous visualisons l'ensemble des disciples qui assistent aux enseignements comme des dakas et dakinis. C'est la parfaite assemblée.

Il est impossible pour un maître et une assemblée qui ont atteint la double pureté de se réunir dans un lieu qui n'est pas pur. Par conséquent, nous devrions visualiser le lieu comme le suprême champ pur d'Akanishtha, magnifiquement paré, ou un autre champ tout aussi pur. L'enseignement parfait est celui de la lumineuse Grande Perfection, le plus élevé de tous les enseignements. Le temps parfait est la roue de l'éternité en perpétuelle rotation. Nous devons comprendre par la contemplation que tout ce qui existe est originellement pur et méditer avec une concentration totale.

Parallèlement à cette motivation, nous devons adopter une bonne conduite. Celle-ci comprend trois choses que nous devons abandonner. La première concerne les trois manières incorrectes d'écouter les enseignements, connues sous le nom des trois défauts du récipient :

1. Si nous n'écoutons pas attentivement, nous sommes comme un récipient renversé. Si l'on verse de l'eau sur un récipient renversé, l'eau n'entre pas à l'intérieur. De la même manière, si nos oreilles sont fermées, nous n'entendrons rien de ce qui nous est enseigné. Nous devons donc concentrer notre sens de l'ouïe et écouter.

2. Si nous ne nous souvenons pas de ce qui nous a été enseigné, nous sommes comme un récipient avec un trou à la base. Quelle que soit la quantité d'eau que nous y versons, il n'en reste rien à l'intérieur. Si nous sommes ainsi, nous ne comprendrons ni les mots ni le sens des enseignements. Nous devons donc nous rappeler les mots et leur sens.

3. Si nous mélangeons les enseignements avec des facteurs afflictifs de l'esprit, c'est comme si nous mettions de la bonne nourriture dans une marmite contenant du poison ; quelle que soit la quantité de nourriture que nous y mettrons, elle deviendra empoisonnée. Avec une telle attitude, les enseignements que nous recevons ne remédient pas à nos facteurs afflictifs mais les renforcent en nous rendant orgueilleux, par exemple. Il faut donc éviter de mélanger nos facteurs afflictifs avec les enseignements et se souvenir correctement de ces derniers.

Les six souillures que nous devons abandonner sont l'orgueil, le manque de confiance ou de foi, le manque d'effort, la distraction extérieure, le repli sur soi et la lassitude.

Nous devons également abandonner les cinq mauvaises façons de se souvenir :

    1. Se souvenir des mots mais pas du sens
    2. Se souvenir du sens mais pas des mots
    3. Se souvenir sans comprendre
    4. Se souvenir de manière incorrecte
    5. Se souvenir dans le mauvais ordre.

Quatre métaphores décrivent les raisons pour lesquelles nous devons adopter une bonne conduite :
Considérez que vous êtes malade,
Que les enseignements bouddhistes sont des médicaments,
Que le maître est un médecin compétent
Et que la pratique assidue est la voie menant à la guérison.

De même, lorsque nous écoutons les enseignements, nous devons appliquer les Six Transcendances. De cette manière, exposer ou écouter la Doctrine apporte des bénéfices inconcevables. Le Bouddha a enseigné que si un animal entend le son d'une conque convoquant des personnes aux enseignements du Dharma, cet animal sera libéré d'une renaissance dans les états inférieurs de l'existence. Si cela est vrai pour un animal, inutile de dire que si nous recevons une part des enseignements et que nous les écoutons, que nous contemplons leur signification et les pratiquons correctement, nous possédons la chance la plus grande et nous avons trouvé ce qu'il y a de mieux à trouver.

Celui qui étudie les enseignements bouddhistes ne peut pas se contenter de se désigner comme pratiquant. Nous ne pouvons pas dire partout : « J'ai foi dans la doctrine bouddhiste ». Le fait que d'autres personnes acceptent ce nom et pensent que nous sommes bouddhistes n'est d'aucune utilité pour surmonter nos obscurcissements, développer la sagesse ou atteindre le résultat.

Pour s'engager dans une pratique authentique des enseignements bouddhistes, au niveau le plus élevé, avec la sagesse qui a réalisé le sans-soi, nous devons déraciner et détruire la saisie d'un soi. Il nous faut maîtriser la sagesse ultime unissant les deux vérités. Cette sagesse, dont l'essence est vacuité et compassion, a pour résultat l'obtention des deux Corps de l'éveil. Pour ce faire, il est nécessaire de compléter les accumulations causales de mérite et de sagesse mais, avant tout, il est important que nous développions la foi et la confiance dans les enseignements. Pour prendre un exemple, si nous plantons une graine brûlée, elle ne pourra pas produire de pousses vertes. De la même manière, une personne sans foi ne peut pas donner naissance à la pousse de la bodhicitta, ni manifester les qualités vertueuses des enseignements.

Le Bouddha a enseigné :

« À travers la foi, on réalise l'ultime ».

Il y a trois sortes de foi :
* La foi admirative
* La foi incitative
* La foi convaincue.

LA FOI ADMIRATIVE

La foi admirative implique que notre cœur ressente de l'enthousiasme à l'égard du maître comme des Trois Joyaux et que nous voulions nous engager avec eux. Nous avons une profonde confiance dans les qualités éveillées de ceux qui sont au-dessus de nous, sans la moindre souillure d'hypocrisie, et nous sommes ravis et clairs à ce sujet. La foi fondée sur l'admiration est un sentiment indéniable, comme la joie pure qu'éprouve un jeune enfant lorsqu'il rencontre sa mère.

LA FOI INCITATIVE

Lorsque nous comprenons qu'en abandonnant la ronde des existences et en dépassant la souffrance il est possible d'atteindre la félicité ultime, nous ressentons un désir ardent de pratiquer les enseignements. Nous comprenons la qualité suprême de la perfection des perceptions relatives et de la perfection de la sagesse ultime, unies et indissociables, et nous pratiquons donc de manière correcte, sans confusion sur ce qu'il convient d'adopter et de rejeter. Nous devrions pratiquer avec détermination, comme un entrepreneur totalement concentré sur l'acquisition de richesses.

LA FOI CONVAINCUE

Savoir que les mots et la signification des enseignements ainsi que la logique du Bouddha sont irréfutables et n'avoir aucun doute sur le sens des enseignements de la base, de la voie et du fruit, c'est ce que l'on appelle la foi convaincue. La foi fondée sur la conviction est le moteur de notre pratique. Par exemple, si nous sommes convaincus qu'en automne les récoltes seront bonnes, nous travaillons très dur pour préparer le sol et planter les graines au printemps.

Les premier, deuxième et troisième types de foi témoignent d'une compréhension de plus en plus grande des enseignements bouddhistes.

Les avantages d'une foi authentique sont les suivants :

* La foi est un sol fertile sur lequel pousse la graine positive de la bodhicitta
* La foi est comme un voilier qui nous permet de traverser l'océan périlleux du samsara
* La foi est comme un bon garde du corps qui nous protégera des ennemis que sont les facteurs afflictifs de l'esprit

- La foi est comme un bon cheval qui nous conduira au pays de la libération
- La foi est comme un joyau exauçant tous nos souhaits en nous apportant tout ce que nous désirons
- La foi est comme un héros qui vaincra l'armée des négativités.

Même si nous avons d'autres qualités positives, sans la foi, nous sommes comme une personne séduisante sans yeux. Au début, engendrer la foi est la base pour développer la compréhension de la sainte doctrine bouddhiste. Ainsi, dans un délai relativement court, la foi nous aide à atteindre la sagesse du Bouddha.

Au début, la foi nous engage avec un mentor spirituel qui nous montre le chemin et de qui nous apprenons. Au milieu, la foi recherche la sainte doctrine à étudier et, par la contemplation et la méditation, détermine sa signification. À la fin, la foi permet d'atteindre le saint résultat, pur et accompli qu'est la sagesse de l'éveil.

Ainsi, parce que les étudiants ont besoin d'être établis sur la voie de la libération, tout comme nous devons nous fier à un capitaine expérimenté lorsque nous partons en mer, notre tâche est de trouver un guide infaillible et de rendre manifeste le stade ultime de la réalisation. C'est pourquoi nous nous en remettons au maître avec foi et confiance.

Avec les yeux de la foi, nous regardons les trois types de support : les images, les écritures et les stupas. Au début, depuis les prosternations, les circumambulations, la réunion des accumulations et la purification des obscurcissements jusqu'à la méditation qui s'ensuit sur la voie avancée, nous ne devons pas, avec une foi stupide ou ignorante, nous égarer dans n'importe quelle vieille direction recommandée par d'autres.

En commençant par notre propre désir de savoir et en franchissant la porte de notre propre compréhension, développée à travers l'analyse et l'examen, nous gagnerons finalement une foi basée sur une ferme conviction.

Trouver un protecteur est de la plus grande importance, cent fois plus avantageux que de trouver le légendaire joyau exauçant les souhaits. Il est difficile de trouver ce qui ne trompe pas, ce qui est suprême, mais si nous y parvenons, ce sera très significatif et tous les objectifs de cette vie seront atteints sans entrave.

Toutes les causes et tous les résultats du samsara et de l'éveil au-delà de la souffrance sont contenus dans l'enseignement du Bouddha sur les Quatre Nobles Vérités :

> La souffrance, sa source, sa cessation
> Et le chemin qui mène à la cessation de la souffrance.

Il est dit que si nous ne consommons pas de poison, la maladie ne surviendra pas. De la même manière, si les facteurs afflictifs et le karma formant la cause ne se manifestent pas, la souffrance résultante des trois mondes du samsara ne se produira pas. En actualisant la vérité causale du chemin, la sagesse de l'éveil qui transcende la souffrance se manifestera immanquablement.

Il existe de nombreuses façons d'approcher le portail de la félicité éternelle. Parce qu'elles font l'expérience de la souffrance des trois misérables mondes d'existence et que leur esprit désire s'en libérer, les personnes aux aspirations spirituelles limitées abandonnent les dix actes négatifs et accomplissent les dix actes positifs. Elles se concentrent sur la voie mondaine de la méditation et atteignent le niveau des mondes supérieurs, celui des dieux et celui des humains, échappant ainsi pour le moment aux états misérables de l'existence. Il s'agit là d'une approche.

Les personnes ayant des aspirations spirituelles intermédiaires comprennent la souffrance des six types d'êtres dans la ronde des existences. Sachant cela, elles adoptent une conduite morale en contrôlant leur esprit et en se concentrant sur la détermination à être libre. Elles s'entraînent sur la voie mondaine de la concentration méditative. De plus, en éliminant les obscurcissements liés aux facteurs afflictifs de l'esprit, elles éliminent le voile qui empêche de réaliser la non-existence de l'identité personnelle, ainsi qu'une partie du voile concernant la nature de la réalité. De ce fait, elles réalisent, dans une certaine mesure, la non-existence des phénomènes et elles actualisent en conséquence le stade d'arhat. Cette approche permet seulement d'atteindre la libération [du samsara].

Les personnes au grand cœur ou celles dotées d'un grand intellect rejettent les deux extrêmes, à savoir souffrir dans le samsara et demeurer individuellement dans la paix du nirvana, au-delà de la souffrance. Sachant comment éliminer le voile du karma et des facteurs afflictifs, y compris les tendances habituelles, ainsi que le voile cognitif, elles atteignent le résultat de la vérité du chemin, la vérité ultime, la sagesse de la réalisation des deux types de sans-soi, et atteignent le Dharmakaya de l'éveil. C'est la voie sans erreur.

La cause de la souffrance dans la ronde des existences et l'ennemi qui détruit la graine de la libération sont l'omniprésent karma ainsi que les facteurs afflictifs de l'esprit, dont la racine est la croyance erronée en l'existence d'un soi. Le véritable remède est la sagesse transcendante qui réalise la non-existence du soi. Si nous pratiquons cela, c'est comme si nous tuions l'illusionniste et ainsi toutes les illusions manifestées dans le samsara sont naturellement détruites.

Plus suprême encore que l'approche des sutras est le sommet de toutes les approches spirituelles, la Grande Perfection ou Dzogchen, l'Ati libre de toute élaboration, qui nourrit la nature de la pureté primordiale, sans renforcer notre conceptualisation par la pensée. Dans la dimension de sagesse de la liberté fondamentale, les voiles du karma, des facteurs afflictifs et de la cognition, y compris les tendances habituelles, sont éliminés et le pratiquant atteint réellement dans cette vie-même le Dharmakaya de l'éveil. Il s'agit de l'approche la plus élevée.

Ces quatre approches fonctionnent à des vitesses différentes. Le chemin long est comparable au fait de marcher à quatre pattes. Le chemin court, à celui de marcher sur ses deux pieds. Le chemin rapide, à celui de conduire un véhicule et le chemin très rapide, à celui de voler.

Huit
Le conjurateur des illusions transitoires

Les organes sensoriels des yeux, des oreilles, du nez, de la langue, du corps et de l'esprit que nous possédons perçoivent des formes, des sons, des odeurs, des goûts, des sensations, etc. Ce sont tous des phénomènes transitoires et sujets à la destruction. Toutes les formes de ce monde humain sont produites par les puissants éléments et sont donc éphémères. Même les éléments eux-mêmes ont pour nature de naître, de s'accroître et de se désintégrer. La terre elle-même n'est qu'une collection d'atomes. Les hautes falaises et leurs pics vertigineux semblent fermes et solides. Les grands océans, les lacs et les étangs, riches en ressources naturelles, arriveront tous à un moment où ils seront détruits. De même, le soleil et la lune, les planètes de notre système solaire et toutes les étoiles de l'univers sans exception se désintégreront.

Comment savons-nous que tout va se désintégrer ? La raison pour laquelle nous pouvons prédire cela est qu'à l'origine, toutes les choses se sont formées. Il n'y a pas une seule chose qui, s'étant formée, ne se désintègre pas, ou qui, étant née, ne meure pas. Non seulement quelque chose vient à l'existence et finit par cesser d'exister, mais aucun objet ne demeure tel quel, même d'un moment à l'autre, sans subir de changement. Notre propre corps subit de grands changements entre le moment où nous sommes bébés et celui où nous sommes vieux. Ce n'est pas comme si un jour nous nous retrouvions soudainement vieux ; de nombreux moments s'enchaînent pour créer un changement progressif. Non seulement quelques instants de notre vie se sont écoulés pendant que je prononçais ces mots mais nous avons tous fait un pas de plus vers la porte de la cité des morts.

Nos corps de chair et de sang ne peuvent supporter la moindre sensation de chaleur ou de froid. Il suffit de se piquer la peau pour qu'une plaie apparaisse. Soumettons notre corps à la moindre pression et il se brise. Sous la traction, nos articulations se désagrègent. Même si nous ne faisons rien, les éléments qui composent notre corps finissent par devenir nos ennemis intérieurs et nous mourons. Le moment où une expiration s'arrête et où une inspiration ne peut être prise sépare la vie de la mort. Non seulement les corps des êtres errants sont fragiles mais le temps d'un claquement de doigts, même les rochers, les montagnes et tout notre environnement, comme nous l'avons vu tout à l'heure, se rapprochent de la désintégration.

Chaque forme que nous voyons avec nos yeux, qu'elle soit petite ou grande, est impermanente. En même temps, le corps de l'objet conçu que nous appelons « moi » est impermanent. Tous les sons que nous entendons, objets des sens de l'oreille, sont identiques à des échos. En fait, qu'il s'agisse de la vue, de l'odorat, du goût ou d'une sensation physique, il n'y a pas un seul phénomène qui soit solide, stable ou ferme. Non seulement cela mais il n'y a pas un seul moment de conscience d'un sujet qui existe réellement. C'est pourquoi toutes les souffrances et tous les plaisirs de notre vie humaine sont comme le rêve de la nuit dernière ; lorsque nous nous réveillons, il n'y a rien. Tout est constitué de phénomènes trompeurs.

Considérons que nous sommes des compagnons de voyage qui se dirigent vers la même destination. Nous nous sommes complètement perdus et la route mène tout droit à la tanière d'un animal sauvage et féroce. Si nous imaginons une telle mort qui nous guette, osons-nous continuer à perdre notre temps dans une insouciante paresse ?

Pour démontrer l'impermanence, je voudrais donner un exemple que j'ai moi-même expérimenté physiquement. Lorsque j'étais enfant, j'étais mince, avec de grands yeux pétillants et de hautes pommettes symétriques. En grandissant, j'ai acquis une grande force physique et je n'étais ni trop grand ni trop petit. Mon visage était rond et rose, avec deux rangées régulières de dents blanches comme des perles. Mes yeux souriaient aussi brillamment que la belle étoile du matin. J'étais devenu d'une beauté impressionnante et tous ceux qui me voyaient souhaitaient me ressembler. Soudain, et de manière totalement inattendue, tout cela a été détruit.

En 1982, au dernier mois de l'automne, j'avais entrepris de me rendre en Inde pour bénéficier des enseignements du monastère de Dzogchen. En chemin, j'ai soudain rencontré des conditions adverses et, en un instant, cette forme physique particulière a été complètement transformée. Elle est devenue dégoûtante et effrayante, triste à entendre et terrifiante à voir, un corps humain brisé. Le corps que ma mère aimante chérissait et protégeait plus que sa propre vie et que, dans leur humilité, la communauté locale et monastique ne se permettait de voir qu'occasionnellement, a été irrémédiablement endommagé pour la vie.

Sur les contreforts rocheux de la montagne de neige blanche qui perce le ciel azur, une offrande de fumée a été faite et la fumée s'est enroulée vers le ciel comme un dragon turquoise. Des guirlandes de drapeaux à prières multicolores, avec le bleu ciel correspondant à mon élément personnel comme couleur principale, ont été accrochées au sommet exigu de la montagne, accompagnées de cris de victoire et de trois circumambulations dans le sens des aiguilles d'une montre. Alors que d'innombrables feuilles de papier représentant des *lungtas* ou « chevaux de vent » quinticolores étaient lancées vers le ciel, un nuage blanc poussé par le vent de l'est s'est orienté vers le sud, où un petit vautour s'est élevé en battant des ailes. En regardant, je me suis souvenu de la joie et de la tristesse que j'avais éprouvées lors d'événements passés. J'ai fait le vœu dans mon cœur, avec une détermination indestructible et inébranlable, d'achever l'œuvre d'un héros courageux.

Appelant les Victorieux ainsi que leurs enfants éveillés à me servir de témoins, j'ai prononcé de tout mon cœur le vœu de la précieuse bodhicitta. J'ai appelé à l'aide les bouddhas des dix directions et des quatre temps, les forces des déités positives, les déités auspicieuses et les protectrices. Puis, dans une petite jeep de Pékin, avec un chauffeur et plusieurs compagnons de voyage, je suis parti et nous avons traversé des sentiers sinueux, des abîmes abrupts et des ponts sur de grandes rivières, le tout à toute vitesse.

Le deuxième jour de ce voyage, dans l'obscurité de l'aube naissante, alors que nous sautions sur les routes inégales, nous avons rencontré une jeune fille au visage sombre sur le bord de la route, portant un seau d'eau vide sur son dos. Selon la coutume tibétaine, si les voyageurs croisent un récipient vide, cela est considéré comme un signe de mauvais augure. Je n'y ai pas attaché d'importance mais, comme le veut la coutume tibétaine, j'ai récité des prières à mon yidam personnel pour inverser la situation négative en le visualisant. Pendant que je faisais cela, nous avons commencé l'ascension d'une haute et massive montagne. Au fur et à mesure que nous gravissions la route grise et sinueuse, les pics montagneux de mon pays d'origine se cachaient loin derrière dans les nuages blancs.

Lorsque nous avons atteint cette région inconnue, le vent d'ouest a poussé des nuages noirs. Ils ont obscurci la lumière du soleil qui venait de se lever, de sorte que nous ne pouvions plus voir la piste. Le vent a soulevé la poussière et plusieurs mini-tornades, colonnes se tortillant entre ciel et terre, se sont mises à filer dans tous les sens. Au même moment, nous venions de descendre une étroite piste de montagne et avancions comme une flèche sur le flanc d'un terrifiant ravin quand soudain, comme à l'improviste, surgissant de l'obscurité avec un horrible et terrifiant rugissement, est apparu un énorme, redoutable et sinistre messager du Seigneur de la Mort, un camion de marchandises portant l'insigne de l'Armée Populaire de Libération de la Chine. Sans hésitation et à grande vitesse, il a percuté notre petit véhicule dans un furieux impact.

Notre petite jeep a été réduite en boule, nous blessant et nous pulvérisant presque irrémédiablement. À ce moment-là, j'ai perçu un énorme grincement de métal contre métal, j'ai senti tout le sang de mon corps affluer dans mon torse et j'ai ressenti une douleur intense, insupportable et perçante à la tête. Puis j'ai perdu conscience.

Immédiatement, j'ai traversé les redoutables dissolutions des étapes du processus de la mort ; ma respiration extérieure a cessé et la luminosité de la nature fondamentale est apparue. Au point de démarcation entre la vie et la mort, lorsque l'esprit conceptuel se sépare de la sagesse, j'étais sur le point de m'éloigner de la vie mais, grâce à la bonté des déités et de mon lama, à la force de vérité de mon intention pure et sincère et à la puissance karmique de mes fortes prières d'aspiration antérieures, le processus de dissolution s'est inversé. Depuis le stade de l'imminence de la pleine luminosité et en passant à travers les trois étapes de la luminosité, de l'amplification et de l'atteinte, comme si je sortais d'un état de sommeil inconscient, j'ai graduellement commencé à prendre une nouvelle respiration. Peu à peu, les sujets visuels grossiers de cette vie sont apparus à mes sens et j'ai entamé une nouvelle vie dans ce monde. J'ai commencé un nouveau chapitre dans l'histoire des nombreuses vies et morts d'une existence humaine.

De toutes les personnes présentes dans la jeep, j'étais de loin la plus gravement blessée. À cause des coupures et de l'enflure qui couvraient mon visage, je ne pouvais ouvrir que l'œil droit et je ne voyais que du rouge. Le sang chaud coulait comme de l'eau des coupures de mon visage et de mon corps sur le sol glacé et les pierres froides. Le pare-brise en verre devant moi s'était brisé en d'innombrables lames acérées qui avaient tailladé mon corps et mis mes vêtements en lambeaux. L'os de ma cuisse gauche s'était brisé en morceaux et je ne pouvais plus me tenir debout. La pommette du côté gauche de mon visage, y compris l'orbite, était endommagée, de sorte que je ne pouvais ni ouvrir l'œil ni voir. Pendant plusieurs semaines, tout ce que je pouvais apercevoir de cet œil ressemblait à de la fumée flottante ou à de l'eau trouble et du sang en a coulé pendant un certain temps.

Pendant cette période, j'ai écrit un poème avec mon sang chaud et je l'ai conservé, afin de me rappeler à l'avenir ce moment où le maître de l'impermanence momentanée m'avait parlé directement. Mais comme je connaissais les conseils spirituels de mon lama et les enseignements saints et éclairants du bouddhisme, je ne me suis pas senti malheureux. J'ai pratiqué l'excellent entraînement de la bodhicitta qui consiste à donner tout mon karma vertueux et mon plaisir aux autres et à prendre sur moi la souffrance des autres. J'ai expérimenté dans mon corps la souffrance des êtres animés en nombre illimité dans le samsara en général et, en particulier, celle de tous les êtres semblables à des mères dans les funestes destinées, en échangeant et en purifiant leur souffrance avec la souffrance mineure que j'endurais. J'ai médité pour qu'ils atteignent tous la graine de la libération dans leur courant de conscience et qu'ils soient ainsi rapidement transférés dans l'heureuse Terre pure de Sukhavati. Se concentrer ainsi, en donnant du bonheur et en prenant la souffrance a été extrêmement bénéfique.

En particulier, en ce qui concerne le camionneur meurtrier, comme tout être animé, il désirait le bonheur et ne voulait pas souffrir. Il n'avait pas été blessé mais j'ai tout de même prié pour qu'il ne subisse pas l'indésirable effet de pleine maturation de ses actes dans cette vie ou dans les vies futures. J'ai prié pour que tous les courants de conscience de ceux avec qui j'avais des liens karmiques négatifs ou positifs, y compris le camionneur, soient adoucis par l'esprit de la bodhicitta. J'ai espéré du fond du cœur que lui et tous les autres êtres karmiquement liés à moi n'aient pas à payer de dommages-intérêts ou à être punis par la loi du pays.

J'ai ressenti les sensations d'un traitement chirurgical invasif qui tranchait, coupait et blessait mon corps, et j'ai de nouveau eu l'impression d'être en train de mourir. Cela a duré longtemps, après quoi je n'avais plus que la moitié de mon corps qui fonctionnait aussi bien qu'avant.

Après avoir récupéré dans une mesure raisonnable et sans revenir sur le chemin taché de sang par lequel j'étais passé, je me suis concentré à nouveau sur mon objectif précédent, à savoir aller en Inde, et après avoir enduré mille souffrances, je suis reparti pour un long voyage.

Le moment précédant l'accident, j'avais un physique sain, fort et plein de vie, à l'image d'un dieu. Un instant plus tard, c'était comme si un grand arbre avait été abattu ; mes vêtements étaient ensanglantés et déchirés, je gémissais et me tordais de douleur dans la poussière au bord de la route, comme si j'étais devenu un démon répugnant.

Dans ce monde, il y a eu beaucoup de personnes fortes, riches, séduisantes, qui n'ont jamais pensé à la mort mais qui, soudainement, en rencontrant des obstacles, ont vu leur souffle de vie s'envoler, comme si quelque chose était soudainement tombé du ciel et les avait éteints. Non seulement mon histoire est un exemple de ce genre mais je voulais aussi mentionner l'expérience du retour de la frontière entre la vie et la mort.

Grâce à la puissance du karma positif accumulé dans le passé, nous avons maintenant obtenu un précieux corps humain, avec toutes les libertés et ressources. De nombreuses analogies et exemples démontrent que cela est très difficile à trouver. Réunis par le karma, tantôt heureux, tantôt malheureux, si nous pouvions vivre pour toujours avec notre famille, nos amis, nos partenaires et nos enfants, tout irait bien. Cependant, si un jour nous sommes séparés de nos proches, nous serons très malheureux. Préoccupés par la maladie et la mort, nous devrions réfléchir dès maintenant à ce qu'il adviendra un jour de ce corps que nous chérissons tant.

Le temps qui s'est écoulé depuis que j'étais un bébé, d'abord né de mes parents, puis ayant grandi, est révolu. Aujourd'hui, la jeunesse est passée et je suis au stade de la vieillesse. Ainsi, chaque jour qui passe, la durée de ma vie humaine diminue et, par conséquent, mon corps vieillit et se détériore au fur et à mesure que les éléments qui le composent vieillissent. Les quatre éléments entrent en conflit et nous tombons malades. Le simple fait de prononcer le mot « mort » nous fait craindre de nous évanouir mais il est certain que nous devrons passer par ce chemin terrifiant.

De tous les rois et reines légendaires qui sont venus dans ce monde, tous dotés d'un grand pouvoir et d'une grande influence, aucun n'a jamais trouvé d'autre issue que le vaste chemin de la mort. De même, tous les maîtres qui sont parvenus à maîtriser leurs énergies physiques subtiles et leur esprit ont démontré qu'il était possible de passer au-delà de la souffrance. Dans ce cas, quelle permanence ou durabilité possèdent nos corps semblables à des bulles ?

Si nous ne sommes que vaguement conscients qu'un jour nous allons mourir, nous supposons que ce jour est loin de nous. Ne pas examiner la possibilité que ce jour soit celui d'aujourd'hui est extrêmement dangereux. Nous n'avons aucune certitude quant à la durée de notre vie. Par conséquent, non seulement le moment de notre mort est imprévisible mais la cause de la mort est également incertaine. Nous pensons que nous ne mourrons pas demain et nous faisons des plans pour l'année prochaine. Cependant, comment pouvons-nous être sûrs que nous ne mourrons pas cette nuit et que le mois prochain nous n'aurons pas pris la forme d'un animal dégoûtant ? Mais, comme un animal que l'on mène à l'abattoir, nous n'avons pas d'autre choix que de rester là, à faire la queue.

Le Bouddha Shakyamuni a enseigné ce qui suit dans le « Sutra du conseil au roi » :

Grand Roi, imaginez que dans chacune des quatre directions, se trouvent quatre montagnes imposantes, solides et stables. Si elles venaient à s'effondrer, tous les arbres, toutes les plantes et toutes les créatures vivantes seraient totalement réduits en poussière. Il ne serait pas facile de s'échapper rapidement, d'empêcher leur chute par la force, de gagner leur faveur par la richesse ou d'éviter le désastre par des mantras ou des substances sacrées. De même, tous les êtres sont soumis à ce que l'on appelle les "quatre grandes peurs" : la maladie, la dégénérescence, le vieillissement et la mort. Il n'existe pas de moyen facile de leur échapper rapidement, de les vaincre par la force, de les corrompre par la richesse ou de les éviter par des concoctions ou des médicaments.

Notre vie passe aussi rapidement qu'un éclair dans le ciel nocturne ou que la cascade d'une chute d'eau. Sachant que nous n'avons pas beaucoup de temps à vivre, nous devrions saisir l'essence des libertés et des ressources dont nous disposons et faire preuve de diligence. Nous devrions suivre l'exemple de quelqu'un dont les cheveux ont pris feu et agir rapidement !

Parmi tous les saints enseignements bouddhistes, le premier à mettre en pratique est celui sur l'impermanence de la vie. L'omniscient Jigme Lingpa décrivit diverses façons de méditer sur ce sujet dans les instructions essentielles de sa collection d'écrits du Dzogchen, le Longchen Nyingthig ou « Essence du Cœur de l'Immensité ». Voici comment nous devrions méditer :

Nous nous retrouvons soudain dans un vaste désert aride et terrifiant. Il n'y a pas une seule personne en vue, ni un seul oiseau dans le ciel. Un vent retord souffle avec un hurlement creux. Nous sommes seuls en ce lieu. Alors que nous nous sentons tristes et déprimés, un homme blanc et une femme noire, sortis de nulle part, apparaissent à nos côtés. Ils nous disent qu'à l'endroit connu sous le nom de Cité illusoire des six sens, il y a ce qu'on appelle un joyau multicolore exauçant les souhaits. Ils ajoutent : « Pour le trouver, nous devons traverser un océan... Voulez-vous venir avec nous ? » Nous décidons d'y aller et nous les suivons jusqu'au rivage. L'océan est si vaste que c'est comme si le ciel était tombé à terre. Il est d'une immensité inimaginable. Des vagues féroces s'élèvent jusqu'au ciel. L'océan est peuplé de nombreux monstres marins terrifiants et malveillants, assez pour semer la panique dans les cœurs les plus courageux, et d'autres créatures qui tuent instantanément tout ce qu'elles rencontrent par hasard. Un monstre s'approche du rivage et nous pensons immédiatement à nous enfuir mais, désireux de trouver le joyau, nous montons à bord du bateau avec les deux personnes et nous partons.

Lorsque nous atteignons le centre de l'océan, une tempête soudaine, violente et écrasante se déchaîne devant nous. Terrifiés, les deux personnes tirent sur les rames mais celles-ci se brisent au même moment. À chaque vague énorme, le bateau est soulevé jusqu'à ce qu'il semble presque toucher le ciel, puis il est aspiré dans les profondeurs de l'océan. Il n'y a aucun moyen de s'échapper, aucun ami à qui demander de l'aide, rien à quoi s'accrocher. Brusquement, à ce moment-là, nous atteignons le terrifiant point de jonction appelé mort, le moment entre l'expiration d'une respiration et l'inspiration de la suivante.

Nous avions déjà conscience de la mort mais nous n'avions jamais pensé qu'elle arriverait si vite et nous n'avons aucune confiance dans les enseignements bouddhistes. Aujourd'hui, nous allons être séparés de nos enfants et de nos biens, de notre famille et de nos relations. Rien de tout cela n'est utile. Au plus profond de la terreur et du désespoir, nous nous écrions désespérément : « Que puis-je faire ? »

À ce moment-là, dans le ciel devant nous, notre bienveillant lama sous la forme d'Orgyen Padmasambhava apparaît et s'approche de nous en disant :

Hé ! Tu sembles penser que la souffrance du samsara est un joyau exauçant les souhaits. Quel imbécile tu fais ! Tu n'as pas retenu un seul enseignement sur la mort. La cause de tes perceptions actuelles vient de ton ignorance qui s'attache à toi-même comme s'il s'agissait d'une réelle entité. Les deux personnes trompeuses, l'homme et la femme, sont respectivement l'ignorance coémergente et l'ignorance conceptuelle. Le grand océan est le samsara illimité. Le bateau, ce sont les illusoires agrégats conditionnés de ton corps, fragile comme une bulle. La rupture des deux rames qui guidaient le bateau marque la fin de la séquence continue de la vie humaine, la nuit succédant au jour. Il n'est pas possible d'aller plus loin. Noble enfant, il n'est pas possible que tout soit fini avec la mort. Tout le karma blanc et noir que tu as accumulé est inattaquable, droit comme un fil à plomb, et tu en verras les conséquences. Que faire ?

Nous ressentons encore plus de souffrance et de terreur et, ne sachant que faire d'autre, nous prions du fond du cœur notre lama. À ce moment-là, un unique rayon de lumière se diffuse du centre du cœur de notre lama et touche le centre de notre cœur. À ce moment-là, le bateau chavire et notre corps et notre esprit se séparent. Nous atteignons l'éveil dans une union indissoluble avec le Grand Maître d'Oddiyana dans le Palais Trikaya de la Lumière du Lotus et nous prions pour avoir dans notre courant de conscience la chance de pouvoir conduire directement à l'éveil tous les êtres animés souffrant de terreur du fait de ces mêmes causes.

Ensuite, laissons toutes les pensées conceptuelles des trois temps s'évanouir, laissons toutes les pensées se libérer. Observons simplement avec pleine conscience les pensées individuelles, qu'elles soient fluides ou concentrées.

Le Grand Maître d'Oddiyana nous a également appris à méditer de la manière suivante :

Nous nous trouvons face au nord, au bord d'un ravin sombre et inconnu, sans savoir comment nous sommes arrivés là. Seul, nous ne voyons personne se déplacer et n'entendons aucun son humain. Tout ce que nous pouvons entendre, c'est le clapotis d'une violente chute d'eau et le vent qui souffle bruyamment autour de nous, hurlant à travers les touffes d'herbes sèches. Le soleil se couche progressivement derrière les montagnes de l'ouest. Une haute falaise se dresse au-dessus de nous et les corbeaux croassent. Nous nous retrouvons dans cet endroit désolé et nous nous exclamons : « Je suis tout seul - où sont mes amis ? J'erre, perdu dans ce ravin vide, sans nulle part où aller... Où sont ma maison, mes parents, mes enfants et mes richesses ? Trouverai-je un jour le chemin de la maison ? » Ne sachant quelle direction prendre, nous errons sans but le long d'un étroit sentier bordant le ravin. Très vite, des rochers s'effondrent, le chemin se dérobe sous nos pieds et nous tombons, impuissants, dans le profond ravin. Nous réussissons à nous accrocher à une touffe d'herbe qui pousse au milieu de la paroi rocheuse. Nous nous accrochons fermement, tremblant de peur. En regardant en bas, nous ne pouvons pas voir la profondeur du gouffre. Nous ne voyons que le ciel au-dessus de nous. La falaise est vaste et lisse comme un miroir et le vent hurle autour de nous. Alors que nous sommes suspendus, une souris blanche apparaît dans une fissure de la falaise à droite de la touffe d'herbe. Elle mord un brin d'herbe à la racine et l'arrache. D'une fissure à gauche de la touffe d'herbe apparaît une souris noire qui, elle aussi, mord un brin d'herbe et l'emporte. Au fur et à mesure que les souris reviennent, l'une après l'autre, la touffe d'herbe devient de plus en plus petite. Nous ne trouvons pas le moyen d'arrêter les souris. Nous tremblons, terrifiés à l'idée de mourir. Nous nous disons : « Oh non ! le moment est venu pour moi de mourir. Il n'y a aucun moyen de m'échapper. Dans le passé, je n'ai jamais pensé à la mort et je n'ai donc aucun enseignement bouddhiste pour me guider. Comme c'est terrifiant de mourir ! Je n'avais aucune idée que je mourrais aujourd'hui mais soudain l'heure de ma mort a sonné. Maintenant, je vais être séparé de mes enfants, de mes biens, de mes amis et de ma famille, je ne les reverrai plus jamais. Je dois laisser derrière moi les richesses que j'ai accumulées. Je dois aller dans un endroit effrayant et inconnu, un endroit totalement inconnu, et je suis terrifié... » Alors que nous crions notre désespoir, essayant de trouver un moyen de nous échapper, notre lama-racine apparaît dans le ciel devant nous, assis sur un lotus. Il tient un tambour et une cloche rituelle, porte les six ornements en os et danse tout en disant :

> *Tous les phénomènes composés sont impermanents, ils changent et se désintègrent rapidement. Cette vie est comme une cascade qui se déverse sur le flanc d'une montagne. Tous les êtres qui ne réalisent pas qu'ils mourront bientôt sont extrêmement stupides. Il n'y a pas un seul moyen d'éviter la mort ; faites preuve de dévotion envers votre lama.*

En entendant cela, nous nous disons : « Oh non ! Avant ma mort, j'avais l'intention de commencer à pratiquer les enseignements bouddhistes et maintenant je regrette profondément de ne pas l'avoir fait plus tôt. Maintenant, c'est à mon lama et aux Trois Joyaux de savoir s'il est bon que je meure ou non. Ne serait-ce pas bien si je pouvais m'échapper de ce grand ravin, lama omniscient ? » Au moment où nous ressentons cette grande dévotion dans notre cœur, un rayon de lumière jaillit du cœur de notre lama et nous touche, au moment même où la touffe d'herbe se brise. La lumière nous élève dans le ciel et nous arrivons dans la Terre pure de Sukhavati.

Visualisons de cette manière : dans cette Terre pure, une lumière illimitée émane de notre cœur et amène tous les êtres des trois mondes à Sukhavati, sans en laisser un seul en arrière.

Nous devrions méditer avec une intense compassion pour tous les êtres.

C'est ce que Padmasambhava a enseigné. En pensant ainsi aux différentes façons dont la mort peut survenir, il n'est pas correct de se contenter de lire les mots ou de prendre pour acquis qu'un jour, tout le monde va mourir. Jusqu'à ce que nous ressentions l'urgence réelle de notre situation actuelle, nous devons continuer à pratiquer. C'est la quintessence de la pratique des saints enseignements bouddhistes. Tant que nous n'aurons pas atteint le résultat de la méditation sur l'impermanence et la mort, nous ne pourrons pas progresser dans d'autres méditations ou pratiques. C'est pourquoi il est très important de nous efforcer en premier lieu de réaliser cela.

Neuf
Les phénomènes trompeurs et sans essence

Pour chacun d'entre nous, de ce matin à ce soir, du début de cette année à la fin, de notre naissance à notre mort, le but de tous nos efforts a été notre propre bonheur. À cette fin, nous avons accumulé de la nourriture, des vêtements, des biens et des richesses pour vivre confortablement en en jouissant. Nous nous efforçons ainsi de nous assurer que nous mènerons toute notre vie humaine dans le confort. Cependant, ces préparatifs n'ont pas de fin. Nous passons notre vie à nous préparer. Si nous devions mourir subitement, sans avoir atteint notre but, notre vie serait gâchée par la lutte. Qui peut connaître l'étendue de nos terribles regrets au moment de mourir ? Si la durée de vie pouvait être achetée avec de l'argent, notre premier achat serait la garantie d'une durée de vie infinie. Sur cette base, nous aurions alors le temps et la nécessité de nous efforcer d'accumuler suffisamment de biens et de richesses pour vivre aussi longtemps. Cependant, nous ne connaissons pas la durée de notre vie. Par conséquent, si nous considérons une longue vie comme acquise, nous nous trompons nous-mêmes. Se tromper soi-même est encore pire que d'être trompé par les autres.

Notre désir d'être à l'aise et heureux repose sur l'entretien de notre corps physique. Or, tout ce travail interminable, difficile et misérable qui nous occupe tant est en fait effectué sans aucun égard pour notre bien-être physique. Non seulement cela, mais négliger notre corps est préjudiciable à notre santé et à notre bien-être. Protéger notre corps, c'est protéger notre vie. La protection de notre vie dépend de notre force vitale et les meilleures causes et conditions pour maintenir notre force vitale au fil d'une longue vie est un état d'esprit heureux et confortable.

Cependant, nous n'avons pas une minute à perdre pendant la journée et nous ne pouvons pas nous détendre le soir. Nous souffrons de ne pas pouvoir obtenir ce que nous voulons et de perdre ce que nous avons. Nous souffrons de fréquenter des gens que nous n'aimons pas et d'être séparés de nos proches. Ceux qui occupent des postes subalternes souffrent d'impuissance et ceux qui occupent des postes élevés souffrent de perdre leur statut. Les personnes occupant une position intermédiaire souffrent d'être dépassées par leurs pairs. Les familles souffrent de querelles. S'engager dans ces souffrances et dans bien d'autres n'est pas différent de s'attaquer à notre propre force vitale.

Seul un bouddha omniscient peut compter le nombre d'humains qui ont laissé leur empreinte sur la Terre depuis la formation de la Terre jusqu'à aujourd'hui. Parmi ces innombrables personnes, il y a certainement eu un grand nombre d'érudits, de gens ayant un haut statut et du pouvoir, des richesses et des richesses, ainsi que des braves et des courageux, qui nous dépassent de loin. Comme nous, tous ces gens ont passé leur vie à accomplir des activités mondaines. Cependant, le dernier jour de leur vie, chacun d'entre eux a quitté ses enfants, sa famille, ses amis et son propre corps pour emprunter le vaste chemin de la mort. De même, dans le passé, nos ancêtres se sont engagés dans les illusions du samsara, tendus et anxieux pendant la journée et incapables de se détendre la nuit, s'efforçant d'accomplir quelque chose d'utile dans cette vie. Ils sont morts avant d'avoir accompli tout ce qu'ils avaient à faire. Aujourd'hui, nous ne sommes pas différents d'eux. Nous emprunterons inévitablement le même vaste chemin futur.

À notre mort, le bonheur ou la souffrance, les circonstances positives ou négatives, la fortune ou le désastre dépendent entièrement du karma que nous avons accumulé. Il est certain que seul le karma dictera notre avenir. Pour l'instant, de notre vivant, toutes les choses que nous essayons de réaliser par nos efforts acharnés, que ce soit dans les affaires ou dans un autre travail, en l'emportant sur nos rivaux, en protégeant nos proches, en accumulant des profits financiers, de l'influence ou de la renommée, nous encouragent tous à devenir avides et agressifs mais nous ne pouvons dépendre d'aucune de ces réalisations.

Accumuler des richesses par divers moyens ne sert qu'à satisfaire les désirs de nos ennemis et aussi des voleurs, s'ils peuvent mettre la main dessus. Nous avalons de la nourriture dans l'espoir qu'elle soit délicieuse mais elle ruine notre santé et devient la cause de notre mort. Nous espérons que quelqu'un nous sera bénéfique et nous nous lions d'amitié avec lui mais il devient notre ennemi. Nous faisons du mal à quelqu'un en pensant qu'il est notre ennemi mais il finit par devenir notre ami et ainsi de suite. Nous ne pouvons pas nous fier aux phénomènes du samsara. Comme le rêve de la nuit dernière, ces choses sont trompeuses.

Alors que nous nous agrippons frénétiquement à ces futilités, le temps passe avec des sentiments constants de désir et de colère, de bonheur et de tristesse, de lassitude, d'ennui et de peur. Ces afflictions qui nous trompent sont de notre faute. Toutes ces apparences mondaines sont comme des illusions magiques et sont fourvoyantes par nature. Nous prenons ce qui est intrinsèquement faux pour permanent et fiable. Comme c'est regrettable ! Ne sommes-nous pas stupides ?

Nous devons maintenant vaincre le démon de la saisie d'un soi en nous attaquant à sa racine. Pour nous assurer que travailler uniquement au cœur des enseignements bouddhistes n'est pas une erreur, nous devons les examiner et les analyser avec le plus grand soin. Il ne suffit pas d'avoir une vague compréhension. Étant donné que tout ce qui est composé est cause de souffrance, nous devons méditer encore et encore afin d'approcher ce point crucial de compréhension. La façon de méditer sur ce point est enseignée dans les écritures de l'« Essence du cœur » de la tradition du Dzogchen :

Imaginons que nous errons en un lieu inconnu, lointain et hostile, sans savoir quelle direction prendre. À ce moment-là, huit jeunes hommes étranges apparaissent et nous disent : « Nous venons de la terre obscure du substrat universel. Dans une région située à des mois et des années de voyage d'ici existe une terre aux joyaux où l'on trouve des gemmes plus précieuses que vous ne pouvez l'imaginer. Nous allons les trouver, quelles que soient les difficultés rencontrées. »

Nous ne sommes pas en désaccord avec leur projet, nous nous rallions à leur façon de penser et nous nous mettons en route avec eux.

Parfois, nous voyageons sous les coups de vent, parfois sur des sentiers étroits menacés par de féroces animaux sauvages, parfois le bateau dans lequel nous naviguons est ballotté par les courants des grands fleuves et nous souffrons de la faim. La durée de notre vie humaine se passe à voyager encore et encore, nuit et jour, dans l'épuisement le plus total et notre vie touche à sa fin. Nos cheveux sont devenus blancs lorsque nous accomplissons enfin notre désir et atteignons la terre aux joyaux. Nous y trouvons des myriades de gemmes, au-delà de tout ce que nous avions imaginé. Fous de joie, nous retournons dans notre pays.

À trois jours de voyage de chez nous, en un lieu appelé la « Plaine de la quadruple combinaison », nous rencontrons sept méchants frères bandits qui nous dérobent les gemmes que nous avons durement gagnées. Ils nous dépouillent de nos vêtements et nous lient les bras et les jambes. Brandissant des lances munies de pointes de flèches, des épées et d'autres armes, ils crient férocement : « Misérable ! Si tu as un lama, c'est le moment de prier. Si tu as un yidam personnel, implore sa compassion. Si tu as une dakini ou un protecteur, appelle-les à l'aide. Si tu n'as rien de tout cela, médite sur le grand ennemi qu'est la mort. Tu es à la croisée des chemins entre cette vie et la suivante. »

En entendant cela, notre cœur commence à s'emballer. « Aggh ! J'ai vécu tout ce temps et enduré tant de difficultés mais tout cela n'a servi à rien. En plus, ma précieuse vie est sur le point de s'achever. En rencontrant de tels assassins dans ce lieu désert, il n'y a personne à qui demander de l'aide, aucun refuge ou protecteur. Tous mes efforts ont été réduits à néant. J'ai besoin de plus de temps pour achever ma vie, mais soudain, voici la mort ! »

Alors que nous crions, la forme du Grand Maître d'Oddiyana apparaît dans le ciel devant nous, exécutant les quatre mudras en émanant et réabsorbant des rayons de lumière. Après avoir chassé les sauvages bandits, il dit :

> « *Hé, pauvre créature ! Les activités du samsara sont comme un poison mortel mais tu les recherches comme s'il s'agissait d'un nectar aux mille saveurs. Les huit hommes étranges, tes compagnons de voyage, étaient le véhicule des huit consciences qui trompent la sagesse de la Conscience éveillée. Les gemmes de la terre aux joyaux étaient le bonheur et le confort de cette vie et celle-ci est semblable à un rêve, elle ne peut être permanente.*
>
> *Tu as assumé la souffrance en endurant les épreuves du voyage, ce qui constitue la base de ton auto-illusion. Tes cheveux ont changé de couleur parce que tu as pris la souffrance pour du bonheur et ta vie s'est épuisée dans cet état illusoire. Les bandits qui voulaient te tuer dans la plaine de la quadruple combinaison étaient les effets néfastes des quatre cent vingt-quatre maladies. Ainsi, ta vie était sur le point d'être détruite par le Seigneur de la Mort sans que tu ne puisses rien y faire. Hé, mon pauvre ! Tu as beau t'agripper au désir, tout se passe toujours comme ça à la fin.* »

En entendant cela, nous regrettons encore plus ce que nous avons fait et nous nous rendons compte que toutes les activités de cette vie ne sont que souffrance par nature. Nous prions le Grand Maître d'Oddiyana de tout notre cœur et, alors que cette expérience s'intensifie, un rayon de lumière semblable à un crochet émane du cœur du maître et touche notre cœur. À ce moment-là, nous renaissons instantanément dans le Palais de la Lumière du Lotus. En méditant, nous devenons le saint guide des êtres animés. Laissons notre conscience se reposer dans son état naturel.

C'est ce qui est enseigné. En méditant ainsi encore et encore, nous réalisons que toutes les activités auxquelles nous nous livrons pour le bien de cette vie sont uniquement cause de souffrance. Nous devrions continuer à méditer jusqu'à ce que nous ayons développé un sentiment de dégoût sincère à leur égard. Afin de trancher l'imbroglio de l'attachement que nous ressentons pour les choses de cette vie, la façon de méditer sur la souffrance du samsara a été enseignée par le Grand Maître d'Oddiyana :

Tout d'abord, rendons-nous seul dans un endroit triste tel qu'un cimetière. Si ce n'est pas possible, allons sur un site en ruine où des gens vivaient ou dans un lieu sec et stérile, un endroit qui inspire la peur, ou à proximité de malades ou de mendiants, et ainsi de suite. Nous pouvons également nous rendre en un lieu qui était autrefois heureux et confortable mais qui est aujourd'hui en décrépitude. Si nous n'y parvenons pas, rendons-nous seuls dans un endroit désert.

Asseyons-nous sur un siège confortable, dans une position détendue, la jambe droite au sol et la jambe gauche ramenée vers l'intérieur. Posons notre coude droit sur notre genou droit et plaçons notre joue droite dans notre paume droite. La main gauche repose sur le genou gauche. En nous asseyant dans cette posture de tristesse, nous en viendrons à nous sentir triste. Pensons alors à la souffrance de la ronde des existences et disons à haute voix : « Hélas, le samsara est souffrance. L'éveil est bonheur. »

Réfléchissons ainsi : « La souffrance du samsara est terrifiante, c'est comme entrer dans une fosse de cendres brûlantes. La souffrance des trois funestes destinées est insupportable et sans fin. Il n'y a pas une seule possibilité de bonheur, je ne peux donc pas rester ici. Je dois de toute urgence trouver un moyen de m'en échapper ».

Méditons ainsi : « Cette ronde des existences est un grand fossé de braises, intensément chaud, profond, vaste et élevé, dans lequel crient tous les êtres animés, y compris moi-même ».

Encore une fois, avec angoisse, prononçons ceci à haute voix : « Depuis des temps sans commencement dans le samsara et jusqu'à aujourd'hui, je brûle ! C'est terrifiant ! »

Pendant que nous crions, notre bienveillant lama-racine apparaît, portant les six ornements d'os et tenant dans sa main un crochet de lumière. Méditons sur le fait qu'il nous adresse les mots suivants :

> « Hé ! On ne trouve aucun confort dans la ronde des existences, c'est comme vivre dans un fossé de braises. Maintenant, il existe une seule opportunité de t'échapper. La souffrance des trois funestes destinées est illimitée, sans aucune possibilité de bonheur. Alors, il est temps pour toi de t'échapper de ce fossé de braises. »

En entendant le son de ses paroles, disons-nous ceci : « Je suis dans ce fossé de braises du samsara depuis si longtemps... À présent, en écoutant les paroles de mon lama, je peux m'en échapper et, qui plus est, tous ces êtres animés peuvent être libérés, sans exception. » Nous pensons cela et nous engendrons une intense bodhicitta. À ce moment-là, le crochet de lumière dans la main de notre lama touche notre cœur et nous emporte dans la Terre pure de la Grande Félicité. Instantanément, nous tenons nous-même un crochet de lumière et tous les êtres animés qui se trouvent dans le fossé de braises en sont progressivement extraits pour rejoindre la Terre pure ; personne n'est laissé derrière. Méditons ainsi.

Padmasambhava a également enseigné que nous devrions réfléchir de manière détaillée à la souffrance de la ronde des existences, nuit et jour, de façon fixe et sans distraction. Méditons ainsi jusqu'à ce que l'écœurement se développe.

En renonçant au samsara, décidons de la nécessité de pratiquer les saints enseignements bouddhistes et l'expérience du non-attachement à cette vie se développera. Si nous ne renonçons pas à la ronde des existences, la méditation perdra de son sens et la pratique des enseignements bouddhistes ne sera pas pure. Dans ce cas, le temps ne viendra jamais où nous serons libérés de la souffrance du samsara.

Dix
La prison des trois types de souffrance

Ce que l'on appelle « sensation » peut être divisé en trois catégories : les sensations agréables, la souffrance et les sensations neutres. À ce stade, nous allons parler de la souffrance, qui se divise également en trois catégories. Tous les plaisirs que nous éprouvons ne sont en fin de compte pas de véritables bonheurs mais sont englobés dans l'un des trois types de souffrance.

Comme il est enseigné :

Il n'y a pas de bonheur dans le samsara.
Il n'y a pas de bonnes odeurs dans une fosse septique.

Cela s'explique de la manière suivante : le bonheur et la souffrance sont des opposés. Ainsi, toutes les sensations qui ne sont pas le bonheur, y compris les sensations neutres, sont englobées dans la catégorie de la souffrance. Nous, les êtres dans la ronde des existences, n'avons jamais connu le bonheur suprême et sans tache, nous ne savons donc pas ce que c'est. Nous voyons la souffrance comme un bonheur. Le plaisir de ne pas se gratter est plus grand que le plaisir de se gratter. Cependant, nous avons pris ces corps de chair parce que nous avons créé des causes karmiques négatives et nous pensons donc que le malheur est le bonheur. Par exemple, lorsqu'un porc se vautre dans la crasse, il se réjouit. De la même manière, nous n'avons pas connu le vrai plaisir et nous prenons donc la souffrance pour du bonheur.

Le plaisir physique d'être en bonne santé,
On n'y pense que lorsqu'on est malade.
Le bonheur de la vie humaine
On ne s'en souvient qu'au moment de mourir.

De même que Gyatsa, dans la légende du roi Gesar de Ling, chante ce vers à son jeune frère après avoir pris le corps d'un faucon, nous avons vu qu'il est plus agréable de devenir un humain que de renaître en tant qu'animal. Et par rapport aux mondes célestes, la différence de plaisir est aussi grande que celle qui existe entre l'expérience des animaux et celle des humains. On considère que, de tous les mondes du samsara, les domaines célestes sont les plus heureux. Cependant, de la même manière que dans les exemples précédents, les mondes célestes sont pleins de souffrance si on les compare à une Terre pure. Au-delà de toute comparaison, la félicité de l'esprit qui est expérimentée dans la concentration méditative transcende de loin le sentiment de plaisir que nous, les êtres ordinaires, obtenons de la nourriture, des vêtements et des possessions. C'est pourquoi nous devons nous efforcer de trouver une méthode pour échapper à la prison des trois mondes du samsara et il est grand temps pour nous de rechercher la libération et la félicité éternelle.

Ce que l'on appelle les « trois destinées supérieures du samsara » sont les mondes des dieux, des demi-dieux et des humains. En dessous, les trois funestes destinées sont les mondes des enfers, des esprits avides et des animaux. Dans chacun de ces six mondes, il n'existe jamais de véritable bonheur. L'expérience des six mondes est uniquement de l'ordre de la souffrance.

Le Bouddha, vénéré du monde, a dit :

La ronde des existences n'offre jamais
La moindre once de bonheur.

En atteignant la base physique de la vie en tant que dieu ou être humain, il semble que nous ayons une certaine chance d'être heureux. Cependant, en vérité, il n'y a jamais de bonheur. Si nous prenons l'exemple de notre corps humain, nous connaissons les souffrances générales de la naissance, du vieillissement, de la maladie et de la mort. Les souffrances particulières comprennent la souffrance de devoir conserver et entretenir tout ce que nous possédons. Si nous manquons de quelque chose, il y a la souffrance de s'efforcer de l'obtenir. Il y a aussi la souffrance de rencontrer des ennemis détestés et d'être séparés des personnes qui nous sont chères.

En outre, il existe trois types de souffrance : la souffrance accumulée, la souffrance du changement et la souffrance omniprésente. La souffrance accumulée survient par exemple lorsque, en plus de la mort de notre père, notre mère décède également. Nous faisons l'expérience de la souffrance du changement lorsque le matin nous sommes heureux et que l'après-midi nous devenons malheureux. L'état général des trois mondes du samsara est dénué de plaisir, en raison de la souffrance omniprésente de l'existence conditionnée. C'est pourquoi nous ne dépassons jamais les limites des trois types de souffrance.

Nous semblons parfois faire l'expérience du bonheur mais en réalité il ne s'agit pas du tout de bonheur et, de plus, la souffrance des trois funestes destinées est encore plus difficile à supporter. Elle est absolument intolérable. Cependant, en raison de la puissance du karma, il n'y a pas d'autre endroit où aller. C'est terrifiant ! Le cœur plein de chagrin, nous devrions développer une compassion sans réserve pour les êtres du samsara. Un étudiant de la voie bouddhiste ne peut pas conserver l'attitude désinvolte selon laquelle il suffit d'avoir une compréhension intellectuelle de la compassion. Nous devons vraiment prendre dans notre cœur les souffrances de chacune des six sortes d'êtres et méditer jusqu'à ce que nous développions un inébranlable esprit de compassion.

Afin de développer l'esprit de compassion, les écritures de l'« Essence du cœur » enseignent que nous devrions méditer de la manière suivante :

Rejoignons un lieu isolé ou méditons la nuit et réfléchissons comme suit : nous nous trouvons en train d'errer au pied d'une grande montagne enneigée. Le sol est complètement gelé. Soudain, le vent soulève un terrible blizzard et cette tempête de neige obscurcit le ciel. Nous craignons de geler et nous cherchons un moyen de nous réchauffer. En une fraction de seconde, comme dans un cauchemar, nous naissons dans un enfer brûlant. Sous nos pieds, le sol entier est en fer rouge incandescent. Tout est prisonnier du métal chauffé au rouge. En haut et en bas, les flammes envahissent tout, brûlant férocement et sans relâche.

C'est l'Enfer des Résurrections où les êtres endurent des souffrances au fil des 1 620 000 millions d'années humaines de leur vie. Ces êtres en nombre illimité sont comme nous et à cause de la force karmique de la haine, ils s'attaquent les uns les autres avec de terribles armes machiavéliques et se découpent en petits morceaux. Endurant d'insupportables douleurs, ils perdent parfois connaissance et lorsqu'ils se sentent morts, une voix venant de la voûte céleste proclame : « Revis ! », ce qui leur fait retrouver leurs sens et ils éprouvent alors sans répit des souffrances extrêmes et intolérables.

Les êtres de l'Enfer des Lignes Noires ont une durée de vie de 12 960 000 millions d'années humaines. Les terrifiants gardiens de l'enfer tracent huit lignes noires sur leur corps et les démembrent à l'aide de scies tranchantes. Incapables de supporter la douleur, ils poussent des cris violents et ne pensent qu'à s'enfuir.

Dans l'Enfer de l'Écrasement, la durée de vie des êtres est de 103 680 000 millions d'années humaines. Ils sont coincés entre des montagnes en forme d'éléphants, de lions, de chèvres et de béliers, qui les écrasent comme une ampoule, si bien que le sang jaillit de tous les pores de leur corps. Ils aspirent à échapper à cette insupportable torture.

Dans l'Enfer des Hurlements, les êtres vivent 829 440 000 millions d'années humaines. Arrivés à l'intérieur d'une maison de fer, la porte est soudée. Le feu brûle de toutes parts et leurs corps sont réduits en petits fragments. Sachant qu'il n'y a pas d'issue, ils hurlent et hurlent, et cet enfer devient alors ce que l'on appelle l'enfer des grands hurlements, où les êtres ont une durée de vie de 6 635 520 000 millions d'années humaines. Ici, les êtres sont jetés dans une autre maison de fer contenue dans la première. Ils savent que, même s'ils s'échappent de la maison intérieure, ils ne peuvent s'échapper de la maison extérieure et leur souffrance est redoublée ; ils connaissent un tourment extrême.

Dans l'Enfer de la Fournaise, les êtres vivent 53 084 160 000 millions d'années humaines. Là, des pieux de fer enflammés sont enfoncés dans leur postérieur jusqu'au sommet de leur tête. Des flammes jaillissent de toutes les portes des sens : les yeux, les oreilles, le nez et la bouche. Parfois, le corps entier est cuit dans le fer en fusion et ces êtres connaissent la torture de voir leur chair se séparer de leurs os.

Dans l'Enfer de la Fournaise Intense, les êtres ont une durée de vie d'un éon intermédiaire, soit un nombre incalculable d'années humaines. Ici, des pieux embrasés à trois pointes sont plantés dans le sommet de leur tête et dans leurs épaules droite et gauche, et leurs corps sont enroulés dans des feuilles de métal enflammé comme des bandes d'étoffe. Les êtres sont cuits nus dans le fer en fusion, leur chair et leur peau se séparent. Ils deviennent gris comme un squelette. Nés dans cet enfer, les êtres éprouvent une souffrance cent fois plus grande que l'enfer précédent. C'est insupportable, ils crient violemment et cherchent à s'échapper.

La période nécessaire pour qu'une planète se forme, existe, soit détruite et reste dans le vide est appelée « quatre éons courts », ce qui équivaut à un éon intermédiaire. C'est la durée de vie d'un être dans l'Enfer des Tortures Incessantes. Dans toutes les directions cardinales et intermédiaires, un feu chauffé à blanc brûle sans relâche. Les corps sont dévorés par les flammes, ne faisant qu'un avec le feu. Les cris retentissent mais on ne voit pas les corps. Éprouvant des souffrances insupportables, les êtres poussent des gémissements et des cris terribles. Méditons sur ce point.

Après avoir médité sur le monde des enfers, Orgyen Dechen Gyalpo, l'une des douze manifestations de Padmasambhava, apparaît soudain dans le ciel devant nous et dit :

> *Hé, malheureux être animé ! Tu as accumulé de terribles causes karmiques négatives. Motivé par la haine, tu t'es mis en colère contre ceux à qui tu dois un respect particulier, tes parents, les bodhisattvas, les bouddhas, etc. Il en résulte une souffrance semblable à celle du monde des enfers. Maintenant, reconnais tous tes actes négatifs avec beaucoup de regret. Médite sur la grande compassion pour tous les êtres qui, comme toi, se trouvent également en enfer. Ainsi, en générant le courage de prendre sur toi la souffrance d'autrui, tu échapperas à ce lieu.*

Il y a bien longtemps, notre maître Shakyamuni portait le nom de Pakshida. Il avait pris naissance dans un monde infernal où il peinait à tirer un lourd chariot. Son compagnon, Kamarupa, était trop faible pour tirer le chariot et les gardiens de l'enfer se mirent en colère. Ils frappèrent Kamarupa à la tête avec des marteaux de fer. Pakshida éprouva une compassion sans bornes pour son compagnon et dit aux gardiens : « Attachez son harnais de chariot autour de mon cou ». Par bonté, il choisit d'échanger son confort contre la souffrance de son compagnon, mais les gardiens de l'enfer lui répondirent : « Que crois-tu faire ? Les êtres sensibles doivent subir leur propre karma ». Ils frappèrent Pakshida à la tête avec un marteau de fer, le tuant sur le coup, et il renaquit dans le paradis des Trente-trois [dieux], échappant ainsi aux souffrances des enfers.

Nous entendons les paroles d'Orgyen Dechen Gyalpo ainsi que la légende du Bouddha Shakyamuni. Nous nous disons alors : « S'il existe un moyen pour les êtres animés semblables à moi d'échapper à cette souffrance, alors je pourrais la supporter, même si je devais continuer à souffrir ici moi-même. » Dès que nous prenons cette résolution, un rayon de lumière blanche comme un crochet jaillit du cœur du Grand Maître d'Oddiyana et nous touche. Nous atteignons l'éveil, indissociablement de lui et devenons capables d'atteindre spontanément le double but, pour nous et pour les autres. Tout comme ce fut le cas du cœur de Padmasambhava, un rayon de lumière jaillit de notre propre cœur pour tous les êtres animés plongés dans les enfers et vide ceux-ci de tous ceux qui s'y trouvent. Les enseignements nous disent de méditer de cette manière.

Imaginons à nouveau que nous sommes complètement épuisés, dans un désert brûlant et terrifiant. Alors que nous titubons, l'idée d'une brise fraîche nous vient à l'esprit. À cause de cela, le sol entier est immédiatement recouvert de neige et de glace, et nous nous retrouvons au cœur de blizzards hurlants. Dans toutes les directions se dressent des montagnes de neige qui percent le ciel. Comme notre corps, le corps des êtres animés nés dans l'Enfer Froid des Cloques est couvert de cloques en éruption et leur peau comme leur chair se fissure à cause du froid. L'Enfer Froid des Cloques Ouvertes, l'Enfer Froid des Gémissements, l'Enfer Froid des Hurlements, l'Enfer Froid des Dents qui Claquent, l'Enfer Froid de l'Éclatement comme des Nénuphars, l'Enfer Froid de l'Éclatement comme des Lotus et l'Enfer Froid de l'Éclatement comme de Grands Lotus, tous remplis de la torture du froid intense, sont des lieux où la souffrance est encore plus grande que dans les enfers chauds.

Autour des huit enfers chauds et des huit enfers froids se trouvent les enfers avoisinants, où l'on trouve toutes sortes de combinaisons perfides de terre, d'eau, de feu et de vent, et où l'on éprouve une souffrance éphémère illimitée. Méditons sur tous ces éléments.

Parce que nous sommes très attachés à nos possessions, à nos richesses, à notre nourriture et à nos vêtements dans cette vie, nous sommes incapables de faire des offrandes aux objets sacrés, aux dignes destinataires des offrandes, et nous ne donnons pas non plus à ceux qui ont besoin de charité. À quoi sert-il d'avoir des richesses si nous ne les utilisons pas au profit des autres ? Sous l'influence de l'avarice, nous renaîtrons en tant qu'esprits avides.

Méditons de la manière suivante : ces esprits avides, atteints d'obscurcissements externes, voient au loin une rivière agréable et, affaiblis par l'épuisement, se traînent vers elle. Mais lorsqu'ils arrivent sur la rive, ils trouvent des hommes armés qui montent la garde et leur interdisent d'étancher leur soif. Ou encore, l'objet de leur désir, en l'occurrence l'eau de la rivière, s'est transformé en pus et en sang dégoûtants, et ainsi de suite. De même, les esprits avides souffrant d'obscurcissements internes sont incapables de trouver de la nourriture ou de la boisson pendant des mois et des années, et même s'ils trouvent un morceau de nourriture ou une goutte d'eau, leur bouche a la taille d'un chas d'aiguille et ils souffrent de ne rien pouvoir consumer.

Plus tard, même s'ils parviennent à faire passer un peu de nourriture ou de boisson dans leur bouche, leur gorge a la taille d'un crin de cheval et ils souffrent d'être incapables d'avaler quoi que ce soit. Même s'ils parviennent à avaler quelque chose, leur estomac a la taille de la reine des montagnes et ne peut jamais être rempli. Leurs bras et leurs jambes n'ont que la taille d'un brin d'herbe et ils sont également incapables de se déplacer. Il y a aussi ceux que l'on appelle les « esprits avides avec des obscurcissements liés à la nourriture et à la boisson ». Dès qu'ils consomment quelque chose, cela les brûle intérieurement. Certains sont tellement affamés qu'ils mangent leur propre chair. Pendant le froid de l'hiver, même le soleil semble frais et, pendant la chaleur de l'été, même la lune semble chaude. Ils en font l'expérience et en souffrent. Méditons sur notre propre expérience de cette souffrance et sur celle d'autres personnes souffrant de la même manière.

Quant aux animaux, il en existe deux sortes : ceux qui vivent en groupe et ceux qui vivent séparément. Ils souffrent d'être dévorés les uns par les autres et souffrent d'épuisement à force d'être utilisés et exploités. Méditons sur ce point.

Même dans les états élevés d'existence, le bonheur n'existe pas. Lorsque vient le moment de mourir pour ceux qui sont nés en tant que dieux, dans les sept derniers jours de leur longue vie céleste, les signes de la mort apparaissent. Comme ils sont clairvoyants, les dieux souffrent de savoir qu'ils sont sur le point de chuter dans des états d'existence malheureux.

Les humains subissent les souffrances générales de la naissance, du vieillissement, de la maladie et de la mort, ainsi que les trois types de souffrance dont l'étendue dépasse l'imagination, et qui comprennent la mort de la mère, suivie de près par la mort du père.

Les demi-dieux sont constamment tourmentés par la colère et la jalousie. Ils font donc l'expérience des tueries et de la mutilation par les armes sur le champ de bataille, etc.

Rappelons-nous toutes les souffrances et les durées de vie des six types d'êtres, un par un, au cours de séances d'entraînement distinctes. À partir de là, faisons l'expérience de ces souffrances en méditation et lorsque, comme auparavant, nous poussons un cri terrible, dans l'espace devant nous apparaît notre lama-racine, le Grand Maître d'Oddiyana, Padmasambhava :

> *Hé, pauvre être samsarique ! À cause des cinq poisons que sont les facteurs afflictifs de l'esprit, tu agis sans aucune réflexion et tu te complais dans l'auto-chérissement. À cause de cela, tu as commis toutes sortes d'actes non vertueux dont le plein effet t'amène à vivre toutes ces souffrances multiples. Abandonne donc la cause de ces souffrances et comprends que ta souffrance est le karma que tu as toi-même créé. À partir de là, médite avec bonheur sur le fait qu'à travers tes expériences de la souffrance, ton mauvais karma est en train de s'épuiser.*

En outre, ayons de puissantes pensées de compassion pour la souffrance d'autrui, ce qui nous permettra de méditer sur l'extraordinaire bodhicitta et de nous appuyer sur l'antidote qui consiste à prendre sur nous toute leur souffrance.

« Il existe un moyen d'échapper à cela ! » Ainsi parle Padmasambhava et, au moment même où nous obtenons cette confirmation, nous nous disons ceci : « Tout comme moi, les six types d'êtres animés qui transmigrent dans la souffrance sont si pitoyables. Puissé-je vivre leur part karmique de souffrance et être capable d'endurer des tourments cent mille fois plus grands que ceux-ci. Puissent tous les êtres animés se voir libérés de la souffrance ! »

Dès que nous suscitons cette aspiration, notre karma négatif s'épuise et toutes les trompeuses apparences terrifiantes s'évanouissent, comme des fantômes dans un rêve. Nous atteignons l'éveil, inséparablement du Grand Maître d'Oddiyana. Nous diffusons des rayons de lumière vers tous les êtres animés des funestes destinées et, sans en laisser un seul derrière nous, nous les amenons tous au stade des quatre niveaux de vidyadharas, les « détenteurs de science ». En pensant à cela, coupons le fil des pensées discursives et laissons la Conscience éveillée dans la libre détente.

Lorsque nous contemplons l'étendue de la souffrance, nous ne devons pas être détachés de l'expérience comme quelqu'un qui observe à distance. Nous devons penser à ce qui se passerait dans la réalité si nous naissions vraiment dans un tel endroit. Nous devons également faire l'expérience de la souffrance. Lorsque nous pensons de cette manière, nous ressentons clairement la misère ; c'est la désillusion à l'égard du samsara. Lorsque l'idée de vouloir échapper à cette souffrance grandit, c'est le renoncement, lequel fait naître la compassion pour les six classes d'êtres animés qui ont été nos parents. Les nuisibles actes négatifs sont abandonnés et nous nous efforçons uniquement d'accomplir des actes vertueux, comme faire des offrandes aux Trois Joyaux.

Afin de méditer sur les difficultés à trouver les libertés et les ressources, le Grand Maître d'Oddiyana a enseigné ce qui suit :

Rendons-nous en un lieu où l'on trouve de nombreuses sortes d'insectes, de fourmis ou d'animaux et asseyons-nous les jambes croisées. Plaçons nos mains sur nos genoux dans le geste de la méditation et méditons ainsi :

Ce monde est vaste comme le ciel. Il existe une infinité d'êtres errants des six sortes qui connaissent la souffrance. Le ciel, l'air et la terre sont comme animés de mouvements. Méditons là-dessus. Au milieu de tout cela, au sommet d'une haute montagne, nous seul avons acquis un corps humain. La montagne est abrupte et nous commençons à perdre l'équilibre. Nous pensons alors : « Parmi tous ces êtres animés qui souffrent, je suis le seul à avoir obtenu un corps humain. Cela s'est produit grâce à la force de la vertu. Ce serait une grande honte que d'avoir acquis un corps humain comme celui-ci et de le laisser se perdre inutilement en tombant de cette montagne. Je viens d'atteindre une forme humaine comme celle-ci, qui est difficile à obtenir, mais en un rien de temps, je suis sûr de tomber dans ce précipice. Que dois-je faire ? »

En pensant à cette perspective terrifiante, nous poussons un cri de désespoir et c'est alors que notre lama-racine apparaît dans le ciel au-dessus de nous dans le geste nous accordant sa protection et nous dit : « Hé ! La vie humaine avec toutes ses libertés et ressources est difficile à trouver. C'est la seule fois où tu l'as obtenue. Tu l'as peut-être acquise, mais elle n'est pas permanente. Tu retomberas rapidement dans les funestes états d'existence. Pense à la rapidité avec laquelle cela se produira. Si tu n'accomplis pas le grand objectif de cette base physique maintenant, il sera difficile à l'avenir de trouver un corps humain comme celui-ci. Avec cette vie humaine comme base, atteins rapidement l'éveil ! »

Dès que nous entendons cet enseignement, nous nous écrions : « Hélas, parmi les innombrables êtres tels que moi, je suis le seul à avoir obtenu un corps humain, qui est si difficile à obtenir. Alors cette fois-ci, je vais me libérer des souffrances du samsara et je vais libérer tous les êtres sans exception ! » Réfléchissons ainsi.

Immédiatement, en engendrant cette aspiration, l'essence d'un rayon de lumière provenant du cœur de notre lama nous touche. À ce moment-là, nous arrivons dans la Terre pure de félicité. De notre propre cœur se diffuse une lumière illimitée et tous les êtres animés, sans aucune exception, sont conduits dans la Terre pure de félicité. Pensons ainsi et méditons avec une intense compassion envers les êtres animés. C'est ce que Padmasambhava a enseigné.

Ainsi, nous devons méditer sur la difficulté de trouver les libertés et les ressources jusqu'à ce que nous renoncions au samsara. Si nous développons une compassion continue, sans effort et naturelle, ainsi qu'une diligence dans la pratique des enseignements, des expériences spirituelles se développeront et notre esprit changera. C'est pourquoi nous devons pratiquer avec sérieux. Un être animé, en méditant sur la voie, atteint l'éveil. Là encore, la différence réside dans le changement du courant de conscience.

À l'heure actuelle, nous sommes une masse de problèmes sous l'emprise de l'illusion. Lorsque nous dormons, nous sommes troublés par toutes sortes de souffrances dans nos rêves. Lorsque nous nous réveillons, ces souffrances disparaissent naturellement. De la même manière, si nos perceptions confuses actuelles se dissolvent, nous atteindrons la vision pure et la sagesse de l'éveil. À ce moment-là, nous posséderons toutes les qualités éveillées. Par conséquent, afin de répondre à tous les besoins et souhaits des êtres animés et de les conduire à l'éveil, nous devons éviter de gaspiller cette grande opportunité qui combine un minimum de difficultés avec la possibilité d'obtenir de grands résultats, et nous efforcer d'employer tous les moyens à notre disposition.

Onze
La torche de l'heureuse libération éternelle

La souffrance des trois funestes destinées est insoutenable. De la même manière, les êtres des trois états d'existence supérieurs connaissent également des souffrances inconcevables. Cependant, si nous nous disons « Pas de problème, le Bouddha nous protégera de toutes les souffrances générales et spécifiques », ce n'est pas le cas. Chaque être animé doit faire individuellement l'expérience de ses propres perceptions karmiques. Dès lors, même si mille bouddhas apparaissaient pour le bien d'un seul être, ils n'auraient qu'une faible capacité d'aide. Ce n'est pas parce que le Bouddha n'a pas de compassion ou de bénédiction mais parce qu'il n'y a aucun moyen d'atténuer la vision karmique de chaque être animé. Par exemple, lorsque nous dormons, personne ne peut contrôler nos rêves. Pour la même raison, si les êtres ne dépendaient pas de leur karma et s'il était possible pour les bouddhas de nous extraire du samsara, alors un bouddha compatissant, avec des rayons lumineux de compassion, aurait sans aucun doute évacué les êtres de cette existence conditionnée il y a de nombreux éons.

Cependant, si nous posons la question suivante : « Alors, les bouddhas sont-ils totalement incapables de faire bénéficier les êtres animés de leurs bénédictions ? » ce n'est pas non plus le cas. Les bouddhas engendrent tout d'abord le vaste esprit d'éveil ou bodhicitta et, à partir de ce moment-là, toutes leurs activités sont uniquement orientées vers le bien des êtres.

Cependant, comme l'a enseigné le Bouddha Shakyamuni :

Les actes négatifs accumulés par les transmigrants ne peuvent être lavés par l'eau. La souffrance des transmigrants ne peut pas non plus être dissipée par la main du Bouddha. De même, la réalisation mentale du Bouddha lui-même ne peut être transférée et donnée.

Les saints enseignements bouddhistes sont des médicaments. Ils sont comme un nectar qui dissipe les cinq poisons. En recevant et en réalisant ces enseignements, les êtres se libèrent. Nous pouvons nous demander : « Maintenant que le Bouddha n'est plus en vie, avec qui puis-je étudier pour recevoir la sainte Doctrine semblable à un nectar ? » Parmi les transmigrants et notamment les dieux et les démons qui, comme Brahma, dominent tous les êtres, les puissants personnages politiques, les rois et les ministres de ce monde, etc., pas un seul n'est capable d'enseigner cette voie semblable à du nectar. Une telle voie n'est enseignée que par des lamas, des guides spirituels. C'est pourquoi nous devons nous former auprès de maîtres et d'amis spirituels.

En outre, pour pratiquer le Dharma de manière appropriée, il ne suffit pas de lire les écritures. Le beurre est fabriqué à partir du lait. Avec du beurre, on peut remplir et allumer des lampes et produire de la lumière. De la même manière, nous devons extraire l'essence de la pratique bouddhiste et nous le faisons en suivant les instructions personnelles de notre lama.

Le Bouddha Shakyamuni a enseigné dans le « Sutra du résumé » :

Entraînez-vous continuellement auprès de gurus érudits.
Pourquoi ? Parce que c'est d'eux que vient la sagesse de l'éveil.
De même que les malades prennent des médicaments pour guérir,
Entraînez-vous sous la direction d'un maître spirituel sans vous égarer.

Nous devons trouver un lama qualifié en examinant ses qualités. Sans cela, il n'est pas sage de faire confiance à quelqu'un simplement parce qu'il s'appelle « lama » ou parce qu'il porte une robe bouddhiste rouge ou jaune. Parmi ces personnes, il y a aussi celles qui jettent le discrédit sur les enseignements du Bouddha.

Le Bouddha a dit :

Mes enseignements seront détruits par quelqu'un comme moi.

Dans ce cas, quel type de maître spirituel nous faut-il ? D'une manière générale, nous avons besoin d'un enseignant qui a parfaitement formé son courant de conscience aux trois entraînements supérieurs :

* Entraînement dans la discipline supérieure
* Entraînement dans la méditation supérieure
* Entraînement dans la sagesse supérieure.

Nous avons besoin d'un maître qui a beaucoup étudié et qui connaît la sagesse des écritures, qui possède une grande compassion et un grand amour pour les faibles transmigrants, et qui fait preuve d'une diligence enthousiaste dans son œuvre pour le bien d'autrui.

En outre, un précepteur et maître de la voie extérieure de la libération individuelle doit posséder les vingt-et-un groupes de cinq qualités et avoir reçu l'ordination complète pendant au moins dix années consécutives. Nous avons besoin d'un maître à la pure discipline intérieure, qui possède des qualités inébranlables, érudites et justes.

Les maîtres spirituels de la voie intérieure des bodhisattvas doivent posséder des qualités de sérénité et de douceur, et aimer tous les êtres comme une mère aime son unique enfant. Ils doivent être de grands amis inconnus pour tous les êtres et avoir un esprit plein d'amour et de compassion.

En général, les maîtres des mantras secrets doivent avoir reçu les initiations et respecter les engagements sacrés. Ils doivent posséder les qualités des dix attributs et des huit natures, etc.

Plus précisément, un maître de la Grande Perfection doit être accompli et détenteur de la lignée. Il doit détenir le trésor des enseignements de la lignée orale qui apporte la libération par l'audition. Il doit exceller dans l'accomplissement du double but tel que mis en œuvre par les anciens maîtres de la lignée. Toujours diligents dans la pratique, les maîtres voient leurs réalisations s'accumuler comme des nuages. Contrôlant leurs propres perceptions, ils submergent de leur splendeur les perceptions d'autrui. Considérant les êtres avec amour et compassion, ils les guident sur le chemin de la libération. Parce qu'ils ont découvert l'esprit des Victorieux, ils sont l'incarnation des Trois Joyaux.

En particulier, les maîtres des mantras secrets devraient avoir reçu les initiations de la tradition de la Grande Perfection, maintenir de purs engagements sacrés et avoir porté leur courant de conscience à maturité. Ils doivent posséder une compréhension, une expérience et une réalisation complètes de la voie du Trekchö lié à la pureté primordiale et de Tögal lié à la présence spontanée, avec ses quatre visions. Ils doivent également bénéficier des bénédictions de la lignée.

Si nous ne devions utiliser qu'une seule méthode d'examen pour déterminer l'authenticité d'un maître, alors nous devrions examiner s'il possède ou non la bodhicitta dans son courant de conscience. S'il la possède, toutes ses connexions avec les êtres, qu'elles soient positives ou négatives, seront porteuses de sens et il n'y a pas d'erreur.

Si nous établissons une distinction entre les différents types de maître, il y a le lama extérieur qui est expert dans l'élucidation des fausses théories, le lama intérieur qui transmet, dans sa bienveillance, les instructions des mantras secrets et le lama secret, le maître-racine qui présente la nature non née de l'esprit. Une autre classification comprend le lama de la base naturelle, le lama du pur esprit naturel et le lama symbolique des apparences.

De la même manière, le disciple qui se forme auprès d'un lama doit également posséder toutes les caractéristiques adéquates : une grande foi et une grande diligence, une grande intelligence, peu d'attachement réifiant, un grand respect, une conduite en accord avec les mantras secrets, le respect des engagements sacrés et il ou elle doit également s'investir avec diligence dans la pratique.

Il est enseigné que si un tel maître et un tel disciple font équipe, c'est comme un oiseau avec deux ailes, capable de s'envoler facilement dans le ciel. Dans ce contexte, l'éveil sera atteint sans difficulté.

N'accordons pas notre confiance à n'importe quelle personne que nous rencontrons ! Nous ne devons nous entraîner avec un lama qu'après l'avoir examiné. Comme il est dit : « Ne pas examiner un lama, c'est comme sauter d'une falaise. Ne pas examiner un disciple, c'est comme boire du poison ». Le lama est comme un guide sur le chemin de la libération. Si nous rencontrons un mauvais guide qui nous entraîne sur une voie erronée, cela nous sera préjudiciable non seulement dans cette vie, mais pour toujours. C'est pourquoi l'examen et l'analyse d'un maître sont extrêmement importants.

Après avoir examiné un lama et lui avoir confié notre formation spirituelle, quoi qu'il fasse, engendrons la certitude de voir ses actions comme positives. Il n'est jamais approprié de percevoir quoi que ce soit que le lama puisse faire comme erroné. Même si vous le voyez faire une petite action qui vous semble impure, c'est comme les filaments qui apparaissent devant les yeux de quelqu'un qui a mangé du datura ou lorsqu'une personne souffrant de jaunisse voit une conque blanche comme jaune. Depuis des temps sans commencement, en raison du pouvoir de familiarisation, les choses nous sont apparues comme impures ; nous devons donc être conscients que ce n'est pas le lama mais nos propres perceptions qui sont impures.

Le bhikshu Sunaksatra voyait toujours le Bouddha Shakyamuni comme étant dans l'erreur. Araya Asanga, alors qu'il pratiquait le Seigneur Maitreya, n'avait pas complètement purifié ses obscurcissements et, au lieu de voir ce bouddha, voyait une chienne dont l'arrière-train était plein d'asticots. Nous devons nous souvenir de ces exemples.

Le Corps éveillé de la réalité absolue, le Dharmakaya, est la luminosité interne, le corps du vase de jouvence. Ce protecteur primordial est perçu par la sagesse des parfaits renoncement et réalisation. Tant que nous n'avons pas acquis les perceptions d'un bouddha, ces visions n'entrent pas dans la sphère de notre expérience mondaine.

Le Corps éveillé de parfaite jouissance, le Sambhogakaya, est vu par des êtres extraordinaires, des bodhisattvas de la dixième Terre, et par aucun autre. Nous manquons de karma positif pour rencontrer le Corps d'émanation des bouddhas, le Nirmanakaya. Ce n'est pas que nous ayons été abandonnés par les trois Corps des bouddhas mais, de la même manière que le soleil ne brille pas sur une grotte orientée au nord, c'est notre faute si, dans notre situation actuelle, nous ne sommes pas des réceptacles appropriés pour rencontrer ces êtres.

Cependant, dans de nombreux sutras et tantras, le Bouddha a enseigné que pour les êtres de cette époque dégénérée et déchirée par les conflits, les bouddhas apparaîtront sous forme d'émanations ayant l'aspect de maîtres spirituels pour le bien des êtres ordinaires. C'est pourquoi notre lama n'est vraiment pas quelqu'un d'ordinaire. De notre point de vue personnel, notre lama nous guide en personne dans les enseignements ; il est donc encore plus bienveillant que les bouddhas.

Même si nous rencontrions le Bouddha en personne, il ne ferait rien d'autre que nous guider sur le chemin de l'omniscience. Le fait de penser à cela avec une foi confiante nous motive à nous entraîner avec notre lama. Le moyen d'y parvenir est de lui témoigner du respect et de mettre en œuvre les trois façons de lui plaire : par des biens matériels, par le service et par la pratique à travers nos trois portes (corps, parole et esprit).

En ce qui concerne la porte de notre corps, il est important, lorsque nous marchons, de ne pas passer sur le côté droit du lama. Nous ne devons pas marcher sur l'ombre du corps ou de la tête du lama, ni piétiner une mèche de cheveux du lama, ni son oreiller ou son siège. Les disciples ne doivent pas accepter que le lama se lève ou se prosterne devant eux. Après avoir reçu ne serait-ce que trois mots d'instructions profondes de la part d'un maître, un disciple ne doit pas s'asseoir plus haut que lui. Ces actes et d'autres doivent être évités avec la porte de notre corps.

Avec la porte de la parole, nous ne devons pas dire du mal du lama, nous moquer de lui ou le rabaisser. Par la porte de notre esprit, nous ne devons pas avoir la moindre pensée de rivalité ou de malveillance. Un disciple ne doit rien faire d'important, même si c'est en rapport avec le Dharma, sans d'abord obtenir l'approbation du lama. Si le lama donne des instructions pour faire quelque chose, que cela paraisse bon ou mauvais, le disciple doit le faire conformément aux instructions. C'est ainsi que celui-ci peut recevoir les enseignements les plus profonds.

En gardant à l'esprit l'aspiration d'avoir à égaler l'esprit de sagesse du lama, le disciple reçoit d'abord les bénédictions du lama et renverse son attitude d'attachement au samsara. Deuxièmement, l'étendue de la sagesse s'ouvre. Troisièmement, la compréhension innée se manifeste et l'incertitude à l'égard de la sagesse ultime de la Conscience éveillée est résolue de manière sincère. Lorsque le disciple arrive à ce stade, parmi les trois façons de plaire au maître, il devrait se consacrer uniquement à l'offrande de sa pratique.

L'enseignement et l'étude de la sainte Doctrine bouddhiste n'ont rien à voir avec l'apprentissage de matières éducatives ordinaires, de compétences ou de métiers, où l'on est libre de choisir ce que l'on étudie. Les enseignements bouddhistes ne sont pas donnés à celui qui est le plus important, ni vendus pour obtenir des richesses ou des biens. Des maîtres et des disciples qualifiés expliquent et étudient les enseignements afin de libérer tous les êtres animés de la souffrance de l'existence dans le samsara et de s'assurer que les précieux enseignements des Victorieux restent dans ce monde et ne dégénèrent pas.

Franchir la porte du saint Dharma n'est pas seulement un moyen de vivre la courte période de l'existence humaine dans cette seule vie. Notre motivation devrait être de soulager la souffrance de nous-mêmes et des autres, vie après vie. C'est pourquoi l'étude du Dharma est des centaines et des milliers de fois incomparablement plus bénéfique que l'éducation dans n'importe quelle discipline qui ne sera utile que dans cette vie.

Actuellement, dans ce monde, les enseignements du Bouddha Shakyamuni sont encore en plein essor, de sorte que le soleil du saint Dharma ne s'est pas encore couché. Pour passer en bateau de l'autre côté d'une rivière, nous devons nous fier à un batelier compétent et une personne aveugle a besoin d'un guide qui voit. De la même manière, trouver un excellent maître pour nous montrer le chemin de l'éveil est crucial dans cette tâche extrêmement importante.

Pour trouver un véritable guide spirituel, il faut d'abord l'examiner, puis s'entraîner avec lui. Commencer à s'entraîner d'abord et examiner l'enseignant ensuite est une mauvaise façon de procéder et n'est donc pas approprié.

Le Bouddha n'est plus ici en personne mais le maître spirituel est une émanation du Bouddha et son représentant. Le Bouddha lui-même a dit, alors qu'il passait au-delà de la souffrance :

Ne t'afflige pas, Ananda, ne t'afflige pas !
Dans les temps à venir, je me manifesterai
Sous la forme des maîtres spirituels pour faire le bien
De toi-même et de tous les autres.

Cela signifie que, pour discipliner les êtres de cet âge dégénéré dont les facteurs afflictifs doivent être soumis, le Bouddha lui-même prendra délibérément une renaissance humaine sous la forme des maîtres spirituels.

Quelle différence y a-t-il entre une personne ordinaire et un lama ? Bien sûr, les lamas sont des êtres de chair et de sang, tout comme nous. Un lama doit toujours se nourrir, porter des vêtements et ses expériences de la chaleur et du froid, de la faim et de la soif, du confort et de l'inconfort sont les mêmes que les nôtres. Il partage également nos difficultés liées à la naissance, à la vieillesse, à la maladie et à la mort. Si nous pensons de la sorte, nous comprenons pourquoi, afin que les gens puissent s'identifier à lui, même le Bouddha est apparu sous la forme d'un être humain pour discipliner les transmigrants. De la même manière, les lamas apparaissent à nos perceptions humaines sous une forme humaine.

Nous accordons de la valeur à l'or, aux diamants et à d'autres objets précieux. C'est pourquoi, dans les tantras des mantras secrets, toutes les assemblées de déités surgissent et apparaissent embellies d'ornements précieux aux êtres dont les facteurs afflictifs de l'esprit doivent être domptés et que les temples des Terres pures sont constitués de joyaux précieux, etc.

À l'heure actuelle, l'enseignement immaculé du Victorieux, qui comprend les deux traditions des sutras et des tantras, n'est largement répandu qu'au Tibet. Par conséquent, le Tibet est non seulement le foyer et la source du bouddhisme, mais aussi une terre précieuse où naissent de saints maîtres spirituels. Parmi toutes les traditions philosophiques et spirituelles du monde, aucune ne surpasse l'apprentissage de la tradition tibétaine du bouddhisme dans la compréhension définitive de la question cruciale des vies futures.

Cette compréhension ne s'obtient pas simplement en suivant les mots des écritures. S'appuyant sur la transmission de la lignée des initiations, des transmissions orales, des instructions et des conseils secrets, le pratiquant du bouddhisme tibétain suit l'exposé du maître sur les enseignements sacrés, en les prenant un par un et en les mettant en pratique. Cela permet de faire mûrir son propre courant de conscience et celui des autres, et par la porte de la libération, le pratiquant vise à atteindre le résultat ultime.

De cette façon, le maître spirituel bénéficie des bénédictions de la lignée et fait l'expérience de la réalisation à travers sa pratique. Il devient ainsi un représentant du Bouddha, une source d'enseignements bouddhistes et le chef de la communauté spirituelle.

Parce qu'ils sont difficiles à trouver, les enseignements bouddhistes existants sont les joyaux les plus rayonnants et les plus lumineux. Aujourd'hui, sur le toit du monde environné de montagnes enneigées, leur continuité n'a jamais entièrement disparu, elle demeure encore. Tous les êtres doués de sagesse et d'intelligence comprennent que les enseignements bouddhistes sont incomparablement plus précieux que tout autre objet de valeur.

Quel que soit l'objet de valeur, il est tout à fait naturel qu'un faux apparemment identique apparaisse. C'est pourquoi nous comprenons la nécessité de vérifier d'abord si un maître est authentique et de nous entraîner ensuite avec lui. Lorsque les apparences sont les mêmes, nous devons être prudents car il est facile de commettre des erreurs. Il est donc important d'utiliser toutes les méthodes d'examen et d'investigation recommandées pour trouver un maître.

Le bouddhisme tibétain, célèbre dans le monde entier comme un ornement précieux, peut être classé en de nombreuses subdivisions différentes qui suivent les lignes de transmission des enseignements tantriques de la première ou de la deuxième diffusion et les fondateurs des différentes traditions.

Depuis l'époque où le trio formé par l'abbé Shantarakshita, le maître Padmasambhava et le roi du Dharma Trisong Detsen se sont réunis au Tibet, ils ont fondé l'ancienne tradition Nyingma et propagé les enseignements originaux de ce qui est devenu le bouddhisme tibétain. Divisée en section des tantras et section des sadhanas, la triple lignée de transmission comprend la longue lignée de transmission canonique (Kama), la courte transmission des trésors révélés (Terma) et la profonde transmission des visions pures (Daknang). Dans ces trois transmissions, on parle encore d'une triple division : la section de l'Esprit (Semde), la section de l'Espace Abyssal (Longde) et la section des instructions essentielles (Men-ngakde), dont la transmission distingue la lignée de la transmission scolastique et la lignée orale, et chacune a ses adeptes.

De la lignée issue du Glorieux Jowo Je Atisha aux « sept maîtres détenant le divin Dharma », les détenteurs de la tradition Jowo Kadampa furent les trois maîtres Ker, Ngog et Drom ainsi que d'autres encore, avec toutes leurs différentes lignées de transmission. Plus récemment, le grand et inégalé Tsongkhapa, le seigneur Lobsang Drakpa, a une fois de plus glorieusement clarifié les enseignements et fondé la tradition des nouveaux Kadampas, ou vertueuse tradition Riwo Gelugpa.

Du puissant seigneur des yogis Shri Dharmapala, la transmission du Lamdre, « la Voie et le Fruit », est passée au grand maître Sakyapa Kunga Nyingpo, à Jamgön Sakya Pandita et ainsi de suite, en tant que détenteurs de la tradition des glorieux Sakyapas.

Les enseignements de l'école Kagyü ont été transmis par Marpa du Lhodrak, Chökyi Lodrö, à Jetsun Milarepa, à Dakpo Chandra Prabha Kumara, etc. Au sein de cette école, les enseignements sont classés en divisions appelées les « Quatre grandes traditions Kagyü » et les « Huit sous-écoles Kagyü ».

Les enseignements de l'école Shangpa Kagyü ont été transmis par l'érudit et accompli Khyungpo Naldjor. La tradition Shije fut introduite au Tibet et transmise par Padampa Sangye et Machik Labdrön. Khyejo Lotsawa et d'autres ont transmis la lignée Jordruk. L'érudit et accompli Orgyenpa a transmis la lignée de Dorje Sumgyi Nyendrup, « l'Approche et l'accomplissement des trois vajras ».

Ce sont les huit grands chariots de la lignée de pratique, tous avec leurs disciples, dont les enseignements se poursuivent encore aujourd'hui au Tibet sans être corrompus. Chacune de ces traditions de longue date maintient les traditions des sutras et des tantras.

Dans un jardin d'été rempli de fleurs multicolores dont les parfums embaument l'air, une abeille choisit le nectar qu'elle préfère boire. De la même manière, en fonction de notre fortune individuelle et de nos propensions karmiques, nous choisissons de pratiquer les saints enseignements bouddhistes qui nous conviennent le mieux. Suggérer que l'une des traditions est supérieure et les autres inférieures est donc une façon de penser naïve et erronée. Chacune des traditions est une voie authentique, une méthode pour atteindre l'éveil et un remède pour soulager la souffrance.

Tout comme l'or fondu, taillé et martelé, la quintessentielle consolidation des enseignements immaculés du Bienheureux a été recueillie par de nombreuses générations successives de Tibétains et constitue un véritable trésor du patrimoine mondial. C'est la source des enseignements futurs et un héritage précieux pour les générations d'êtres à venir. Les enseignements sont la réalisation accomplie, profonde et excellente, le bien des immortels et accomplis détenteurs de science. Ils sont l'essence de la sainte voie éternelle sans transition, l'essence ultime du trésor des enseignements de la transmission individuelle, la voie empruntée par de nombreux accomplis, droits et érudits, et la voie rapide pour réaliser le corps d'arc-en-ciel.

La source incontestable de ces lignées individuelles est le saint lama qui a atteint les signes d'accomplissement de leur voie spécifique et qui possède des caractéristiques authentiques. Quel que soit le lama auquel nous sommes liés par notre karma, il est le seigneur du mandala et le protecteur du monde. Que tous ceux qui désirent la libération élèvent les pieds sacrés du lama au sommet de leur tête, le prennent comme le joyau de leur cœur, car il ne nous trompera jamais !

Douze
Le trésor de joyaux exauçant les souhaits

Tout d'abord, examinez habilement le lama.
Ensuite, entraînez-vous habilement avec le lama.
Enfin, imitez habilement la réalisation et l'activité du lama.

Prenons ce résumé comme base de la pratique.

Nous devons nous entraîner auprès d'un maître spirituel et recevoir le nectar des saints enseignements bouddhistes, ces instructions profondes et étendues qui sont la suprême panacée pour guérir les cent maladies des facteurs afflictifs. Cependant, il ne suffit pas de recevoir les enseignements. Il ne suffit pas de garder des médicaments dans une armoire ; une personne malade doit réellement prendre des médicaments. De la même manière, si nous n'abandonnons pas les distractions et ne nous concentrons pas sur la méditation, en nous contentant de recevoir et d'écouter les enseignements, nous ne saisirons pas le sens suprême.

La sagesse profonde est présente dans notre courant de conscience depuis toujours. Pour l'éveiller, nous devons accéder, dans notre courant de conscience, à ce qui est au cœur même de l'esprit sacré de notre maître-racine.

Qu'entend-on par le fait qu'un disciple s'en remette à un maître ? Cela signifie qu'il a besoin de s'entraîner avec son maître. Nous devons comprendre que s'entraîner auprès d'un maître ne signifie pas simplement s'emparer ce que nous attendons du maître, comme si le lama était un cerf musqué et que les enseignements étaient du musc. Avec foi et dévotion, le disciple doit atteindre dans son courant de conscience l'état d'esprit et la conduite du lama, exactement et quoi qu'il en soit, de la même manière que, par exemple, un *tsa-tsa* en argile reproduit la forme du moule du *tsa-tsa*, exactement comme il est. De même, nous devons atteindre la certitude de l'essence de l'esprit du lama.

Après avoir trouvé un maître spirituel qui possède une sainte sagesse, nous devrions nous entraîner auprès de lui. Lorsque nous étudions avec lui, nous ne devrions jamais être distraits, même si nous rencontrons des centaines de difficultés ou même des menaces pour notre propre corps ou notre propre vie. De la même manière que le bodhisattva Sadaparudita s'est entraîné auprès du bouddha Dharmodgata, nous devons nous entraîner auprès du lama sans nous lasser afin de recevoir dans notre courant de conscience, par la foi et la constance, toute la sagesse éveillée qui demeure dans le saint courant de conscience du lama, comme si l'on remplissait un vase à ras bord. Si nous ne faisons pas cela, le simple fait que notre apparence extérieure ressemble à celle du maître n'est d'aucune utilité.

En dehors du lama, il n'y a personne et rien qui puisse être une base plus exaltée à laquelle nous adresser pour trouver refuge ou réunir les accumulations. De plus, lorsque le lama accorde des initiations ou donne des enseignements, il est la véritable identité des Trois Joyaux, des Trois Racines et de tous les bouddhas de toutes les directions combinées. Les bénédictions et la compassion du lama sont totalement indissociables de celles de tous les bouddhas. De nombreux saints maîtres ont enseigné que le fait de servir une bouchée de bonne nourriture au lama pendant une période où il donne des enseignements ou des initiations est plus méritoire que des centaines ou des milliers d'offrandes faites à d'autres moments.

Lorsque nous méditons sur les déités dotées des caractéristiques définies de la phase tantrique de création, ces déités apparaissent avec leurs aspects manifestes. Cependant, nous devons méditer en sachant que leur essence est notre maître-racine, afin de pouvoir recevoir les bénédictions. La pénétration de l'extraordinaire sagesse de la réalisation de la phase tantrique d'achèvement dans notre courant de conscience dépend entièrement de notre dévotion et des bénédictions du lama. C'est pour cette raison que tous les sutras et tantras enseignent que le lama est le véritable bouddha.

L'esprit de sagesse du lama est inséparable de celui de tous les bouddhas mais pour ceux d'entre nous dont les facteurs afflictifs doivent être domptés, les lamas apparaissent astucieusement sous une forme humaine. Lorsque le lama est avec nous, tout ce qu'il dit doit être mis en œuvre afin que nous lui fassions plaisir en lui rendant service par nos trois portes que sont nos corps, parole et esprit. Et nous devrions nous efforcer de fusionner nos esprits de manière inséparable avec l'esprit éveillé du lama car si nous ne devenons certains de ses qualités éveillées qu'à un stade ultérieur, c'est-à-dire après la mort, il sera un peu tard.

« Tout d'abord, examinez habilement le lama » : cela signifie que nous devons examiner le maître avant de recevoir des initiations ou des enseignements. Comme je l'ai déjà mentionné, si nous recevons d'abord des initiations et des enseignements profonds et que nous n'examinons le lama qu'ensuite, nous ne faisons pas les choses dans l'ordre approprié. Après avoir commencé à nous entraîner auprès d'un lama et avoir fini de recevoir des initiations et des enseignements, nous devrions considérer avec dévotion tout ce que fait le lama de manière positive. Développer des opinions erronées à son égard sera la cause de notre propre ruine. Nous devons pratiquer la vision pure en ne pensant qu'aux qualités éveillées du lama.

Toutes les bénédictions des bouddhas et du lama devraient être attirées à nous par la foi et la dévotion dans nos cœurs, ce qui résulte des accumulations de mérite et de sagesse que nous avons pu réunir et de la purification de nos obscurcissements. Il est donc crucial que nous soyons bienveillants envers nous-mêmes à cet égard en suivant cette instruction. Ainsi, lorsque nous trouvons un maître potentiel, nous l'examinons et l'analysons mais il ne suffit pas d'avoir trouvé un guide authentique. Nous ne pouvons obtenir des résultats qu'en ayant d'abord mis en pratique les enseignements sur ce qu'il convient d'adopter et de rejeter. C'est ainsi que nous pratiquons selon les instructions reçues.

C'est pourquoi ceux d'entre nous qui souhaitent atteindre rapidement l'éveil doivent réunir les deux accumulations, de mérite et de sagesse. Le moyen d'y parvenir est de baser notre courant de conscience sur la grande compassion et sur l'essence de vacuité, la sagesse immaculée. En utilisant uniquement la méthode de la grande compassion, nous ne pouvons pas nous libérer du samsara. Méditer sur la vacuité sans compassion n'est pas non plus une voie authentique. Ce n'est qu'en pratiquant la voie de l'union de la vacuité et de la compassion que nous pouvons éviter de demeurer dans les extrêmes de l'existence dans le samsara ou de la paix du nirvana et atteindre le stade de la bouddhéité.

Afin de s'adapter aux capacités mentales des êtres désireux d'apprendre, le Bouddha a enseigné le Dharma des grandes, moyennes et modestes approches spirituelles, avec des significations provisoires et définitives. Les enseignements que nous voulons suivre sont ceux qui ont un sens vraiment définitif, la voie rapide pour atteindre l'éveil dans le temps le plus court possible. Cependant, ce n'est pas comme si le lama pouvait nous lancer dans le ciel comme une pierre pour nous permettre d'atteindre la libération. Chaque individu doit réunir les accumulations et purifier ses obscurcissements, progressant ainsi avec certitude le long des niveaux de la voie. Il est également essentiel de maintenir les vœux de délivrance individuelle, de l'esprit d'éveil et des tantras, ainsi que les préceptes de bodhisattva et les engagements tantriques sacrés que le lama a transmis.

Nous devons tout d'abord nous réfugier dans les Trois Joyaux, franchir la porte des enseignements bouddhistes et, en même temps, prendre les vœux d'un laïc acceptant les Trois Joyaux. Cela implique en conséquence de maintenir les principes fondamentaux du rejet, de l'acceptation et de leurs aspects associés.

En progressant par étapes, voici, pour les pratiquants laïcs, les vœux temporaires des huit abstinences de vingt-quatre heures liées aux vœux extérieurs de délivrance individuelle :

1. Ne pas tuer
2. Ne pas prendre ce qui ne nous est pas donné

3. Ne pas nous méconduire sexuellement à cause du désir
4. Ne pas mentir
5. Ne pas avaler d'intoxicant
6. Ne pas manger au moment inapproprié
7. Ne pas porter de bijoux, danser, etc.
8. Ne pas nous asseoir ou nous allonger en hauteur.

Les préceptes observés par les pieux laïcs, hommes et femmes, sont les suivants :

1. Observer l'un des préceptes ci-dessus
2. Observer plusieurs de ces préceptes
3. Maintenir les vœux « complets » des pieux laïcs
4. Maintenir les vœux de « pure conduite » des pieux laïcs.

Viennent ensuite les quatre préceptes fondamentaux du novice :

1. Ne pas avoir de relation sexuelle
2. Ne pas prendre ce qui n'a pas été donné
3. Ne pas tuer
4. Ne pas mentir.

Et les six préceptes auxiliaires :

5. Ne pas consommer d'intoxicant
6. Ne pas danser, etc.
7. Ne pas porter de chapelets, etc. avec attachement
8. Ne pas s'asseoir sur des sièges élevés et grandioses
9. Ne pas manger aux moments inappropriés
10. Ne pas accepter l'or ou l'argent.

S'y ajoutent les deux cent cinquante-trois règles d'un moine pleinement ordonné, et ainsi de suite. Quel que soit le vœu que nous prononçons, nous devons le respecter de manière appropriée, exactement comme indiqué.

Les vœux intérieurs de bodhisattva comprennent :

1. Les préceptes de l'esprit d'éveil en aspiration et en application
2. La discipline consistant à s'abstenir de commettre des actes négatifs et qui englobe les deux vérités
3. La discipline consistant à accumuler la vertu
4. La discipline consistant à agir pour le bien des êtres animés.

Une fois ces vœux prononcés, ils doivent tous être maintenus fermement.

En outre, il y a les vœux associés aux trois sections tantriques : le Kriya Tantra, l'Upa Tantra et le Yoga Tantra des tantras extérieurs du

Bouddha Shakyamuni. Enfin, il y a les vœux des tantras intérieurs des moyens habiles, les trois yogas : Mahayoga, Anuyoga et Atiyoga.

Il est particulièrement important que nous pratiquions avec diligence, sans lassitude, en maintenant les étapes des préceptes racines et branches de la Grande Perfection. Par ces moyens, ceux qui sont profondément écœurés par les activités mondaines de cette vie partent pour le royaume des vidyadharas accomplis de la lignée, en suivant la voie de ceux qui ont réalisé le corps d'arc-en-ciel.

Il est bénéfique de pratiquer dans un lieu sacré qui a le pouvoir de bénir les êtres ordinaires. Le plus excellent et le plus suprême des lieux sacrés est le toit du monde, le pays des montagnes enneigées, avec ses qualités illuminatrices de l'isolement.

> *Les sommets des montagnes recouvertes de neige blanche*
> *S'élancent vers l'étendue bleue du ciel.*
> *Sous cette clarté brillent des lacs turquoise,*
> *Des offrandes d'eau pure parmi les rochers.*
>
> *Des plantes aux fleurs multicolores*
> *Ornent les flancs déchiquetés des montagnes*
> *Environnant naturellement des grottes parfaites.*
> *Des nuages blancs dispersent des gouttes de rosée,*
> *Le soleil juvénile projette au fond des forêts solitaires et isolées*
>   *de chauds rayons de lumière.*
>
> *Dans les prairies herbeuses, riches d'une myriade d'herbes curatives*
> *Et au sommet des collines enveloppées de brume,*
> *Des oiseaux et autres animaux paisibles s'ébattent et jouent.*
> *La pluie qui tombe des nuages apporte la satisfaction au cœur.*
> *Vaste est le chemin de l'est, d'où se lèvent le soleil et la lune.*
> *Un vent frais souffle doucement du sud.*
>
> *Les trois mois d'été, le chant mélodieux du coucou retentit.*
> *Les trois mois d'automne, plantes et herbes mûrissent,*
>   *produisant fruits et graines.*
> *Les trois mois d'hiver, l'eau des rivières se dissimule*
>   *sous la glace blanche.*
> *Les trois mois de printemps, les prairies fleuries s'épanouissent*
>   *dans les plaines.*

Dans le royaume de la nature, le samadhi apparaît naturellement, les distractions et l'agitation sont rares. On n'y entend pas de cris de misère ou de souffrance. Grâce à la félicité intérieure de la concentration, le cœur est naturellement et profondément satisfait.

Rencontrons un saint guide spirituel et créons un lien avec lui ; un compagnon sympathique qui a pris des engagements sacrés, qui est libre des cinq poisons, stable d'esprit, facile à vivre, assidu dans la pratique et bienveillant envers nous. Ensuite, entraînons notre esprit à travers les préliminaires communs et extraordinaires ou spéciaux. En apprenant l'histoire et les origines des enseignements de la lignée, développons notre conviction envers la merveilleuse Doctrine.

Après quoi, portons notre courant de conscience à maturité en obtenant des initiations. Recevons ensuite les enseignements sur les étapes de la pratique principale et les instructions orales qui nous permettront de faire mûrir et de libérer notre courant de conscience. Suivons les étapes de l'entraînement conformément aux pratiques traditionnelles, tout en les intégrant à notre propre expérience. De temps en temps, pratiquons les étapes de l'entraînement visant à éliminer les obstacles et à améliorer la pratique. Posons des questions au maître spirituel et aux frères et sœurs aînés du Dharma. Mettons ces réponses en corrélation et allons sérieusement au cœur de la pratique.

Un jour, la méditation et la post-méditation, le jour et la nuit, s'unissent dans l'absence de méditation. Le temps se déroule dans la continuité de la Claire Lumière ; nous nous unissons à la réalisation et à l'activité du régent des Victorieux des trois temps, le saint lama. Sur cette base confortable, la continuité de la félicité est ininterrompue. De grands bienfaits pour nous-même et pour les autres sont accomplis spontanément, maintenant et pour toujours !

Treize
Comment les choses apparaissent : la coproduction conditionnée

Lorsque nous nous voyons dans un miroir, nos expressions de bonheur, de tristesse, de satisfaction et de souffrance, etc. sont claires. Non seulement cela, mais nous pouvons voir les marques, les imperfections, la peau ridée et les cheveux emmêlés, exactement comme nous les avons. Ce qui apparaît dans le miroir naît à la surface du verre, mais ce qui s'y trouve réellement fait partie de notre propre corps et n'existe nulle part ailleurs.

De la même manière, dans notre vie, nous faisons l'expérience de la souffrance créée par des ennemis, de la souffrance d'être séparé d'êtres chers, de la souffrance de rencontrer ce qui est indésirable et ainsi de suite. Mais nos expériences de toutes ces sortes de souffrances ne proviennent pas de quelque chose d'extérieur à nous-mêmes, d'un désastre extérieur, sans cause, sans condition, qui nous est imposé comme si nous n'étions jamais en faute. Ces choses arrivent parce que nous avons un corps physique produit par le karma, perpétuant des agrégats sujets à la dégénérescence. Le feu a la nature de la chaleur et l'eau a la nature du liquide. De même, parce que les constituants de notre corps physique se manifestent à cause de la vérité de la souffrance, ils ont la nature de la souffrance. Telle est la véritable nature des choses physiques.

Quelle est la cause de la souffrance ? Elle provient de l'origine omniprésente du karma et des facteurs afflictifs de l'esprit. La racine ultime de cette souffrance est l'ignorance coémergente qui saisit un soi.

Le premier maillon des douze liens de la coproduction conditionnée est l'ignorance, le fondement de la confusion samsarique ou la nature même de l'illusion. Le contraire de l'ignorance est la Conscience éveillée ou *Rigpa*. Si nous réalisons la sagesse de la Conscience éveillée, nous ne serons plus confus. Par conséquent, si nous n'étions pas tombés sous l'influence de l'ignorance, il n'y aurait pas de confusion initiale. Si nous acquérons cette sagesse alors même que la confusion est omniprésente, le continuum de la confusion est interrompu.

Si, lorsque nous rêvons, nous pouvons reconnaître que nous rêvons et nous réveiller, alors nous nous libérons de la confusion du rêve. Ainsi, par cette analogie, nous pouvons comprendre que la véritable racine de la souffrance dont nous faisons l'expérience est l'ignorance. De l'ignorance naissent les formations, la conscience, le nom et la forme, les sphères sensorielles, le contact, la sensation, la soif, l'appropriation, le devenir et la naissance, jusqu'à la vieillesse et la mort. Une fois de plus, nous achevons le cycle. C'est ainsi que la roue du samsara se met en place et que le continuum de la souffrance ne s'interrompt pas. Dès lors, au sein de cette confusion, nous faisons l'expérience de la souffrance engendrée par le karma antérieur et les facteurs afflictifs, tout en créant les causes de la souffrance future dont nous continuons à faire l'expérience.

Ainsi, depuis des temps immémoriaux jusqu'à aujourd'hui, nous avons connu d'immenses souffrances. Les larmes que nous avons versées sont plus profondes que les quatre océans et les os de nos cadavres formeraient une pile plus haute que la reine des montagnes. Cependant, nous continuons à créer les causes de nouvelles souffrances, ceci parce que nous sommes sous le contrôle de l'illusion.

Si semer une graine d'orge forme la cause, le résultat est la croissance d'un germe d'orge, et si semer une graine de blé forme la cause, le résultat est la croissance d'un germe de blé. Si les causes sont créées sur la base de vues erronées, de la haine et ainsi de suite, le résultat sera la souffrance. Si les causes sont créées en pratiquant les dix actes vertueux et ainsi de suite, le résultat sera la félicité des dieux et des humains. Si la cause est fondée sur la pratique de la voie des trois degrés d'éveil (la voie d'un arhat, d'un pratyekabuddha et d'un bouddha), le résultat sera d'atteindre le niveau des trois degrés d'éveil, et ainsi de suite. C'est ce qui définit le concept de coproduction conditionnée : « à partir d'une chose, une autre est produite ».

Ces causes et conditions ne peuvent être établies comme réellement existantes, capables d'être fixées ou d'avoir une nature immuable ou permanente. Elles sont donc impermanentes et vides par nature. C'est pourquoi il est démontré que l'essence de l'interdépendance est la vacuité.

Si une cause n'implique pas de vues erronées, de haine, etc., l'effet n'entraînera pas de souffrance. C'est pourquoi le Bouddha a enseigné que tous les phénomènes connaissables qui relèvent des trois domaines que sont le samsara, le nirvana et la voie, proviennent de causes. Quiconque ne souhaite pas connaître la souffrance doit mettre un terme aux causes de la souffrance. Par exemple, boire du poison entraîne la maladie mais si nous pouvons interrompre la cause qui est la consommation de poison, la maladie qui en résulte ne se produira pas. Au contraire, si nous arrêtons la maladie qui en résulte mais que nous n'en empêchons pas la cause et que nous continuons à boire du poison, la maladie résultante se développera à nouveau en une boucle sans fin.

Le principe est que si nous abandonnons les causes négatives, le bonheur en résultera.

> Le Bienheureux a dit :
> *Ne commettre aucun acte négatif,*
> *Cultiver excellemment la vertu*
> *Et maîtriser parfaitement son esprit :*
> *Tel est l'enseignement du Bouddha.*

Ici, les voies correspondant aux trois niveaux de capacité des personnes (limité, intermédiaire et élevé) sont totalement et incontestablement résumées dans cette seule strophe. Celle-ci présente le cadre complet des enseignements en résumant le processus consistant à renoncer à nuire aux autres depuis sa source même et de discipliner notre esprit.

Ces enseignements sur le karma nous disent qu'à partir de notre vie actuelle, nous pouvons comprendre où nous sommes nés antérieurement et, en examinant nos actes, où nous renaîtrons dans le futur.

Nous, êtres ordinaires plongés dans le samsara, ignorons totalement quelles actions nous devons adopter et lesquelles nous devons rejeter. Par conséquent, bien que nous recherchions le bonheur, nous en détruisons les causes comme s'il s'agissait d'ennemis. Nous ne voulons pas la souffrance mais nous nous emparons avidement de ses causes et nous nous empressons d'en faire l'expérience.

Voici quelques exemples de ce fonctionnement : la faculté visuelle est attirée par la forme ; ainsi, un papillon de nuit meurt dans la flamme d'une lampe à beurre. La faculté auditive est attirée par le son ; ainsi, un cerf sauvage, attiré par le son d'une flûte, est tué par un chasseur. La faculté gustative est attirée par le goût ; ainsi, une abeille qui boit du nectar est piégée dans une fleur et meurt. La faculté du toucher est attirée par les sensations ; ainsi, un éléphant meurt dans une mare boueuse.

Les plaisirs des sens sont similaires : nous voyons un plat alléchant ; il a l'air bon et a un goût délicieux mais, après l'avoir mangé, nous nous rendons compte qu'il contient un poison mortel à action rapide. Ainsi, les souffrances du samsara sont créées sous l'influence de l'attirance pour les plaisirs sensoriels.

Des facteurs afflictifs cachés et dormants ont souillé notre esprit depuis des temps sans commencement. L'analogie est celle de l'eau dans laquelle on a dissous du sel. Nos facteurs afflictifs deviennent manifestes de la même manière qu'un vieux problème de santé peut refaire surface si nous mangeons la mauvaise nourriture ou si nous utilisons notre corps d'une manière inappropriée. Nous sommes attirés par les cinq objets désirables de nos facultés sensorielles, nous nous accrochons avidement aux causes négatives qui entraînent une renaissance dans les trois funestes destinées et nous créons spécifiquement la souffrance qui en résulte, de la même manière que si nous mangions de la nourriture empoisonnée.

Dans ce cas, tous ceux d'entre nous qui veulent être heureux doivent créer les causes du bonheur que sont les actes positifs ou la vertu et être certains d'abandonner les actes négatifs. Lorsqu'un médecin expert traite une maladie, il doit d'abord identifier la maladie, puis prescrire un médicament qui traitera le problème. De la même manière, nous devons reconnaître que les racines de la souffrance sont les actes négatifs, les non-vertus.

Les actes négatifs peuvent être ramenés à dix :

1) Tuer, 2) prendre ce qui n'a pas été donné et 3) se méconduire sexuellement sous l'influence du désir constituent les trois non-vertus du corps

4) Mentir, 5) prononcer des paroles de discorde, 6) proférer des mots blessants et 7) tenir des propos futiles constituent les quatre non-vertus de la parole.

8) La convoitise, 9) la malveillance, et 10) les vues erronées constituent les trois non-vertus de l'esprit.

Les dix actes positifs ou vertus correspondent à l'opposé des dix actes négatifs ou non-vertus.

Ces actes entraînent des résultats karmiques qui nous propulsent dans des expériences futures. En mûrissant, les actes positifs et négatifs entraînent trois types de résultats : 1) l'effet pleinement mûr, 2) l'effet conforme à la cause et 3) l'effet dominant.

L'effet pleinement mûr du meurtre est de naître en enfer et dans les funestes destinées. L'effet conforme à la cause du meurtre est d'atteindre brièvement une naissance plus élevée mais d'avoir une vie courte. L'effet dominant du meurtre est la consommation d'aliments, de boissons ou de médicaments qui n'ont que peu d'effets bénéfiques.

De même, l'effet pleinement mûr du vol est de naître dans les funestes destinées. L'effet conforme à la cause du vol est d'être pauvre. L'effet dominant du vol est la perte de la récolte ou sa destruction par le gel et la grêle, c'est-à-dire la perte de la richesse ou des biens.

L'effet pleinement mûr d'une mauvaise conduite sexuelle est de naître dans les funestes destinées. L'effet conforme à la cause de cette inconduite est l'infidélité du partenaire. Quant à l'effet dominant, il est de naître dans un endroit sale et effrayant et on pourrait y ajouter encore de nombreux autres résultats impensables.

À l'inverse, l'effet pleinement mûr de la protection de la vie est de naître dans les mondes supérieurs. L'effet conforme à la cause est une longue vie. L'effet dominant est d'être exempt de maladie et d'avoir une saine constitution.

En renonçant à prendre ce qui n'est pas donné, on renaît dans les mondes supérieurs. L'effet conforme à la cause est d'avoir une grande richesse. L'effet dominant est de jouir d'une excellente prospérité.

L'effet pleinement mûr de l'abandon de l'inconduite sexuelle est de naître dans les mondes supérieurs. L'effet conforme à la cause est d'avoir un partenaire aimant. L'effet dominant est de naître en un lieu confortable et agréable.

Aucun de ces résultats ne se produira si le karma n'a pas été créé mais ce qui a été accumulé ne peut jamais être perdu. Les effets karmiques ne mûrissent pas sur autrui mais exclusivement sur celui qui les a accumulés. La conséquence pleinement développée d'un karma particulier ne mûrit que sur un corps physique possédant un courant de conscience et cela se produit de trois manières : 1) en tant que karma expérimenté dans cette vie comme phénomène perceptible, 2) en tant que karma expérimenté dans la prochaine vie et 3) en tant que karma expérimenté dans les vies subséquentes à la prochaine.

Le karma accumulé ne moisit pas, ne pourrit pas, ne se dessèche pas et ne peut donc jamais être perdu. Soit le résultat est expérimenté et le karma s'épuise, soit le karma est atténué par les quatre forces de la confession, présentes au complet, à la manière de la neige fondant au soleil. En outre, si la bodhicitta est engendrée dans l'esprit, le karma négatif est naturellement purifié, de la même manière que le soleil dissipe les ténèbres.

Quel que soit l'acte positif ou négatif le plus fort, c'est son résultat qui sera expérimenté en premier. Le résultat des actes plus faibles sera expérimenté plus tard. Si les actes sont de force égale, alors l'état d'esprit positif ou négatif au moment de la mort déterminera le type de résultat karmique qui sera pleinement vécu, comme une bonne ou une mauvaise renaissance.

Par l'examen, nous devons reconnaître quels traits non vertueux sont prédominants dans notre courant de conscience. Réfléchissons comme suit : « J'ai accumulé d'innombrables non-vertus comme celle-ci dans le passé. Mais pas seulement dans cette vie, la quantité que j'ai accumulée dans mes nombreuses vies antérieures est incalculable. Je n'étais pas doté d'une conscience attentive et n'ai donc pas reconnu que j'accumulais un inimaginable karma négatif. À présent, je suis rempli de terribles regrets ! À partir de maintenant, je renoncerai à tous les méfaits grossiers et subtils définis par les dix non-vertus et je cultiverai leurs opposés et antidotes, les dix vertus, avec la même urgence qu'une fille qui danse éteint les flammes qui brûlent sa jupe ». Nous devons méditer sur ce point jusqu'à ce que nous soyons portés par l'enthousiasme.

À ce moment-là, pensons comme suit : « Si je mourais maintenant, je n'aurais nulle part où aller, pas d'autre choix que de subir la souffrance des funestes destinées ». Ce n'est que lorsque nous ressentons cette terreur que nous voyons enfin la menace cachée du karma. Cependant, il ne suffit pas d'éprouver la peur et le désespoir. Par la porte des quatre forces au complet, nous devons confesser nos fautes sans hésiter, faire le vœu de ne plus agir de la sorte à l'avenir, regretter ce qui a été fait et suivre la conduite d'un bodhisattva.

> *Les méfaits n'ont aucune bonne qualité*
> *Mais la confession les purifie*
> *Et ceci est une qualité des méfaits.*

Le seigneur Nagarjuna a expliqué :

> *Celui qui était insouciant auparavant*
> *Devient plus tard attentif,*
> *Comme ce fut le cas de (l'ancien meurtrier) Angulimala.*

Prions ainsi : « À partir de maintenant, je regrette tous les actes négatifs que j'ai commis. Je m'engage à ne plus jamais faire de telles choses à l'avenir. Je m'entraînerai à voir toutes les activités mondaines de la même manière qu'une personne souffrant de jaunisse considère les aliments gras, jusqu'à ce que j'en aie la nausée. »

Quatorze
La terre pure occidentale de la félicité

À ce stade, afin d'aider les débutants qui s'engagent sur la voie du Dharma à surmonter le découragement et à susciter l'enthousiasme pour le résultat de la pratique, le bienheureux Bouddha, roi des Shakyas, a fait l'éloge de la bienheureuse Terre pure de Sukhavati dans de nombreux sutras et tantras. Il a enseigné quatre causes qui permettent d'y renaître.

Ces quatre causes sont les suivantes :

1. Se remémorer encore et encore l'image de Sukhavati et du seigneur Amitabha
2. Accumuler constamment un grand nombre d'actes vertueux en employant toutes sortes de moyens différents
3. Engendrer la bodhicitta de l'éveil suprême.
4. Dédier ces racines de bien pour qu'elles permettent de renaître à Sukhavati et formuler des prières d'aspiration.

La première cause, à savoir la façon d'évoquer la Terre pure de Sukhavati, est la suivante : il est enseigné que Sukhavati est située à l'ouest de notre univers, au-delà d'innombrables autres champs de bouddha, dans un système cosmique des cieux supérieurs. Là, le sol entier, qui est doux sous les pieds et qui reprend sa forme initiale après chaque pas, est formé de sept substances précieuses d'origine naturelle. Le simple fait de marcher sur ce sol précieux procure de grandes sensations de confort et de bonheur. Le sol est aussi lisse que la paume de la main d'un enfant, vaste et spacieux, illimité, au-delà de la vision, brillant et rayonnant.

Les arbres formés de différentes substances précieuses fleurissent en une myriade de couleurs. Les branches des arbres sont parées d'ornements bénis, beaux et précieux. Trois fois par jour et trois fois par nuit, une brise souffle à travers les arbres et une délicieuse pluie de fleurs arrose le sol jusqu'à une profondeur qui équivaut à la taille de sept personnes de stature moyenne. Les fleurs précédentes sont emportées par le vent et le sol est beau et agréable.

Dans les arbres se perchent de nombreuses espèces décoratives de beaux oiseaux émanés qui chantent avec le trésor sans limites de leur gorge, surpassant tous les instruments terrestres. Leurs chants sont mélodieux à l'oreille et en harmonie avec le cœur, proclamant partout le son du profond et vaste Dharma.

De nombreux arbres des dieux poussent ici, notamment l'arbre *tamala*, l'*agaru* et un rare bois de santal. Les prairies formées de précieuses substances brillent d'un bleu-vert semblable à la turquoise. Les rivières et les ruisseaux coulent doucement, sans aucun limon, et leurs rives sont couvertes de sable doré. Ces eaux ont huit qualités excellentes : 1) la fraîcheur, 2) la douceur, 3) la légèreté, 4) la douceur et 5) la clarté. Elles sont 6) exemptes d'impuretés et leur consommation 7) apaise l'estomac et 8) fait du bien à la gorge. Ici et là, on trouve des bassins bordés de perles rouges avec des marches dorées descendant jusqu'à l'eau. Il suffit de penser à la chaleur ou à la fraîcheur des eaux nectarifères des bassins et des rivières pour qu'elles atteignent la température souhaitée. La taille et la température des rivières comme des bassins correspondent exactement aux désirs de chacun.

Les lacs, les mares, les étangs et les parcs forestiers sont entièrement remplis de belles fleurs parfumées des dieux, notamment des nénuphars et des lotus bleus et blancs. Les fleurs de lotus sont saturées de lumière et de rayons lumineux. À l'extrémité de tous les rayons de lumière, dans un spectacle des plus merveilleux, siègent d'innombrables bouddhas émanés qui œuvrent pour le bien des êtres. Dans ce monde, on n'entend même pas les noms des enfers et des funestes destinées ou des huit états sans liberté. On n'y entend pas même le mot « désir-attachement » et ceux des six facteurs afflictifs, des cinq poisons, des maladies causées par les troubles des quatre éléments, des ennemis, des conflits, des forces malveillantes, etc.

Dans la bienheureuse Terre pure de Sukhavati, toutes les sensations sont uniquement de la nature de la félicité et ne sont jamais entachées d'une quelconque souffrance. Il n'existe pas de différence entre le jour et la nuit ; il fait toujours jour. Il n'y a pas de femmes qui ne soient éveillées, ni de naissance du ventre d'une mère. Tous les êtres ici sont nés miraculeusement sur des fleurs de lotus. D'une teinte dorée, ils sont ornés des trente-deux excellentes marques majeures et quatre-vingts marques mineures des grands êtres.

Ceux qui vivent ici sont dotés d'une prodigieuse vision pure et d'autres perceptions sublimes des « cinq yeux », notamment les yeux de sagesse et les yeux physiques. En un instant, les êtres de cette Terre pure peuvent voyager miraculeusement vers des milliards et des milliards d'autres Terres pures. Grâce à leur clairvoyance, ils peuvent voir tous ces mondes, entendre tous les sons émis par les êtres de ces mondes et connaître leur esprit. Ils possèdent le précieux esprit de compassion qui souhaite pour les autres le bien, le bonheur, etc. Leur sagesse est semblable à l'océan, avec une mémoire et une éloquence parfaites, et ainsi de suite. La magnifique suite du seigneur Amitabha possède ces qualités et les autres qualités sans limites de l'éveil.

Il y a aussi des centaines de milliers de demeures, toutes formées de matériaux précieux, d'inconcevables palais célestes, des canapés faits de substances précieuses, recouverts de couches superposées de couettes, de couvertures et d'étoffes tissées par les dieux. Tout cela apparaît lorsqu'on l'invoque simplement par la pensée. Ce que l'on désire se manifeste dès que l'on y pense : bijoux, vêtements et tout ce qui répond aux cinq qualités souhaitables des sens, sans que personne n'en revendique la propriété. Tout ce que l'on peut désirer en matière d'offrandes et d'objets rituels apparaît par la pensée.

La totalité des êtres vivant dans cette Terre pure discutent de l'inégalable Dharma car ils sont tous des bodhisattvas. À chacun d'entre eux, de nombreuses déesses émanées font des offrandes variées. Dans les chants mélodieux de toutes sortes d'oiseaux, dans le murmure du vent à travers les arbres, dans l'écoulement des rivières et ainsi de suite, on entend le son des Trois Joyaux, des dix Terres des bodhisattvas et des Six Transcendances. Mais lorsqu'on entre dans la totale absorption méditative, ces sons ne se manifestent pas.

Au centre de la Terre pure se trouve l'arbre de l'éveil, appelé Lotus Précieux Illuminant Tout, qui s'élève à cinq mille kilomètres de haut. Les branches et les rameaux couvrent une distance de deux mille cinq cents kilomètres et les feuilles, les fleurs et les fruits se déploient continuellement. L'arbre est entièrement couvert et orné de toutes sortes de joyaux et de fils d'or suspendus. Il y a de longs colliers, des glands ornés de bijoux, des chaînes décoratives de cristaux, de perles rouges et bleues etc., des treillis et des pendentifs d'une myriade de gemmes, drapés de festons de clochettes.

Qui voit cet arbre de l'éveil, entend le bruit du vent dans ses branches, sent le parfum de ses fleurs, goûte la saveur de ses fruits, est touché par sa lumière ou fait l'une de ces expériences, est libéré de toute maladie et après avoir vu et contemplé cet arbre, ne sera plus distrait jusqu'à ce qu'il atteigne l'éveil.

Devant l'arbre se trouve le trône imposant de son seigneur, fait de précieux matériaux, orné de joyaux et élevé par huit paons. Sur le trône, assis sur des coussins de soleil et de lune, se trouve le Bhagavan, l'Ainsi-allé, l'arhat, le bouddha parfait en tous points, le protecteur Amitabha, sans défaut et absolument pur. Son corps est rouge, comme une grande montagne de corail baignée par la lumière de dix millions de soleils. Il a un visage, deux mains et demeure dans l'équilibre méditatif. Tenant dans ses mains un bol à aumônes rempli de nectar de sagesse, il porte les trois robes du Dharma. Ses jambes sont en position de lotus complet. Il est orné des trente-deux excellentes marques majeures et des quatre-vingts excellentes marques mineures. De la lumière émane de lui et ses rayons envahissent d'innombrables Terres pures. Tous ceux qui sont touchés par cette lumière se sentent physiquement heureux et mentalement pleins de joie. Ces rayons de lumière illimitée confèrent la félicité suprême.

À sa droite est assis le noble seigneur Avalokiteshvara, l'incarnation même de la compassion de tous les Victorieux. Son corps est blanc, comme une grande montagne enneigée baignée par la lumière de dix millions de soleils. Sous l'aspect du Sambhogakaya, il est orné de soieries et de joyaux divers, en position debout, sa main droite dans le geste de protection. Sa main gauche forme le geste symbolisant les Trois Joyaux et tient la tige d'une fleur de lotus blanc au centre de sa poitrine, les pétales au niveau de son cœur.

À gauche se trouve le fils des Victorieux Vajrapani, l'incarnation même de la puissance et de la force de tous les bouddhas, celui qui a atteint la grande puissance. Sous l'aspect du Sambhogakaya, il est semblable à une montagne de lapis-lazuli. Il se tient en posture debout, la main droite dans le geste de protection et la main gauche tenant l'étamine d'un lotus bleu, symbolisant le signe de la puissance indestructible.

Des lumières et des rayons émanent du corps des deux bodhisattvas. Les trois figures principales sont lumineuses comme le soleil et la lune parmi les étoiles, et immenses comme la reine des montagnes entourée de collines. La présence écrasante de leurs excellentes marques majeures et mineures est rayonnante et les sons éloquents de leurs enseignements du Dharma sont parfaitement distincts. Une suite illimitée de moines bodhisattvas portant les trois robes du Dharma les environne complètement dans la sérénité de l'esprit de sagesse éveillée des bouddhas.

Gardons cette complète visualisation à l'esprit. De cette manière, les membres de l'assemblée nous font face, ainsi qu'à tous les êtres, le visage rayonnant de joie, le regard souriant. Ils nous considèrent avec leur compassion. Pensons à eux avec nostalgie ; ce sont les grands guides qui nous dirigent. À tout moment, que ce soit en marchant, en nous asseyant, en dormant ou en mangeant, ne les oublions pas. Il est enseigné que c'est la principale pratique qui nous permettra de renaître dans la bienheureuse Terre pure de Sukhavati.

La deuxième cause d'une renaissance à Sukhavati est, en général, de nous efforcer de créer de nombreuses racines de bien illimitées à travers nos trois portes. De manière plus particulière, nous devons faire la « pratique en sept branches » pour réunir les accumulations.

La première branche est celle des prosternations : sur le plan physique, joignons nos paumes au niveau de notre cœur et prosternons-nous avec dévotion. Sur le plan de la parole, récitons des prières avec dévotion. Sur le plan de l'esprit, cultivons la foi et la dévotion avec la révérence du cœur. Prosternons-nous face à l'ouest.

La deuxième branche est celle des offrandes : faisons des offrandes réelles et imaginaires d'encens, d'eau, de lampes, de nourriture, etc. Offrons sans avarice tout ce que nous avons, offrons avec une intention pure. Émanons mentalement tout ce qui est désirable dans le monde des dieux et celui des humains, tout ce qui est bon et de grande valeur. Émanons cela de façon inépuisable, en offrant tout.

La troisième branche est celle de la confession : par le biais des quatre forces de réparation, confessons tous les actes négatifs et les chutes morales accumulées par nous-mêmes et par tous les autres êtres animés depuis des temps sans commencement. Confessons-nous avec nos trois portes (corps, parole et esprit) réunis.

La quatrième branche est celle de la réjouissance : réjouissons-nous de toutes les vertus qui ont été accumulées au cours des trois temps par tous les gens ordinaires et les êtres sublimes.

La cinquième branche est celle de la requête : prions pour que les Victorieux ainsi que leurs héritiers spirituels en nombre illimité demeurant dans les Terres pures des dix directions, tournent sans cesse la roue du Dharma, profond et vaste.

La sixième branche est celle de l'imploration : formulons des prières d'aspiration pour que les bouddhas, les bodhisattvas et les détenteurs des enseignements, tous les maîtres spirituels, où qu'ils soient, ne passent pas dans le nirvana mais vivent longtemps.

LA TROISIÈME CAUSE pour renaître dans la Terre pure de la félicité est de cultiver l'attitude de la suprême bodhicitta. Afin d'amener tous les êtres animés à la félicité éternelle, le stade de la bouddhéité, nous devons cultiver l'attitude du suprême esprit d'éveil, en aspiration et en application. Ces pratiques doivent être entreprises de manière appropriée.

LA QUATRIÈME CAUSE pour renaître à Sukhavati correspond à la septième branche car il s'agit de la dédicace. Dédions toutes les racines de bien afin qu'elles permettent de renaître dans la Terre pure de la félicité, en les dédiant de la même manière que le noble Manjushri, sans aucune conceptualisation. Prions de la manière suivante : « Puissé-je trancher tout l'imbroglio de l'attachement à cette vie pour moi-même et tous les êtres animés, et ensuite, après être mort, puissé-je renaître miraculeusement assis dans la position du lotus complet, au cœur d'une fleur de lotus, dans la Terre pure de la félicité. »

Formulons ces prières d'aspiration en pensant que dès que nous renaîtrons, notre corps sera parfaitement complet, orné des excellentes marques majeures et mineures. Nous contemplerons le visage du Bouddha et aurons la chance d'écouter le Dharma. Nous obtiendrons des pouvoirs miraculeux et ainsi, quelles que soient les substances d'offrande que nous désirerons, elles apparaîtront dans le creux de nos mains, simplement par la pensée, sans aucun effort. Par émanation, nous pourrons voyager dans d'autres Terres pures et cultiver la conduite océanique d'un bodhisattva.

Prions ainsi : « Un jour, que mon éveil soit prophétisé ; le moment, le lieu et mon nom quand j'aurai ainsi gagné le nirvana. À ce moment-là, que tous les êtres animés en nombre aussi illimité que le ciel qui ont été autant de mères pour moi depuis des temps immémoriaux, puissent eux aussi être libérés de l'océan de la souffrance dans lequel ils sont plongés. Puissé-je être en mesure de les conduire jusqu'à l'île de la libération et du plein éveil ! »

Avec cette prière d'aspiration et d'autres encore, cultivons les quatre causes pour renaître dans la Terre pure de la félicité. Alors, après notre mort, nous renaîtrons dans celle-ci, comme le Bouddha l'a enseigné, non pas une seule fois mais à de nombreuses reprises dans les sutras et les tantras. Les Trois Joyaux ne trompent jamais, c'est pourquoi nous devons cultiver ces causes avec diligence !

Quinze
Le suprême refuge infaillible et permanent

Le fondement de toutes les voies bouddhistes, grandes ou petites, le chemin d'accès au saint Dharma et la base de tous les vœux est l'action cruciale consistant à prendre refuge dans les Trois Joyaux. La raison pour laquelle nous devons nous réfugier en eux est notre crainte de la souffrance du samsara. En dehors d'eux, il n'y a rien qui puisse nous en protéger. C'est pourquoi nous devons nous réfugier dans les Trois Joyaux.

Prenons refuge dans les Trois Joyaux avec crainte, avec foi et avec une intention animée par une grande compassion pour tous les êtres. Que devons-nous craindre ? L'objet de notre crainte est la souffrance endémique et illimitée de la ronde des existences, dont la racine est la naissance et la mort. Les causes de cette souffrance sont les actes souillés et les facteurs afflictifs de l'esprit, que nous devons considérer comme nos ennemis. Si nous méditons uniquement sur la vacuité, sans compassion, nous ne ferons pas l'expérience des qualités illimitées de l'éveil. Par conséquent, nous devons considérer la paix unilatérale du nirvana comme une crevasse cachée. Pour l'instant, tous les schémas inappropriés des pensées discursives qui s'opposent à la voie menant à l'éveil doivent être considérés comme du poison.

Nous avons peur des conflits, des accidents et de la maladie. Pour nous protéger de ces peurs, nous nous réfugions dans les Trois Joyaux. Nous devons en être certains dès le début. Grâce à la puissance de la base suprême, le simple fait de réciter les mots de la prière de refuge sans en connaître les raisons deviendra finalement la cause permettant d'accéder un jour à la libération. Cependant, bien que cela soit vrai, ce n'est pas une façon authentique de prendre refuge qui permettra de développer la connaissance et la sagesse de la voie ; nous devons donc comprendre les vraies raisons de prendre refuge.

Prendre refuge, c'est comme ouvrir la porte d'accès aux enseignements sacrés du bouddhisme. La porte du refuge est ouverte par la foi, laquelle est classée en trois catégories. Comme je l'ai déjà mentionné, lorsque nous voyons des représentations du Corps, du Verbe et de l'Esprit des bouddhas, ainsi que le lama ou le maître spirituel, ou lorsque nous entendons les récits de vie exemplaires de saints maîtres, nous éprouvons un sentiment d'admiration et notre foi grandit. Il s'agit d'une foi fondée sur l'admiration.

En apprenant les qualités éveillées des Trois Joyaux, nous développons le désir sincère qu'elles émergent dans notre courant de conscience et dans celui d'autrui. C'est ce qu'on appelle la foi désireuse. Parce que seul le refuge dans les Trois Joyaux et aucun autre peut nous protéger de la souffrance du samsara, nous nous réfugions dans les infaillibles Trois Joyaux pour toujours, ce qui correspond à une foi basée sur la conviction. Ainsi, par la porte d'une foi et d'une dévotion extraordinaires, nous devons d'abord prendre refuge avec une sincère conviction, en affirmant : « Vous connaissez mieux que quiconque ma situation ! » Nous ne nous tournons pas vers quelqu'un ou quelque chose d'autre.

Le Bouddha a enseigné dans les sutras :

> *Ceux qui n'ont pas la foi*
> *Ne pratiquent pas la vertu,*
> *De même qu'une graine brûlée*
> *Ne donne pas de pousse verte.*

Les Trois Joyaux portent une compassion et des bénédictions inconcevables. Cependant, permettre à ces bénédictions de pénétrer notre courant de conscience dépend uniquement de la foi et de la dévotion.

L'essence du refuge est un engagement : nous promettons de prendre pour maître le Bouddha pleinement éveillé et doté des trois qualités que sont la sagesse, la compassion et la capacité spirituelle. Nous faisons le vœu de suivre ce maître et aucun autre. C'est le refuge causal. Nous promettons de considérer ce maître comme l'incarnation du but que nous atteindrons nous-mêmes en fin de compte et nous faisons le vœu de nous efforcer d'atteindre ce but et aucun autre. C'est le refuge résultant.

En conséquence, nous promettons de prendre le saint Dharma du Bouddha (dans ses aspects de transmission et de réalisation) et les membres de la sublime communauté spirituelle, le Sangha, comme la voie et nos compagnons, et de ne pas nous fier à d'autres voies ou compagnons. Ce vœu est le refuge causal. Nous promettons de considérer ces deux éléments comme les objectifs que nous atteindrons en fin de compte dans notre courant de conscience. Ayant nous-mêmes assimilé le saint Dharma de la réalisation, la cause correspondante est de faire tourner la roue du Dharma de l'enseignement scriptural pour les autres et de les guider vers l'assemblée des êtres sublimes, afin que la continuité de l'héritage des Trois Joyaux ne soit pas rompue. Ce vœu est le refuge résultant.

Les trois subdivisions du refuge sont les suivantes : les êtres de capacité limitée prennent refuge à travers le renoncement en comprenant que la vie humaine difficile à trouver avec ses libertés ne dure pas très longtemps, à travers la crainte des funestes destinées et dans le but d'obtenir une renaissance dans un état supérieur d'existence.

Où que nous naissions dans le samsara, nous sommes liés par les causes de la souffrance. Par conséquent, prendre refuge pour accéder à la paix et au bonheur personnels correspond à la voie des êtres de capacité intermédiaire.

Prendre refuge avec la grande compassion et le sublime esprit d'éveil comme motivation pour que tous les êtres animés atteignent l'éveil est la manière de faire des êtres de grande capacité.

Les manières de prendre refuge sont les suivantes : la tradition de l'approche spirituelle limitée et commune, le Hinayana, considère le Bouddha comme le maître, ses enseignements comme la voie et la communauté spirituelle comme les compagnons sur le chemin de la pratique. Les pratiquants du Hinayana se réfugient dans le Bouddha qui manifeste la réalisation, ainsi que dans le Dharma qui demeure dans le courant de conscience des êtres sublimes.

Dans la tradition générale des extraordinaires tantras extérieurs et intérieurs, la prise de refuge se fait en offrant son corps, sa parole et son esprit au lama, en s'appuyant sur la déité personnelle, le yidam, et en prenant la dakini comme amie.

Dans la tradition de la Grande Perfection, les canaux subtils sont considérés comme la base du Corps d'émanation ou Nirmanakaya, le souffle subtil est purifié comme Corps de jouissance ou Sambhogakaya et les gouttes quintessentielles sont parachevées comme Corps absolu ou Dharmakaya. Cette méthode permet de prendre refuge dans la voie rapide. Nous méditons en tant qu'être de samaya sur les canaux, souffles et gouttes grossiers constituant la cause. Nous méditons en tant qu'être de sagesse sur les canaux, souffles et gouttes subtils. Sur la base de ces objets de refuge, la pureté devient manifeste et l'éveil est atteint.

Le refuge vajra de l'état naturel est celui qui demeure dans le courant de conscience éveillé des objets de refuge, la sagesse dotée de la double omniscience ou, en d'autres termes, l'indivisibilité des trois que sont l'essence vide, la nature claire et la compassion omniprésente. La façon de réaliser cela dans notre courant de conscience est de prendre refuge. Nous devons donc nous familiariser avec l'intention et la pratique appropriées, puis prendre refuge.

Pour cela, la manière de visualiser le champ d'accumulation est la suivante : contrairement à l'endroit où nous nous trouvons en ce moment, où la terre, les pierres, les collines, les maisons, etc., sont tous impurs, le monde pur est d'une dimension illimitée, formé d'une myriade de substances précieuses et magnifiquement agencé de façon naturelle. Le sol précieux est aussi lisse qu'un miroir et au centre, un peu en face de nous, se trouve le tronc de l'arbre à cinq branches exauçant les souhaits.

Il porte des feuilles luxuriantes, des fleurs épanouies et d'innombrables grappes de fruits mûrs. À l'est, au sud, à l'ouest et au nord, le ciel est quadrillé de feuilles et de branches décorées de magnifiques ornements et de clochettes aux innombrables joyaux.

La branche centrale de cet arbre est légèrement plus haute que les autres et là, sur un trône précieux soutenu par huit grands lions, sur un empilement de coussins de lotus, de soleil et de lune siège la quintessence de tous les bouddhas du passé, du présent et du futur, l'incomparable trésor de compassion, le Vajra Né-du-lac d'Oddiyana, Padmasambhava, inséparable de notre glorieux maître-racine. Son teint est blanc, teinté de rouge et il est assis dans la position du lotus complet. Dans sa main droite, il tient un vajra d'or avec un geste menaçant. Sa main gauche repose sur ses genoux, tenant une coupe crânienne remplie du nectar de sagesse d'immortalité et un vase de corail orné sur son pourtour d'une branche de l'arbre exauçant les souhaits.

Sur son corps, il porte, l'une sur l'autre, de l'intérieur vers l'extérieur, une secrète robe vajra blanche, une robe tantrique bleue, une robe monastique rouge et une cape de brocart bordeaux. Sur sa tête, il porte la coiffe de lotus dont la vue libère. Faite de cinq sortes de soie, elle est surmontée d'un vajra et d'une belle plume de vautour. Sur ses genoux, symbolisant l'union de la grande félicité immuable et de la vacuité possédant tous les suprêmes aspects, se trouve sa compagne, la dakini Yeshe Tsogyal. De teint blanc, elle tient un couteau courbe et une calotte crânienne.

Au-dessus de la tête de Padmasambhava se trouvent les maîtres de la lignée de la Grande Perfection : le Dharmakaya Samantabhadra, le Sambhogakaya Vajrasattva, le Nirmanakaya Garap Dorje, le maître Manjushrimitra, le guru Shri Singha, l'érudit Jnanasutra, le grand pandita Vimalamitra, Orgyen Padmasambhava, le roi du Dharma Trisong Detsen, le grand traducteur Bairotsana et la dakini Yeshe Tsogyal. Ces trois derniers sont connus comme le roi, le sujet et l'amie ou les trois disciples de cœur. Ensuite, Longchen Rabjam, le vidyadhara Jigme Lingpa, Jigme Gyalwe Nyugu, Mingyur Namkha Dorje, le grand Khenpo Pema Bendza, Orgyen Tenzin Norbu, Shenpen Chökyi Nangwa et Jigme Yönten Gonpo, tous dotés de leurs propres ornements et tenues vestimentaires. Imaginons-les assis l'un au-dessus de l'autre, le siège du personnage au-dessus touchant presque la tête de celui d'en-dessous.

Sur la branche principale de l'arbre se trouve le victorieux Bhagavan Shakyamuni, entouré des mille deux bouddhas de cet heureux éon et de l'infinité des Victorieux de tous les temps et de toutes les directions. Sur la branche droite se trouvent les héritiers spirituels des Victorieux, les seigneurs des Trois Familles que sont les bodhisattvas Avalokiteshvara,

Manjushri et Vajrapani, chefs des huit bodhisattvas principaux, entourés du noble sangha des bodhisattvas.

Sur la branche gauche se trouvent les deux suprêmes shravakas, Shariputra et Maudgalyayana, entourés du sangha des nobles shravakas et pratyekabuddhas. Sur la branche la plus arrière, entourée d'un entrelacs d'arcs-en-ciel et de lumières, se trouve le précieux joyau du saint Dharma sous la forme de textes sacrés, avec les six millions quatre cent mille strophes des tantras de la Grande Perfection au sommet.

Sur les feuilles et les branches environnantes, sous les quatre branches principales de l'arbre exauçant les souhaits, se trouvent les glorieux protecteurs et gardiens du Dharma, manifestés par la sagesse ou le karma. Tous les protecteurs masculins sont tournés vers l'extérieur pour empêcher les obstructions extérieures d'entrer. Toutes les protectrices sont tournées vers l'intérieur pour empêcher les accomplissements de s'échapper.

Les formes de toutes les déités assemblées dans le champ du refuge flamboient d'une lumière éclatante. Elles nous font face, à nous et à tous les êtres, avec des visages joyeux et des yeux souriants. Leur esprit empreint de sagesse, de compassion et de pouvoir spirituel, elles nous considèrent avec amour et bienveillance. Grâce à leurs paroles et à leurs voix semblables à celles de Brahma, elles soulagent les souffrances des funestes destinées.

Considérons que notre père en cette vie est à notre droite et notre mère à notre gauche. Devant nous se trouve notre ennemi détesté et tous ceux qui nous ont fait du mal ou qui ont créé des obstacles sur notre chemin. Derrière nous, il y a ceux envers qui nous avons des dettes karmiques. Une vaste foule de tous les six types d'êtres animés sous forme humaine, rassemblés comme d'infinies particules de poussière, couvre l'ensemble de la vaste zone environnante.

D'une voix pleine de dévotion, commençons à réciter les versets du refuge et, ce faisant, toute la foule se joint à la récitation d'une voix retentissante. Avec une dévotion exprimée physiquement, joignons nos paumes de mains. Avec la dévotion du cœur, pensons comme suit avec un désir ardent : « À partir de cet instant et jusqu'à ce qu'ils atteignent le cœur de l'éveil, tous les êtres animés qui sont autant de mères pour moi n'ont d'autre espoir ou refuge que vous. Assemblée des déités des Trois Racines, pensez à nous ! »

Récitons régulièrement la prière de refuge de notre tradition de l'« Essence du Cœur ». Lorsque nous accumulons un certain nombre de récitations de refuge, faisons-les sous forme de sessions de pratique. Au minimum, nous devons assurément accumuler cent mille récitations de la prière de refuge.

Lorsqu'il est temps de mettre fin à une session de pratique, ressentons à nouveau une foi et une dévotion immenses. L'assemblée des déités du champ de refuge diffusent de leur corps des rayons de lumière illimitée.

Dès que ces rayons lumineux touchent notre corps et celui de tous les autres êtres animés, chacun se dissout soudainement dans les déités assemblées. Les membres du champ de refuge fusionnent également progressivement de l'extérieur vers le centre et se dissolvent dans notre lama et le Grand Maître d'Oddiyana pour être indissociables d'eux. Notre lama fond alors en lumière et disparaît dans celle-ci. Reposons-nous un instant dans l'équilibre méditatif non conceptuel. Lorsque nous sortons de la méditation, dédions ces mérites au bien des êtres animés. À tout moment, dans un état de non-séparation de la conscience attentive, familiarisons notre esprit avec l'assemblée des déités du refuge.

En marchant, visualisons le champ de refuge dans le ciel au-dessus de notre épaule droite, comme point focal pour la circumambulation. En position assise, comme support de prière, visualisons le champ du refuge dans le ciel au-dessus de notre tête. En dormant, afin de reconnaître le fourvoiement dans l'illusion des rêves comme étant luminosité, méditons sur le champ de refuge au centre de notre cœur. De cette façon, au sein de toute action, y compris en marchant, nous asseyant, mangeant et dormant, maintenons un état inséparable de la présence vivante des déités du refuge. Grâce à cela, avec une foi convaincue dans les Trois Joyaux, concentrons notre esprit, notre cœur et notre parole et efforçons-nous de réciter la prière du refuge.

Cependant, il ne suffit pas de prendre refuge, nous devons mettre en pratique les préceptes liés au refuge. Le premier d'entre eux consiste en trois choses à abandonner :

1. Après avoir trouvé refuge dans le Bouddha, ne cherchons pas refuge dans les dieux de ce monde
2. Après avoir trouvé refuge dans le Dharma, ne nuisons à aucun être animé
3. Après avoir trouvé refuge dans le Sangha, ne nous associons pas à des maîtres tenants d'une vue non-bouddhiste ou à des personnes de ce genre.

En outre, les trois préceptes à suivre sont les suivants :

1. Après avoir trouvé refuge dans le Bouddha, considérons les représentations de la forme des Bienheureux comme de véritables bouddhas et vénérons-les par des prosternations et des offrandes
2. Après avoir trouvé refuge dans le Dharma, considérons les représentations de ce précieux joyau sous la forme d'écritures et de

lettres comme le véritable précieux Joyau du Dharma, et faisons des prosternations et des offrandes comme précédemment

3. Après avoir trouvé refuge dans le Sangha, considérons les représentations du précieux Joyau du Sangha – les moines et les nonnes ordonnés – comme le Sangha lui-même, vénérons-les et respectons-les.

Les trois préceptes supplémentaires sont :

1. Faire continuellement des offrandes aux Trois Joyaux
2. Réciter toujours la prière de refuge
3. Après avoir été accepté par un maître spirituel, s'engager dans la pratique du Dharma et adopter une conduite conforme à celui-ci.

Les avantages d'un tel refuge et du respect des préceptes de l'entraînement sont illimités. En bref, lorsque nous rejoignons la famille bouddhiste, nous nous plaçons sous le refuge protecteur des Trois Joyaux, ce qui a pour effet de pacifier toutes les maladies, les souffrances et les nuisances causées par les humains et les non-humains. Nos obscurcissements karmiques antérieurs sont purifiés. Dans toutes nos vies successives, nous ne serons pas séparés de la présence des êtres précieux et, en fin de compte, nous atteindrons le stade de l'éveil. Tels sont certains des avantages du refuge mais il y en a bien d'autres encore.

Il existe une grande différence entre les pratiquants bouddhistes qui ont pris les Trois Joyaux comme source de refuge et accepté les quatre sceaux de la vue qui définissent la doctrine du Bouddha et ceux qui ne suivent pas de religion ou qui suivent des religions non-bouddhistes. Il existe des différences en termes de confort et de bonheur physique et mental, de bénéfices et de risques temporaires et ultimes.

Lorsque nous voyageons, en tant que bouddhiste, nous ne devons pas rester assis repliés sur nous-mêmes, la bouche fermée, ni ouvrir la porte de la parole et laisser libre cours à toutes sortes de ragots, créant ainsi des causes de bagarres, de querelles, de désaccords et d'hostilité réciproque. Nous ne devons pas avoir de mauvaises pensées, ni nous disperser dans un état d'esprit indéterminé, insensible ou malheureux. Nous devons voyager gaiement, l'esprit plein de joie, chanter, réciter des mantras et des prières avec foi et confiance en soi, formuler des prières et des aspirations pour atteindre le but de notre voyage.

Lorsque le moment est venu de faire quelque chose, nous devons adhérer à la loi de cause à effet et faire preuve de discrimination pour décider ce que nous devons cultiver et ce que nous devons éviter. Même si nous n'obtenons pas immédiatement un grand succès, nous ne devons pas sauter inconsidérément dans le gouffre dangereux de l'ignorance de la loi karmique.

Lorsque nous mangeons, nous devons offrir la portion de premier choix aux Trois Joyaux et accumuler ainsi des mérites. Lorsque nous dormons, nous devons méditer dans notre cœur sur le lama qui est, en essence, l'union des Trois Joyaux, afin de ne jamais être séparés des bénédictions.

Durant l'enfance, nous devons aiguiser notre intelligence en récitant des dharanis et des mantras de sagesse pour développer l'intelligence. En grandissant, il nous faut suivre la conduite du Dharma, afin de trouver la voie suprêmement noble. À l'âge adulte, la loi de cause à effet ne doit jamais être transgressée, afin que nous soyons heureux et que les autres le soient aussi. Lorsque nous sommes âgés, nous sommes préparés à l'avenir, de sorte que nous nous sentons à l'aise, tant physiquement que mentalement. Même si la mort survient maintenant, un bouddhiste sait déjà ce qui l'attend et n'a donc aucune crainte. Lorsque nous mourons, le Dharma que nous avons pratiqué viendra nous accueillir et nos actes positifs suivront derrière pour nous soutenir. Nous trouverons ainsi l'entrée du chemin de la libération.

Le saint Dharma modère continuellement les excès et nous protège des problèmes liés à la satiété. Dans les moments de misère, le Dharma est un ami réconfortant. Il n'y a pas de meilleur espoir que les Trois Joyaux car, quoi qu'il arrive, nous intégrons notre peine ou notre joie à la voie. Dès lors, si nous gagnons quelque chose, nous ne sommes pas gonflés d'orgueil et si nous perdons un peu, nous ne sommes pas découragés.

En revanche, si nous n'acceptons pas la loi de causalité, nous ne comprenons pas que nous devons assumer la responsabilité de l'effet pleinement mûr de tout acte négatif que nous commettons. Si nous ne comprenons pas cela, nous ne nous sentons pas concernés par le fait que nous profitons de situations aux dépens d'autrui. De même, si deux personnes ayant des intérêts égoïstes similaires se rencontrent, elles utilisent des stratagèmes astucieux pour trouver de nouvelles façons de profiter l'une de l'autre. Parce qu'elles considèrent qu'il n'y a pas de vie future, elles ne s'accrochent qu'aux apparences de cette vie. Trompées, elles s'épuisent à courir après des récompenses éphémères. Leur vie s'achève et elles se retrouvent les mains vides au seuil de la mort.

Dans l'enfance, on n'apprend pas à ces personnes qu'il est mal de tuer. Elles fréquentent de mauvais amis dans leur jeunesse. À l'âge adulte, leur motivation négative et égoïste entraîne leur ruine et celle des autres. Dans leur vieillesse, n'ayant rien pour occuper leur temps, elles jouent, boivent et fument, commettant d'innombrables actes non vertueux dans l'attente de la mort. Enfin, après être placées dans un cercueil sans soudure... je ne parlerai pas ici du genre de sentiments qu'elles endureront.

En ce moment, lorsque nous avons soif, nous pouvons avaler une boisson rafraîchissante. Lorsque nous avons faim, nous mangeons ce que nous voulons. Lorsqu'il fait froid, nous portons des vêtements chauds et lorsqu'il fait chaud, nous trouvons des moyens de rester au frais. De même, lorsque nous sommes malades, nous prenons des médicaments, lorsque nous nous sentons raides, nous nous faisons masser. Literie et canapés, appartements en gratte-ciel, véhicules pour nous déplacer, et ainsi de suite : nous obtenons tout ce dont nous avons besoin pour cette courte vie humaine.

De même, certains scientifiques, experts dans leur domaine, exercent une grande influence. Les rois et les hommes politiques ont le pouvoir de régner sur des pays entiers. Certains possèdent même des armes capables de détruire des villes entières. Pourtant, à part la réservation d'un cercueil scellé, ces personnes n'ont rien fait pour se préparer à la mort. Quelle stupidité !

En ce moment, alors que nous sommes vivants, que nous avons une maison, une famille et des amis, des richesses et des biens, il vaut certainement mieux réciter le mantra du Mani ne serait-ce qu'une seule fois que d'avoir une montagne d'or pesant plusieurs centaines de milliers d'onces car, le moment venu, nous irons nus et les mains vides dans l'état intermédiaire de la mort.

Atteints par la maladie, notre chair et notre sang se dessèchent. Notre nez coule et nous bavons. Les médicaments et la nourriture n'apportent plus d'espoir. L'urine et le vomi souillent nos corps. Nos bouches restent ouvertes et nous serrons les dents. Le mouvement de notre respiration s'arrête. À ce moment-là, de toutes nos possessions et richesses, nous ne pouvons même pas emporter une seule aiguille et un seul fil. De plus, l'agrégat de chair et de sang que représente ce corps, ce que nous appelons « moi » et que nous percevons comme étant nous-mêmes, est également laissé derrière nous et nous devons partir. Nous nous sentons profondément insatisfaits à cause de notre attachement. À ce stade, nos richesses et nos possessions, objets de notre attachement, ne nous sont d'aucune aide et, sous l'influence de notre attachement, elles nous font du tort.

Tous les biens et toutes les richesses que nous avons accumulés en luttant toute notre vie, que nous avons acquis par toutes sortes de mauvaises actions et de souffrances, de propos malveillants, de méthodes sournoises et ainsi de suite, nous n'avons pas le temps d'en profiter nous-même. Tous nos biens seront partagés entre d'autres et nous serons alors remplis de regrets mais cela ne servira à rien. Au moment de la mort, rien, hormis le saint Dharma, ne pourra nous servir de refuge. Un seul mot des enseignements sacrés est plus exalté que tous les biens existant dans l'univers. Mais parce que nous ne comprenons pas la véritable valeur du

Dharma jusqu'au moment de mourir, nous sommes confus et désemparés.

Les Trois Joyaux sont nos saints protecteurs, notre refuge et notre soutien ; ils offrent une protection continue à chacun, de manière impartiale.

Lorsque nous offrons des cadeaux et des pots-de-vin à ceux qui détiennent le pouvoir, ces personnes nous aident mais lorsque nos richesses s'épuisent, elles nous méprisent et, au pire, nous jettent en prison comme des criminels. Lorsque nous sommes riches, tous nos amis et parents se pressent autour de nous. Si nous devenons pauvres, c'est le contraire qui se produit : nos amis nous évitent et nous recevons rarement de la visite. Quand nous sommes jeunes, tout le monde est très attentif, mais ce n'est plus le cas quand nous sommes vieux. Quelques jours après notre mort, on évitera même de prononcer notre nom. Les gens n'oseront pas entrer dans la maison où nous avons vécu, pensant qu'il pourrait y avoir un fantôme.

De notre vivant, prions les Trois Joyaux et nous bénéficierons d'une protection contre les huit types de peur. Lorsque nous mourrons, il y aura un refuge fiable ; nous n'aurons pas besoin de subir les souffrances des funestes destinées. Ainsi, au cours de notre existence actuelle, notre esprit est heureux et notre cœur joyeux, ce qui apporte le bien-être physique et, par conséquent, une longue vie. Si les choses vont bien, faisons confiance à la compassion des Trois Joyaux et aux bénédictions du lama, et la foi et la dévotion s'épanouiront amplement. Si les choses vont mal, comprenons que le karma négatif accumulé dans les vies antérieures est en train de s'épuiser, de sorte que les circonstances difficiles deviennent nos aimables compagnons. À tout moment, formulons des prières d'aspiration :

> Quel que soit le bonheur que j'éprouve, que tous les êtres animés en jouissent également.
> Quelles que soient mes souffrances, qu'elles ne frappent pas d'autres êtres animés.

Avec la protection du bon cœur, non seulement nous serons heureux dans cette vie et dans les vies futures, mais tous ceux qui entrent en contact avec une personne au bon cœur connaîtront également le bonheur. Par exemple, au sein d'un foyer, l'exemple est donné par le comportement et l'attitude des adultes car c'est ainsi que les jeunes membres de la famille apprennent. Si les aînés enseignent une mauvaise attitude et un comportement grossier, le caractère des jeunes sera également contaminé par ces traits et ils seront toujours négatifs et agressifs. Les voisins et les compagnons de ces personnes seront toujours malheureux.

De même, si le président ou le roi d'un pays est bienveillant, les lois et les statuts du pays qu'il administre seront naturellement bénéfiques et propices au bonheur de toute la population. Non seulement tout le monde sera satisfait et se sentira à l'aise physiquement et mentalement mais les autres voudront naturellement s'engager et commercer avec ce pays. Au contraire, si quelqu'un est de nature violente, tout le monde voudra lui échapper et il rendra malheureux tous ceux qui l'entourent.

Les bouddhistes méditent en partant du principe qu'en inspirant, nous prenons sur nous la souffrance de tous les êtres animés et qu'en expirant, nous donnons tout notre bonheur à chacun d'entre eux. Les méditants font également des prières d'aspiration pour que quiconque les voit, entend leur voix, pense à eux ou les touche soit libéré, de sorte qu'aucune personne ayant un lien avec eux ne s'égare sur un chemin erroné. Nous devrions tous pratiquer ce mode de vie.

Seize
Le caractère précieux du merveilleux esprit d'éveil

Après nous être détournés d'une voie trompeuse, sur la base du refuge que nous avons trouvé auprès des Trois Joyaux infaillibles, nous devons tourner le dos à la modeste voie de pratique et nous entraîner à éveiller l'esprit qui aspire à l'éveil suprême.

Tout d'abord, nous devons entraîner notre esprit aux Quatre Immensurables en méditant sur la compassion, l'amour, la joie empathique et l'équanimité.

1. L'IMMENSURABLE ÉQUANIMITÉ

Pour que la compassion et les trois autres Immensurables ne deviennent pas partiales ou biaisées, nous devons d'abord méditer sur l'immensurable équanimité, en prenant l'exemple d'un sage qui invite des convives à un banquet. Lorsqu'un sage invite des convives à un festin, il ne fait aucune distinction entre les invités de haut ou de bas statut, puissants ou faibles, bons ou mauvais, exceptionnels ou médiocres. Nous devons méditer jusqu'à ce que nous adoptions la même attitude.

Ayant subi l'influence fourvoyante de l'ignorance depuis des temps sans commencement jusqu'à aujourd'hui, nous tombons dans la partialité et les préjugés. À cause de cela, nous haïssons nos ennemis et nous sommes attachés à nos proches, ce qui nous amène à accumuler toutes sortes de karmas négatifs chargés des trois poisons. C'est pour cette raison que nous errons dans cette vaste prison sans bornes de la souffrance.

Si nous analysons bien les choses, il n'y a en fait rien qui définit irrévocablement quelqu'un comme un ennemi ou un rival. Notre enfant dans une vie antérieure devient un ennemi dans notre vie actuelle. Par le pouvoir de la rétribution karmique, dans de nombreux cas, notre ennemi actuel deviendra notre enfant dans notre prochaine vie. Même dans l'espace de cette vie, quelqu'un qui était autrefois antagoniste envers nous deviendra plus tard notre ami et nous ne pouvons pas être certains que quelqu'un qui est maintenant notre ami ne deviendra pas notre adversaire dans le futur.

De tous les êtres animés sous le soleil, il n'y en a pas un qui n'ait été notre parent. Hormis le fait qu'après avoir été séparés par la mort, nous ne nous reconnaissons pas les uns les autres, nous devons toujours penser profondément aux fois où nous sommes nés en tant qu'enfant de ces êtres, et à la façon dont ils ont pris soin de nous avec le même amour que celui que nous porte notre mère dans cette vie présente. Par conséquent, méditons d'abord sur toute personne envers laquelle nous nourrissons beaucoup de ressentiment et de haine comme ayant été notre parent dans des vies antérieures, et méditons pour que nos sentiments à son égard deviennent neutres, ni positifs ni négatifs.

Ensuite, pensons à ceux envers qui nos sentiments sont neutres, au nombre incalculable d'êtres qui ont tous été nos parents dans des vies antérieures. Pensons à la bonté et à la sollicitude dont ils ont dû faire preuve à notre égard. Méditons sur eux jusqu'à ce que nous sentions qu'ils nous sont aussi chers que nos parents dans cette vie. Enfin, nous devons méditer jusqu'à ce que nous portions le même amour que celui ressenti pour nos parents dans cette vie à nos ennemis, nos amis et à tous les êtres envers qui nous n'éprouvions jusqu'alors aucun sentiment particulier.

2. L'IMMENSURABLE COMPASSION

Nous devons méditer sur l'immensurable compassion en prenant l'exemple d'une mère oiseau qui s'occupe de son oisillon. Lorsqu'une mère oiseau élève sa progéniture jusqu'à ce qu'elle ait réussi à voler, elle la garde au chaud sous son aile et lui donne de la nourriture avec son bec. C'est ainsi que nous devrions pratiquer la compassion envers tous les êtres animés, tant par nos actes et nos paroles que par notre esprit.

Ayant entraîné notre esprit à une équanimité sans limites, nous nous concentrons sur tous les êtres des trois mondes de manière égale, en tant qu'objets de grande compassion. Chacun de ces êtres désire le bonheur. Cependant, ils détruisent la cause du bonheur comme s'il s'agissait d'un ennemi et s'efforcent en réalité d'atteindre les causes de la souffrance. Ce qu'ils désirent et ce qu'ils font concrètement sont contradictoires. Pensons de la manière suivante : « Ne serait-ce pas merveilleux si tous les êtres pouvaient être heureux selon leurs propres désirs ! » Méditons jusqu'à ce que ce désir de bonheur des autres ne soit plus différent de notre propre désir de bonheur.

Dans un état d'esprit jamais séparé de cette compassion incessante, nous nous assurons, au moyen d'une attitude douce et agréable, que nos actes physiques compatissants ne nuisent pas aux autres mais leurs soient seulement bénéfiques. Avec nos actes verbaux compatissants, nous ne sommes pas méprisants, irrespectueux, sarcastiques ou quoi que ce soit de ce genre, mais nous parlons avec sincérité et gentillesse. Avec nos actes mentaux compatissants, nous ne nourrissons pas le désir d'obtenir quoi que ce soit pour nous-mêmes de la part des autres ou de prétendre être quelqu'un que nous ne sommes pas, mais nous maintenons sincèrement un bon cœur, souhaitant aider tout le monde. Nous formulons également des prières d'aspiration et des promesses spécifiques pour être bénéfiques à autrui.

3. L'IMMENSURABLE AMOUR

Nous nous entraînons à ressentir l'immensurable amour en prenant l'exemple d'une mère handicapée à qui il manque les deux bras. L'enfant de cette mère est emporté par une rivière au fort courant. Si ce drame arrive, l'amour que cette mère ressent pour son enfant est si grand qu'elle préférerait être emportée elle-même, si cela pouvait sauver son enfant de la noyade. Cependant, n'ayant pas de bras, elle n'a aucun moyen de le sauver et ne sait pas quoi faire. Nous devons méditer régulièrement sur cet amour bienveillant et sans limites.

La cause extraordinaire pour atteindre le stade de l'éveil est le précieux et sublime esprit d'éveil ou bodhicitta, dont la racine est le vaste amour. Comme l'amour naît de causes, si nous voulons développer la bodhicitta dans notre courant de conscience, nous devons nous y habituer en concentrant entièrement notre pratique sur l'amour. Celui-ci se développe à son tour à partir d'une belle compassion pour tous les êtres animés, laquelle naît de la reconnaissance du fait que tous les êtres ont été nos mères et du souvenir de leur bonté. Par conséquent, nous pensons que tous les êtres ont été nos mères à un moment donné et qu'elles ont été extrêmement gentilles avec nous.

Pour ce faire, évoquons tout d'abord, de manière positive, l'apparence et la façon de parler de notre mère dans cette vie. Pensons de la manière suivante : « Maintenant, mon corps a grandi et mon esprit s'est développé. J'ai rencontré les enseignements du Bouddha et j'ai été accepté par un maître spirituel. Ces facteurs qui me permettent de pratiquer le Dharma ne sont pas le fruit de mon propre pouvoir, mais de la bonté de ma mère. Tout d'abord, ma mère bienveillante m'a porté dans son ventre et j'ai pris toute ma nourriture de son corps. Lorsque je suis né, j'étais faible et plutôt dégoûtant. Mon cou ne pouvait pas soutenir ma tête et mes jambes ne pouvaient pas soutenir mon corps. Elle m'a regardé avec des yeux pleins de compassion, m'a parlé avec douceur et m'a serré contre son corps chaud. Ne pensant qu'à moi, elle oubliait sa faim pendant la journée et son sommeil pendant la nuit. Elle s'occupait de moi avec un tel amour qu'elle préférait mourir plutôt que de me voir malade. Elle me nourrissait avec les aliments les plus nutritifs et m'habillait avec les vêtements les plus doux. À tout moment et dans toutes les situations, elle se souciait que je tombe malade ou que je meure. Le karma négatif qu'elle a accumulé rien que pour moi rend difficile sa libération des funestes destinées. Si toutes mes mères des vies antérieures n'étaient pas mortes et étaient encore en vie, elles penseraient toujours à moi et feraient des choses pour moi, confuses d'espoir et de peur, prises dans un filet de souffrance. À leur mort, il est inévitable que le karma négatif qu'elles ont accumulé pour moi formera la cause et que les conditions créeront la connexion pour une renaissance en enfer. Là, sur un sol de métal brûlant et dans des forêts d'armes, elles subiront la torture d'être tuées, découpées et mangées par de nombreux gardiens vicieux des enfers, des animaux sauvages, des oiseaux et des chiens créés par leur karma négatif. Par ailleurs, si elles ne naissent pas dans les enfers chauds, elles prendront peut-être naissance dans les enfers froids ou encore sous la forme d'un fantôme ou d'un animal affamé, etc. Que faire ? »

Pensons comme suit : « C'est terrible. Que cette souffrance et ses causes mûrissent sur moi ! » Restons longtemps en méditation dans cet état. Après avoir fait cela, pensons ainsi : « Quel est l'intérêt de méditer en se contentant de souhaits ? Cela ne sert à rien car je n'ai pas la capacité d'aider. Or, celui qui a la capacité de protéger contre les souffrances du samsara est le parfait Bouddha. Je dois donc atteindre le stade de la pleine réalisation afin de pouvoir être utile. »

Réfléchissons de la même manière à nos grands-parents, frères et sœurs, parents, etc. ainsi qu'à tous ceux envers qui nous n'avons pas de sentiments particuliers. Enfin, évoquons les naissances antérieures de nos ennemis haineux et des autres personnes pour lesquelles nous éprouvons de l'aversion. Procédons ensuite au même processus de méditation pour tous les êtres animés.

Nous pouvons aussi regarder un animal sur le point d'être abattu par un boucher ou imaginer la situation dans notre esprit. Soudain, le couteau aiguisé du boucher est pointé sur le cou de l'animal et le continuum de sa vie chérie est rompu. Méditons sur le fait que cet être animé, qui voit ce monde de ses yeux défaillants pour la dernière fois, n'est pas un animal, mais nous-mêmes. Que pouvons-nous faire ? Nous n'avons pas d'ailes pour nous envoler. Nous n'avons pas de griffes pour nous enfoncer dans le sol. Nous n'avons ni la force ni l'énergie pour nous défendre. Nous ne trouvons aucun endroit où nous réfugier ou nous cacher. Il n'y a personne pour nous protéger ou nous soutenir.

En ce moment, non seulement nous n'avons pas la fortune nécessaire pour rester avec notre père chéri, notre mère bienveillante, nos enfants bien-aimés, notre compagnon de toujours ou qui que ce soit d'autre, mais nous allons également être séparés du corps que nous avons chéri et protégé. Il est temps d'aller dans un lieu sans refuge ni protecteur : l'état intermédiaire qui suit la mort. En pensant ainsi, prenons à cœur les sentiments de souffrance, de terreur et de chagrin que nous pourrions éprouver et entraînons notre esprit.

Cela fait, méditons sur le fait que l'animal que l'on mène à l'abattoir est notre mère bienveillante dans cette vie. Notre mère aimante qui nous a donné naissance, nous a élevé avec compassion jusqu'à ce que nous soyons capables de prendre soin de nous. Elle nous a nourri de son doux lait maternel et n'a pensé qu'à nous. Aujourd'hui, notre gentille mère innocente est conduite à l'abattoir. Dans un instant, son souffle vital s'éteindra et l'instant d'après, son corps deviendra un cadavre et s'effondrera sur le sol mais elle nous regarde encore avec ses doux yeux... C'est insupportable ! Prenons sur nous toutes les souffrances de notre vieille mère, exactement comme nous les ressentons.

Avec un amour insupportable, alors que nous sommes presque en larmes, pensons ainsi : « La créature qui souffre d'être conduite à l'abattoir n'est pas ma mère dans cette vie mais elle a été mon parent dans une vie antérieure et à l'époque, elle s'est occupée de moi avec toute sa bonté, tout comme mes parents dans cette vie. Sous l'influence de l'ignorance, ils continuent à créer les causes de la souffrance et connaissent ce tourment, ainsi que de nombreux autres tourments insupportables ». Pensons à nos parents souffrants avec beaucoup d'amour.

Ensuite, par étapes, considérons tous ceux qui sont nés dans les enfers, ceux qui sont nés en tant qu'esprits avides et ainsi de suite, pour finalement inclure tous les êtres animés sous le soleil. Méditons avec un amour insoutenable en pensant : « Ne serait-ce pas merveilleux si tous les êtres étaient libérés des causes et des conditions de la souffrance ? »

4. L'IMMENSURABLE JOIE EMPATHIQUE

Nous devrions nous entraîner à l'immensurable joie empathique en prenant l'exemple d'une chamelle qui, après avoir perdu sa progéniture, la retrouve. On dit que la chamelle est une créature extrêmement aimante envers ses petits et lorsqu'elle retrouve sa progéniture après l'avoir perdue, elle n'en est que plus heureuse. De la même manière, nous ne devons jamais vivre sans l'immensurable joie empathique, en nous sentant nous-mêmes heureux si un être animé est heureux et à l'aise.

Réfléchissons et méditons joyeusement sur l'influence, le pouvoir, la richesse, le savoir, etc. que possèdent les personnes dont nous sommes proches : nos enfants, nos parents et nos amis. Lorsque ce sentiment grandit dans notre esprit, portons notre attention sur quelques personnes à l'égard desquelles nous avons des sentiments neutres. Pensons à leur longue vie, à leur large cercle d'amis, à l'abondance de leurs biens et à tout le respect et l'honneur que les autres leur témoignent, sans aucun sentiment de compétitivité ou de jalousie. Méditons sur le fait qu'il serait merveilleux que ces personnes deviennent encore plus prospères et ne soient jamais séparées du bonheur et du confort.

En faisant cela, nous évitons de développer l'attitude négative qui ne peut tolérer la richesse et la bonne fortune d'autrui. Cette attitude négative enflamme notre courant de conscience, brûlant nos qualités mentales positives et nous opposant à tous nos ennemis, en particulier ceux dont nous sommes jaloux. Méditons encore et encore pour nous sentir particulièrement heureux de tous les aspects positifs de la vie de nos ennemis, de tout ce qu'ils possèdent et qui leur apporte le bonheur, et reposons-nous enfin dans un état d'équilibre méditatif sans aucune focalisation conceptuelle.

Engendrer la bodhicitta

Après avoir médité sur les Quatre Immensurables, nous passons à la pratique principale qui consiste à engendrer la bodhicitta. Ce que nous appelons bodhicitta est la pratique qui consiste à atteindre le stade du plein éveil uniquement pour le bien des autres êtres animés, sans le moindre désir égoïste. Si nous subdivisons la bodhicitta en fonction de sa nature, il en existe deux types : la bodhicitta relative et la bodhicitta absolue.

Il existe également deux types de bodhicitta relative : la bodhicitta en aspiration et la bodhicitta en application. La bodhicitta en aspiration est le développement de l'esprit extraordinaire qui souhaite que tous les êtres animés atteignent l'éveil. La bodhicitta en application est l'engagement réel dans la pratique des Six Transcendances (générosité, etc.) afin d'établir tous les êtres au stade du plein éveil.

Maintenant, un débutant réalisera à un moment donné la vérité ultime par la force d'un entraînement intensif à ce type de bodhicitta relative. En d'autres termes, il verra la vraie nature de tous les phénomènes, ce qui correspond à la sagesse ultime. À ce moment-là, la bodhicitta absolue se développera dans son courant de conscience.

Il convient de pratiquer l'une ou l'autre des deux traditions de développement de la bodhicitta. Dans la tradition de la Vue profonde de la bodhicitta transmise par Arya Manjushri à Nagarjuna, le vœu de l'esprit d'éveil est tout d'abord prononcé lors d'un rituel au cours duquel il est conféré par un maître. De la même manière, pour que la bodhicitta que nous avons engendrée ne dégénère pas et se développe de plus en plus, nous devons reprendre ou réaffirmer ce vœu encore et encore, à tout moment. La façon d'y parvenir est de visualiser dans le ciel devant nous le développement du champ d'accumulation de la bodhicitta, de la même façon qu'on le visualise lorsqu'on prend refuge (chapitre 15).

De même que le ciel est illimité, le nombre d'êtres animés est également sans limites. Pareillement, depuis l'origine sans commencement du samsara, on ne saurait trouver un seul des innombrables êtres animés qui n'ait été notre parent. Or, lorsqu'ils étaient nos parents, ils ne se sont occupés de nous qu'avec bonté, tout comme nos parents dans cette vie.

Tous ces parents sont sous l'emprise d'un grand démon, celui de l'ignorance et de l'illusion. Ils ne savent pas comment s'engager sur la voie qui crée les causes du bonheur et ils ne savent pas non plus abandonner la voie contraire. Ils n'ont ni guide ni ami spirituel. Ils ont sombré dans les vagues du vaste océan de souffrance du samsara sans fin. Ils sont sans protecteur ni défenseur. Il serait honteux et digne de mépris de les abandonner et de chercher le moyen d'être heureux uniquement pour nous-mêmes. Nous devons plutôt penser : « Je vais m'entraîner aux actions et à la conduite sublimes des Victorieux et des bodhisattvas du passé, dans le but d'établir tous les êtres animés au stade du plein éveil ». Pour ce faire, nous récitons la prière de la bodhicitta de notre tradition de l'« Essence du cœur » et accumulons de nombreuses récitations.

Au moment de conclure notre séance de pratique, de la même manière que nous avons conclu la visualisation du refuge, l'assemblée des déités fusionne avec notre lama et le Grand Maître d'Oddiyana de manière indissociable d'eux, et ces derniers se dissolvent alors en nous. Pensons avec force que la bodhicitta absolue s'est développée dans notre courant de conscience et restons dans un état d'équilibre méditatif sans aucune focalisation conceptuelle aussi longtemps que possible. Enfin, formulons des prières de dédicace et d'aspiration.

Nous ne devons jamais séparer notre esprit de la bodhicitta en laquelle nous avons promis de nous engager en présence des Victorieux et des bodhisattvas. Il ne suffit pas de prendre le vœu de l'esprit d'éveil, nous devons aussi nous entraîner aux pratiques des bodhisattvas.

Il existe des différences dans la bodhicitta en aspiration selon notre degré de courage. Les trois types de méditation sont les suivants :

1. La mise à égalité de soi-même et d'autrui
2. L'échange de soi avec les autres
3. Chérir les autres plus que soi-même.

L'entraînement dans la bodhicitta en application est la pratique des Six Transcendances. Parmi ces pratiques, la première est la suivante :

1. Méditer sur la bodhicitta plaçant les autres et soi-même à égalité

Nous et tous les autres êtres animés sommes identiques en ce sens que nous désirons le bonheur et que nous ne désirons pas la souffrance ; il n'y a pas de différence entre nous. Formulons des prières d'aspiration pour que nous-mêmes et autrui atteignions le bonheur ensemble et entraînons notre esprit à abandonner l'habitude d'entretenir des sentiments d'attachement à nous-même et d'aversion à l'égard des autres. En outre, efforçons-nous, dans la mesure du possible, de faire de même dans nos actes.

2. Méditer sur la bodhicitta échangeant soi-même avec autrui

Visualisons devant nous un être misérable, tourmenté par la souffrance. En expirant, donnons-lui tout notre bonheur et notre mérite sous forme d'énergie blanche, de la même façon que nous enlèverions notre veste pour la mettre sur lui. Lorsque nous inspirons, absorbons toutes ses négativités, obscurcissements et souffrances sous forme de fumée noire. Méditons ainsi, encore et encore, du fond du cœur. Commençons par un seul être et augmentons progressivement jusqu'à méditer sur tous les êtres animés.

Lorsqu'il nous arrive d'être malade ou d'éprouver une souffrance quelconque, pensons comme suit : « Que la souffrance de tous les êtres du samsara tourmentés comme moi mûrisse sur moi, afin qu'ils soient tous libérés de la souffrance et qu'ils connaissent le bonheur ! » Si nous connaissons le bonheur, le réconfort ou la joie, nous devons méditer en pensant : « Que tous les êtres animés puissent connaître une telle joie ! » Telle est l'essence de la méditation de tous les pratiquants de la voie du Mahayana.

Faire naître cette détermination dans notre esprit, ne serait-ce qu'une seule fois, purifiera de nombreux éons de négativités et d'obscurcissements, et les deux accumulations s'accroîtront grandement. Nous devons également nous efforcer concrètement de donner aux autres notre bonheur et notre mérite et de prendre sur nous toutes les souffrances d'autrui.

3. Chérir autrui plus que soi-même

Jusqu'à présent, nous avons considéré que tant que nous étions capables de trouver les moyens d'être heureux et à l'aise, ce qui arrivait aux autres n'avait pas d'importance. Nous devons rejeter cette disposition égoïste et négative. Pensons : « À partir de maintenant, dans cette vie ou dans les vies futures, quelle que soit la souffrance que j'éprouve, si je suis malade ou si je souffre, si je suis confronté à l'adversité ou si je chute même dans les funestes destinées, ce n'est pas grave. Quoi qu'il arrive, je dois trouver le moyen d'apporter bonheur et réconfort à tous les autres êtres animés ». En pensant ainsi, nous devons méditer avec notre cœur et faire des prières d'aspiration. De plus, nous devons nous efforcer directement, à travers nos actes, de faire tout ce qui est en notre pouvoir pour atteindre cet objectif.

LA BODHICITTA EN APPLICATION : CULTIVER LES SIX TRANSCENDANCES

Ce sont les cinq moyens transcendants ou méthodes de conduite pour l'accumulation de mérite : 1) la générosité, 2) la discipline, 3) la patience, 4) la diligence et 5) la concentration, auxquelles s'ajoute l'accumulation de 6) sagesse, soit six en tout.

1. LA GÉNÉROSITÉ

La première des Transcendances est la générosité. S'entraîner à développer une attitude généreuse consiste à donner notre corps, toutes nos possessions, notre bonne fortune, notre pouvoir, notre vie, nos mérites, etc., ainsi que nos racines de bien et tout ce que nous possédons à tous les êtres animés, en coupant court à tout sentiment d'avarice ou de propriété.

Cela comprend trois aspects : 1) Le don de choses matérielles implique de donner nos possessions, nos objets de valeur, notre nourriture et nos vêtements aux autres. 2) Le don du Dharma consiste à relier le courant de conscience des autres à la vertu, en leur donnant des initiations et en leur enseignant le Dharma, etc. 3) Le don de protection contre la peur consiste notamment à protéger la vie d'autrui.

Parmi ces trois types de générosité, celle qui consiste à donner des biens matériels se divise en trois ou plusieurs types de générosité que nous devons pratiquer par étapes. 1) La générosité qui consiste à donner de petites sommes d'argent et des cadeaux. 2) La grande générosité qui consiste à donner des chevaux, des éléphants, voire son enfant ou son partenaire, etc. 3) L'immense générosité qui consiste à donner sa tête et ses membres sans se soucier de son corps ou de sa vie.

Pensons d'abord à ceci : « Quelle que soit la richesse que je possède, elle n'est jamais suffisante. Non seulement aucune des possessions que j'ai maintenant ne m'accompagnera à ma mort mais si je suis avare et attaché à ces biens, ils seront la cause d'une renaissance dans les funestes destinées. Aujourd'hui encore, je souffre du stress lié à l'accumulation des biens, à l'attachement à ce que j'ai et à la peur de tout perdre ».

En songeant à la nature intrinsèquement trompeuse et sans essence des choses, offrons-les aux Trois Joyaux, remettons-les aux pauvres et aux démunis. Familiarisons-nous ainsi avec l'emploi utile de notre argent et de nos biens. Enfin, entraînons-nous à la générosité transcendante jusqu'à ce que nous soyons prêts à donner notre tête et nos membres si cela s'avérait nécessaire.

2. La discipline intérieure

La discipline intérieure implique une attention continue, en veillant à abandonner ce qui est négatif, à maintenir ce qui est positif et à protéger les trois vœux qui sont : les vœux de libération individuelle du Hinayana, le vœux de bodhisattva du Mahayana et les vœux tantriques du Vajrayana. Ces vœux doivent être respectés conformément à toutes les circonstances spécifiques d'observance et d'abandon.

La discipline se divise en trois catégories. 1) L'abandon de ce qui n'est pas vertueux est la discipline consistant à s'abstenir de commettre des actes répréhensibles. 2) L'accumulation des racines de bien, même petites, est la discipline consistant à pratiquer les qualités vertueuses. 3) L'action orientée vers le bien d'autrui en faisant preuve de générosité, en tenant des propos agréables, en adoptant une conduite sensée et en étant cohérent est la discipline consistant à influencer les autres de manière positive.

Par nos trois portes (corps, parole et esprit), nous devons abandonner à la racine les dix actes contraires à la vertu qui ne profitent pas aux autres, et accomplir ce qui profite fondamentalement à autrui. En utilisant les techniques enseignées comme antidote, nous pouvons progressivement abandonner tous les actes intrinsèquement mauvais, ainsi que les méfaits interdits (par exemple, les actions interdites par le Bouddha aux renonçants mais pas aux pratiquants laïcs, comme manger après midi), et bénéficier aux êtres animés directement et indirectement, sans prétendre faire des choses positives alors qu'en réalité nous nous comportons négativement. Le fondement de toutes les qualités positives est de maintenir une discipline dans laquelle notre esprit est capable de s'inscrire, c'est pourquoi nous devons certainement pratiquer cela, quoi qu'il arrive.

3. La patience

La patience est le principe de la tolérance et de la capacité de ne pas se laisser perturber. Elle se divise en trois types. 1) La patience lorsqu'on subit des torts implique de ne pas avoir de ressentiment ou de pensées de vengeance. 2) La patience qui supporte les épreuves implique d'être capable d'endurer les difficultés et les épreuves pour le bien de la pratique du Dharma. 3) La patience qui permet d'affronter la vérité profonde sans crainte implique d'être capable d'accepter des enseignements profonds tels que la vacuité.

Ceux d'entre nous qui pratiquent le saint Dharma et aspirent à la libération ne doivent pas perdre leur sang-froid. Nous devons méditer sur la patience lorsque les autres, sous l'effet de la colère, sont grossiers ou violents, peu importe ce qu'ils nous font. Pour pratiquer le Dharma, nous devons avoir le cœur bien accroché et être prêts à traverser des brasiers et des champs de lames tranchantes. Il est essentiel, lorsque nous nous efforçons de pratiquer, que nous développions une force d'esprit totalement inébranlable.

4. LA DILIGENCE

La diligence est un esprit stable qui se réjouit dans la vertu et s'engage donc sans relâche dans des actes positifs. On en distingue trois catégories. 1) Ne pas se laisser décourager par les conditions défavorables est la diligence semblable à une armure. 2) S'atteler à la tâche sans tergiverser est la diligence en action. 3) Ne pas se contenter d'un peu de pratique ou de travail pour le Dharma est la diligence consistant à ne jamais considérer que ce que l'on fait est suffisant.

Une détermination sincère, sans paresse ni procrastination évite que notre vie s'épuise vainement en remettant sans cesse la pratique au lendemain ou au surlendemain. En nous appuyant sur un flux fervent de diligence prolongée pour accomplir l'objectif de notre vie, atteindre le stade du plein éveil, nous nous engageons dans un effort continu, en nous délectant de la vertu sans aucun relâchement. La diligence est essentielle à l'atteinte de la libération.

5. LA CONCENTRATION

La concentration implique de rejeter les distractions et l'agitation et de choisir un endroit isolé pour méditer en samadhi focalisé. Il existe trois types ou niveaux de concentration. 1) Lorsque nous nous engageons dans la méditation de concentration et que des expériences temporaires telles que la félicité, la clarté ou l'absence de pensée surviennent avec un « enrobage » d'attachement, on parle d'« approche de l'enfant ». 2) Lorsque nous sommes libres de tout attachement aux expériences mais que nous nous accrochons à la vacuité comme remède, on parle de « révélation du sens ultime »". 3) La concentration d'un tathagata consiste à ne pas se fixer sur la vacuité comme remède et à demeurer dans le samadhi non conceptuel du réel.

Lorsque nous nous engageons pour la première fois dans la méditation de concentration, adoptons la posture en sept points de Vairocana, les trois regards et les trois postures de la pratique Dzogchen, et ainsi de suite. De cette manière, aucun concept n'est formé. Nous devons nous poser dans un état stable, sans nous fixer sur quoi que ce soit.

Ceci conclut les cinq aspects de la méthode et de la conduite des Transcendances.

6. La sagesse transcendante

La sagesse a trois aspects. 1) Écouter les mots et la signification du Dharma correspond à la sagesse de l'étude. 2) Comprendre en réfléchissant à la signification de ce qui a été appris correspond à la sagesse de la réflexion. 3) Mettre en pratique le fruit de la réflexion afin que la réalisation de la vraie nature de la réalité naisse dans l'esprit correspond à la sagesse de la méditation.

L'étude, la réflexion et la méditation doivent être menées dans cet ordre. Nous devons d'abord éliminer tous les doutes par une étude et une réflexion approfondies. Cela fait, nous méditons sur la pratique principale. Au moment de celle-ci, les apparences sensorielles illusoires et fausses, bien que n'existant pas, semblent pourtant exister. Les phénomènes apparents et incessants s'évanouissent dans l'esprit qui les réalise comme étant de simples apparences. S'installer dans l'état qui réalise la dharmata, le véritable état naturel où méditation et post-méditation sont indissociables, un état ouvert et lumineux comme le ciel, libéré du filet de des élaborations discursives qui conçoivent une existence ou une inexistence, l'être ou le non-être, correspond à la véritable sagesse transcendante.

Ainsi, il n'y a rien qui ne soit issu de l'esprit, depuis l'apparition des formes à nos sens jusqu'à la totalité des phénomènes englobés dans l'omniscience. La réalisation de l'esprit en tant que clarté et vacuité inséparables correspond à la vue. En déterminant celle-ci, nous la maintenons avec une attention inébranlable, ce qui correspond à la méditation. Dans cet état méditatif, nous réunissons sans attachement les deux accumulations illusoires, ce qui correspond à la conduite.

Si nous nous entraînons longuement de cette manière dans les trois domaines que sont la vue, la méditation et la conduite, nous reconnaîtrons le caractère onirique de nos rêves et, pendant que nous rêverons, nous n'aurons pas l'illusion de croire en leur existence. Si nous méditons continuellement en intégrant le jour et la nuit, lorsque nous arriverons au moment crucial de la mort, il est peu probable que nous soyons trompés. Si la confiance en la non-confusion nous habite au seuil de la mort, aucune illusion ne surgira dans le bardo du Réel ou dans le bardo du devenir. La non-confusion étant la libération, c'est la méthode la plus excellente pour nous libérer de ce grand océan de souffrances qu'est le samsara.

La racine fondamentale des quatre-vingt-quatre mille enseignements du Victorieux est la vacuité dont l'essence est la compassion. S'efforcer de la développer dans notre courant de conscience est, de tous les points essentiels, indiscutablement le plus crucial.

Dix-sept
La lune immaculée et non-éclipsée

Les « facteurs afflictifs de l'esprit » coexistent avec les apparences illusoires sous l'effet de l'ignorance ou de la non-reconnaissance de la Conscience éveillée, *Rigpa*. C'est à cause de l'influence de ces facteurs afflictifs que nous connaissons toutes sortes de souffrances. S'ils disparaissaient, nous serions libérés de toute souffrance. Par conséquent, la libération de celle-ci n'est pas un simple bonheur, mais le bonheur suprême.

Dans ces conditions, le but de tous ceux qui désirent le bonheur est le même, tout comme le fait qu'ils le poursuivent. Cependant, les voies suivies par les êtres pour essayer de créer un état d'esprit heureux sont différentes. Certains essaient de créer les causes du bonheur, tandis que d'autres essaient de créer les résultats du bonheur. C'est la même chose que d'essayer de prévenir totalement les causes de la souffrance ou de trouver des moyens d'essayer de soulager les effets de la souffrance.

Le Bouddha Shakyamuni a reconnu la souffrance comme une maladie et il a enseigné que nous devons abandonner l'origine causale de cet état pathologique : nos facteurs afflictifs. Pour nous aider à comprendre cette analogie, nous prenons l'exemple d'une personne constamment tourmentée par une maladie atrocement douloureuse ou atteinte d'une maladie qui ne cause pas encore de douleur mais qui s'avérera progressivement fatale. Quoi qu'il en soit, nous devons reconnaître la maladie dont nous souffrons. Après l'avoir identifiée, il faut nous efforcer de la guérir.

Selon la médecine tibétaine, quelle que soit la nature de la maladie, que l'origine de la douleur se trouve dans l'humeur du souffle, de la bile, du phlegme ou dans une combinaison des trois, la racine de la maladie se sera développée à partir des trois poisons ou facteurs afflictifs : l'opacité mentale, le désir-attachement et l'aversion. Si l'on brûle les feuilles d'une plante vénéneuse sans en détruire les racines, le poison demeure. De la même manière, si nous voulons atteindre le bonheur sans souffrance, nous devons d'abord détruire la racine de la souffrance : les facteurs afflictifs de l'esprit. C'est la méthode suprême pour atteindre le bonheur.

Pour guérir la fièvre des facteurs afflictifs, nous devons suivre un chemin de pratique qui soit comme un médicament, calmant et apaisant. Cela nous permet d'abandonner ces facteurs afflictifs et d'atteindre le bonheur qui en résulte. C'est pour cette raison que le premier enseignement que le bouddha Shakyamuni a donné en ce monde a été celui des Quatre Nobles Vérités, lors du premier tour de la Roue du Dharma.

À présent, nous voyageons tous sur un chemin qui recherche le bonheur durable mais, ayant choisi entre le chemin rapide et le chemin lent, nous suivons le chemin rapide du Mahayana. De plus, nous avons également franchi la porte des enseignements du Vajrayana. Parmi les neuf niveaux du Vajrayana, nous nous sommes engagés dans l'approche spirituelle suprême, les enseignements Dzogchen de l'« Essence du cœur de l'Immensité ». Or, il n'existe pas d'autre méthode de pratique que réunir les accumulations, purifier les obscurcissements et attirer les bénédictions du courant de conscience éveillé des maîtres dans notre propre courant de conscience. Nous devons donc entraîner notre esprit à ces pratiques essentielles de la voie.

Lorsqu'une personne naturellement séduisante se baigne et, après s'être lavée à fond, met ses plus beaux vêtements et se pare de divers ornements, elle est belle. De la même manière, tous les êtres animés possèdent la graine de l'éveil, totalement naturelle, non souillée et non contaminée. De plus, les taches grossières des deux obscurcissements adventices de la perception dualiste peuvent être nettoyées. Par le biais de la purification et parés des fins ornements des deux accumulations, nous pouvons manifester une suprême beauté extraordinaire et caractéristique. Ainsi, par le pouvoir de la purification des obscurcissements et du parachèvement des accumulations, nous devons rendre manifeste la sagesse éveillée d'un bouddha. Le développement de ces qualités intérieures sans précédent dépend d'un changement dans notre esprit.

Les principaux obstacles à l'expérience et à la réalisation de la nature profonde et fondamentale de toutes choses sont les actes négatifs et les obscurcissements accumulés depuis des temps sans commencement, ainsi que leurs tendances habituelles. Pour purifier les actes négatifs, nous devons utiliser le remède des quatre forces.

Comme le répètent souvent les écritures :

D'une manière générale, les actes négatifs n'ont rien de positif, si ce n'est de pouvoir être purifiés par la confession.

Mais se contenter de répéter des prières de confession et de purification des négativités à la manière d'un perroquet, aussi souvent que nous le fassions, n'atténuera nos actes négatifs et nos chutes morales que dans une très faible mesure. Nous ne pourrons pas les purifier complètement. Parmi les nombreuses méthodes appropriées qui sont enseignées pour nous permettre de confesser nos actes négatifs et nos chutes morales, la méditation-récitation de Vajrasattva est extrêmement profonde.

Pour nous confesser, il est indispensable de nous appuyer sur les quatre forces de réparation.

1. Après avoir pris refuge en Vajrasattva, ne nous écartons pas de l'esprit d'éveil, la bodhicitta en aspiration et en application, ce qui représente la force du support.

2. Reconnaissons les actes négatifs commis antérieurement pour ce qu'ils sont et, avec un profond sentiment de regret, confessons-les sans rien dissimuler, ce qui représente la force du regret d'avoir mal agi.

3. Regrettons tous les actes négatifs commis dans le passé et promettons qu'à partir de maintenant, nous n'agirons plus de manière négative, même au prix de notre vie, ce qui représente la force de la résolution.

4. En général, le remède aux actes négatifs commis antérieurement consiste à accomplir des actes positifs. Plus précisément, il n'y a rien de plus profond que de méditer sur l'esprit d'éveil et de maintenir une expérience continue de la nature fondamentale des choses, vierge de toute fabrication. Par conséquent, dans un état non séparé de ces deux éléments, la visualisation de la déité et la récitation du mantra constituent la force de l'antidote appliqué.

Voilà un résumé des quatre forces et c'est dans cet état d'esprit que nous méditons et récitons le mantra de Vajrasattva. Je vais maintenant parler brièvement de la méthode de visualisation.

1. LA FORCE DU SUPPORT

En demeurant sous notre forme ordinaire non modifiée, visualisons dans l'espace au-dessus de notre tête, à une distance approximative d'un avant-bras ou d'une longueur de flèche, une fleur de lotus blanche aux mille pétales. Sur cette fleur se trouve un disque de pleine lune, de la même taille que le lit d'anthères du lotus, et parfaitement complet à tous égards. Au centre du disque de lune, visualisons la syllabe blanche HUM rayonnant de lumière. Soudain, le HUM se transforme en l'essence de notre maître-racine, incarnation de tous les bouddhas des trois temps. Son apparence est celle du Sambhogakaya, le maître Vajrasattva, de couleur blanche, semblable à une montagne de neige baignée par les rayons d'un soleil levant ou à un cristal pur.

Vajrasattva a un visage et deux mains. Au niveau de son cœur, il tient dans sa main droite un vajra à cinq branches symbolisant la Conscience-vacuité, dans le geste du don. Dans sa main gauche, il tient contre sa hanche une cloche symbolisant l'apparence-vacuité. Ses deux jambes reposent dans la position du lotus complet. Son corps est paré des treize ornements du Sambhogakaya. Les cinq vêtements de soie sont les suivants : 1) la couronne de soie, 2) le châle de soie blanche, 3) les écharpes de soie, 4) la ceinture et 5) le vêtement inférieur. Les huit ornements précieux sont 1) une couronne, 2) des boucles d'oreilles, 3) un collier ras du cou, 4) des brassards, 5) un collier, 6) un long collier, 7) des bracelets et des bagues, et 8) des bracelets de cheville.

La parèdre de Vajrasattva, blanche et ornée de précieux joyaux, l'embrasse dans une union inséparable. Les corps des consorts masculin et féminin sont apparents mais sans nature propre. Pensons que, grâce à l'aspect connaissant de leur esprit de sagesse, ils nous considèrent, nous et tous les autres êtres animés, avec une immense bonté.

2. La force du regret d'avoir mal agi

D'une manière générale, moi-même et tous les êtres animés, depuis que le samsara sans commencement existe jusqu'à aujourd'hui, avons accumulé un nombre inconcevable d'actes négatifs par le corps, la parole et l'esprit. En particulier, les dix non-vertus, les cinq crimes à rétribution immédiate, les cinq crimes apparentés, les quatre fautes graves, les huit actes pernicieux, toutes les transgressions de la discipline monastique extérieure de libération individuelle, des préceptes intérieurs du bodhisattva et des engagements sacrés dans les tantras des détenteurs de science.

Les méfaits spécifiques comprennent la désobéissance aux instructions de notre maître, les conflits avec nos frères et sœurs de vajra, etc. Admettons honnêtement tout notre catalogue d'actes négatifs, tout ce que nous avons pu faire de mal, sans rien cacher ou dissimuler, et demandons pardon. Prions pour que, à ce moment précis, tous les actes négatifs et les obscurcissements soient nettoyés et purifiés, sans laisser de traces. Méditons ainsi et récitons la prière de confession, la sadhana de Vajrasattva.

3. La force de la résolution

Jusqu'à présent, sous l'influence de l'ignorance, j'ai accumulé beaucoup de karma négatif.

Promettons de tout notre cœur de ne plus jamais commettre ce genre d'actes négatifs, même si cela doit nous coûter la vie.

4. LA FORCE DE L'ANTIDOTE

En gardant à l'esprit le pur symbolisme de la visualisation, récitons la prière à partir de : « Ah ! je suis sous ma forme ordinaire... » et ainsi de suite. À ce stade, visualisons au centre du cœur de Vajrasattva et de sa parèdre dans leur union non-duelle, sur un disque de lune, une syllabe HUM blanche de la taille d'une graine de moutarde blanche aplatie, comme dessinée avec un cheveu.

En récitant le mantra en cent syllabes, visualisons chacune d'entre elles tournant autour du HUM central, l'une après l'autre, se touchant presque. Récitons les cent syllabes à la manière d'une prière. Le nectar de sagesse compatissante s'écoule alors des syllabes comme de l'eau, de la même manière que le feu fait fondre la glace. Passant par la forme des consorts masculin et féminin, le nectar s'écoule du point de leur union et touche le sommet de notre crâne, ainsi que la tête de tous les autres êtres animés.

Comme si cela nettoyait et rinçait entièrement notre être, toutes les maladies apparaissent sous forme de sang pourri et de pus, tous les esprits nuisibles émergent sous la forme de créatures telles que grenouilles, serpents, araignées, scorpions, poissons, têtards, etc., et toutes les actes négatifs et obscurcissements se manifestent sous forme de fumée suintante et de charbon liquide. L'ensemble se déverse de nos deux orifices inférieurs, de la plante de nos pieds et de tous les pores de notre peau.

Une crevasse fend le sol sous nos pieds et au fond se trouve Yamaraja, le Seigneur karmique de la mort, entouré de tous les êtres masculins et féminins envers lesquels nous avons des dettes karmiques. Ils ouvrent leurs mâchoires, tendent leurs mains et leurs griffes pour réceptionner nos rejets mais il ne s'agit plus maintenant de sang putréfié ou autre, ces rejets ayant changé de nature pour devenir du nectar, de sorte que tous les êtres deviennent satisfaits et contents. Les dettes et rétributions karmiques ainsi que les désirs de vengeance sont annulés. La crevasse dans la terre se referme. Pensons, en récitant le mantra en cent syllabes, que le karma qui aurait pu conduire à une mort prématurée a maintenant été remboursé.

Visualisons le canal central au centre de notre corps, maintenant transparent intérieurement comme extérieurement. De là part le chakra de grande félicité au sommet de la tête, avec trente-deux canaux en forme de corolle qui tournent vers le bas comme les rayons d'un parapluie. Les seize canaux en forme de corolle du chakra de jouissance au niveau de la gorge, se tournent vers le haut. Les huit canaux en forme de corolle du dharmachakra au centre du cœur sont tournés vers le bas. Les soixante-quatre canaux en forme de corolle du chakra d'émanation au niveau du nombril sont tournés vers le haut.

Une fois de plus, visualisons le nectar s'écoulant du corps de Vajrasattva, remplissant notre corps comme auparavant. Du chakra sommital de grande félicité aux quatre canaux des chakras, notre corps entier se remplit totalement du flux de nectar, comme un vase de cristal avec du lait, d'un blanc le plus pur. En outre, lorsque les canaux de la corolle sommitale se remplissent, nous recevons l'initiation du vase qui fait émerger la sagesse de la joie. Nos obscurcissements karmiques sont alors purifiés et nous réalisons le Nirmanakaya ou Corps d'émanation. De même, lorsque les canaux de la corolle de la gorge se remplissent, nous recevons l'initiation secrète qui fait émerger la sagesse de la joie suprême. Considérons que les obscurcissements des facteurs afflictifs sont purifiés et que nous réalisons le Sambhogakaya ou Corps de jouissance. Lorsque les canaux en forme de corolle du centre du cœur se remplissent, nous recevons l'initiation de la sagesse connaissante qui fait émerger la joie extraordinaire. Considérons que les obscurcissements conceptuels sont purifiés et que nous réalisons le Dharmakaya ou Corps absolu. Lorsque les canaux de la corolle du nombril se remplissent, nous recevons l'initiation du mot qui fait émerger la sagesse innée dans notre courant de conscience. Considérons que les obscurcissements des tendances habituelles sont purifiés et que nous réalisons le Svabhavikakaya ou Corps d'essentialité.

Dès que nous récitons les mots de regrets, en commençant par « Ô Protecteur, par mon manque de connaissance... », etc., Vajrasattva, souriant de plaisir, exauce notre prière en disant : « Être fortuné, tous tes actes négatifs, obscurcissements, fautes et chutes sont purifiés ». Il fond alors en lumière et se dissout en nous. Sur cette base, visualisons-nous également comme Vajrasattva. Au centre de notre cœur, visualisons un disque de lune avec, en son centre, un HUM bleu ciel. À l'est se trouve un OM blanc, au sud un VAJRA jaune, à l'ouest un SA rouge, au nord un TVA vert. Cinq rayons de lumière de couleurs correspondantes en jaillissent et, à l'extrémité de chacun d'eux, rayonnent d'innombrables déesses portant des myriades de substances d'offrande. Elles font des offrandes aux Victorieux et à leurs enfants éveillés, les bodhisattvas, les ravissant de sorte qu'ils émanent à leur tour d'innombrables rayons de lumière qui se dissolvent en syllabes au centre de notre cœur. Une fois de plus, ils irradient des rayons de lumière vers les six sortes d'êtres transmigrants, purifiant toutes leurs négativités, obscurcissements et latences. L'univers extérieur tout entier devient la Terre pure de la Joie Manifeste. Tous les êtres animés vivant dans la région centrale deviennent le bouddha Vajrasattva. Tous ceux qui vivent à l'est deviennent Vajra-Vajrasattva. Tous ceux du sud deviennent Ratna-Vajrasattva. Tous ceux de l'ouest deviennent Padma-Vajrasattva. Tous les êtres du nord deviennent Karma-Vajrasattva. Considérons que tous récitent OM VAJRA SATTVA HUM avec une formidable harmonie et récitons ce mantra du cœur de nombreuses fois.

Grâce à cette visualisation clé des mantras secrets de la tradition du Vajrayana, d'inconcevables accumulations de mérite et de sagesse sont parachevées par le biais de nombreuses méthodes faciles. En outre, nous sommes en mesure d'accomplir le bien d'un grand nombre d'êtres animés. Vajrasattva est par nature l'unique incarnation des centaines de Familles du Grand Secret. Méditer sur la nature de Vajrasattva, inséparable de notre maître-racine, est la pratique méditative du guru yoga. En outre, elle correspond à l'approche du Kundü Norbü Lug, « Le Joyau qui Réunit Tout en Lui », ce qui la rend extrêmement profonde.

Enfin, le champ pur extérieur se dissout dans toutes les déités assemblées. Les cinq Familles de bouddhas de Vajrasattva se dissolvent en nous. Nous-mêmes nous dissolvons dans le OM au centre de notre cœur. Les cinq syllabes au centre de notre cœur fondent les unes dans les autres ; OM se dissout dans VAJRA, VAJRA dans SA, SA dans TVA, TVA dans le signe-voyelle u ( ) de HUM ( ). Le u se dissout dans le 'a souscrit ( ), celui-ci dans le ha ( ), le ha se dissout dans sa tête, la tête se dissout dans le croissant de lune, le croissant de lune dans la goutte bindu ( ), la goutte bindu dans son nada (˙), qui s'amincit et disparaît.

Restons détendus un moment dans un état d'équilibre non conceptuel. Puis, lorsqu'une pensée surgit à nouveau, visualisons à nouveau l'univers et chacun de ses habitants comme la Terre pure de Vajrasattva, avec l'assemblée des déités. Avec cela, procédons à la dédicace et formulons des prières d'aspiration.

Dix-huit
Le trésor des mérites immensurables

Tous les gens nés en ce monde partagent la même identité humaine ; nous nous engageons également dans le même type d'activités. Cependant, certains occupent des positions de pouvoir et d'autorité et sont très riches, tandis que d'autres sont pauvres, affamés et misérables. Ces situations résultent de l'interaction de diverses causes et conditions. Si nous avons accumulé les causes de mérite en étant généreux et ainsi de suite auparavant, nous connaîtrons à l'avenir une vie riche et nous jouirons de nombreuses possessions. Si nous avons été avares ou avons volé les biens d'autrui, cette cause entraînera la pauvreté dans le futur.

En conséquence, le parachèvement des deux accumulations de mérites conceptuels et de sagesse non conceptuelle ainsi que le parachèvement simultané des qualités d'abandon et de réalisation, purifiées à la fois des obscurcissements des facteurs afflictifs et des obscurcissements concernant la nature de la réalité, est ce que l'on appelle l'atteinte des deux Corps de bouddha : le Dharmakaya ou Corps absolu et le Rupakaya ou Corps formel. Ceux qui, pour l'instant, veulent atteindre les états supérieurs d'existence des dieux et des humains pour, finalement, atteindre la transcendance de l'éveil et pacifier complètement la souffrance, doivent d'abord réunir les accumulations.

Lorsque nous faisons des offrandes aux êtres purs, nous ne le faisons pas parce que les bouddhas et les bodhisattvas souhaitent acquérir ces objets désirables. Cependant, parce que nous ne sommes pas libres de tout attachement aux objets de désir, nous faisons des offrandes de ces choses afin de compléter nos accumulations de mérites. Si nous faisons des offrandes à des objets purs avec une aspiration pure, alors nous compléterons l'accumulation de mérites.

Lorsque nous adressons ces offrandes aux bouddhas et bodhisattvas, si nous offrons nos biens de valeur auxquels nous sommes très attachés mais sans nous accrocher à leur valeur, les mérites qui en découleront seront alors d'autant plus grands que notre attachement à ces biens est fort. Cependant, si ceux qui ne possèdent que de maigres biens et ceux qui ne possèdent rien de valeur n'avaient pas les moyens de faire des offrandes, alors tous les riches fidèles renaîtraient dans les mondes supérieurs et tous les pauvres iraient dans les mondes inférieurs. Mais ce n'est pas le cas. Si notre esprit est pur, que nous fassions des offrandes de réelle valeur ou des offrandes créées mentalement, les bouddhas et les bodhisattvas sont capables de les accepter et c'est ainsi que nous pouvons compléter l'accumulation de mérites. En parachevant l'accumulation causale des mérites, nous atteignons le résultat : la suprême accumulation de sagesse. Il est dit :

Tant que les racines de bien ne sont pas complétées,
La véritable vacuité ne sera pas réalisée.

Dans une région de l'Inde ancienne, un garçon plus beau que tous les autres au monde naquit dans la famille d'un maître de maison. Les deux mains du bébé avaient les poings serrés. Lorsque ses parents les ouvrirent, ils trouvèrent une pièce d'or dans la paume de chaque main. Lorsque ces pièces furent retirées, d'autres apparurent. Chaque fois qu'ils prenaient une pièce d'or, une autre apparaissait et ils remplissaient leur réserve d'or. Les parents du petit garçon l'appelèrent « Joyau d'or ».

Le garçon grandit et, devenu moine, prit l'ordination complète. À cette époque, alors qu'il se prosternait devant chacun des membres de la communauté spirituelle, chaque fois que ses mains touchaient le sol, une pièce d'or apparaissait et il utilisait celles-ci en guise d'offrande pour honorer chaque religieux.

Grâce à sa diligence, Joyau d'Or atteignit le niveau d'arhat. Ananda demanda alors au Bouddha pourquoi Joyau d'Or manifestait des pièces d'or. Le Bouddha enseigna qu'il y a neuf mille et un éons de cela, lorsque le bouddha Kanakamuni vint au monde, un pauvre homme gagnait sa vie en ramassant et en vendant du bois tous les jours. Un jour, parce qu'il avait une grande foi, ce pauvre homme offrit au Bouddha et à sa suite deux pièces d'or qu'il avait gagnées en vendant du bois. Par compassion, le Bouddha accepta l'offrande. De ce fait, pendant neuf mille et un éons, des pièces d'or apparurent spontanément dans les deux mains du pauvre et il devint infiniment riche. C'est ce qui est enseigné.

Autrefois, un maître de maison avare vendait tout ce qu'il pouvait acquérir en échange d'or et l'enterrait dans un pot. Avec le temps, il remplit sept pots d'or et les cacha sous terre. Peu de temps après, il mourut. En raison de son attachement et de son désir pour l'or, il renaquit sous la forme d'un serpent venimeux et s'enroula autour des pots pour les garder. Plus tard, la ville tomba en ruines et devint déserte. Le serpent mourut lui aussi, mais il renaquit sous la même forme, gardant jalousement l'or comme auparavant.

L'avare renaquit ainsi plusieurs fois sous la forme d'un serpent et des dizaines de milliers d'années s'écoulèrent. Lors de sa dernière renaissance en tant que serpent, il devint malheureux et pensa : « J'ai pris cette même forme encore et encore à cause de mon attachement à cet or. Maintenant, je vais faire une offrande à un destinataire extraordinaire afin d'accumuler des mérites. » En pensant cela, il se glissa au bord d'une grande route et se dissimula dans une touffe d'herbe. Un homme passa par là et le serpent l'appela d'une voix humaine. L'homme eut peur et dit : « Je ne vais pas là-bas, tu vas me tuer. » Le serpent lui répondit : « Si je voulais te tuer, je le ferais, même si tu ne venais pas ici... Mais ce n'est pas le cas, alors calme-toi ! » Se sentant plus courageux, l'homme s'approcha du serpent, qui lui demanda : « Si je te confie une mission pour accomplir un acte méritoire, pourrais-tu m'aider ? » L'homme promit de faire de son mieux.

Le serpent conduisit l'homme jusqu'à l'endroit où les pots d'or étaient cachés sous terre, choisit l'un d'entre eux et dit : « Prends cet or, offre-le aux moines et sollicite des enseignements du Dharma. Viens me chercher le jour où les enseignements auront lieu. » Comme le serpent l'avait demandé, l'homme offrit l'or au préposé d'une communauté de moines et lui expliqua exactement ce qui s'était passé. Le jour de l'enseignement, l'homme mit le serpent dans un petit panier et se rendit au monastère. Au moment du repas de midi, il plaça le serpent au bout de la rangée de moines. Le serpent regarda avec foi l'homme faire d'abondantes offrandes de fleurs, etc. Lorsque les moines eurent fini de manger, ils enseignèrent le Dharma au serpent. L'animal fut ravi et offrit également les six autres pots d'or aux moines. Grâce à ce karma vertueux, le serpent reprit naissance dans le paradis des Trente-trois [dieux].

Ainsi, la richesse amassée par un comportement avare entraîne des souffrances dans cette vie, lorsque nous l'acquérons, lorsque nous la gardons et lorsque nous nous inquiétons de la perdre. De plus, l'attachement à l'argent et aux possessions nous fait sombrer dans les funestes destinées et empêche la transmigration vers les mondes supérieurs et la libération.

Mais nous pourrions alors nous demander : « Si c'est ainsi que cela fonctionne, la libération serait-elle encore à ma portée à partir du moment où je ne posséderais aucun bien ? » Il n'en est pas ainsi car, tout comme les riches sont attachés à l'or et à l'argent, les pauvres sont également attachés à des casseroles. Il n'y a pas de différence entre un fil d'or et une corde grossière.

Une personne mondaine qui n'est pas libérée de l'attachement tire un bonheur éphémère de la nourriture, de la richesse et des possessions. Les riches s'épuisent à acquérir des biens et y sont complètement attachés. Il n'y a pas de moyen rapide d'y mettre un terme, c'est pourquoi ceux qui possèdent des richesses doivent comprendre comment tirer le maximum de profit de leur argent. Lorsque quelqu'un meurt, il ne peut pas emporter avec lui sa nourriture, ses vêtements, ses biens ou toute autre chose appartenant à cette vie. Si ses biens sont partagés après sa mort, sa réaction risque de lui faire prendre une renaissance pire que celle du serpent de l'histoire ci-dessus, car il éprouvera non seulement de la convoitise mais aussi certainement un attachement et une colère démesurés.

La méthode infaillible pour accumuler des richesses dans cette vie est d'être généreux. De la même manière que, quelle que soit la quantité d'eau que l'on y puise, un puits se remplit toujours à nouveau, si nous sommes généreux, notre richesse s'accroît naturellement. Par exemple, si nous faisons une offrande à un objet pur avec un esprit pur, elle est généralement très méritoire. En particulier, lorsque nous pratiquons les mantras secrets, le Vajrayana, il existe certains moyens habiles pour réunir les accumulations auxquels nous devons nous appliquer.

En général, si nous désirons le meilleur pour nous-mêmes, il est d'abord très important de réunir les accumulations. Si nous ne complétons pas les deux accumulations de mérites et de sagesse, il n'y a aucun moyen d'atteindre la double pureté de la bouddhéité. Cela étant, parmi tous les moyens habiles par lesquels nous pouvons réunir les accumulations, le plus excellent est l'offrande de mandala. Dans la tradition de pratique du Dzogchen, il existe deux mandalas : le mandala d'accomplissement et le mandala d'offrande.

Le choix du matériau de la base du mandala dépend de nos moyens. Les riches choisissent l'or ou l'argent les plus coûteux et les pauvres se contentent d'une pierre plate. Quant au matériau à utiliser pour les tas d'offrandes, tout convient, depuis les meilleures turquoises et coraux jusqu'aux grains de blé ou d'orge. Quel que soit le matériau utilisé, il doit être propre et pur, et la base du mandala doit être correctement essuyée.

Commençons par disposer les cinq tas du mandala d'accomplissement. Méditons sur le fait que le tas central représente le bouddha Vairocana entouré des déités de la famille du Bouddha. Ensuite, en partant de l'avant, faisons le tour dans le sens des aiguilles d'une montre pour placer quatre tas aux quatre directions. Le premier tas est celui du bouddha Akshobhya, entouré de l'ensemble des déités de la Famille Vajra. Le tas de gauche représente le bouddha Ratnasambhava entouré des déités de la Famille Ratna. Le tas du fond est le bouddha Amitabha entouré des déités de la Famille Padma. Le tas de droite est le bouddha Amoghasiddhi entouré des déités de la Famille Karma.

Nous pouvons également visualiser les déités des cinq branches du champ d'accumulation pour le refuge. Quel que soit le choix, plaçons le mandala d'accomplissement sur un autel élevé. Il est également approprié de l'offrir à des représentations du Corps, du Verbe et de l'Esprit des bouddhas. Et si nous n'avons pas de mandala d'accomplissement, cela ne pose pas de problème si nous visualisons le champ de mérites dans notre esprit.

LA MÉTHODE DE L'OFFRANDE DE MANDALA

Tenons la base du mandala avec notre main gauche et essuyons-la avec l'intérieur de notre poignet droit. Conformément au mandala en trente-sept points largement pratiqué, lorsque nous sommes prêts à mettre les tas en place, récitons « OM VAJRA BHUMI... » et aspergeons un peu d'eau parfumée. Puis, avec le doigt et le pouce droits, prenons le tas de fleurs. En récitant les syllabes mantriques : « OM VAJRA REKHE... » et ainsi de suite, faisons tourner le tas dans le sens des aiguilles d'une montre autour de la base du mandala, pour finalement le placer au centre. Si nous avons une clôture de montagnes de fer, c'est le moment de la placer sur la base ; sinon, faisons le tour du bord du mandala dans le sens inverse des aiguilles d'une montre avec notre annulaire gauche et récitons : « Entièrement entourée par la muraille circulaire de montagnes de fer... » et considérons qu'il est de taille égale au trichiliocosme.

Lorsque nous récitons : « Le Mont Meru, la reine des montagnes... », plaçons un gros tas au centre et imaginons qu'il s'agit du Mont Meru, entouré des sept montagnes d'or et des sept mers d'agrément. Ensuite, en plaçant les tas aux directions cardinales et intermédiaires, un par un, il n'y a pas de différence si nous considérons que l'est est face à nous ou face à la direction de l'offrande.

En commençant par l'est, déplaçons-nous dans le sens des aiguilles d'une montre et plaçons un tas dans chacune des directions cardinales. Le continent oriental de Videha est de forme semi-circulaire et fait de cristal. Le continent méridional de Jambudvipa est de forme quadrilatérale et fait de lapis-lazuli. Le continent occidental d'Aparagodaniya est de forme circulaire et il est fait de rubis ou de corail. Le continent septentrional de Kurava est de forme carrée et il est fait d'or.

Les sous-continents ont la même forme que leur continent principal. En récitant : « À leurs côtés se trouvent Deha et Videha... », disposons des tas de chaque côté du continent principal, d'abord à gauche puis à droite. Plaçons ensuite la précieuse montagne à l'est, l'arbre exauçant les souhaits au sud, la vache d'abondance à l'ouest et la récolte spontanée au nord. Plaçons ensuite les sept attributs royaux plus le vase aux trésors, soit huit au total, l'un après l'autre aux quatre directions cardinales et intermédiaires.

Plaçons les quatre déesses extérieures, en commençant par la déesse de la beauté, aux quatre directions cardinales et les quatre déesses intérieures, en commençant par la déesse des fleurs, aux quatre directions intermédiaires. Plaçons le soleil, fait de cristal de feu, à l'est, et la lune, faite de cristal d'eau, à l'ouest. Plaçons au sud le précieux parasol et au nord la bannière victorieuse dans toutes les directions. Lorsque nous récitons : « Voici toute l'abondante richesse des dieux et des hommes... », empilons les tas les uns sur les autres jusqu'à ce qu'il n'y ait plus d'espace et disposons enfin au sommet un ornement tel qu'une roue du Dharma ou un équivalent.

Ensuite, faisons d'abord l'offrande du mandala ordinaire du Nirmanakaya. Gardons à l'esprit les sept attributs royaux et ainsi de suite, la richesse des dieux et des humains sans exception, tout ce qui existe dans le trichiliocosme de cent millions de mondes, que cela appartienne à quelqu'un ou non. En outre, prenons notre corps, toutes nos possessions et toute notre accumulation de mérites, et visualisons que nous offrons tout cela à notre maître Nirmanakaya et à l'ensemble des déités.

L'EXTRAORDINAIRE MANDALA DU SAMBHOGAKAYA

En plus de ce grand ensemble, créons mentalement d'inconcevables nuages d'offrandes, y compris les Terres pures des cinq Familles de bouddhas avec les cinq aspects de l'excellence, des temples parfaitement agencés ornés d'innombrables déesses d'offrandes sensorielles, y compris la déesse de la beauté, et offrons tout cela au maître Sambhogakaya et à l'ensemble des déités.

L'EXCELLENT MANDALA DU DHARMAKAYA

Sur la base de l'esprit non-né, visualisons l'énergie des cinq sagesses qui surgit sans entrave, représentée sous la forme de cinq tas, en les arrangeant comme des ornements. Alternativement, arrangeons sur la Base non-née de la pureté primordiale, le Dharmadhatu, les quatre visions spontanément présentes et incessantes sous la forme de quatre tas. En gardant à l'esprit ces points clés de la visualisation, récitons : « OM AH HUM. Le cosmos d'un milliard d'univers... », etc.

Lorsque nous accumulons de nombreuses récitations, nous pouvons parfois offrir un mandala détaillé en trente-sept points, comme indiqué ci-dessus. Veillons à répéter cent mille fois l'offrande du mandala en sept points : « La base purifiée avec de l'eau parfumée... » Comme d'habitude, cette pratique doit être effectuée avec la triple excellence (ouverture, partie principale et conclusion).

Dix-neuf
L'offrande sacrée du corps

L'accumulation de *kusali*, également connue sous le nom d'accumulation de mérites du mendiant ou « Chöd », est liée à l'offrande du mandala et constitue un autre moyen ou une autre voie d'accumulation de mérites. Il s'agit d'un moyen particulièrement habile pour compléter les deux accumulations, par lequel les constituants physiques de notre corps, auxquels nous nous accrochons et que nous chérissons tant, sont transformés en pur nectar ainsi qu'en toutes sortes de richesses et de délices, selon les désirs, et offerts en tant que festin aux invités.

Généralement, ce que l'on appelle « Chöd » ou « Coupe » est illustré par le fait de couper un arbre à la racine, ce qui a pour effet de trancher automatiquement les branches et les feuilles. De la même manière, en utilisant des moyens habiles et la sagesse, nous tranchons les quatre démons dans l'étendue libre de toute description, imagination ou explication, au-delà des pensées discursives : l'espace fondamental de la Grande Mère, le Dharmakaya. De cette manière, la confusion est clarifiée depuis son fondement même et la conceptualisation dualiste erronée est libérée dans son propre état naturel.

Dans ce contexte, les quatre démons sont : 1) le démon tangible, 2) le démon intangible, 3) le démon de l'exaltation et 4) le démon de la vanité.

1. Le démon tangible désigne les dangers causés par les quatre éléments, tels que les tremblements de terre, la peur du feu, etc., ainsi que tout ce qui nuit à notre corps et à notre esprit (ennemis, voleurs, serpents venimeux, animaux sauvages et peur des démons mangeurs de chair, des fantômes et des esprits maléfiques, etc.).

2. Le démon intangible fait référence aux quatre-vingt-quatre mille facteurs afflictifs intérieurs, telles que l'attraction et l'aversion, qui sont à l'origine de la souffrance du samsara.

3. Le démon de l'exaltation fait référence au fait de se fixer et de s'attacher au moindre sentiment intérieur de progrès ou de potentiel dans la concentration méditative.

4. Le démon de la vanité fait référence à la racine des trois démons précédents ; il s'agit de l'orgueil du « je » ou du « mien », ou du

concept selon lequel les cinq agrégats sont réellement « moi » ou « mien ». C'est pourquoi le démon de la vanité est la racine de tous les démons.

Par conséquent, la réalisation du sans-soi détruit spécifiquement toutes les choses que nous n'osons pas approcher, par exemple les démons et ainsi de suite, éliminant totalement les obstructions et les conditions défavorables, les transformant en accomplissement spirituel. En maintenant l'extraordinaire discipline yogique, spontanée et sans entrave, qui consiste à transformer les signes négatifs en signes heureux, nous pouvons cheminer dans des endroits arides et des montagnes solitaires.

En outre, les fantômes et les démons maléfiques doivent être amenés sous l'influence de la grande compassion et submergés par la vaste sagesse. À cette fin, nous donnons notre corps à tous les êtres qui le souhaitent, sans aucun sentiment de perte ou d'attachement, pour la réalisation de leurs désirs. De cette manière, nous tranchons l'attachement à nos agrégats physiques.

Pour l'accumulation de mérite de *kusali*, qui fait suite à l'offrande du mandala, nous faisons offrande et don de notre corps à quatre types d'invités. Il s'agit des « quatre grandes distributions » : les distributions blanches et bigarrées, et les distributions secondaires, rouges et noires.

LA VISUALISATION

Au centre de notre cœur, visualisons l'essence de notre conscience sous la forme de Vajra Yogini noire, se balançant dans une danse. Dans sa main droite, elle brandit un couteau courbe pointant vers le ciel et dans sa main gauche, elle porte à son cœur une coupe de crâne pleine de sang. Derrière son oreille droite, une tête de truie noire grogne. Sa tenue est celle d'une déité courroucée.

La syllabe P'ET est l'union de la méthode et de la sagesse. Lorsque nous prononçons cette syllabe, en un son bref et net, notre conscience devient Machig Tröma Nagmo et, en un instant, notre conscience monte par le canal central creux, sort par l'ouverture de Brahma au sommet de notre tête et arrive haut dans le ciel. À ce moment-là, notre ancien corps s'effondre sur le sol comme un cadavre inconscient qui devient instantanément aussi grand que le chiliocosme, extrêmement gras et succulent.

Méditons sur le fait que nous-mêmes, en tant que Vajra Yogini noire, sommes énormes, avec des membres épais et des yeux brillants comme le soleil et la lune. Avec le couteau courbe de notre main droite, qui tranche la racine de la perception dualiste, découpons la calotte crânienne, qui est aussi grande que le chiliocosme. De la main droite, ramassons la calotte et plaçons-la, le front tourné vers nous, sur un foyer formé de trois crânes humains, chacun d'une taille égale à celle de la reine des montagnes, représentant les trois Corps de bouddha.

Avec le couteau courbe dans notre main droite, nous-mêmes, en tant que Vajra Yogini, embrochons le cadavre et le plaçons dans la calotte crânienne, qui est maintenant une coupe. Dans le ciel, au-dessus de la coupe-crâne, visualisons une syllabe HANG inversée, blanche et froide, et sous la coupe-crâne, une syllabe AH courte inversée, rouge et chaude. Visualisons les flammes qui brûlent à partir du AH et qui transforment en nectar le cadavre dans la coupe. De la vapeur s'élève du nectar qui fait fondre la syllabe HANG au-dessus d'elle, provoquant un flux de nectar blanc et rouge qui descend et se mélange inséparablement avec le nectar dans la coupe-crâne.

Récitons ensuite plusieurs fois : OM AH HUM. OM purifie toutes les impuretés du nectar, AH multiplie le nectar de nombreuses fois et HUM le transforme en tout ce qui est désiré. En méditant, le nectar de la sagesse non contaminée produit tout ce que l'on désire et exauce tous les souhaits à partir des grands nuages inépuisables du trésor céleste.

LA DISTRIBUTION BLANCHE

Ensuite, dans l'espace large et vaste devant nous, visualisons les destinataires de nos offrandes. Notre bienveillant lama est à l'avant, avec les Trois Joyaux, les Trois Racines, les gardiens et les déités liées par serment, ainsi que leurs assemblées semblables à un océan. Au-dessous d'eux, sur le sol, visualisons les bénéficiaires de notre générosité : les esprits obstructeurs, les créanciers karmiques et les six types d'êtres animés des trois mondes.

Au-dessus, notre lama-racine et les lamas de la lignée, ainsi que les bouddhas et les bodhisattvas, ont des langues en forme de tubes vajra creux. Entre eux et le sol, les hôtes que sont les déités yidams bénies ont des langues creuses ayant la forme de leurs attributs symboliques particuliers. Visualisons qu'ils puisent l'essence du nectar et s'en nourrissent, ce qui élimine tous les obstacles à la pratique du saint Dharma et à la réalisation, accroissant toutes les conditions favorables ainsi que les accumulations positives auxquelles nous aspirons.

Après cela, toujours en nous visualisant comme Vajra Yogini, d'innombrables dakinis d'activité rayonnent à partir du centre de notre cœur. Les dakinis sont identiques mais de couleur blanche, jaune, rouge, verte et bleue, et elles offrent une coupe crânienne pleine de l'essence du nectar non contaminé à chaque être animé des six mondes, y compris les créanciers karmiques et les esprits obstructeurs, les satisfaisant ainsi tous.

La distribution bigarrée

À nouveau, de la vapeur du nectar frémissant rayonnent d'inconcevables nuages d'offrandes de la richesse et des plaisirs des dieux et des humains, y compris les cinq plaisirs sensoriels, les symboles des huit articles auspicieux et ainsi de suite. Ces offrandes sont faites aux invités d'en haut, bienveillants récipiendaires. Considérons que les accumulations ont été complétées et les obscurcissements purifiés pour nous et tous les êtres animés.

Pour les invités d'en bas, les six types d'êtres transmigrants, visualisons que les richesses ou les plaisirs que chacun d'entre eux désire tombent sur eux en pluie, de sorte qu'ils deviennent tous heureux, contents, satisfaits et ravis. Considérons que les dettes accumulées au cours de vies sans commencement par nous-mêmes et tous les autres êtres animés sont éteintes. Les dettes karmiques sont réglées, les dettes charnelles du corps sont effacées et les actions négatives ainsi que les obscurcissements sont purifiés.

Enfin, les restes du festin sont donnés à tous les êtres pitoyables des six mondes : les faibles, les infirmes, les sourds, les muets et ainsi de suite, sous la forme de ce à quoi chacun d'entre eux aspire le plus. Les restes du festin deviennent des médicaments pour guérir les maladies mortelles, des membres miraculeux pour les infirmes, des yeux de sagesse pour les aveugles, des oreilles bénies pour les sourds, des langues de sagesse pour les muets, et ainsi de suite, les contentant et les satisfaisant tous.

Les six types d'êtres sont libérés de leurs perceptions karmiques individuelles. Tous les êtres masculins atteignent le niveau d'Avalokiteshvara et les êtres féminins celui de la noble Tara. Enfin, dans un état d'esprit qui ne conceptualise aucun aspect de l'offrande ou de ses destinataires, restons dans l'équanimité méditative. Cela tranche la racine du démon de la saisie d'un soi et constitue la réalisation suprême du Chöd ultime.

Vingt
La voie directe vers l'accomplissement suprême

Le terme « accomplissement » désigne le fait d'atteindre et de réaliser les objectifs que l'on s'est fixés ainsi que le fait de réaliser ses souhaits. En outre, en termes de pratique spirituelle, l'accomplissement signifie obtenir la protection et le refuge des déités et des yidams, etc., au moyen d'un rituel approprié, en leur faisant des offrandes, afin de réaliser les objectifs du pratiquant. Les accomplissements se divisent en deux catégories : les accomplissements ordinaires et l'accomplissement suprême. Les accomplissements ordinaires comprennent les simples pouvoirs d'illusion et de manifestations magiques, ainsi qu'une clairvoyance limitée et temporaire. L'accomplissement suprême se réfère à la réalisation de la sagesse totalement omnisciente ou à l'obtention du Corps d'unification.

Nous arrivons ici à l'étape de la pratique visant à atteindre l'accomplissement suprême, connue sous le nom de « guru yoga » ou « lama yoga ». En tibétain, le mot « lama » signifie « supérieur » ou « insurpassable ». Il est approprié car personne n'est plus digne que lui de recevoir des offrandes. Si nous nous demandions : « Qu'en est-il alors du Bouddha et des autres ? », nous constatons que les enseignements disent :

Sans le lama, même le nom de bouddha n'existerait pas.

Par conséquent, l'éveil passe par le lama, le maître. Les Trois Joyaux sont réunis au complet dans l'unique lama. Pour toutes ces raisons et bien d'autres encore, il est d'une importance cruciale pour tous ceux qui souhaitent être libérés, dans cette vie et dans l'avenir, de chercher et de trouver un lama authentique pour s'en remettre à lui.

Il n'y a aucune garantie que quelqu'un qui porte le nom de « lama », ou le titre de tel ou tel saint lama ou tulku incarné, ou encore qui est très influent, soit assurément un maître authentique. Il y a de faux lamas, de faux adeptes, des révélateurs de trésors frauduleux, etc.

Une fois, lorsque j'étais enfant, j'entendis dire qu'un homme excentrique d'une autre région était venu dans un village proche du monastère de Dzogchen, affirmant qu'il était un tertön, un révélateur de trésors. Il déclara publiquement qu'à une date donnée, il allait révéler un trésor caché ou terma. La veille du jour où le trésor devait être révélé, il fut repéré au loin par un berger alors qu'il était en train de faire quelque chose d'étrange au pied d'une falaise. Lorsque l'homme bizarre s'éloigna, le berger alla jeter un coup d'œil à l'endroit où il venait de se rendre.

Dans une fissure de la falaise remplie de boue, le berger vit qu'une statue avait été cachée. Il retira la statue et laissa à sa place un étron. Après avoir rebouché la fissure avec de la boue, le berger rentra chez lui sans rien dire à personne.

Le lendemain, au moment de révéler le trésor, l'étrange homme se présenta, très digne, suivi par de nombreux badauds. Arrivé à la fissure de la falaise, il plongea sa main dans la boue et en sortit une poignée d'étrons puants. Les éclats de rire résonnèrent dans la vallée et tout le monde s'esclaffa. Humilié, le faux révélateur de trésors s'enfuit pour ne plus jamais revenir dans le coin.

Les charlatans et les escrocs de ce genre jettent le discrédit sur les enseignements du Bouddha et leur genre peut apparaître n'importe où. Il existe aussi des gens qui portent le nom de « lama » et qui ont étudié le Dharma mais qui, au lieu de discipliner leur esprit avec le Dharma, sont devenues grossiers et sauvages, avides de tout, faisant preuve d'un attachement et d'une aversion énormes. J'ai entendu parler de ces personnes et de la façon dont elles dénigrent de grands maîtres tels que Padmasambhava ou l'incomparable Seigneur Tsongkhapa. En agissant de la sorte, le Dharma devient en fait la cause d'une renaissance dans les funestes destinées.

Un authentique lama et enseignant de la voie aura d'abord achevé sa propre pratique et atteint les signes d'accomplissement, il possède les qualités éveillées résultant de son avancée sur la voie. Le moment vient alors pour lui d'en faire bénéficier les autres en disciplinant leur esprit. De tels maîtres contrôlent leurs propres expériences, ce qui leur permet d'influencer les expériences d'autrui. Quelqu'un qui regarde simplement dans les yeux d'un tel maître développera la sagesse de la réalisation dans son courant de conscience. C'est le genre de maître dont nous avons besoin.

D'après mon expérience, je n'ai jamais rencontré de maître plus exalté que mon propre lama-racine. Mon maître suprême s'appelait Jigme Dadrin Yönten Gonpo mais, comme c'était la coutume chez les Khampas du Tibet, on l'appelait affectueusement « Gonre ». Très digne, il avait une présence écrasante. Sa voix profonde était aussi mélodieuse que vive et le simple fait de voir son visage apportait du bonheur et un changement de perception. Parce que son esprit était plein d'amour et de compassion, tous ceux qui le rencontraient faisaient l'expérience d'un tel changement de perception. Ils étaient remplis d'un bonheur et d'une foi indissolubles, voyaient grandir en eux un sentiment de béatitude et le désir de ne jamais être séparé de lui.

Khenpo Gonre n'a jamais eu d'attachement ou de désir pour les richesses ou les possessions illusoires du monde. Il donnait immédiatement tous les objets entrant en sa possession à ceux qui se trouvaient dans les parages à ce moment-là. Il était particulièrement compatissant envers les pauvres et les personnes sans défense, étant comme un parent pour tous ceux qui étaient désolés. Tout ce qu'il faisait était une pratique du Dharma pour le bien des êtres animés, jamais autrement. Il était rare que quelqu'un à cette époque maintienne une discipline éthique aussi parfaite ou une conduite monastique aussi pure que la sienne.

Autour du corps de Khenpo Gonre, un parfum de discipline éthique, différent et inégalé par rapport à n'importe quel encens fabriqué par des procédés mondains, se répandait sur une distance de plus de trois brasses. Dans la direction du vent dominant, l'odeur qui s'en dégageait était encore plus parfumée.

Mon lama suprême était le tuteur spirituel de Dzogchen Rinpoché. Il était expert dans les enseignements généraux des sutras, des tantras et des sujets auxiliaires. En particulier, il était un pratiquant sans effort qui avait réuni en lui les bénédictions de la lignée grâce à la pratique du lumineux Dzogpa Chenpo. Depuis l'âge de dix ans et jusqu'à ce que mon précieux lama passe en nirvana, je suis resté avec lui et avec Dzogchen Rinpoché Jigdral Changchup Dorje dans le même ermitage, presque tous les jours sans séparation. Comme mon maître et nous, les deux disciples, vivions dans le même logement, nous étions plus proches que les membres d'une même famille. J'ai été séparé de mes parents à l'âge de dix ans et je me suis tourné vers ces deux lamas pour qu'ils prennent leur place. J'ai donc été élevé au doux lait du saint Dharma.

En début de soirée, mon précieux lama racontait des histoires et des légendes étonnantes du Dharma. En général, le matin, la fin de matinée et le soir étaient consacrés à des séances de pratique. L'après-midi, les enseignements de Dzogpa Chenpo étaient donnés. Mon sublime lama s'asseyait jour et nuit dans l'équilibre méditatif, les jambes croisées dans une boîte carrée, sans desserrer sa ceinture de méditation. Jamais séparé de la roue de la luminosité, méditation et post-méditation ne connaissaient aucune séparation pour lui. Il maîtrisait le mécanisme subtil des canaux et des souffles subtils ainsi que les blocages des souffles, de sorte qu'il ne tombait jamais malade. De plus, en mettant le doigt sur l'essence du corps de vajra dans la phase tantrique d'achèvement, il avait purifié le mouvement des souffles karmiques dans le canal central. Ayant libéré tous les nœuds des canaux subtils du chakra de jouissance au niveau de la gorge, des chants vajra spontanés surgissaient sans entrave et tout ce qui était expérimenté émergeait sous forme de symboles et d'écritures.

Le père de mon précieux lama était un tantrika appelé Kyabmo Menla, une émanation de Padampa Sangye et un pratiquant accompli de la lignée du Chöd et de « Shije », la « Pacification ». Il y a longtemps, alors qu'un autre lama accompli vivait dans une grotte de pratique éloignée, de nombreux esprits locaux vinrent le visiter. Ils lui dirent : « Aujourd'hui, Kyabmo Menla nous a donné un magnifique fouet en agathe *zi* » et le lui montrèrent. Le lama regarda et dit : « C'est un morceau de bois sur lequel on a dessiné des motifs d'agathe *zi* avec de la peinture ». Ceci démontre que Kyabmo Menla, par le pouvoir de sa concentration méditative, pouvait émaner tout ce que l'on voulait et qu'il contrôlait la manifestation magique du trésor céleste. De nombreuses légendes racontent comment Kyabmo Menla montrait les signes de ses accomplissements.

Mon précieux lama, le suprême Jigme Dadrin Yönten Gonpo, fils de Kyabmo Menla, enseignait parfois le Chöd dans des lieux sinistres et des charniers. Au milieu de la nuit et à d'autres moments, il criait parfois P'ET très fort et, en tant qu'enfant, pensant que les fantômes et les mauvais esprits étaient proches, j'avais peur ! De plus, pendant son sommeil dans la roue de la luminosité, on pouvait l'entendre prononcer des mantras pendant deux heures environ, d'une voix différente de celle qu'il avait habituellement.

Lorsque j'avais treize ans, avec ces deux grands maîtres, Dzogchen Rinpoché et Khenpo Gonre, ainsi qu'avec un grand nombre d'assistants et de disciples, nous formâmes une grande caravane et, montés sur des chevaux et des mules, nous partîmes en pèlerinage au Tibet central, visitant principalement les sites et les lieux sacrés que le Maître Né-du-Lotus avait visités et bénis. À cette époque, le transport était assuré par des chevaux, des yaks et des mules, et le voyage prenait énormément de temps. À l'aube, nous préparions le camp et partions, nous arrêtant à midi pour monter le camp et nous reposer.

Nous traversâmes des centaines de belles prairies, des milliers de cols de haute montagne, des collines et des vallées ondoyantes, de grandes rivières et de doux ruisseaux. Nous vîmes les ânes sauvages et les yaks des hautes chaînes ainsi que les troupeaux de moutons et de yaks blancs et noirs des nomades qui vivaient ensemble. Nous profitâmes de nombreuses vues sur des montagnes de neige blanche perçant le ciel azur et sur de magnifiques lacs bleu turquoise miroitants, des panoramas fascinants que ceux qui restèrent chez eux ne purent admirer. L'atmosphère pure et la brise claire et rafraîchissante nous procurèrent des sentiments de bonheur et de bien-être.

À l'époque, lorsque les voyageurs établissaient leur campement pour la nuit, ils montaient des tentes en toile. Dans notre camp, il n'y avait jamais moins de cinquante tentes en toile. Parfois, dans l'obscurité de la nuit, les gens voyaient la tente de mon maître brillamment illuminée, comme si de nombreuses lampes à beurre brûlaient à l'intérieur alors qu'aucune n'était allumée. J'ai également vu, à moitié endormi et à moitié réveillé au milieu de la nuit, tout l'intérieur de la tente se remplir soudainement de lumière.

Mon saint lama m'a personnellement appris à écrire le tibétain et m'a fait passer des tests. Lorsque j'étais petit et que nous mangions de la tsampa, il la mélangeait et me la donnait. Il était aussi mon maître d'ordination. Pendant les pauses de midi, lorsque nous étions tous les trois en retraite, maître et élèves, dans le même ermitage, il nous donnait, à Dzogchen Rinpoché et à moi-même, des enseignements sur la quintessence des Sept Trésors de Longchenpa, la Trilogie de l'Aise Naturelle, les Quatre Essences du Cœur et d'autres textes clés, enseignant à la fois des tantras exégétiques et des tantras de la transmission orale à la manière de la transmission scripturale.

Une fois, nous sommes restés tous les trois en retraite silencieuse. Chaque jour, avant l'aube, après avoir terminé ma séance de pratique de Manjushri, l'un de nos deux assistants m'aidait à mettre ma robe et m'accompagnait aux toilettes. Un jour, ce fut au tour d'un assistant qui aimait s'amuser à me guider. Pour plaisanter, il emporta la seule lampe et me laissa dans l'obscurité. J'étais jeune et j'avais tellement peur que je ne pus m'empêcher de pousser un cri. Je me souviens encore de la peur que je ressentis alors !

Au-dessus de la porte de notre ermitage se trouvait une trompe du Dharma en corne de rhinocéros qui, selon Khenpo Gonre, était celle qui existait du temps de son maître Zhenga Rinpoché. Lorsqu'il n'était pas en retraite, Khenpo Gonre soufflait dans cette trompe et de nombreux disciples venaient de tous les environs pour recevoir régulièrement des instructions sur les préliminaires et la pratique principale du Dzogchen.

Dzogchen Rinpoché Jigdral Changchup Dorje avait cinq ans de plus que moi et il possédait une sagesse innée dans son courant de conscience. En particulier, il était expert dans la signification des tantras et maîtrisait les pratiques rituelles de la transmission visuelle. C'est de lui que j'obtins de nombreuses initiations et transmissions, notamment l'initiation du Düpa Do ou Discours de la Collection et du Döjö Bumsang ou Excellent Vase d'Abondance. Ensemble, en tant qu'amis dans le Dharma, nous reçûmes de nombreuses initiations, enseignements et instructions orales de notre précieux lama tuteur et du second Jamyang Khyentse Chökyi Lodrö, qui était un disciple du cinquième Dzogchen Rinpoché. Nous nous rendîmes ensemble à de nombreuses reprises à son siège de Dzongsar, où nous restâmes chaque fois un ou deux mois et reçûmes de lui un grand nombre d'enseignements profonds. L'incarnation précédente de ce Khyentse, le Premier Jamyang Khyentse, était un élève de Dzogchen Pema Bendza (mon incarnation précédente) et un enseignant du Cinquième Dzogchen Rinpoché.

À cette époque, de nombreux grands maîtres saints étaient présents pour recevoir les initiations, notamment Katok Situ et Moksa Rinpoché. La compagne de Khyentse Rinpoché était la fille de la famille Lakar, qui était non seulement un mécène spécial du monastère de Dzogchen mais dont le district se trouvait également dans la zone d'ordination du monastère de Dzogchen. Pour ces raisons, nous entretenons depuis longtemps des liens étroits avec le palais de Khyentse Lama.

Au cours de l'été 1956, année feu-singe, Khyentse Chökyi Lodrö, Dzogchen Rinpoché, Khenpo Gonre et moi-même passâmes une longue et heureuse journée d'été à converser sous une tente installée dans un jardin près du Temple Cuivré des Trois Mondes au monastère de Samye. Ce jour-là, nous nous quittâmes pour toujours.

Un autre jour de cette année-là, notre précieux tuteur Khenpo Gonre, Dzogchen Rinpoché et moi-même, accompagnés de nos gardiens des objets religieux, assistants et moines, visitâmes la ville sainte de Lhassa et vîmes la statue sacrée de Jowo Rinpoché. Alors que nous tournions autour du Jowo et que Dzogchen Rinpoché s'apprêtait à toucher le pied gauche de la statue avec sa tête, un moine inconnu lui offrit un paquet qui sentait les herbes médicinales, en le plaçant dans ses mains. Rinpoché me le passa et je sentis la chaleur qui s'en dégageait. Le jour suivant était le dixième jour du mois et nous organisâmes un festin sacré. Dzogchen Rinpoché ouvrit le paquet et découvrit qu'il contenait une statue sacrée appelée « Source de tous les accomplissements ». Elle représentait la forme de Padmasambhava en tant que Guru Mahasukha, le Maître de Grande Félicité, large comme la paume de main, avec pour base un crâne de démon. Elle était étonnante, différente de toute autre statue, faite de poudre médicinale mélangée à de l'argile et à des morceaux d'or, d'argent et d'autres substances précieuses.

Le colis contenait également un rouleau jaune, portant une écriture symbolique qui incarnait le Verbe éveillé. Le support de l'Esprit éveillé était semblable au matériau de la statue, avec des pierres précieuses et diverses substances médicinales mélangées à quelque chose comme du vermillon, un pigment rouge. Il dégageait un parfum merveilleux que je n'avais jamais senti auparavant. Le moment de la révélation de ce que l'on appelle un « trésor » était arrivé et nous eûmes la grande chance d'assister de nos propres yeux à la remise du trésor par son gardien, sous forme d'offrande. C'est ainsi que ces deux saints maîtres, Dzogchen Rinpoché et Khenpo Gonre, révélèrent spontanément un grand nombre de trésors du Dharma de la céleste réserve qu'est l'espace de la réalisation.

Lorsque nous nous rendîmes en pèlerinage à la glorieuse Tsari et que nous fîmes le tour du sommet de Dakpa Shelri, la Montagne de Pur Cristal, les lamas et les disciples durent tous marcher. Sur les rives du lac Rouge Sang, mon précieux lama tuteur, dansant et faisant des gestes avec ses bras, entonna un mélodieux chant vajra qui provoqua l'apparition de signes étonnants, de sorte que les obstructions des déités locales s'apaisèrent naturellement. Soudain, sans hésitation, notre précieux lama s'avança dans le lac, mais certains de ses assistants le rattrapèrent, l'empêchant d'aller plus loin. Le père de Dzogchen Rinpoché et mon grand-oncle, Adro Kechog Ngawang Norbu, étaient avec nous à ce moment-là. Ils dirent alors que parce que Khenpo Gonre avait été retenu, les circonstances favorables étaient légèrement discordantes et le mérite de ses disciples était faible. Ils firent cette remarque : « Si les circonstances favorables avaient été excellentes, il aurait certainement révélé un extraordinaire trésor lacustre ce jour-là ».

Nous trois, maître et disciples, effectuâmes un grand pèlerinage à Gangri Thökar – la « Montagne Neigeuse du Crâne Blanc » –, à Yarlung Sheldrak – le « Rocher de Cristal du Yarlung » –, aux grottes de Drak Yangdzong, à la grotte de la Lune de Yerpa, à la grotte du Rocher rouge de Chimphu, à la grotte de Ke'u Ri Yangdzong et à d'autres endroits, et nous fîmes de vastes offrandes. Dans la Grotte Fleurie du Grand Arcane de Chimphu, dans la grotte intérieure de Padmasambhava à Yangdzong et dans d'autres grottes, Dzogchen Rinpoché entreprit une stricte retraite solitaire. Au monastère de Thradruk, il ouvrit le mandala du Kadü Chökyi Gyatso, l'Océan du Dharma qui Rassemble tous les Enseignements et accomplit la sadhana de la fabrication de médicaments consacrés pendant sept jours, avec plus de cent pratiquants réunis pour l'occasion. C'était une grande assemblée spirituelle avec les quatre aspects des phases d'approche et d'accomplissement. Ensuite, nous fîmes cent mille offrandes de festin sacré d'amendement, des prières d'aspiration accompagnant l'offrande de lampes à beurre et nous terminâmes en jetant les sables colorés du mandala dans la rivière, conférant ainsi efficacement les rites importants des enseignements généraux et spécifiques.

À ce moment-là, de nombreux signes merveilleux d'accomplissement se manifestèrent et tout le monde en fut témoin : du nectar coula de la torma d'accomplissement et du nectar bouillit dans la coupe crânienne d'accomplissement. Un parfum médicinal emplit les environs sur un kilomètre et ainsi de suite. D'une manière générale, le miracle du nectar s'écoulant de la torma d'accomplissement est propre à la lignée des maîtres accomplis de Dzogchen, les Drupwang Dzogchenpas.

Chaque année au monastère Dzogchen, lors de la cérémonie de la Grande Consécration du Vase qui a lieu durant le mois des miracles, le nectar s'écoula de la torma d'accomplissement des Trois Racines, ainsi que de la grande torma d'offrande de nourriture. Ce miracle continue de se manifester chaque année au monastère de Dzogchen. En 1996, lorsque je mis en place pour la première fois la Cérémonie du Trône de

Manjushri lors du mois de Sagadawa au collège bouddhiste de Shri Singha, en raison du temps et des circonstances, nous ne pûmes pas organiser une assemblée élaborée et étendue comme les grands rassemblements qui avaient eu lieu dans le passé. Cependant, le nectar continua à couler spontanément de la torma d'accomplissement.

Tout aussi miraculeuse est la statue représentant Padmasambhava Mahasukha-kaya – Corps de grande félicité –, également connue sous le nom de « Dzogchen Mardoma ». Elle a été fabriquée par tous les maîtres successifs de la lignée Dzogchen et est réputée depuis des siècles dans tout le Tibet pour protéger tous ceux qui la portent de la maladie, des influences négatives et de la peur des nuisances ou des agressions. De nos jours, la Dzogchen Mardoma est célèbre dans le monde entier et appréciée par de nombreuses personnes, quelle que soit leur foi dans le Dharma.

Mon extraordinaire, précieux et suprêmement bienveillant Lama Gonre n'éprouvait aucun sentiment de plaisir ou de chagrin, de joie ou de colère, mais était toujours profondément spacieux et ouvert, considérant les myriades d'activités du samsara avec un sourire, comme une personne âgée regardant un enfant jouer.

En 1959, alors que tout était bouleversé, Lama Gonre réussit à s'échapper du violent conflit. Il descendit de cheval, s'assit droit comme une flèche dans l'équilibre méditatif et atteignit l'éveil dans l'espace intérieur de la Base primordiale. À ce moment-là, le ciel fut rempli d'arcs-en-ciel et d'un entrelacs de lumières. Le lendemain, au lever du soleil, son précieux corps avait disparu ; les mères et dakinis l'avaient emporté. Il y a beaucoup d'autres histoires merveilleuses telles que celle-ci.

Au même moment, au milieu des combats et du terrible conflit, Dzogchen Rinpoché Jigdral Changchup Dorje, sous prétexte d'avoir été légèrement blessé et d'être sur le point de mourir, prononça plusieurs fois le son HIK ! clair et pur et fusionna avec l'esprit éveillé de la Base d'émanation. J'ai réussi à conserver ses précieuses reliques pendant toute la période de la Révolution Culturelle et au-delà, en les gardant au péril de ma vie. Par la suite, pour enchâsser ses reliques et démontrer ma foi en Rinpoché, j'ai construit un grand stupa Dharmakaya en or, reliquaire de l'éveil qui libère à la vue. Ce stupa est aujourd'hui enchâssé dans le temple principal du centre de retraite Dzogchen Pemai Thang.

À l'intérieur du reliquaire doré, j'ai placé les précieuses reliques de Dzogchen Rinpoché comme objets de consécration ainsi qu'un bout de chair de Jigme Lingpa, les cheveux de Jigme Yönten Gonpo, ainsi que de nombreuses autres substances-supports absolument extraordinaires, y compris une relique du Bouddha qui se démultiplie spontanément. Dire que le simple fait de se prosterner devant ce stupa avec dévotion, même à distance, mettra fin à nos renaissances samsariques n'est pas, je le crois, une affirmation exagérée de son pouvoir spirituel.

Il est nécessaire de parler un peu de la vie des saints maîtres car, pour transférer la réalisation de la lignée de sagesse, les bénédictions des maîtres de la lignée sont extrêmement importantes. C'est pourquoi voici un bref résumé des noms de la lignée victorieuse de la Grande Perfection dans l'Essence du Cœur de l'Immensité ou Dzogchen Longchen Nyingthig, au monastère de Dzogchen :

Elle s'est transmise de Samantabhadra à Vajrasattva, puis il y eut Garab Dorje, Shri Singha, Padmasambhava, et ainsi de suite. Les trois lignées de transmission (d'esprit à esprit, symbolique et orale) sont parvenues à l'omniscient Longchenpa. Ensuite, le Grand Chariot de l'Essence du Cœur de l'Immensité a été transmis à Jigme Lingpa par la lignée de transmission d'esprit à esprit des Victorieux. Jigme Lingpa réalisa l'essence inconcevable de l'Esprit éveillé, inséparable de tous les bouddhas. L'étendue du vaste esprit de sagesse éveillée se déploya en lui. Il reçut du lumineux corps de sagesse de Longchenpa la lignée de transmission symbolique des détenteurs de science en trois visions au total. Il reçut également la lignée de transmission orale des personnes ordinaires en écoutant les enseignements de la lignée orale qui libère par l'audition. Jigme Lingpa a donc reçu les trois lignées de transmission.

De ses disciples, les quatre Jigme du Kham, la lignée est passée par Jigme Gyalwe Nyugu jusqu'au quatrième Dzogchen Rinpoché Mingyur Namkha Dorje, puis à Orgyen Tenzin Norbu et au grand khenpo Shengar Rinpoché. Elle a été ensuite transmise à mon maître Jigme Dadrin Yonten Gonpo. Il s'agit d'une lignée extrêmement proche. Jigme Yonten Gonpo a également reçu la lignée de Dodrup Kunzang Shenpen, Gyalse Shenpen Thaye et Patrul Jigme Chökyi Wangpo. Il a donc unifié les deux transmissions. Grâce à la bonté de mon lama, j'ai ensuite reçu cette lignée racine.

Un autre de mes professeurs était Dzogchen Pema Tsewang. Il s'en tenait à une discipline pure, maintenant les vœux extérieurs de libération individuelle. C'était un bodhisattva accompli, doté de la nature intérieure de la bodhicitta, et un maître de la Conscience éveillée, Rigpa, ayant atteint la pleine réalisation de la grande voie secrète du Vajrayana. Dzogchen Pema Tsewang était riche en qualités d'érudition, de discipline et de noblesse. C'était un yogi renonçant qui conservait les qualités de l'entraînement. En restant avec lui, j'ai reçu une instruction bienveillante et détaillée sur les treize textes philosophiques majeurs, y compris les enseignements auxiliaires.

Un autre de mes professeurs était Dzogchen Thubten Nyendrak. Il possédait les qualités des neuf modes de conduite sublime. Il était notamment réputé dans tout l'Amdo, le Tibet central et le Kham pour son érudition. Mon grand-oncle, Dzogchen Adro Ngawang Norbu, était également un maître. C'était un lama de la région et ses vœux étaient ceux d'un détenteur de vajra, adepte des mantras. Il était réputé pour son apprentissage des sutras et des tantras, ainsi que des sciences générales, et avait atteint des signes d'accomplissement. Il m'a transmis le Nyingmai Gyübum, la Collection des tantras de l'école Nyingma, ainsi qu'un enseignement détaillé sur le Yönten Rinpoche Dzö ou Trésor des Précieuses Qualités.

Le professeur qui m'a appris à lire et à écrire était Dzogchen Khenpo, Chöjor, érudit, discipliné et noble. En particulier, il était extrêmement expert dans les enseignements de la Sagesse Transcendante. En 1958, il venait de recevoir le trône de Khenpo principal du monastère de Dzogchen. Des lamas et des maîtres spirituels aussi excellents sont comme une chaîne de montagnes d'or et aussi rares que des étoiles de jour.

Dans cette section, j'ai utilisé mes saints lamas comme exemples pour parler des qualités des maîtres spirituels, la source des accomplissements. Après avoir trouvé un maître de ce type pour nous montrer la voie, si nous nous entraînons en suivant la réalisation et à la conduite du lama avec foi et dévotion ainsi qu'avec diligence, il ne fait aucun doute que nous atteindrons l'accomplissement suprême au cours de cette vie. En particulier, après avoir reçu une initiation profonde dans les mantras secrets, il est très important de maintenir les vœux et les engagements sacrés, tout comme si nous étions arrivés à la jonction de deux routes, l'une menant au meilleur et l'autre au danger.

Ainsi, sur ce point crucial, nous arrivons à l'étape du guru yoga proprement dit des préliminaires du Longchen Nyingthig. Voici ce qu'il convient de faire :

Dans un tantra, il est dit :

Plutôt que méditer sur cent mille déités pendant dix millions de kalpas,
Il vaut mieux penser un seul instant à son lama.

Pour tous ceux d'entre nous qui aspirent du fond du cœur à la libération, il est tout d'abord essentiel de rechercher un lama, un maître spirituel, qui possède les attributs appropriés pour nous montrer la voie. Ensuite, il est essentiel de nous entraîner avec lui et de recevoir ses instructions. Enfin, il est essentiel de pratiquer en suivant la réalisation et la conduite du lama et d'unifier notre esprit avec le sien.

Il est important de comprendre qu'à ce stade du yoga ultime et sans effort du Dzogpa Chenpo, on ne nous enseigne pas qu'à un moment donné, on peut espérer que des résultats surgiront grâce à des concepts et au discernement ou grâce à l'analyse d'arguments logiques. De plus, il n'est pas dit qu'en nous appuyant sur la pratique de la sadhana et avec de grands efforts, les accomplissements ordinaires et suprême seront atteints par étapes. L'introduction ne se fait pas non plus au moyen d'exemples qui suscitent une vérité partielle et dualiste.

Dans la pratique du Dzogchen, en priant avec une dévotion et une foi intenses et inébranlables un lama doté de la réalisation suprême et en le voyant comme un véritable bouddha, le pouvoir de la familiarisation du lama avec la véritable réalisation unifiera l'esprit du disciple avec celui du lama. Les bénédictions de la lignée et la sagesse de la réalisation se développeront dans l'esprit du disciple et, par ces moyens, la libération sera atteinte. De cette manière, les bénédictions arriveront avec une prompte énergie. Telle est la méditation sur le guru yoga, le cœur ultime de la voie. Nous pouvons être certains qu'il en est ainsi.

Visualisons le champ d'accumulation du guru yoga de la manière suivante :

Nous sommes dans une plaine vaste et ouverte, notre vision entière est celle d'une Terre pure. Visualisons-nous au centre de Pema Öbar, le Palais de la Lumière du Lotus, grandeur nature et largement déployé, parfaitement complet dans tous ses attributs. Nous sommes en essence la dakini Yeshe Tsogyal, sous l'apparence de la révérée Vajra Yogini. Elle est de couleur rouge, avec un visage, deux bras et trois yeux qui regardent avec aspiration le cœur du lama. Dans sa main droite, elle joue du *damaru*, tambourin de crâne tenu en l'air, qui réveille les êtres du sommeil de l'ignorance. Sa main gauche, posée sur sa hanche, tient un couteau courbe au manche de vajra qui tranche la racine des trois poisons mentaux. Elle est nue, parée des six ornements d'os et de guirlandes de fleurs. Visualisons-la comme présente mais vide en essence.

Dans le ciel, au-dessus de sa tête, à une distance d'une flèche, se trouve une fleur de lotus à dix mille pétales en pleine floraison, formée d'une myriade de substances précieuses. Sur ce lotus sont posés des coussins de soleil et de lune. Au centre, dans la nature de notre bienveillant lama-racine, se trouve la forme du précieux maître d'Oddiyana. Son teint est blanc avec un éclat rouge et il est assis dans la posture royale. Vêtu d'une robe de brocart, de robes monastiques et d'une toge, il porte une coiffe de lotus sur sa tête. Dans sa main droite, il tient un vajra d'or au niveau de son cœur, dans le geste de la menace. Sous son bras, il tient sa consort, la princesse Mandarava, sous la forme cachée d'un trident *khatvanga*.

Autour de lui, dans un entrelacs de lumière quinticolore environné de sphères lumineuses, se trouvent les huit vidyadharas – détenteurs de science de l'Inde –, les vingt-cinq disciples proches (le seigneur et ses sujets du Tibet, etc.), l'assemblée océanique des Trois Racines et des gardiens liés par serment. Visualisons-les réunis autour du Grand Maître d'Oddiyana. Avec une aspiration et une dévotion intenses, adressons-leur nos prières et récitons les mots d'invitation.

Pendant que nous faisons cela, méditons que les déités de sagesse, avec Zangdok Pelri, le Glorieux Mont Cuivré, et son Palais de la Lumière du Lotus ainsi que tous ses temples et déités, apparaissent en réalité. Elles se dissolvent dans les déités de samaya que nous venons de visualiser.

À présent, effectuons la pratique en sept branches. Comme nous l'avons vu, la voie des mantras secrets comporte de nombreux moyens habiles et ne présente aucune difficulté. C'est la pratique de ceux qui ont des facultés aiguisées. C'est pourquoi les accumulations qui prennent des centaines de milliers d'éons à être réunies dans les approches inférieures se consolident en un seul instant dans le Vajrayana et la libération est atteinte en une ou plusieurs vies. Parmi ces méthodes, la plus éminente est celle consistant à faire des offrandes au lama. Toutes les différentes méthodes de réunion des accumulations sont incluses dans les sept branches.

La branche des prosternations

Visualisons notre corps multiplié un nombre incalculable de fois et, avec tous les êtres animés aussi nombreux que le ciel est vaste, méditons et prosternons-nous ensemble. Nous devons nous unir comme un seul corps, une seule parole et un seul esprit. Effectuons nos prosternations avec dévotion sur les plans physique, verbal et mental, en voyant tout ce que fait notre maître comme étant autant d'expressions de l'éveil.

La branche des offrandes

Faisons aux bouddhas et aux bodhisattvas des offrandes propres et pures, réelles et créées mentalement. Suivons l'exemple des manifestations miraculeuses d'offrandes du noble Samantabhadra et offrons les richesses des dieux et des humains de tous les cieux et de tous les lieux terrestres, y compris l'eau potable, l'eau lustrale, les fleurs, l'encens, les lampes, l'eau parfumée, la nourriture et la musique ainsi que les demeures célestes, les jardins d'agrément, les seize déesses vajra, et bien d'autres choses encore.

La branche de la confession

Ressentons d'immenses remords et regrets pour tous les actes négatifs, les obscurcissements, les fautes et les échecs que nous-mêmes et tous les êtres animés avons accumulés par le corps, la parole et l'esprit au cours de toutes nos vies depuis l'origine sans commencement du samsara.

Admettons-les ouvertement et mettons-les de côté, en promettant de ne plus jamais recommencer. Dans la confession munie des quatre forces-antidotes, visualisons tous nos actes négatifs et nos obscurcissements réunis comme un tas noir sur notre langue. Des rayons de lumière jaillissent des corps de l'assemblée des déités du champ d'accumulation et touchent le tas noir. Considérons alors que cela nettoie et purifie tout.

LA BRANCHE DE LA RÉJOUISSANCE

Réjouissons-nous des magnifiques œuvres et des prières d'aspiration que les bouddhas, les bodhisattvas des dix directions et leurs disciples ainsi que nous-mêmes et tous les autres êtres animés ont réalisées, réaliseront et sont en train de réaliser. Quelle que soit l'accumulation positive de vertus incluse dans les deux vérités, souillée et non souillée, réjouissons-nous du fond du cœur pour tout.

LA BRANCHE DE LA REQUÊTE AUX BOUDDHAS POUR QU'ILS TOURNENT LA ROUE DU DHARMA

Prions tous les bouddhas, bodhisattvas et ceux qui apparaissent sous la forme de maîtres spirituels et qui n'ont pas encore tourné la roue du Dharma, en émanant notre corps un nombre incalculable de fois et en offrant des roues d'or, des conques blanches dextrogyres et d'autres choses semblables, afin qu'ils puissent tourner la roue du Dharma en accord avec l'esprit des trois types d'êtres à discipliner.

LA BRANCHE DE LA REQUÊTE AUX BOUDDHAS POUR QU'ILS NE PASSENT PAS EN NIRVANA

En multipliant notre corps un nombre incalculable de fois, prions tous les bouddhas et bodhisattvas des Terres pures qui, après avoir accompli leur tâche pour le bien des êtres animés et discipliné leur esprit, sont prêts à passer en nirvana. Supplions-les de rester jusqu'à ce que le samsara ait été vidé et de continuer à faire le bien des êtres. Tout en récitant la prière, restons attentifs à sa signification.

LA BRANCHE DE LA DÉDICACE

Considérons ces mérites comme représentant l'ensemble des racines de bien qui existent et ont été accumulées par nous-mêmes et tous les autres êtres au cours des trois temps et dédions-les avec le sceau de la sagesse non conceptuelle afin que tous atteignent l'éveil. Faisons-le de la même manière que le noble et juvénile Manjushri, Samantabhadra et d'autres. Procédons à la dédicace en pensant de cette manière.

Si nous ne procédons pas à la dédicace de cette manière pour atteindre le plein éveil, les mérites peuvent être détruits par des actes négatifs, par exemple par la colère, et si le résultat de la vertu mûrit, il sera épuisé une fois que nous aurons fait l'expérience du résultat. En dédiant de cette manière, les mérites acquis ne seront jamais perdus. Même après avoir expérimenté le résultat cent fois, ils continueront à augmenter de plus en plus.

Actuellement, nous sommes des êtres ordinaires et incapables de faire une dédicace avec la sagesse non souillée qui réalise que la nature du triple aspect de la dédicace, du dédicant et du dédicataire est sans existence réelle. Cependant, il est enseigné que si nous avons l'intention de faire la dédicace de la même manière que les bouddhas et les bodhisattvas, elle possèdera alors effectivement le triple aspect parfaitement pur.

Après avoir pratiqué les sept branches en combinant la récitation et les visualisations, prions à nouveau l'essence de tous les bouddhas des trois temps, le trésor inégalé de la compassion, le glorieux protecteur, notre saint lama. Tous nos souhaits et désirs seront spontanément exaucés. « Vous êtes comme un joyau spirituel qui exauce les souhaits. Je m'en remets à vous, je pratique avec vous seul ; je n'ai d'autre espoir que vous. Vous êtes omniscient ! » Prions en pensant à tout cela avec une dévotion qui nous fait monter les larmes aux yeux. Récitons les prières, puis le mantra du Vajra Guru plusieurs fois.

Ceci fait, d'une syllabe OM blanche, au point situé entre les sourcils de Padmasambhava et de notre lama, tous deux inséparables, jaillissent des rayons de lumière, étincelants comme du cristal. Ils touchent le sommet de notre tête et purifient les trois non-vertus du corps, ainsi que les obscurcissements des canaux subtils qui donnent naissance au corps physique. Nous recevons alors les bénédictions du corps de vajra, l'initiation du vase et devenons un réceptacle approprié pour la phase tantrique de création. La graine d'un vidyadhara de pleine maturation est plantée. La chance d'atteindre le niveau du Nirmanakaya est placée dans notre courant de conscience.

De la gorge de Padmasambhava, une syllabe AH rouge brillant comme un rubis émet des rayons lumineux qui touchent le centre de notre gorge. Les obscurcissements des quatre non-vertus de la parole et les obscurcissements du souffle sont purifiés car ce sont les souffles subtils qui donnent naissance à la parole. Nous recevons alors les bénédictions de la parole de vajra, l'initiation secrète et devenons un réceptacle approprié pour la récitation de mantras. La graine d'un vidyadhara maîtrisant la longévité est plantée. La chance d'atteindre le niveau du Sambhogakaya est placée dans notre courant de conscience.

Du centre du cœur de Padmasambhava, une syllabe HUM bleu ciel émet des rayons lumineux qui touchent le centre de notre cœur. Les obscurcissements des trois non-vertus de l'esprit et les obscurcissements des gouttes quintessentielles sont purifiés car ce sont les gouttes quintessentielles qui donnent naissance à l'esprit. Nous recevons alors les bénédictions de l'esprit de vajra, l'initiation de la sagesse connaissante, et devenons un réceptacle approprié pour la méditation sur la félicité-vacuité de *Tummo*, le yoga de la chaleur ardente. La graine d'un vidyadhara du Mahamudra ou Grand Sceau est plantée. La chance d'atteindre le niveau du Dharmakaya est placée dans notre courant de conscience.

De nouveau, de la syllabe HUM du cœur de Padmasambhava, une deuxième syllabe HUM jaillit comme une étoile filante et fusionne inséparablement avec notre esprit. Elle purifie le karma et les obscurcissements cognitifs de la conscience du substrat universel. Nous recevons alors les bénédictions de la sagesse de vajra, l'ultime initiation symbolique, et devenons un réceptacle approprié pour la Grande Perfection primordialement pure. La graine d'un vidyadhara de la présence spontanée est plantée. La chance d'atteindre le résultat ultime du Svabhavikakaya est placée dans notre courant de conscience.

Avec dévotion, suivons les mots du texte des préliminaires en récitant et méditant à l'unisson pour fusionner finalement notre esprit de manière inséparable avec celui de notre lama. Restons alors dans l'équilibre méditatif. Lorsque nous terminons notre session de pratique, prions une fois de plus notre lama avec une intense dévotion. Padmasambhava sourit avec de la joie dans les yeux et un rayon de lumière rouge brûlant jaillit de son cœur pour toucher le nôtre, alors que nous nous visualisons en tant que Vajra Yogini. Au moment où il nous touche, nous sommes transformés en une sphère de lumière rouge et, telle une étincelle, nous fusionnons avec le cœur de Padmasambhava. Restons alors en équilibre méditatif.

Après cela, expérimentons tout ce qui apparaît et existe comme autant de manifestations du maître et dédions les mérites acquis au bien de tous les êtres animés. Il est nécessaire de réciter le mantra du guru yoga dix millions de fois. Il est enseigné qu'à travers cette seule pratique faite avec une dévotion parfaite et de purs engagements sacrés, nous serons guidés vers la Terre pure de Padmasambhava et atteindrons le niveau de Samantabhadra.

Les enseignements de la Grande Perfection sont suprêmes parmi les autres approches spirituelles. Ils évitent la nécessité d'innombrables éons et d'innombrables vies d'accumulation et d'efforts. Ces enseignements fournissent des points cruciaux d'instructions profondes pour atteindre l'éveil en une seule vie et un seul corps. Cependant, comme les barreaux d'une échelle, les préliminaires et la pratique principale doivent être franchis étape par étape. De la même manière qu'un récipient doit être soigneusement nettoyé avant d'y verser une substance précieuse, nous devons d'abord purifier notre courant de conscience au moyen des pratiques préliminaires. Cela fait, nous pouvons entrer dans la pratique principale. C'est comme construire un bâtiment sur des fondations solides et stables. Les pratiques préliminaires sont comme une escorte protectrice qui nous accompagne sur un chemin redoutable. Sans un guide compétent, nous ne pourrons pas franchir une route encombrée d'ennemis armés et de bandits. Sans les préliminaires, même si nous connaissons certains points de la pratique principale, nous ne pourrons pas intégrer celle-ci dans notre expérience personnelle et son essence nous échappera.

Tout d'abord, nous entraînons notre esprit avec les quatre réflexions qui retournent l'esprit, puis nous procédons à un entraînement général à travers les préliminaires communs et extraordinaires. L'essence complète des préliminaires et de la pratique principale est la voie profonde du guru yoga. Du fond du cœur, je donne ce conseil vital à tous ceux qui aspirent à la libération : mettons le guru yoga au cœur de toutes les pratiques.

Vingt et un
L'union de la fusion et du transfert au moment de la mort

    Le Bouddha a révélé de nombreux types d'enseignements du Dharma. Par la suite, beaucoup d'érudits ont étudié ces enseignements et les ont explicités en termes de mots et de signification. Cependant, le point essentiel est que quelqu'un qui, par la pratique du saint Dharma, a trouvé le courage et la confiance nécessaires pour surmonter la peur au moment de la mort, est appelé un bouddhiste. En revanche, quel que soit le nombre d'enseignements, de sutras, de tantras, de transmissions et surtout d'instructions que quelqu'un ait reçus, même s'il peut les réciter par cœur aussi couramment que le flot incessant d'une rivière, si, au moment de la mort, il n'a pas été capable d'assimiler dans son esprit un seul mot d'instruction pour son propre bénéfice ou celui d'autrui, c'est comme s'il était parti chercher de l'eau et qu'il était rentré chez lui avec le seau complètement vide : un véritable gâchis de vie humaine.

    J'ai rencontré un jour une personne malade, au bord de la mort. Le médecin ayant confirmé son décès imminent, sa femme et les infirmières savaient qu'il n'y avait pas d'autre voie pour lui que celle qui se présentait : la mort. Cependant, le médecin, soucieux de ne pas déprimer le malade, ne lui dit pas la vérité. De même, ses proches évitèrent la confrontation, pleurant en cachette, et personne ne lui expliqua clairement sa situation. Compte tenu de tout cela, le malade mit du temps à réaliser que sa maladie était en phase terminale mais il finit par comprendre que lorsque la mort arrive, tout le monde a peur, y compris les bouddhistes. Jour après jour, sa respiration devenait de plus en plus difficile et son pouls s'affaiblissait. Au seuil de la mort, les yeux du mourant s'enfoncèrent dans son crâne et son nez commença à s'affaisser. Ses dents devinrent tachées et salies et il continua à se débattre avec ses vêtements. Il suppliait qu'on le relève dans son lit ou le contraire et ainsi de suite.

    Face à ces signes de mort imminente, le malade et sa femme perdirent tout espoir et durent affronter les circonstances qui les attendaient après sa mort. Le mourant se mit alors à haleter rapidement et péniblement ; des larmes coulèrent de ses yeux et son visage devint gris de misère. D'une voix faible et désespérée, sortant du fond de sa gorge, il cria les noms du médecin, des membres influents de sa famille et de ses proches. « Ne me laissez pas mourir », sanglotait-il, suppliant et implorant, la voix pleine de souffrance. Témoin de sa douleur, je ressentis une peine terrible. C'était comme si les gens qui m'entouraient, même ceux avec lesquels je n'avais aucun lien, devenaient comme des épines dans mon cœur. La détermination naquit en moi : si je pouvais réellement le sauver en me sacrifiant, je serais prêt à mourir à sa place.

À ce moment-là, toutes les actions passées du mourant apparurent dans le reflet de sa mémoire semblable à un miroir. Lorsque cet homme était adulte, il ne pensait jamais à la mort et il était même allé jusqu'à priver d'autres êtres de leur précieuse vie. À l'âge adulte, ses ordres tyranniques et féroces s'étaient abattus comme la foudre sur des personnes faibles et totalement innocentes, leur causant de grandes souffrances. Il avait détruit et démoli des représentations du Corps, du Verbe et de l'Esprit des bouddhas, critiqué les saints enseignements et maîtres bouddhistes et perpétré de nombreux autres actes négatifs. En se souvenant de tout cela, le mourant avait soudain été pris de terreur, s'évanouissant presque dans un état d'agonie mentale et physique. Je pouvais voir à son apparence qu'il avait des visions du ciel tombant sur la terre alors que sa respiration s'arrêtait et qu'il mourait.

Une personne douée de clairvoyance aurait été en mesure de percevoir clairement les expériences encore plus terrifiantes auxquelles cet homme fut confronté après sa mort. Mais les yeux des gens ordinaires comme nous reconnaîtraient qu'à partir de ce jour, il fut non seulement séparé pour toujours de ce monde, mais aussi éternellement séparé de toute sa famille et de tous ses amis aimants. Tout ce qui restait était ce que nous appelons un cadavre, terrifiant, impur et malodorant, accompagné d'un nom sans vie. À part cela, il n'y aurait rien d'autre à voir. Après quelques jours, le cadavre est incinéré, enterré, jeté dans une rivière ou donné aux vautours et ainsi de suite, selon la coutume locale. Ensuite, au fil des années, le nom du défunt s'efface peu à peu des mémoires et finit par être oublié.

Nous ne pouvons pas être témoins de ce qui se passe après le dernier souffle d'un mort mais nous pouvons être témoins de la souffrance insupportable de ceux qui restent. Les membres de la famille du défunt qui l'ont chéri prient les êtres précieux, implorant que leur bien-aimé soit protégé des terreurs de l'état intermédiaire lors de son passage dans l'autre vie. Quelques ignorants se lamentent et pleurent en disant : « Où vas-tu, en nous abandonnant ainsi ? » et ils se frappent la poitrine, se tirent les cheveux, etc. Cependant, la conscience du défunt s'est évanouie ou a déjà quitté les limites du corps physique, de sorte que personne ne peut rester pour donner une réponse intelligible. Comment tout cela pourrait-il être le moindrement bénéfique au défunt ?

Au Tibet, après la mort d'une personne, les gens évitent de mentionner son nom et si quelqu'un d'autre dans la région porte le même nom, il est de coutume de le changer et de lui en donner un autre.

La raison en est la suivante : si la personne décédée n'est pas attachée à sa famille, à ses amis, à sa maison et à ses biens, si elle a déjà pratiqué le Dharma en vue de sa prochaine vie, ce mérite l'accompagnera et lui permettra de renaître dans les mondes supérieurs et de se libérer, de sorte qu'il n'y aura pas de souffrances temporaires ou à long terme. Si ce n'est pas le cas et que cette personne n'a pas pratiqué le saint dharma de son vivant, il n'y aura pas de karma positif pour l'accueillir à sa mort. De plus, après son décès, si ceux qui dirigent les services funéraires n'entreprennent pas non plus de pratiques méritoires qui profiteront au défunt, alors le simple fait de brûler du papier-monnaie, d'offrir des fleurs ou de prononcer des discours solennels n'est d'aucune utilité.

En particulier, si la personne décédée s'accroche ou s'attache aux expériences de ce monde, la perpétuation des actes négatifs accumulés antérieurement agira comme une cause karmique qui s'ajoutera aux conditions formées par les objets auxquels la personne décédée s'accroche et s'attache, pour produire des résultats négatifs. Tout comme un aimant attire le fer, l'état samsarique est à nouveau créé et le défunt entre une fois de plus dans la prison de la souffrance. Dans le Tibet bouddhiste, c'est pour cette raison que les gens s'abstiennent de prononcer le nom d'une personne récemment décédée. Si la famille ou les amis prononcent son nom, le défunt, qui conserve un corps mental, risque de développer de la saisie et de l'attachement, et donc de leur nuire. C'est pourquoi il est devenu habituel de ne pas prononcer le nom des morts. S'il devient impossible de ne pas faire référence au défunt, il est alors d'usage de l'appeler « l'esprit paisible ».

Il est enseigné qu'en général, sur les trois éléments que sont la « force vitale », « l'anima » ou *la* en tibétain et la « conscience mentale », la force vitale peut être tranchée par une force négative et la conscience mentale suit le karma. Le *la*, quant à lui, demeure lorsque le corps mort est éliminé ou enterré. Ce que l'on appelle « *la* » forme la base de la force vitale. Il constitue l'essence subtile de la vie et de la force vitale. S'il disparaît, se dissipe, s'enfuit, etc., cela se manifeste alors par des malaises, une perte d'éclat et de luminosité du teint et des insomnies. Avant qu'une personne ne meure, son *la* diminue. Les signes de cette diminution sont l'arrêt du pouls du *la*. Dans les mantras secrets de la tradition Nyingma du bouddhisme tibétain, il existe de nombreuses méthodes pour raviver le *la* au moyen de rituels et de la concentration méditative, y compris le rappel ou le rachat du *la*. Après la mort, on dit que ce que l'on appelle le *la* reste lorsque le corps est jeté et peut être considéré comme le gardien inné ou le dieu ancestral d'une personne. En réalité, le *la* fait partie des perceptions d'une personne et n'est pas une puissante entité non humaine qui peut nous bénéficier ou nous nuire.

Si le *la* est à l'aise au moment de la mort, tous ceux qui restent seront également à l'aise mais si l'endroit où le corps est jeté n'est pas approprié et ainsi de suite, le *la* sera mal à l'aise et ceux qui restent connaîtront la perte de leur bétail ou d'autres malheurs. Il me semble qu'il y a là un lien évident entre des phénomènes observables. On dit qu'il existe des forces négatives innées, des messagers de la mort, des démons et des esprits négatifs qui peuvent prendre la forme d'une personne décédée pour causer des malheurs à d'autres. Certains démons peuvent même posséder des êtres vivants dont le corps et la force sont diminués et causer ainsi du tort à d'autres créatures vivantes.

Selon la coutume tibétaine, il n'est pas bon que la famille pleure lorsque quelqu'un meurt. La tradition veut que si l'on pleure sur un corps, les larmes se transforment en une grêle de fer rouge sur le défunt. Ces propos sont tenus par des personnes dont le niveau d'éducation ou de compréhension de la religion n'est pas particulièrement élevé mais si l'on y regarde de plus près, il est clair qu'il y a une raison valable à cela. Le défunt est cent fois plus anxieux et misérable que ceux qui restent derrière lui, il est complètement isolé et plein de désespoir et de terreur. À ce moment-là, la conscience n'est soutenue que par un corps mental, qui dépend uniquement de l'odeur de la nourriture pour se nourrir. Sans protection ni refuge, sans amis ni aide, le temps s'écoule dans la peur et la terreur. Poussé par les vents du karma, le défunt revient sans cesse dans les environs de son ancienne maison et de sa famille. À ce moment-là, si les vivants n'ont pas de conseils ou de réconfort à offrir et se contentent de rester assis à pleurer, le défunt n'en sera que plus déprimé et attaché, ce qui augmentera le risque d'une renaissance négative. Pour ces raisons, le mal causé par les larmes des personnes en deuil est comparable à une tempête de grêle de fer rouge.

Les premiers jours après la mort, les proches pleurent et se lamentent, mais ensuite ils commencent à débattre de la manière de partager ses richesses et ses biens, puis ils se disputent et se battent. Il n'y a rien de plus dommageable pour le défunt que cela et c'est une chose terrible à faire. Un être mental dans l'état intermédiaire du bardo n'a pas d'enveloppe corporelle de chair et de sang mais il a une mémoire très claire et un niveau mineur de clairvoyance ou de perception supérieure. Donc, si ceux qui restent s'engagent dans des actes négatifs par rapport au défunt, celui-ci sera irrité et cela le propulsera vers une renaissance inférieure. Tout comme le plus lourd des navires peut être dirigé facilement lorsqu'il flotte sur l'eau, un être peut tirer de grands avantages ou subir de grands dommages lorsqu'il se trouve dans le bardo.

De plus, il est courant que les Tibétains prêtent serment en présence du cadavre en disant : « Pour augmenter tes mérites, je promets d'accomplir des actes positifs et d'abandonner les actes négatifs ». S'ils y parviennent, ces actions deviennent bénéfiques à la fois pour eux-mêmes et pour le défunt dans le futur. En particulier, le service et le respect des représentations du Bouddha, du Dharma et du Sangha ou d'un lieu de rassemblement de la communauté spirituelle (monastère, couvent, etc.), les dons aux pauvres, les offrandes régulières, la restauration de grands collèges bouddhistes et d'autres travaux méritoires de ce type apportent un bénéfice rapide.

Plus particulièrement, lorsque quelqu'un est sur le point de disparaître, à la frontière entre la vie et la mort, un maître spirituel peut être invité à effectuer le transfert de conscience ou *powa*. Grâce à cette pratique profonde, la conscience peut être attirée directement et avec force vers la bienheureuse Terre pure de Sukhavati. Pour la personne décédée, il vaut mieux recevoir cela que de se voir offrir toutes les richesses du monde. Au moment de la mort, même en les possédant toutes, non seulement il serait impossible de tromper la mort mais la richesse elle-même deviendrait une source d'attachement et une cause de souffrance.

Dans ce cas, si nous y réfléchissons bien, nous nous rendons compte qu'il n'y a aucune certitude quant au nombre d'années de vie qu'il nous reste ou à la date de notre mort. Par conséquent, non seulement ceux qui sont sur le point de mourir mais chacun d'entre nous devrait se hâter de recevoir au moins cet unique enseignement spirituel. Tout bipède qui ne le fait pas n'est pas différent d'un animal à quatre pattes.

Les instructions de la voie rapide du transfert de conscience ou *powa* sont un moyen rapide et spécial des mantras secrets et du Dzogchen. C'est l'une des cinq pratiques permettant d'atteindre la bouddhéité sans méditation, parce qu'il est enseigné que cette méthode ne nécessite pas une longue période de temps, de nombreuses vies ou éons, ni les méditations difficiles de création et d'achèvement des autres voies. Cependant, il n'est pas enseigné que les étapes de visualisation du transfert sont inutiles. Mais, parce qu'il s'agit d'une voie de pratique rapide, de nombreuses personnes aux facultés aiguisées et aux minces obscurcissements karmiques peuvent pratiquer pendant seulement sept jours et obtenir des signes d'accomplissement.

Si une personne sur le point de mourir a précédemment reçu des instructions sur le transfert de conscience et les a pratiquées jusqu'à ce qu'elle obtienne des signes d'accomplissement, alors au moment de la mort, lorsque le maître spirituel récitera l'introduction et les étapes de la visualisation, elle pourra elle-même se concentrer avec une foi focalisée. Comme son accoutumance antérieure à cette pratique sera présente en elle, le pouvoir du lama et celui du pratiquant se conjugueront pour faciliter l'atteinte de la libération. Même pour un pratiquant très moyen, si le maître spirituel possède une grande réalisation, il sera certainement capable de le propulser avec une grande habileté, comme on tire une flèche, vers la Terre pure de Sukhavati, pour qu'il devienne inséparable de l'esprit éveillé du protecteur Amitabha.

Le transfert de conscience est l'une des pratiques qui permettent de libérer les personnes présentant de grandes négativités par des méthodes énergiques. Il est dit dans les enseignements : « Recevez ceux qui n'ont pas un entraînement suffisant au moyen du transfert ».

Il existe de nombreuses variétés d'instructions pour le transfert de conscience et beaucoup de moyens de transmission différents. Si nous prenons l'exemple du transfert le plus élevé, celui du Dharmakaya destiné à un pratiquant déjà familiarisé, un maître ou un ami ayant des vœux purs lui parlera du processus en lui donnant des introductions et des visualisations. Il dira : « Les signes de la mort vous apparaîtront comme suit... » et « Vous êtes sur le point d'expérimenter des changements dans votre perception, vous verrez donc telle ou telle vision... ». « Les étapes de la dissolution sont comme ceci et cela, alors priez avec dévotion, et de telle ou telle manière, détendez-vous en toute sérénité ». Grâce aux instructions essentielles dans les pratiques de Trekchö de la pureté primordiale et de Tögal de la présence spontanée, ils se libèrent dans cette vie même.

Au moment de la mort, la luminosité du Dharmakaya est reconnue, comme un enfant rencontrant sa mère, et la libération se produit. De même, il y a le transfert intermédiaire du Sambhogakaya et le transfert modeste du Nirmanakaya. Il y a aussi le transfert ordinaire des trois métaphores et ainsi de suite. Selon les instructions de la tradition, il existe des différences entre ces pratiques quant au temps, aux métaphores, aux méthodes de libération, etc.

Le transfert de conscience pour les mourants est une méthode énergique pour libérer même ceux qui sont sans pratique spirituelle et qui ont un lourd karma négatif. Pour cela, il est absolument nécessaire que le lama ait vu la vérité sur la voie de la vision et ait atteint le premier des niveaux de réalisation du bodhisattva. Sans avoir réalisé l'esprit suprême de la véritable bodhicitta, le lama sera incapable de guider la conscience d'autrui vers une Terre pure. Ce type de maître à la suprême réalisation unifie ses souffles subtils, sa conscience et son esprit avec la conscience du défunt et le transporte ainsi instantanément dans la sphère ultime, le véritable champ pur et bienheureux, dans une ascension directe vers l'éveil.

Il existe également des histoires de certains maîtres accomplis qui convoquaient la conscience du défunt dans un objet ou une inscription rituelle afin de focaliser son attention et de lui donner des instructions sur le Dharma. Ensuite, grâce aux étapes de visualisation de la pratique du transfert, ils étaient capables de déplacer la conscience à la manière d'un objet physique. Il existe un récit historique qui décrit cela : le premier Dzogchen Rinpoché, Pema Rigdzin, accompagné de deux de ses étudiants, alla effectuer le transfert pour une personne décédée. Rinpoché invita la conscience du défunt à rester sous une soucoupe et demanda ensuite à chacun de ses étudiants d'essayer de déplacer la conscience.

Lorsque les élèves lancèrent le HIK, ils ne purent qu'ébranler légèrement la soucoupe. Le maître effectua alors lui-même le transfert et, d'un seul coup de HIK, la soucoupe fut jetée de côté.

Selon la coutume tibétaine, les rituels funéraires pour les morts sont accomplis pendant quarante-neuf jours après le décès. La raison en est que la durée de vie d'un être dans l'état intermédiaire est généralement de quarante-neuf jours. En comptant à partir du jour du décès, chaque période de sept jours correspond à l'anniversaire hebdomadaire au cours duquel il est de coutume qu'une grande assemblée de moines et de nonnes se réunisse pour accomplir divers rituels afin de purifier les obscurcissements du défunt, de le guider et de l'envoyer vers une Terre pure. La raison de cette répétition est que tous les sept jours, l'être dans l'état intermédiaire revit la souffrance de la mort.

Cependant, le moment le plus important survient pendant le processus de la mort, lorsque la respiration extérieure a cessé mais pas la respiration intérieure. Pendant cette phase, il est très important qu'un lama extraordinaire soit invité à effectuer la pratique du transfert de conscience. En effet, il existe un court laps de temps, quelques secondes, qui est incroyablement décisif et crucial pour déterminer si la conscience du défunt peut être transférée ou non.

Dans les régions nomades du Tibet, la coutume veut que l'on fasse d'abondantes offrandes au maître qui effectue le transfert, en commençant par le cheval que montait le défunt ou le meilleur cheval de la maison ainsi qu'une selle, une bride et une couverture de selle. Dans d'autres endroits, il est également de coutume d'offrir de l'amadou, un soufflet, une louche à eau, des chaudrons en cuivre, des bols, des aliments, etc., ainsi que du matériel de cuisine, des provisions de voyage et d'autres articles utiles, tous emballés dans des sacs de selle et attachés sur le dos du cheval en guise d'offrandes supplémentaires.

Trois jours après la mort arrive généralement le moment où la conscience se réveille de sa torpeur. C'est un moment important pour l'introduction aux expériences de l'état intermédiaire et c'est donc ce jour-là que l'on invite un maître éminent afin qu'il crée soigneusement des mérites pour le défunt. Le dernier jour, lorsque quarante-neuf jours se sont écoulés, un rituel intitulé « Achèvement » est accompli et, le jour suivant, un rituel intitulé « Indication de la voie », toujours en accueillant un maître éminent.

Habituellement, en fonction des moyens et des besoins d'une famille, l'introduction aux instructions du Bardo Thödol ou « Libération par l'écoute dans le bardo » est donnée tous les sept jours ou tout au long des quarante-neuf jours, ainsi que l'enseignement profond du Shitro Gongpa Rangdröl ou « Esprit naturellement libre des déités paisibles et courroucées », Vajrasattva, le Thardo ou « Sutra de la libération », le Tungshak ou « Confession des méfaits », le Zangchö Mönlam ou « Aspiration à l'excellente conduite », etc.

En outre, il est d'usage que les maîtres et les tulkus soient invités, quelle que soit leur tradition, à accomplir au moyen les cérémonies pour les défunts, y compris celles destinées à les envoyer dans une Terre pure, les rituels de purification et diverses récitations pour éliminer les obscurcissements.

Immédiatement après le quarante-neuvième jour, une bénédiction est conférée aux os du défunt au moyen d'un rituel de Vajrasattva. Les os sont ensuite réduits en poudre, mélangés à de l'argile et moulés en petits stupas qui représentent l'Esprit éveillé du Bienheureux, le Bouddha, et qui sont appelés « *tsa-tsa* ». L'année suivante, à l'occasion de l'anniversaire du décès, l'équivalent d'une année de nourriture qui aurait été celle du défunt est utilisé pour organiser une offrande commémorative élaborée.

Les coutumes religieuses et sociales concernant la purification et l'élimination des cadavres variant selon les cultures, toutes sortes de méthodes différentes se sont développées. Dans le Tibet bouddhiste, il existe une méthode qui n'est pas répandue dans d'autres pays, celle de donner le corps aux oiseaux, dont je vais maintenant parler brièvement. À ce stade, certaines personnes sont terrifiées et tremblent de peur. Cette réaction n'est que le résultat des liens très étroits de votre attachement à la saisie d'un soi. À part cela, une fois que ce corps est devenu un cadavre, il n'est pas différent de la terre ou de la pierre. Alors, où sont ses sensations de douleur ? Si un cadavre avait des sensations, quelle souffrance il éprouverait en étant enterré au fond d'un trou dans le sol !

Il est important que le site où un charnier est établi soit béni. Les Tibétains invitent un saint maître ayant accompli le nombre approprié de récitations de mantras et de pratiques des phases de création et d'achèvement, à se rendre dans un lieu dont on a déterminé qu'il possédait d'excellentes qualités, afin de consacrer la terre. Ensuite, le site est béni avec le mandala des déités paisibles et courroucées et devient un charnier sacré. Des stupas de l'éveil et des murs de mantras de cent mille pierres sont érigés. Des syllabes sacrées sont imprimées sur des tissus et suspendues comme des drapeaux de prière, et tous ces éléments sont également consacrés.

Dans un tel charnier, un pratiquant du Chöd doté d'une expérience et d'une réalisation extraordinaires libérera, la veille au soir, le cadavre de la force négative qui a provoqué la mort. Un calcul astrologique est effectué par rapport à la mort pour déterminer la direction dans laquelle l'esprit maître du sol, le « Sadak Hal-khyi » se déplacera, et ainsi de suite. Selon l'heure et la direction indiquées par le calcul, et approximativement à l'aube, le cadavre est emmené au charnier à partir d'une direction pure.

Le pratiquant du Chöd dirige les prières préliminaires du Refuge et de l'esprit d'éveil ainsi que les textes rituels de la tradition du Chöd. Le corps est ensuite retourné et, en commençant par le haut de la colonne vertébrale, la chair est découpée avec les grandes coupes transversales des déités paisibles et courroucées, ainsi qu'avec la coupe transversale de l'offrande de libération de Heruka. Les parties du corps sont ensuite bénies comme substances d'offrande de nectar de sagesse et deviennent une offrande de festin sacré. Quelles soient de sagesse, d'activité ou mondaines, les dakinis sont invitées à la manière de ceux qui rendent service. Une assemblée de squelettes et de messagers qui se réunissent pour recevoir les restes est également convoquée. Tous ces éléments se présentent sous la forme de vautours selon le rituel de visualisation « Appel des oiseaux », qui est accompagné du rituel de récitation avec des tambours, des cloches et des trompettes d'os de fémur. Le cadavre est ensuite découpé en morceaux et donné aux vautours, qui consomment tout jusqu'à la dernière miette.

Lorsqu'un cadavre est incinéré au Tibet, le mandala de la déité yidam appropriée est pratiqué et la déité du feu de sagesse qui y est associée est invoquée. Cette déité du feu de sagesse fusionne avec soi-même, l'être de samaya, brûlant ainsi les éléments de la saisie d'un soi comme offrandes dans le feu de sagesse, ce qui les purifie.

Ce type de service funéraire vertueux, efficace et authentique ne laisse pas seulement les vivants dans un bon état d'esprit et la famille du défunt en paix, mais voit le défunt suivre un chemin menant à un bonheur toujours plus grand dans chaque série de vies successives. Après avoir vu partir les autres, nous devons nous préparer à suivre le même chemin. Non seulement la pratique du transfert de conscience est très profonde au moment de la mort mais les prières d'aspiration faites alors facilitent l'accomplissement des souhaits. « Pour mon bien et celui de tous les êtres animés, puissé-je fournir de la nourriture à ceux qui ont faim, de l'eau à ceux qui ont soif, puissé-je protéger ceux qui n'ont pas de protecteur et être un refuge pour ceux qui n'en ont pas » et ainsi de suite. En priant les Trois Joyaux, les prières d'aspiration seront réalisées en conséquence.

Au seuil de la mort, confessons les actes négatifs et les échecs accumulés depuis des temps immémoriaux. Consacrons tous nos mérites au grand éveil. Pensons au moment de la mort : « J'ai eu l'opportunité de m'appuyer sur les instructions exceptionnelles de la voie profonde du transfert de conscience et de pouvoir ainsi atteindre l'éveil parfait, puissent tous les êtres animés qui sont autant de mères pour moi être libérés de la souffrance du samsara ». Générer cette aspiration avec courage et confiance est une qualité extraordinaire des bouddhistes.

J'ai rencontré un jour un vieux moine tibétain qui n'avait ni richesse ni possessions. Il était seul et au seuil de la mort. Il n'avait pas reçu d'éducation poussée et n'était pas très érudit. Cependant, depuis son plus jeune âge, il faisait des prosternations, des circumambulations et purifiait ses obscurcissements. Lorsqu'il était jeune, il avait reçu d'un maître les enseignements préliminaires et principaux de la pratique du Dzogchen Khandro Nyingthig, « l'Essence du cœur de la dakini dans la Grande Perfection » et s'était engagé dans les pratiques appropriées.

Il aimait toujours plaisanter et s'amuser. Il était très doué pour raconter des histoires hilarantes et les autres ne pouvaient s'empêcher de s'écrouler de rire. Il n'hésitait pas à ridiculiser les comportements et les situations inappropriés d'autrui en mêlant des observations pertinentes à ses récits humoristiques. Il continuait à plaisanter alors qu'il approchait de la mort, sans même y penser autant qu'on le ferait en sortant de chez soi. Après s'être rassasié de la nourriture de ce monde, il était satisfait. Mais il dit qu'il avait encore le désir de boire un bol de lait pour établir un lien propice, parce qu'il serait bon de se rendre propre et blanc à l'intérieur. Il but le lait, enleva ses vieux vêtements et revêtit sa robe du Dharma. Il entra en méditation, un petit sourire aux lèvres, tandis que ses éléments subtils commençaient à se dissoudre. Une chose surprenante se produisit alors : un serpentin de vapeur chaude émergea du sommet de sa tête et monta dans l'air. Certains cadavres sont effrayants et repoussants, tandis que d'autres ne suscitent aucune crainte. Lorsque le mouvement de sa respiration s'arrêta, son visage était encore souriant, comme s'il s'était endormi, et son cadavre n'effraya personne.

Le vieux moine n'avait personne pour le pleurer et personne non plus pour lui organiser des funérailles élaborées. Il ne possédait rien d'autre qu'une petite quantité de farine d'orge grillée mélangée à du fromage sec, suffisante pour vivre pendant environ une semaine, et un peu de beurre. Il vivait en s'entraînant aux douze bonnes qualités et était satisfait de ce qu'il avait, ayant peu de désirs. Ce type de personne n'avait pas de cheval à offrir pour la récitation du transfert de conscience et personne ne l'exécutait pour lui mais il entra néanmoins dans les champs purs aussi naturellement qu'une personne entre dans sa propre maison.

Lorsque j'avais treize ans, ma mère, qui en avait trente-sept, décéda au cours de l'année astrologique des obstacles. Cette année-là, je vivais dans le centre de retraite isolé de Dzogchen et cela se produisit alors que j'étudiais les cinq recueils de raisonnement sur la Voie du Milieu avec Khenpo Pema Tsewang. Lorsque ma mère tomba malade, mon éminent oncle Dza Mura Tulku envoya immédiatement plusieurs messagers de ma région natale de Dzachuka pour me demander de prendre un mois de congé et de venir rapidement. J'interrompis alors mes études du Dharma et je pus, en chevauchant rapidement, faire le voyage de quatre ou cinq jours vers mon lieu de naissance pour arriver au siège monastique de mon oncle, le monastère de Gelong. À cette époque, à l'exception d'une petite douleur au niveau des côtes gauches, ma mère semblait en bonne santé et n'avait pas changé. Elle était connue pour sa beauté et pouvait chanter magnifiquement de mémoire la Légende du Roi Gesar, une centaine de pages à la fois, en distinguant naturellement les différentes mélodies qui caractérisaient chacun des héros. Même à cette époque, elle était comme elle l'avait toujours été, ne montrant jamais aucun signe de souffrance.

Mes parents, mes frères, mes sœurs et mes oncles étaient réunis au milieu des magnifiques prairies nomades. Il y avait les troupeaux du bétail, des chevaux blancs, noirs et tachetés, des moutons, des yaks et d'autres animaux, ainsi que de nombreux chiens à quatre yeux (chiens ayant deux marques rondes sous leurs vrais yeux), certains noirs avec la poitrine blanche, d'autres gris tachetés, etc., de la même taille que les bébés yaks qui se promenaient en portant des cordes rouges en poils de yack autour de leur cou.

Au centre de tout cela se trouvait notre tente carrée en poils de yack noirs. Les hommes se tenaient sur le côté droit et les femmes sur le côté gauche. Au centre, il y avait un grand poêle dont les flammes rugissaient et sur lequel nous faisions bouillir le thé, le lait et cuire notre nourriture. Dans la partie supérieure de la tente, le combustible était empilé et recouvert d'un long tissu rayé. En tête de la file des hommes se trouvait l'autel familial, orné d'offrandes et de nombreuses lampes à beurre allumées. Du côté des femmes, de grandes marmites en cuivre remplies de lait, de yaourt et de nourriture, où ma mère et mes sœurs se préparaient à recevoir des invités. Sur une natte carrée en laine blanche, les hommes s'asseyaient les jambes croisées et les femmes s'agenouillaient, les jambes repliées sur le côté. En général, c'est ainsi que les nomades du nord-est du Tibet aimaient vivre.

À cette occasion, notre grande famille nomade entonna de joyeux chants et nous prîmes plaisir à déguster du lait, du yaourt, du beurre, du fromage doux, etc. C'était la dernière fois que tous les membres de notre famille proche et éloignée étaient réunis, et il me sembla qu'un demi-mois s'était écoulé en un bref instant. Je n'ai toujours pas oublié les moments joyeux que nous passâmes ensemble et parfois des souvenirs surgissent dans mes rêves la nuit.

Ensuite, selon les dispositions prises par mon précieux oncle, Mura Tulku, je l'accompagnai avec un groupe d'une centaine de ses disciples et de personnes d'autres districts partageant la même vision. Nous visitâmes des temples et des monastères, notamment le monastère de Lap, pendant près d'un mois avant de retourner à son monastère, où nous apprîmes que ma mère était soudainement tombée malade et qu'elle était alitée.

Depuis le monastère de Gelong, mon oncle et moi traversâmes à cheval la rivière Dza et la prairie du nord. Sur la crête entre Madö et Dzachuka, près de Dzagyü, nous arrivâmes au campement familial dans la soirée. La santé de ma mère s'était détériorée et je pouvais dire, rien qu'en la regardant, qu'elle ne vivrait pas longtemps. Mon éminent oncle s'assit près de l'oreiller de ma mère et commença avec moi à réciter la pratique du transfert de conscience de l'Essence du Cœur. Pendant que je l'accompagnais dans le récitatif, j'étais assis tout près, fixant le visage de ma mère.

À un moment donné du récitatif, elle joignit les mains et récita lentement quelques mots de la prière d'aspiration de Chakme Rinpoché pour renaître dans la Terre pure d'Amitabha. Mon éminent oncle émit alors cinq sons HIK supplémentaires. Avant qu'il ne prononce le dernier, la respiration de ma mère s'arrêta. J'étais stupéfait pendant un moment et mon esprit devint vide. Une fois le récitatif terminé et après avoir eu l'occasion de réfléchir à ce qui s'était passé, je ne pus supporter la tristesse d'être séparé à jamais de ma gentille mère. Cependant, lorsque j'y réfléchis attentivement, elle a reçu le transfert et une émanation d'Avalokiteshvara, mon éminent oncle Dza Mura Rinpoché, lui a montré le chemin et l'a guidée vers une Terre pure. De plus, ma mère était elle-même la fille du maître yogi de la Conscience éveillée, Dzogchen Adro Sönam Chöpel, qui fut l'enseignant de nombreux saints maîtres, dont Katok Ngagchung. Elle avait une syllabe AH naturelle sur la langue, ce qui était clairement visible, et elle était issue d'une noble famille très respectée dans la région. Ces pensées me rendirent moins anxieux. Plus tard, nous demandâmes à Dzogchen Rinpoché Jigdral Changchup Dorje de prédire sa renaissance et il nous répondit : « Les signes sont bons ».

De la même manière, la mort nous atteindra tous. Alors que cela arrivera, si nous ne pensons pas à l'avenir et ne nous préparons pas dès maintenant, nous ne serons pas en mesure d'y faire face seuls. Il est impossible de savoir quand les signes de la mort apparaîtront. Si, à ce moment-là, nous paniquons soudainement, ce sera à cause d'une mauvaise planification et d'un manque de prévoyance. Nous aurons le même regret que si nous avions payé une fortune et reçu quelque chose qui ne valait rien. Pour éviter cela, je vais maintenant parler un peu de l'un des cinq enseignements du Dzogchen pour atteindre l'éveil sans méditation, les instructions du transfert de conscience pour atteindre l'état de bouddha sans méditation au moment de la mort.

Distinguons comme suit les différents types de transfert :

Premièrement, le transfert supérieur dans le Dharmakaya par le sceau de la vue nécessite de faire naître dans cette vie la vue sans erreur de l'état naturel de la Grande Perfection et de nous y familiariser. Ainsi, au moment de la mort, par la voie directe du Trekchö de la pureté primordiale, par la technique de l'union de l'espace absolu et de la Conscience éveillée ou *Rigpa*, nous nous transfèrerons dans la dimension du Dharmakaya.

En nous familiarisant dans cette vie avec les yogas des phases de création et d'achèvement, au fur et à mesure que les visions fourvoyantes de l'état intermédiaire apparaîtront, nous nous transfèrerons dans le Corps de sagesse de l'unification. C'est le transfert intermédiaire dans le Sambhogakaya par l'unification des phases de création et d'achèvement.

Après être entrés sur le chemin de la maturation et de la libération, après avoir reçu les instructions de l'état intermédiaire dans le bardo du devenir en prenant le Nirmanakaya incarné comme chemin, nous serons transférés dans une Terre pure. C'est le transfert modeste dans le Nirmanakaya par le biais d'une immensurable compassion.

On appelle « transfert ordinaire des trois métaphores » ou « transfert auto-motivé des trois métaphores » la méthode consistant à utiliser les métaphores du canal central comme chemin, de la goutte de la conscience mentale comme voyageur et de la Terre pure de grande félicité comme destination vers laquelle on est transféré.

Une personne ayant atteint la réalisation suprême peut effectuer le transfert pour quelqu'un d'autre, soit au moment de la mort, soit pendant qu'il se trouve dans l'état intermédiaire. C'est ce qu'on appelle le « transfert pour autrui par le crochet de la compassion » ou « transfert effectué pour les morts avec le crochet de la compassion ». Cependant, il est enseigné que l'on ne doit pas effectuer le transfert de conscience avant d'avoir vu la vérité sur la Voie de la vision. Le moment opportun pour effectuer le transfert se situe lorsque le souffle extérieur a cessé mais que le souffle intérieur ne s'est pas encore arrêté. On dit que cette pratique est comme se lier d'amitié avec un voyageur au cours de son périple.

Les principales instructions du transfert, tant pour l'entraînement que pour la mise en pratique au moment de la mort, sont les suivantes :

Assis sur un tapis confortable, gardons notre corps droit selon la posture en sept points de Vairocana. Les composants physiques ordinaires de notre corps deviennent instantanément Vajra Yogini, de couleur rouge, avec un visage et deux mains, la main droite tenant un couteau courbe, la gauche une coupe crânienne remplie de sang. Dans le creux de son bras gauche, elle tient un trident qui est en fait le Père Heruka. Elle est parée de soieries, de bijoux et d'ornements en os. Sa jambe droite légèrement pliée, la gauche tendue dans une posture de marche, elle se tient debout sur un lotus, un soleil et un cadavre humain. La forme claire de son corps ressemble à une fine pellicule remplie d'air ou à une tente de soie rouge. Au centre de son corps se trouve le canal central aussi large qu'une flèche de bambou de taille moyenne, un tube de lumière complètement creux. Il a cinq caractéristiques : il est bleu comme l'essence de pur lapis lazuli et ses parois sont aussi fines que les pétales d'un lotus. Il est lumineux comme une lampe à huile de sésame, droit comme le tronc d'un plantain et vide comme le centre creux de l'arbre dépouillé de son écorce. Son extrémité supérieure est ouverte au niveau de l'ouverture de Brahma au sommet de la tête, comme une lucarne ouverte. Son extrémité inférieure est fermée à quatre largeurs de doigt sous le nombril. Au centre du cœur, sur un nœud tel que celui que l'on trouve dans un bambou, se trouve l'essence du souffle subtil sous l'aspect d'une goutte vert clair de la taille d'un petit pois, qui tremble légèrement. Sur cette goutte se trouve l'essence de la conscience visualisée comme une syllabe rouge HRIH qui brûle comme la flamme d'une lampe à huile. Visualisons tout cela comme étant manifeste.

Haut dans le ciel, à une longueur d'avant-bras au-dessus du sommet de sa tête, dans l'espace fondamental des phénomènes, l'ultime champ pur sans égal d'Akanishtha, dans une effusion illimitée de lumières et de sphères arc-en-ciel, sur des sièges de lotus et de lune, se trouve l'incarnation de tous les refuges, indissociable de notre bienveillant maître-racine, le protecteur universellement honoré Amitabha. De couleur rouge, il a un seul visage et de ses deux mains dans le geste de l'équanimité, il tient un bol à aumônes rempli du nectar d'immortalité. Il porte les trois robes du Dharma et rayonne de la splendeur majestueuse des marques majeures et mineures des grands êtres. Il est assis dans la posture du lotus. Parmi d'autres, à sa droite se trouve le révéré bodhisattva Avalokiteshvara et à sa gauche le bodhisattva Vajrapani, tous entourés d'une immense suite de bouddhas, de bodhisattvas et de Victorieux des Trois Racines qui nous regardent avec amour, nous et tous les autres êtres animés, avec des yeux souriants et un cœur joyeux.

Prions le grand guide Amitabha qui nous conduit à la Terre pure de grande félicité, en récitant la liturgie et en la visualisant.

Avec une foi et une dévotion intenses, récitons sept fois ou plus les noms d'Amitabha : « Bhagavan, Tathagata, Arhat, parfait Bouddha... » Après avoir récité ce nom autant de fois que nécessaire, récitons ensuite : « Emaho ! Ce lieu spontanément apparu... » de notre tradition de l'Essence du Cœur.

L'UNION DE LA FUSION ET DU TRANSFERT AU MOMENT DE LA MORT

Ensuite, gardons à l'esprit la syllabe HRIH, base de la conscience mentale, et du fond de notre palais, prononçons HRIH cinq fois, en faisant s'élever la goutte verte légère et frémissante du souffle subtil sur le chemin du canal central, entraînant ainsi la syllabe rouge HRIH de l'essence de l'esprit vers le haut, comme le vent soufflant une feuille de papier vers le haut. Avec le HRIH final, la syllabe touche l'ouverture de Brahma et nous émettons un puissant HIK ! comme si nous décochions une flèche. Notre conscience se dissout alors au centre du cœur du maître indissociable du bouddha Amitabha. Méditons sur le fait que notre esprit se mêle à l'esprit de notre maître. Une fois de plus, en visualisant et en nous concentrant sur le HRIH au centre de notre cœur, répétons le processus cinq, sept fois ou plus, en prononçant HIK ! plusieurs fois, ce qui rendra notre concentration plus stable.

Puis, répétons sept fois les noms d'Amitabha : « Bhagavan... », etc. Ensuite, récitons la prière familière connue sous le nom d'« Insertion de la tige d'herbe ». Il s'agit d'une pratique de transfert de la lignée du monastère de Dzogchen, appelée ainsi parce que les signes de l'entraînement viennent facilement, permettant d'insérer une tige d'herbe dans l'ouverture de Brahma. Il convient de réciter l'une des versions complètes, moyennes ou résumées : « Je me prosterne devant le Bouddha Amitabha... », etc. Puis, comme précédemment, récitons le texte de la propulsion en émettant un HIK ! pour cinq HRIH.

Récitons à nouveau les noms d'Amitabha : « Bhagavan... » etc. Puis récitons à partir de la pratique de transfert du Namchö ou Dharma Céleste : « Emaho. Très merveilleux... » etc. Poursuivons de la même manière que précédemment, par le texte de propulsion.

En résumé, effectuons ceci encore et encore jusqu'à ce que nous soyons prêts à terminer la session de pratique. Ensuite, apposons-y le sceau de l'espace des cinq Corps : prononçons cinq fois avec concentration la syllabe A du non-né, puis émettons un P'ET ! Répétons cette séquence cinq fois, puis reposons-nous dans l'équanimité de l'état sans élaborations qui transcende les concepts.

Pour terminer, la suite des déités assemblées au-dessus du sommet de notre tête se dissout dans la déité centrale, celle-ci se fond dans une lumière rouge qui se dissout en nous. En un instant, nous nous transformons en Amitabha, le Bhagavan protecteur au teint rouge, avec un visage et deux mains. Ses deux mains, dans le geste de l'équanimité, tiennent un vase de longue vie rempli du nectar d'immortalité. Paré de robes de soie et de bijoux sertis de pierres précieuses, il rayonne de la splendeur majestueuse des marques majeures et mineures des grands êtres. Visualisons que l'extrémité supérieure de notre canal central est maintenant fermée par un mandala de lune et un vajra croisé. Visualisons clairement tous ces détails.

Une fois encore, des lumières multicolores émanent du centre de notre cœur et invitent toute l'essence de vie du samsara, du nirvana et de la voie sous la forme de lumière et de rayons lumineux, qui pénètrent en nous. Imaginons que nous devenons l'immortel Corps de vajra en récitant : « OM AMARANI JIVANTIYE SVAHA » cent fois. Récitons ensuite la dharani de longévité et d'autres encore.

Non seulement cette pratique ne nuit pas à la vie mais elle réduit les obstacles à celle-ci. Les signes d'accomplissement sont les suivants : maux de tête, exsudation de sérum, apparition d'un monticule sur le sommet de la tête, possibilité d'insérer une tige d'herbe dans l'ouverture de Brahma, etc. Pratiquons jusqu'à ce que ces signes apparaissent. Cependant, il n'est nécessaire de mettre cela en pratique que lorsque les signes de la mort sont irréversibles et que les étapes de la dissolution ont commencé au moment de la mort. En dehors de cela, mettre fin à sa vie à un moment inopportun est un très grave acte négatif qui ne doit pas être commis.

Lorsque les éléments du corps sont en équilibre et que les canaux subtils, les souffles et les gouttes sont florissants, il n'est pas facile d'achever le transfert. À un âge avancé ou au moment de la mort, le transfert devient facile, tout comme les fruits mûrs de l'automne tombent facilement. Par conséquent, pratiquons à partir de maintenant et, à un moment donné, lorsque cela deviendra nécessaire, nous pourrons être sûrs que nous aurons confiance dans le processus. De même, lorsque nous éprouvons soudainement une peur terrible, concentrons notre esprit sur le sommet de notre tête et visualisons notre lama siégeant au-dessus. Si nous pouvons gagner en habileté, cela nous sera extrêmement utile si la mort devait survenir soudainement. En général, l'entraînement consistant à visualiser continuellement notre maître au sommet de notre tête est une pratique très importante et louée.

Vingt-deux
Les signes de la mort dans le miroir du temps

Notre corps, que nous chérissons et dont nous prenons soin, passe par des étapes de naissance, de croissance, de développement, d'affaiblissement, de déclin et de fragilité croissante, avant que ce drame de la vie humaine ne s'achève. Toutes ces étapes sont incluses dans les catégories de la naissance, du vieillissement, de la maladie et de la mort. Tous les êtres vivants connaissent la naissance et la mort mais il n'est pas certain que tout le monde connaisse une souffrance et un vieillissement évidents. Nombreux sont ceux qui meurent prématurément, peu de temps après leur naissance, ou dans leur jeunesse, sans avoir eu le temps de vieillir. De même, beaucoup de personnes en bonne santé meurent soudainement de diverses affections. Nous devons donc faire des recherches et analyser attentivement la naissance et la mort, qui sont les portes de notre souffrance.

Si nous ne naissions pas, les souffrances de cette vie ne se produiraient pas et il n'y aurait pas non plus de mort. Si nous ne mourions pas, nous ne connaîtrions pas la souffrance après la mort et il n'y aurait pas de renaissances futures. Si nous pouvions empêcher la naissance, cela mettrait automatiquement fin à la mort. Si l'on remonte à la source de la naissance, on s'aperçoit qu'elle provient de la mort dans une vie antérieure. Mais cette fois-ci, la mort est différente de celles des vies précédentes ; lorsque nous trouverons la confiance de la libération dans le Dharmakaya au moment de la mort, les mécanismes du samsara seront détruits et nous n'aurons plus besoin de subir la souffrance à l'avenir.

Pour illustrer ce point : une rivière coule le long d'un cours établi mais nous pouvons utiliser des méthodes telles que la construction de canalisations, etc. pour détourner l'eau ailleurs. De la même manière, depuis des temps immémoriaux jusqu'à aujourd'hui, l'ignorance ou la méconnaissance a engendré le désir-attachement, sous l'influence duquel nous tournons en rond dans le samsara. Par conséquent, cette fois-ci, si nous ouvrons les yeux de la conscience et de la sagesse et que nous cherchons une alternative au chemin du samsara, un chemin au-delà de la souffrance, nous pouvons le trouver. Cela étant, la grande question indécise qui se pose à tous les êtres vivants est celle de la mort. Si nous savions à peu près quand le grand ennemi qu'est la mort arrivera, nous pourrions nous préparer à riposter. De même, si nous sommes capables de connaître les troupes et les armes de l'ennemi, et de dresser une carte du terrain, nous pourrons trouver un moyen pour nos forces de prendre l'avantage. Il en va de même pour la mort.

La mort survient par épuisement de la vie, du karma ou des mérites. Étant donné que notre force vitale et notre résistance dépendent de notre corps, l'examen de celui-ci, de notre état psychologique, des présages dans les rêves, etc., nous permet d'estimer approximativement le moment où la mort surviendra. Dans la tradition médicale tibétaine, les pouls palpables et le diagnostic urinaire permettent de reconnaître les différentes maladies des éléments physiques et de la constitution. De même, en examinant le canal du *la* formant la base vitale, les sept canaux merveilleux, etc., on peut connaître et anticiper la maladie et la mort ainsi que d'autres circonstances négatives indésirables comme la rencontre d'un ennemi, par exemple, ou la maladie d'un parent.

Il est également possible d'estimer la probabilité d'événements futurs en effectuant des divinations « *mo* », des divinations par le miroir, en lançant des « jets d'enquête », etc. Les divinations *mo* peuvent être effectuées avec des chapelets, des dés, des rubans ou des cordes et il existe également le *mo* mongol, dans lequel l'omoplate droite d'un bélier castré est utilisée. Toutes ces méthodes ont de nombreuses variantes.

En général, les divinations sont effectuées pour déterminer toutes sortes de choses, y compris l'étendue du soutien des dieux (chance), la fortune des enseignements, les perspectives politiques, les affaires et les récoltes, les perspectives concernant les ennemis et l'opposition, la fortune et la chance concernant les revenus, les circonstances pour prédire une grossesse et un accouchement sans problème et ainsi de suite. Ces méthodes de divination et de voyance ne doivent pas être considérées comme fiables à cent pour cent. Si nous montons au sommet d'un immeuble de neuf étages et que nous faisons un tirage au sort pour savoir dans quelle direction nous devons sauter, il est certain qu'une direction sera la bonne. Cet exemple montre pourquoi on ne peut pas se fier aux divinations.

Cependant, je ne peux pas dire que les divinations et les prédictions sont complètement fausses. S'il y a une question que nous, en tant qu'êtres humains, ne pouvons pas comprendre et que, pour nous aider, nous invoquons la vérité des Trois Joyaux en les priant avec une conviction totale, sans laisser la place au moindre doute, la force de vérité des Trois Joyaux fera qu'ils ne nous tromperont jamais. En effet, la nature ultime des phénomènes est inconcevable et la loi de cause à effet de la nature conventionnelle des phénomènes est infaillible.

En outre, les indications d'une divination *mo* qu'un maître exceptionnel effectue en s'appuyant sur une déité yidam personnelle devraient être considérées comme appropriées pour que nous puissions nous y fier pour obtenir des conseils. De la même manière, les méthodes de divination telles que « le barattage du vase d'or », « les indications enveloppées de nourriture » ou autre sont également les mêmes que celles qui consistent à demander conseil aux Trois Joyaux et on peut donc également s'y fier. La combinaison d'un excellent moyen de divination, d'un excellent rituel et d'un excellent maître permet d'obtenir un résultat clair, fiable et non trompeur. Mais faire de la divination sans réfléchir, comme un jeu d'enfant, c'est se tromper soi-même et tromper les autres.

Il existe deux types de divination par le miroir. Dans la première, les reflets sont vus sur la face d'un miroir. Dans la seconde, qui porte le nom de « divination par le miroir de l'esprit », les réponses apparaissent dans l'esprit du devin. Dans tous les trésors révélés, il existe une pléthore de textes de divination qui dépendent de nombreuses sortes de déités yidam. Pour ce faire, il faut d'abord recevoir l'initiation, la transmission et les instructions. Il faut ensuite accomplir le nombre de récitations de mantras requis, puis accomplir la pratique divinatoire jusqu'à son accomplissement. Ce n'est qu'à ce moment-là que l'on peut réellement la mettre en œuvre. Si l'on se contente de s'essayer à la divination, les résultats n'auront aucune affinité avec les mantras secrets.

Certains devins ne voient pas eux-mêmes leurs divinations. Il y a ceux qui, après avoir récité les mantras et le rituel, demandent à une personne de pure constitution subtile de regarder dans un miroir pour y rechercher d'éventuels signes favorables ou non. Il y a aussi ceux qui utilisent certains calculs astrologiques et numérologiques pour indiquer si les événements à venir seront propices ou non. En utilisant le calcul en fonction des éléments constitutifs (force vitale, corps physique, pouvoir, cheval de vent et *la*) ainsi que l'année, les huit trigrammes prédictifs et les indications astrologiques – y compris la date et l'heure de naissance – les planètes et les étoiles d'une personne sont étudiées et le calcul qui en résulte donne une indication claire du bonheur et de la souffrance qui risquent de survenir ainsi qu'une indication de la durée de vie, etc.

De même, des changements dans l'état psychologique d'une personne peuvent indiquer sa mort car chacun a sa propre personnalité. Pour les personnes ayant un caractère bourru qui les rend sauvages, la médecine bénéfique du saint Dharma n'a pas le pouvoir de changer leur corps ou leur esprit. Mais si elles changent soudainement de caractère, c'est un signe que la mort est imminente. Si une personne de bonne moralité et de nature douce se met soudain à détester les autres, à se mettre en colère et à devenir hostile, c'est là encore un signe de mort imminente. Rêver à plusieurs reprises du coucher du soleil et de la tombée de la nuit, de vallées et de plaines vides, de villes vides, d'être seul et de vivre dans la misère, de quitter son environnement familier et de chercher un endroit où rester, de porter des vêtements rouges, de voyager vers l'ouest, de rencontrer des morts et de leur parler, de monter un âne à l'envers, etc. sont autant de signes que l'on va mourir dans les trois ans.

Fondamentalement, toutes ces méthodes de prédiction du bonheur et de la souffrance futurs sont utilisées à cause de notre peur de mourir ; nous voulons savoir si la mort risque ou non de survenir inopinément. De toutes les méthodes que j'ai évoquées, celle qui consiste à déterminer l'heure de la mort en étudiant le corps est la plus profonde car la naissance et la mort sont toutes deux liées à ce corps actuel.

Ce dernier est caractérisé par l'assemblage des quatre éléments. C'est pourquoi, dans les enseignements du Dzogchen, il y a « l'indication de la forme de la longévité », basée sur l'apparence du reflet des éléments. Ici, tout manque ou surplus dans le reflet du corps indique l'heure de la mort. La forme du reflet indique s'il est possible ou non d'inverser la situation en « trompant la mort » et la couleur permet d'examiner la présence d'entités négatives.

Tout d'abord, la méthode permettant d'indiquer l'heure de la mort par le manque ou le surplus est la suivante : lorsque le ciel est très clair, dans un endroit isolé, nu ou portant des vêtements fins, face au soleil, levons-nous en tenant un bâton ou un chapelet, etc., et fixons notre ombre au niveau du cœur, sans bouger les yeux ni laisser notre esprit vagabonder. Regardons de cette manière un long moment. Lorsque notre vision se brouille, fixons le ciel devant nous et nous aurons alors une vision de la forme de notre corps tout entier. Si tous nos membres sont intacts ainsi que l'objet que nous tenons dans notre main, si tout est totalement complet, cela indique qu'il n'y a pas de problème.

Si l'objet que nous tenons dans notre main n'est pas visible, on dit que nous sommes séparés de la déité qui nous soutient et que la mort surviendra dans sept ans. Si la main droite n'est pas visible, la mort arrivera dans cinq ans et si la gauche n'est pas visible, elle arrivera dans trois ans. Si la jambe droite, à partir du genou, n'est pas visible, la mort surviendra dans deux ans. Si toute la jambe droite n'est pas visible, elle surviendra dans huit mois. Si la jambe gauche n'est pas visible, la mort surviendra dans un an. Si le côté droit de la tête n'est pas visible, la mort surviendra dans neuf mois et si le côté gauche n'est pas visible, elle surviendra dans huit mois. Si rien n'est visible au-dessus du cou, la mort surviendra dans cinq mois. Si le cou n'est pas visible non plus, la mort surviendra dans trois mois. Si le haut du corps n'est pas visible, la mort surviendra dans deux mois et si le bas du corps n'est pas visible, elle surviendra dans un mois. S'il n'y a que la moitié du corps et que le côté droit n'est pas visible, la mort surviendra dans neuf jours. Si le côté gauche n'est pas visible, la mort surviendra dans vingt et un jours.

L'observation de la forme indique s'il est possible ou non d'inverser le cours des choses en « trompant la mort ». Si un carré, un rectangle, un cercle ou un demi-cercle apparaît, il est possible d'éviter la mort par « inversion ». Si un triangle ou un cadavre humain mis en boule apparaît, on dit qu'il n'y a pas d'inversion.

La présence d'entités négatives peut être déterminée par les couleurs pouvant apparaître. Si, à partir d'une perception de blancheur, la vision s'estompe du centre vers l'extérieur, c'est que nous sommes possédés par des esprits négatifs, nagas ou gyalpos. Si, à partir d'une vision de noirceur, la vision s'estompe depuis la droite, nous sommes possédés par des démons ou des mamos. Si une vision rouge s'estompe par la gauche, nous sommes possédés par des esprits nagas, tsens ou gongpos. Si une vision bleue s'échappe des jambes, nous sommes possédés par des esprits nagas ou tsomens. Si l'apparence est insubstantiellement noire, nous sommes possédés par des mamos ou yamas. Si elle est jaune clair, nous sommes possédés par des sadaks, les « maîtres du sol », et si l'apparence est tachetée, nous sommes possédés par un démon de la mort.

Avec ces couleurs, si un jour la vision de notre corps manque d'une partie ou a changé de forme, identifions rapidement l'esprit négatif qui nous nuit et utilisons des mesures de protection pour nous opposer à cette négativité en appliquant des méthodes de guérison. Lorsque la vision de notre corps ne manque d'aucune partie ou n'a pas changé de forme, il s'agit d'identifier l'esprit négatif inné.

Examiner le lien entre le ciel et la terre :

À midi, faisons face au sud, accroupissons-nous et plaçons nos coudes sur nos genoux, levons les mains jusqu'à la hauteur des sourcils et, avec les deux yeux, regardons nos poignets face à nous. S'ils sont très fins, il n'y a pas de problème. S'ils sont séparés, c'est un signe de mort et l'on dit que la mort surviendra dans dix-neuf jours.

L'indication de la personne chevauchant un lion sur le Mont Meru :

Au lever du soleil, du côté ouest d'un bassin d'eau, plaçons-nous à côté d'un mur élevé et regardons notre reflet qui se dessine dans l'eau. S'il y a deux ombres transparentes sur le mur, il n'y a pas de problème. S'il n'y a pas d'ombre supérieure, on dit que la mort arrivera dans seize jours et demi.

Indication de la pellicule sur l'eau :

Au lever du soleil, urinons dans un récipient qui n'est ni blanc ni noir. Examinons la vapeur. Si elle est violacée, il n'y a pas de problème. Si elle n'est pas violacée, la mort surviendra dans les quinze jours. Si elle est légèrement noire, la mort surviendra dans onze jours. Si elle est rouge avec des points, on dit que la mort surviendra dans neuf jours.

Indication du pratiquant spirituel :

Lorsque le soleil commence à se lever, vidons nos intestins. S'il y a de la vapeur, il n'y a pas de problème. S'il n'y a pas de vapeur ou si elle est rouge avec des cercles, on dit que la mort surviendra dans neuf jours.

Examen du soleil à la pointe de la grande montagne au coucher du soleil :

En regardant de côté, exerçons une pression sur notre œil. Si la « lampe de l'œil » est présente, il n'y a pas de problème. Sans cela, la mort surviendra en trois jours. En appuyant sur les oreilles, si le son ressemble à un tambour, il n'y a pas de problème. Si le son est comme un grand vent, il est enseigné que la mort surviendra dans sept ou onze jours et s'il n'y a pas de son, la mort surviendra dans cinq jours.

LES SIGNES DE MORT IMMINENTE

Les étapes du processus de la mort sont enseignées de la manière suivante :

L'élément terre se dissout dans l'élément eau et le corps devient lourd. L'élément eau se dissout dans l'élément feu et la bouche et le nez coulent. L'élément feu se dissout dans l'élément air et la chaleur se dissipe. L'élément air se dissout dans la conscience, le souffle extérieur et intérieur cesse et la conscience s'évanouit un moment. Elle se dissout dans l'élément espace et nous restons dans la non-conceptualité. L'élément espace se dissout dans la luminosité et la vision de sagesse apparaît.

Nous ne pouvons pas ignorer le grand ennemi ; la mort est juste devant nous. Par peur, certaines personnes n'osent pas en parler. D'autres croient qu'en parler est de mauvais augure. Alors, ils ne mentionnent jamais le mot. C'est encore plus stupide. Nous ne pouvons pas trouver un endroit où nous cacher de la mort. En prononçant le mot, nous ne mourrons pas plus tôt et éviter de penser à elle n'empêchera pas sa venue. C'est pourquoi nous devons comprendre les mystères secrets du grand chemin invisible qui se trouve devant nous. Dès lors, comme je l'ai mentionné précédemment, la mort étant liée à notre corps actuel, commençons par examiner cela.

Même si nous profitons de la technologie médicale moderne avancée pour examiner notre corps et effectuer des tests dessus – ce qui nous rassure sur le fait que la mort n'arrivera pas dans un avenir prévisible –, nous devrions nous rappeler que si des obstacles inattendus surviennent, ils peuvent écourter notre vie. Nous pouvons être victimes d'une agression, être impliqués dans un accident mortel, développer une maladie en phase terminale ou d'autres conditions défavorables peuvent survenir que nous n'avions pas prévues. Par conséquent, si nous connaissons les différents moyens qui indiquent une mort imminente, nous pouvons protéger notre corps dans cette vie et éviter une mort prématurée. Une telle compréhension est très bénéfique. Si la mort est inévitable, le fait d'en connaître l'heure et d'y penser à l'avance nous donnera le temps de nous y préparer. Je pense que le processus d'examen des signes de la mort est une connaissance importante et que nous ne pouvons pas nous passer de cette aide pour atteindre le bonheur dans cette vie et les suivantes.

Vingt-trois
Tromper la mort en prolongeant la vie

Si quelqu'un me demandait : « Y a-t-il déjà eu dans le monde une personne ayant affronté le grand ennemi qu'est la mort et qui en serait sortie victorieuse ? », je répondrais sans hésiter qu'il y en a eu beaucoup. Si l'on me demandait : « Comment ont-elles fait ? », je répondrais que beaucoup ont triomphé de l'ennemi qu'est la mort et qu'elles n'ont donc pas eu besoin de mourir. En méditant sur la voie et selon la méthode qui permet d'engendrer l'esprit compatissant de la bodhicitta, toutes sortes de personnes ont vaincu la mort. Certaines ont atteint le corps d'arc-en-ciel, d'autres ont dissous leur corps en particules atomiques et quelques-unes n'ont pas abandonné leur corps et demeurent en vie aussi longtemps que dure une ère cosmique. En maîtrisant les saints enseignements du Dzogchen, le yoga suprême, sommet des Véhicules, le résultat est l'obtention de ce type de base physique et cela se produit de la manière suivante :

Dans la lignée de la Grande Perfection, des trois types de lignées de transmission, le premier maître de la lignée symbolique des vidyadharas fut Garab Dorje. Il reçut les six cent quarante mille tantras du Dzogchen de Vajrasattva lui-même et compila les textes de la transmission scripturale. En rendant manifeste la sagesse de l'unification au stade de la non-méditation, il disparut en une masse de lumière au bord de la rivière Dentig. Au moment de sa disparition, son principal disciple, Manjushrimitra, pria avec une grande détresse. C'est alors que le testament de Garab Dorje, « Frapper les points clés en trois vers », tomba du ciel dans un précieux coffret de la taille d'un ongle de pouce. Rien qu'en voyant cela, sa réalisation devint égale à celle du maître et il vécut cent vingt-neuf ans. Enfin, dans le charnier de Sosaling, Manjushrimitra disparut en une masse de lumière.

À ce moment-là, Shri Singha, le disciple de Manjushrimitra, implora son maître avec une grande détresse et le testament de Manjushrimitra, « Les six expériences méditatives », tomba dans un précieux coffret. En mettant en pratique ces instructions, Shri Singha se transforma en une masse de lumière dans le charnier de Siljin.

Alors, son principal disciple, Jnanasutra, pleura de nostalgie et le dernier testament de Shri Singha, « Les sept clous », tomba dans un précieux coffret. Jnanasutra pratiqua cela et, dans le grand charnier de Basing, disparut en une masse de lumière.

Son principal disciple, Vimalamitra, pleura alors de désespoir et le dernier testament de Jnanasutra, intitulé « Les quatre méthodes de placement », tomba dans un coffret précieux. En le pratiquant de manière exacte, il atteignit l'immortel et immuable corps saint. Jusqu'à aujourd'hui, il œuvre ainsi au bien des êtres et peut être vu par ceux qui ont un karma suffisamment pur.

De Shri Singha également, comme l'avait prophétisé Vajravarahi, le Maître Padmasambhava reçut les initiations et les textes d'instructions de pratique du Dzogchen, la secrétissime et inégalable Essence du Cœur de la Dakini, ainsi que les transmissions de soutien des dix-sept tantras d'essence éminemment ésotérique, avec les pratiques auxiliaires. Padmasambhava se les vit confier en tant que gardien des enseignements et il les pratiqua dans le charnier de Sosaling. Abandonnant la naissance et la mort, il atteignit le stade d'un vidyadhara immortel, contrôlant la longévité et possédant de grands pouvoirs miraculeux. Ceci correspond à la lignée symbolique des vidyadharas.

Ceux qui pratiquent les principales instructions des trois sections de l'enseignement du Dzogchen relèvent de la lignée orale des personnes ordinaires. Parmi eux, les maîtres Bairotsana, Pang Mipam Gompo, Ngenlam Jangchup Gyaltsen, Zadam Rinchen Yig, Khugyur Selwai Chog et d'autres encore ont atteint le corps d'arc-en-ciel ou ont dissous leur corps en particules atomiques. Depuis les temps les plus reculés jusqu'à aujourd'hui, dans les régions tibétaines de l'Amdo, du centre et du Kham, il y a eu d'innombrables maîtres de ce type. Grâce à la voie rapide des mantras secrets, des centaines de milliers de dieux, de nagas et de maîtres humains de la Conscience éveillée ont atteint l'éveil.

Padmasambhava passa dans le corps d'essence du grand transfert et atteignit le niveau d'un vidyadhara maîtrisant la longévité. La dakini Yeshe Tsogyal n'a pas abandonné sa base physique, elle a disparu dans le ciel. Il y en a eu beaucoup d'autres comme eux, y compris de nombreux anciens détenteurs de la lignée : les vingt-cinq grands disciples dont le seigneur (Trisong Detsen) et ses sujets, les maîtres accomplis des monastères de Yerpa et de Chuwori, etc. Plus tard, au sein des monastères de Katok, de Palyul, de Shechen, de Dzogchen et d'autres encore, des centaines et des milliers de maîtres accomplis ont continué d'apparaître, dont ceux qui ont réalisé le corps d'arc-en-ciel.

En outre, il existe un nombre inconcevable de personnes qui ont atteint les accomplissements en pratiquant les voies respectives des Huit Chariots tibétains de l'accomplissement spirituel et qui se sont libérées de la peur de la mort. Les détails les concernant peuvent être trouvés dans leurs biographies individuelles.

De cette façon, si nous recevons les bénédictions de la lignée mais que nous ne parvenons pas à un certain degré de réalisation en suivant les instructions les plus importantes, que nous ne réalisons pas la vue ou que nous ne développons pas la suprême absorption méditative, le simple fait d'entrer sur la voie de ces enseignements, de recevoir des initiations, de garder la pureté de nos vœux et dans la mesure où nous combinons cela avec des prières positives d'aspiration au moment de la mort, nous serons alors capables de transformer celle-ci en quelque chose de joyeux, nous serons satisfaits d'être malades et heureux de mourir. Faire de ce grand ennemi qu'est la mort un ami est donc une façon de l'affronter.

En revanche, passer sa vie à accumuler une pléthore de karma positif et négatif puis crier de désespoir lorsque la mort arrive n'incitera pas le Seigneur de la mort à une quelconque pitié. Il ne nous relâchera pas. Le pouvoir, le statut, la force ou les armes sont impuissants face au Seigneur de la mort. Il n'y a aucune chance d'user de son influence pour payer la mort avec un pot-de-vin et de s'enfuir par une porte dérobée en empruntant une voie secrète d'évacuation. Par conséquent, lorsque le moment viendra, les dollars américains, l'or et l'argent seront inutiles en tant que protecteurs et amis, ils n'auront aucune valeur pour faire des provisions en vue du voyage vers la prochaine vie. Nous avons besoin du saint Dharma et de rien d'autre. Par conséquent, s'il ne nous restait qu'un jour à vivre et que nous le passions à pratiquer le saint Dharma, le karma serait sûr de mûrir et les mérites seraient prêts à nous profiter dans la prochaine vie. En outre, plus on est proche de la mort, plus la pratique du Dharma prend de la valeur. Les Tibétains ont un proverbe à ce sujet : « Les récitations du Mani au moment de la mort valent un cheval ».

Au moment de la mort, le saint Dharma a plus de valeur que n'importe quelle richesse et son application est immédiate. La base de la pratique du saint Dharma est ce corps humain avec ses libertés et ses ressources. Ce corps est comme un bateau qui nous emmène vers la libération. C'est pourquoi nous devons faire de grands efforts pour éviter qu'il ne soit influencé par des causes de mort prématurée.

La mort avant l'heure survient si l'une des trois choses suivantes est épuisée : la force vitale, le karma ou les mérites. Si la force vitale s'épuise, il faut procéder à des rituels de longévité. En général, ces rituels se trouvent dans la section des tantras et des sadhanas des anciennes et nouvelles traductions mais plus spécifiquement dans les enseignements transmis et les trésors cachés de la tradition Nyingma. Pratiquons ces rituels en nous fiant à la déité yidam qui nous convient, chacune avec ses pratiques rituelles variées de divers mandalas. Pratiquons les phases d'approche et d'accomplissement jusqu'à ce que nous obtenions des signes d'accomplissement. Nous devons également recevoir l'initiation suprême de la vie immortelle et la pratique correspondante, le nombre de fois correspondant à notre âge ou tout autre nombre de fois. Cette initiation doit être reçue d'un lama doté des qualités appropriées et qui possède le pouvoir attendu du fait qu'il a reçu lui-même l'initiation.

Une vie courte est le plein effet de l'accumulation du karma négatif d'avoir tué dans une vie antérieure. Pour épuiser ce karma, il faut racheter la vie de nombreux animaux. Pour ce faire, il est nécessaire de sauver des créatures vivantes destinées à l'abattage, de les racheter de la lame du couteau avec de l'argent ou des biens et de nous assurer qu'elles resteront en vie en leur redonnant leur habitat individuel et en les plaçant sur un sol approprié ou dans de l'eau, etc. Le fait de racheter des vies est identique à toute pratique vertueuse du Mahayana. Aussi utilise-t-on les trois pratiques excellentes pour l'ouverture, la partie principale et la conclusion. Commençons par les prières du refuge, puis prenons le vœu de bodhisattva et récitons la prière en sept vers. Récitons les prières de longue vie, la dharani de longévité ainsi que le texte particulier pour sauver la vie des animaux. Après cela, récitons le Sutra de la confession des chutes, les noms des bouddhas et des bodhisattvas, les mantras pour purifier les renaissances inférieures et d'autres encore, afin que les animaux puissent les entendre. Nourrissons-les avec des substances sacrées particulières telles que le nectar médicinal du Dharma qui libère par le goût, etc. Terminons en scellant la pratique par des prières de dédicace et d'aspiration. Prions de manière parfaitement pure pour la longue vie de notre glorieux et suprême lama, ainsi que de tous les maîtres de la Doctrine, où qu'ils soient. Cela profitera aux enseignements et aux êtres en général, tout en pacifiant les conditions défavorables qui menacent notre propre vie. Ce sera donc une fois de plus utile pour prolonger notre vie.

Si nos mérites sont épuisés, nous devons en accumuler. D'une manière générale, cela est utile non seulement pour vivre longtemps mais aussi pour toutes les activités spirituelles ou mondaines que nous souhaitons entreprendre. Si nous n'avons pas accumulé de mérites auparavant, nous ne pourrons pas accomplir grand-chose. Comme il est dit : « Quelqu'un qui possède des mérites accomplit tout ce qu'il souhaite ». On peut comprendre que celui qui n'a pas de mérites n'accomplira rien de ce qu'il souhaite. Nous devons accroître nos mérites en faisant des offrandes et en étant généreux. En fonction de nos moyens, ce que nous offrons doit être pur et excellent, sans avarice ni attachement.

Si nous n'avons pas de richesses, visualisons des offrandes et offrons-les à un pur récipiendaire. En général, les parents, les malades, les enseignants du bouddhisme et les bodhisattvas dans leur dernière naissance qui atteindront l'éveil dans leur prochaine vie sont des objets puissants à qui faire des offrandes. Par conséquent, en rendant hommage à ceux qui possèdent de merveilleuses qualités d'éveil, une grande accumulation de mérites sera rapidement réalisée. Donner impartialement aux orphelins sans refuge, aux personnes âgées sans protecteur, aux infirmes, aux sourds-muets et ainsi de suite, augmentera les mérites. S'ils augmentent, la vie sera longue, les espoirs et les souhaits seront exaucés et il sera possible d'éviter les conditions qui menacent la vie ainsi que les circonstances défavorables.

Les conditions qui entraînent une détérioration de la durée de vie sont les suivantes : recevoir des initiations secrètes du Vajrayana mais détériorer les engagements sacrés ou rencontrer d'autres personnes dont les engagements sont altérés et se lier d'amitié avec elles, être dans un état d'agitation mentale ou toujours malheureux, être déprimé ou toujours souffrir de profonds regrets, éprouver une grande terreur et une grande peur, être extrêmement en colère et laisser la colère consumer son esprit, être frappé par des armes et des flèches dirigées vers soi par ceux qui pratiquent la sorcellerie ou la magie noire. Ces choses et d'autres encore entraînent une détérioration de la durée de vie.

Les signes d'atteinte à la longévité sont un changement rapide de personnalité, un comportement inhabituel, la colère sans raison contre l'entourage, le fait de toujours se plaindre que les choses ne vont pas bien, des changements d'expression et une perte d'éclat, un comportement inapproprié, une perte d'appétit, etc. Ce type de détérioration de la vie fait que notre « support de vie » se fissure, se déforme ou se brise. En outre, notre *la* ou base vitale peut s'abîmer, se disperser ou s'enfuir, auquel cas nous devons accomplir un authentique rituel de « rançon du *la* ».

Pour ce faire, dans un bol en bois propre, moulons un « mouton *la* » avec ses organes sensoriels dans du beurre blanc. Dans son cœur, plaçons des grains de riz blanc non brisés, dont le nombre correspond à l'âge en années de la personne à protéger. Le mouton et le bol en bois sont placés ensemble dans un bol en cuivre non rouillé, marqué des huit symboles auspicieux et rempli d'eau. Un pratiquant aux vœux purs effectue le rituel et, tout en récitant des mantras, fait tourner doucement le bol en bois flottant sur l'eau avec une flèche de longévité jusqu'à ce que le mouton *la* vienne faire face à la direction de la personne à protéger. Les signes de réussite sont le nombre de grains de riz blanc qui augmente au-delà du nombre d'années et la flèche de longévité invoquant la vie qui devient plus longue qu'auparavant.

De même, il existe toutes sortes de rituels pour tromper la mort. Il y a le « dégagement d'un chemin dangereux », qui consiste à enlever les pierres et les obstacles des routes et des chemins, ainsi que la « construction d'un pont d'or ». Pour réaliser ce dernier rituel, il faut, dans une section appropriée de la rivière, disposer des pierres sur lesquelles sont gravés des prières de longue vie, la dharani de longévité et d'autres mantras, d'une rive à l'autre de la rivière. Cette pratique est enseignée pour provoquer un renversement rapide des conditions négatives.

Un autre moyen remarquable de racheter la mort et d'accumuler des mérites est d'amender tous les vœux altérés et rompus en relation avec notre maître-racine et d'effectuer des offrandes de festin sacré. L'offrande de feu des dakinis et la puja du feu des quatre activités (pacifier, augmenter, magnétiser et éliminer) sont également très importantes. En méditant sur la vérité des phases de création et d'achèvement et en travaillant sur les points clés des canaux subtils, des souffles et des gouttes, entraînons-nous en suivant les principales instructions pour dissiper les obstacles. En outre, grâce aux trois états inébranlables du Dzogchen et aux quatre placements naturels, on peut atteindre l'équilibre méditatif dans un état de calme et de discernement. Cet état inébranlable est la plus suprême de toutes les façons d'accumuler des mérites.

Toujours dans notre tradition du Dzogchen, on enseigne ce qui suit pour racheter la mort au moyen de l'interdépendance : sur une feuille de papier, dessinons des roues à quatre rayons et un bord. Au centre, inscrivons les syllabes RAM YAM KHAM LAM E. En même temps, écrivons des syllabes individuelles sur les rayons ainsi que sur les voyelles et consonnes de l'alphabet sanskrit autour des circonférences. Colorons-les avec les teintes des cinq éléments. Visualisons les déités des cinq éléments, effectuons des offrandes et consacrons-les avec l'essence de l'interdépendance. Formulons des prières de bon augure, mettons-les dans cinq coupes crâniennes retournées et enveloppons-les de fils de laine des cinq couleurs.

Avec de la pâte de tsampa mélangée à de la terre, de l'eau, du feu, du bois et de l'air, et exposée au souffle de différentes espèces d'animaux (cheval, vache, etc.) plaçons les syllabes écrites comme suit : RAM aux yeux, YAM aux oreilles, KHAM au nez, LAM à la langue et E au centre du cœur. Faisons d'autres effigies de substitution de couleur rouge, jaune, blanche, noire, verte, multicolore et disposons-les en rangée. Plaçons entre elles des grains divers et de précieux bijoux. Fixons des symboles célestes, des objets en bois, des fils de laine de cinq couleurs et des plumes de l'oiseau de mauvais augure pour orner l'effigie et les effigies de substitution. Plaçons notre urine, nos cheveux et nos ongles coupés, notre morve et notre salive sur les effigies et découpons des morceaux de nos vêtements pour en faire des manches et des bordures. Plaçons devant chaque effigie une pincée de nourriture et une petite boule de pâte. Disposons les tormas d'offrande rituelle en fonction de la couleur de chaque effigie. Prenons des bâtons de bouleau et de saule, marquons-les d'un trait pour chaque année de notre vie et plaçons-les sous les bras des effigies. Ensuite, considérons que les objets que nous disposons sont vides, en récitant RAM YAM KHAM. Tout en récitant OM AH HUM, visualisons les cinq qualités désirables.

Pensons aux esprits élémentaux, aux quatre-vingt mille classes d'esprits obstructeurs, au Seigneur de la mort ainsi qu'aux invités qui sont des créanciers karmiques et récitons les sept lignes à répéter : « Prenez ceci, prenez ceci ! », etc. Ensuite, plaçons toutes les effigies ensemble dans un récipient et mettons-les au milieu d'une rivière. Il est enseigné que ce rituel permet de se libérer pendant trois ans d'une mort prématurée résultant d'un conflit entre les éléments du corps et d'un préjudice causé par des esprits négatifs.

En outre, les méthodes spéciales suivantes sont enseignées pour inverser les changements qui annoncent une mort proche (voir chapitre 22) : si aucun matériel, chapelet, etc. n'apparaît avec notre forme de vie visible, effectuons cent huit offrandes à notre lama. Si le bras droit n'est pas présent, confectionnons une effigie de tête de lion avec de la pâte faite de différents grains. Au centre de sa gueule ouverte, plantons le nombre de plumes correspondant à notre âge en années et emmenons l'effigie sur un chemin menant au nord. Si le bras gauche est absent, plaçons des dents de tigre, de porc et de chien dans un sac en peau de belette avec une effigie qui a été frottée sur notre peau et jetons le sac dans une rivière.

Si la jambe droite est absente, allumons à l'ouest, le soir, des feux de bois de genévrier en fonction de notre âge. Si la jambe gauche est absente, au centre du cœur d'une effigie de la longueur de notre avant-bras, plaçons un bâton de bouleau marqué de notre âge en années et portons-le dans un temple à l'aube.

Si le côté droit de la tête n'est pas présent, formons une petite boîte avec neuf sortes de terre provenant de lieux en ruine et des graines d'arbres noirs. À l'intérieur, plaçons nos cheveux, nos ongles coupés, etc., et douze morceaux de saule. Écrivons aux rois des années : « Prenez ce tigre... », etc., en incluant chacun des noms des douze années et, en insérant des épines, apportons la boîte à un charnier, à minuit. Si le côté gauche de la tête n'est pas présent, confectionnons une effigie avec vingt-cinq sortes de céréales et plaçons dans son cœur des os d'homme, de cheval et de chien, en les enroulant dans des morceaux de tissu. Cachons-la dans un trou au crépuscule du onzième jour du mois, à quatre-vingts pas au sud, et appelons notre nom trois fois en poussant des cris plaintifs.

S'il n'y a rien au-dessus du cou, brûlons des triangles d'épines en direction du sud-est selon le nombre d'années correspondant à notre âge, et récitons RAM le même nombre de fois. S'il n'y a rien au-dessus de la taille, au centre d'un morceau de papier de la taille de quatre doigts, écrivons les années de notre âge et le nom de l'année de notre animal avec la syllabe LAM. À l'est, écrivons YAM, au sud RAM, à l'ouest E et au nord KHAM. Accrochons le papier sur notre nez. À minuit, nu et les cheveux attachés, courons dans les quatre directions et, en prononçant de nombreuses phrases dépourvues de sens, telles que : « ...te porter à la bouche... » et "...le léopard regarde le renard...", etc., emportons le papier dans un charnier.

S'il n'y a pas de torse supérieur, brûlons les noms des douze années du cycle astrologique dans un feu. S'il n'y a pas de torse inférieur, allons dans un charnier et brûlons toutes sortes d'os. Si le côté droit du corps est absent, confectionnons des *tsa-tsas* et récitons le mantra d'Ushnishavijaya en fonction des années correspondant à notre âge. Si le côté gauche n'est pas présent, il est dit que nous devons réciter les cinq dharanis un nombre de fois équivalent aux années de notre âge. Si le lien entre le ciel et la terre est coupé, lisons les enseignements et efforçons-nous de pratiquer la vertu. Si cela ne suffit pas, accomplissons les rites du mandala en suivant les années de notre âge. Si l'« arbre » est cassé, consultons un médecin et méditons sur les souffles subtils.

Indications urinaires : si l'écume d'urine disparaît, dessinons les formes de chacune des douze années dans la couleur de notre élément. Au moment du coucher du soleil, avec un *tsa-tsa*, une effigie et un triangle de bouleau pour chacune d'elles, allons les mettre dans un charnier situé au nord-est. Si l'urine est vaguement noire, mélangeons de la limaille de fer ou de cuivre avec divers grains et dispersons-les dans les quatre directions. S'il y a des gouttes rouges dans l'urine, piquons avec des épines de porc-épic des effigies en nombre égal aux années de notre âge et, à un carrefour situé à l'est, mélangeons-les avec divers os et laissons-les là-bas. S'il n'y a pas de vapeur dans l'urine fraîche, écrivons les syllabes des cinq éléments sur une coupe faite avec un crâne de cheval et, à l'approche du coucher du soleil, jetons-la vers l'ouest en faisant beaucoup de bruits de chevaux.

Si nous n'entendons pas, visualisons YAM dans notre cœur. Lorsque nos yeux se tournent vers le haut, quelqu'un d'autre doit effectuer un rituel de purification depuis le sommet de notre tête avec un vase d'eau bénie par la récitation de mantras. Si un seul cheveu est dressé à l'arrière de notre tête, au-dessus du cou, nous devons nous efforcer de faire des offrandes de festin sacré et de tormas. C'est ce qui est enseigné.

Si des signes intérieurs de mort apparaissent, retenons le souffle avec la technique yogique du vase (kumbakha) et accomplissons autant d'actes vertueux que possible. Lorsque des signes secrets de mort apparaissent, si nous faisons trois fois plus d'actions vertueuses, si nous rachetons des vies et si nous travaillons dur pour confectionner des *tsa-tsas* de longévité et effectuer des pratiques de longue vie, la mort sera alors évitée.

La durée de notre vie est déterminée par nos actes antérieurs et les circonstances immédiates. La base de notre vie, l'essence subtile de chaleur et du souffle qui ressemble à un crin de cheval, réside dans le canal vital de notre corps. Lorsque des conditions défavorables à notre vie surviennent, cette base de vie peut se fendre, se déformer, se briser ou s'affaiblir. Grâce aux pratiques de longévité, aux pratiques de chülen ou « extraction des essences », aux composés médicinaux, etc., l'essence subtile et le souffle s'épanouiront, ce qui augmentera finalement l'espérance de vie. Ce que nous appelons « mérites » est un karma positif qui agit comme cause de l'augmentation de notre longévité. Il est enseigné qu'il n'existe pas de possibilité de restauration si les trois éléments - vie, karma et mérites - sont épuisés ensemble.

Vingt-quatre
La grande voie de l'impermanence et de la mort

La mort survient au moment où, ayant expiré, libérant notre dernier souffle, nous sommes incapables d'inspirer à nouveau ou lorsque la circulation du sang cesse et que le flux sanguin à travers le cœur s'arrête, de la même manière qu'une machine cesse de fonctionner lorsque son alimentation électrique est coupée. Tout le monde le sait.

Au fur et à mesure que tous les êtres vivants avancent sur le chemin de la mort, les générations changent progressivement. C'est un phénomène que nous pouvons observer en permanence. En tant que phénomène quotidien, il ne nous semble pas d'une grande importance. Cependant, si nous l'analysons attentivement en termes de notre propre mortalité, nous nous rendons compte que si une machine a un problème, nous pouvons changer ses composants et la remettre en marche mais que si le corps humain développe une maladie des organes vitaux, bien que le traitement médical puisse être couronné de succès, il se peut que la fonction saine ne soit pas complètement rétablie.

Si une maladie a une cause karmique, quand bien même tous les experts médicaux mondiaux seraient consultés, ils n'auraient aucun moyen de la guérir. De plus, il n'y a personne sur cette terre dont la durée de vie serait épuisée mais qui ne serait pas encore mort. Par conséquent, si mon cœur s'arrête soudainement de fonctionner, tout mon travail dans cette vie s'arrêtera. Mes projets d'avenir, mes objectifs et mes souhaits futurs seront tous détruits en même temps. Si cela se produit, tout ce pour quoi j'ai travaillé si dur tout au long de ma vie sera-t-il complètement gâché ? Plus incertaine encore est l'expérience accablante et inévitable qui s'approche de nous tous, la terrifiante manifestation des apparences qui se produit dans la période qui sépare la mort de l'autre vie.

Parmi toutes les tâches que nous effectuons dans cette existence, l'étude minutieuse de ce qui se passera après notre mort devrait être considérée comme primordiale. De la même manière que lorsque nous nous rendons chez le tailleur pour commander un nouveau costume et que la première étape consiste à prendre nos mesures, il est également logique que la durée de la vie ainsi que la quantité et la faisabilité des activités au cours de cette vie soient adaptées l'une à l'autre. En outre, de la même manière que nous préparons aujourd'hui le lendemain, si nous négligeons de préparer maintenant notre voyage sur le grand chemin futur de la mort, ce serait un oubli d'une terrible importance. Ainsi, quoi que nous entreprenions, il est crucial de nous préparer à l'avance. C'est pourquoi nous allons maintenant faire quelque recherche sur la mort.

En règle générale, tout ce qui naît meurt naturellement. Le premier signe annonciateur de la mort est donc la naissance. Si l'on considère le soir de la naissance d'un bébé, le premier jour où il a atteint l'âge d'un an, la mort est déjà en train de s'approcher. Il s'agit d'un indicateur lointain de la mort. En particulier, la durée de vie dans notre monde humain est incertaine. Ainsi, que nous soyons en train de grandir, dans la force de l'âge, ou que nous soyons vieux, ce sont tous des signes de la mort à venir. Inévitablement, à la fin, les signes imminents de la mort se produiront et, par étapes, les éléments seront subsumés, de sorte que les facultés sensorielles de la vie cesseront. C'est la mort qui nous terrifie tous. Le grand ennemi appelé mort, dont personne n'ose prononcer le nom redouté, s'abattra sur nous.

Ce corps est formé par l'union des cinq éléments. Si, à un moment donné, un élément devient l'ennemi d'un autre, la maladie survient. Lorsqu'un élément se dissout dans un autre, la mort survient. Au cours du processus de mort, dans la phase grossière de dissolution, l'élément terre se dissout dans l'eau, le corps devient lourd et nous sommes incapables de nous asseoir. La forme se dissout dans le son et notre vision des formes devient moins claire qu'auparavant. L'élément eau se dissout dans l'élément feu, nous bavons et du mucus s'écoule des narines. Le son se dissout dans l'odeur et notre ouïe devient confuse ; nous ne pouvons plus distinguer les sons comme avant. L'élément feu se dissout dans l'élément air et la chaleur corporelle diminue. L'odeur se dissout dans le goût et le nez ne peut plus détecter aucune odeur. L'élément air se dissout dans la conscience et les yeux se révulsent, la respiration extérieure devient laborieuse, rapide et haletante. Les jambes et les bras s'agitent. Le goût se dissout dans le toucher et la langue ne détecte plus aucun goût. À ce moment-là, le souffle ascendant s'échappe et le corps ne peut être soutenu ; il est lourd, les membres sont incapables de bouger. Parler devient très difficile. Le souffle qui génère l'éclat du teint s'échappe et de la crasse noire se forme sur le corps ainsi qu'autour de la bouche et du nez. La bouche devient sèche. Les yeux s'éteignent. L'odeur nauséabonde de la mort est omniprésente. Le souffle purificateur s'échappe et nous n'avons plus d'appétit pour la nourriture ou la boisson. Toute force physique est perdue.

Le souffle coexistant avec le feu s'échappe et la chaleur du corps est progressivement aspirée des pieds vers le centre. Il est dit que ceux qui sont formés aux enseignements du Dzogchen se libèrent à cet instant-là et les enseignements précisent que c'est aussi le moment le plus profond pour effectuer la pratique du transfert de conscience. Après cela, le souffle karmique du grand kalpa s'échappe et notre conscience devient confuse et désordonnée. Le sang des petits vaisseaux converge vers l'artère principale. À ce moment-là, une lourde obscurité empiète sur notre vision extérieure, comme c'est le cas lorsque la nuit tombe. La conscience se rassemble au centre du cœur et nous perdons connaissance. Une goutte de sang provenant de l'artère principale est alors propulsée au centre du cœur et les yeux deviennent blancs. Lorsque la deuxième goutte est propulsée, la tête s'affaisse, un souffle entre puis est expulsé avec un « HHHHHA », s'élevant jusqu'à la longueur d'une flèche. La troisième goutte est propulsée et, avec un son « YIK », le souffle est expulsé à une distance d'environ une longueur de bras. Le souffle extérieur s'arrête ensuite avec un « UGH ».

Le corps perd le sens du toucher. L'air se dissout dans la conscience et le souffle intérieur cesse, l'union des canaux grossiers, des gouttes et du souffle se brise et les étapes subtiles de la luminosité, de l'amplification et de l'atteinte se produisent alors. La goutte de bodhicitta porteuse de vie, héritée de notre père, descend et la conscience se dissout au stade de la luminosité. Une perception de blancheur apparaît, comme la lumière de la lune se levant dans un ciel d'automne, et les trente-trois conceptions issues de l'aversion cessent. Le *rakta* hérité de notre mère se déplace vers le haut, le stade de la luminosité fait place à celui de l'amplification, une perception de rouge apparaît et les quarante conceptions issues du désir-attachement cessent. Les deux gouttes séminales se rencontrent au centre du cœur et le stade de l'amplification fait place à celui de l'atteinte. Comme la descente des ténèbres dans le ciel d'automne, une perception de noirceur apparaît et les sept conceptions issues de l'opacité-mentale cessent. La conscience se perd dans le substrat universel pendant le temps qu'il faut à quelqu'un pour consommer un repas mais ceux qui ont atteint la stabilité dans le calme mental ou ceux dont les canaux sont libres resteront dans cet état plus longtemps. Ceux dont les actes négatifs sont importants ou dont les canaux sont bloqués ne resteront dans cet état que le temps d'un claquement de doigts. Pour la plupart d'entre eux, il n'y aura ni conscience ni pensée pendant quatre jours et demi. C'est ce qu'on appelle la dissolution du souffle dans le canal central de sagesse et c'est la période où l'esprit et la sagesse se séparent.

En outre, au cours de la vie, les canaux des poumons, qui ont la taille d'une paille de blé, sont remplis de souffle et constituent la base de l'augmentation de la capacité respiratoire. Ils sont en relation avec le centre du cœur. Le souffle est comparé à un cheval aveugle doté de quatre pattes solides et la manifestation de la conscience est comparée à un infirme qui voit parfaitement. Les deux sont comme des voyageurs qui font route ensemble. La manifestation de la conscience et le souffle sont connectés au centre du cœur et leur combinaison est désignée comme étant l'esprit ou la pensée. À la mort, la continuité du va-et-vient du souffle est interrompue, de sorte que le vif cheval aveugle disparaît. À ce moment-là, la manifestation de la conscience, que l'on compare à un infirme qui voit bien, se dissout dans la Conscience éveillée, semblable à une mère. La luminosité fondamentale apparaît ou, pour le dire autrement, l'esprit et la sagesse se séparent. C'est ainsi que c'est décrit. Les agrégats physiques, la base de la saisie d'un soi, sont perdus et les conditions se désagrègent. Dès lors, de même que la lumière du cristal est subsumée dans le cristal lui-même, l'énergie dynamique de la sagesse - les pensées discursives - se dissout dans la sagesse elle-même. C'est le moment où la luminosité de la nature réelle des manifestations de la Conscience devient apparente.

Une fois de plus, nous reprenons conscience après nous être remis de l'évanouissement résultant de la séparation des huit souffles porteurs de vie et, en nous retrouvant à présent dans le bardo du Réel, des manifestations primordiales surgissent de ce que l'on appelle la « conscience dissoute dans l'élément espace ». Des visions lumineuses et incessantes de la pureté primordiale surgissent de la Base sous forme d'apparences telles que des rayons de lumière émanant du soleil et ceci est perçu comme étant comme un ciel d'automne sans nuages. Une luminosité sans élaborations discursives se manifeste de façon resplendissante et on appelle cet état la Claire Lumière du premier bardo. Là encore, sa durée est indéterminée et dépend de l'entraînement ou non à la pratique de la concentration.

Si la libération ne se produit pas à ce moment-là, l'aspect extrêmement subtil du souffle-conscience revient dans un processus inverse. Du point de vue de nos facultés sensorielles, lorsque la perception du stade de l'amplification se dissout dans la luminosité semblable au ciel, il n'y a pas de perception d'une quelconque substantialité mais des changements dans la perception se produisent jusqu'au moment où nous retrouvons la croyance en la substantialité. Dans l'expérience du pur Réel, la dharmata, tout ce qui est perçu se manifeste comme des visions de lumières quinticolores, brillantes et éclatantes, comme si l'on regardait des rayons de soleil briller à travers de la gaze. Au sein de la lumière, le son naturel du Réel résonne comme le grand rugissement de mille dragons ou comme des coups de tonnerre qui explosent simultanément. Ensuite, la luminescence se dissout dans l'union. C'est alors que surgit, dans un éclat immensurable, le mandala semblable à un tas de grains des cinq Familles de bouddhas, de leurs parèdres et de l'assemblée des déités paisibles et courroucées.

Lorsqu'on demeure dans les cinq jours de concentration méditative, les cinq sagesses correspondantes apparaissent progressivement. Le premier jour, le ciel tout entier se pare d'une lumière bleu ciel et le

Bhagavan Vairocana apparaît en union avec sa parèdre. Une brillante lumière bleue surgit du centre du cœur de Vairocana, pure et resplendissante et elle touche le centre de notre cœur. Si nous reconnaissons cette lumière bleue comme étant la sagesse de l'espace absolu, le dharmadhatu, nous serons libérés. Parallèlement, une faible lumière blanche du monde des dieux apparaît. À ce moment-là, effrayés par la lumière bleue naturelle de la sagesse de l'espace absolu, si l'attraction vers la faible lumière blanche des dieux grandit, nous errerons dans le monde des dieux et continuerons à tourner en rond parmi les six classes d'êtres.

Le deuxième jour, la lumière blanche de la pureté totale de l'élément eau apparaît. La lumière blanche qui brille depuis le centre du cœur du bouddha Akshobhya – lumière naturelle de la sagesse semblable au miroir – apparaît avec une faible lumière enfumée du monde des enfers. Le troisième jour, la lumière jaune de la pureté totale de l'élément terre apparaît. La lumière jaune qui brille depuis le centre du cœur du bouddha Ratnasambhava – lumière naturelle de la sagesse d'égalité – s'élève avec une faible lumière bleue du monde des humains. Le quatrième jour, la lumière rouge de la pureté totale de l'élément feu apparaît. La lumière rouge qui brille depuis le centre du cœur du bouddha Amitabha – lumière naturelle de la sagesse discriminante – se lève avec une faible lumière jaune du monde des esprits avides. Le cinquième jour, la lumière verte de la pureté totale de l'élément air apparaît. La lumière verte qui brille depuis le centre du cœur du bouddha Amoghasiddhi – lumière naturelle de la sagesse toute-accomplissante – se lève en même temps qu'une faible lumière rouge du monde des demi-dieux.

La période qui recouvre ces jours est appelée « jours de concentration méditative ». Pour expliquer les cinq « jours » : si, de notre vivant, nous avons pratiqué la concentration méditative, un « jour » correspond à la durée pendant laquelle nous sommes capables de rester sans distraction sans qu'aucune pensée ne surgisse, de sorte que chaque brève période de concentration méditative compte pour un jour. Si nous nous sommes déjà entraînés à cette pratique, le moment est venu de la mettre en pratique. En conséquence, il est enseigné que pour une personne ordinaire sans entraînement à la méditation, un jour correspond simplement au temps qu'il faut à une personne pour ouvrir et fermer sa main ou à une étoile filante pour traverser le ciel nocturne à toute vitesse.

Ensuite, au moment où l'union se dissout dans la sagesse, l'expression de la Conscience éveillée, qui s'étend du centre de notre cœur jusqu'à l'espace au-dessus, se manifeste sous la forme d'apparences associées aux quatre sagesses : lumière bleue, blanche, jaune et rouge. Celles-ci sont ornées de cinq gouttes claires correspondant à chaque couleur, à l'intérieur desquelles se trouvent cinq gouttes minuscules. Au-dessus de ces gouttes brillent des sphères de lumière semblables à des ocelles de paon.

Après cela, lorsque la sagesse se dissout dans la présence spontanée, les apparences de sagesse se dissolvent dans les sphères de lumière au-dessus.

À ce moment-là, à partir de l'état des apparences de la pureté primordiale, claires comme un ciel sans nuages, toutes les directions, en haut et en bas, apparaissent instantanément comme le champ pur des déités paisibles et courroucées et comme l'ensemble des apparences impures des six sortes d'êtres. Ceux qui ne reconnaissent pas cela comme étant leur nature véritable ou qui en doutent, seront, comme auparavant, incapables de se libérer du samsara. Avec le grand souffle de vie, la conscience s'échappe de l'une des neuf portes du corps la plus appropriée.

Ensuite, le deuxième état intermédiaire, le bardo du devenir, se présente à la manière d'apparences oniriques. Ici, il n'y a pas de sens physiques mais tout comme quelqu'un dans un rêve a les facultés du toucher, de la vue, de l'ouïe, etc., le corps mental apparent de l'état intermédiaire possède des facultés sensorielles complètes. Dans cet état, les êtres détiennent également de petits pouvoirs extrasensoriels et peuvent se déplacer partout sans entrave, sauf dans le ventre de leur future mère. Cependant, ils n'ont pas le pouvoir de rester au même endroit ne serait-ce qu'un instant et sont envahis par la peur. Quelle que soit la durée de leur séjour dans le bardo, pendant la première moitié de leur temps, leur forme apparaît conformément à leur tendance habituelle. Pendant la seconde moitié, ils apparaissent sous la forme avec laquelle ils renaîtront. Durant cette phase, ils ne peuvent être vus par personne, à l'exception des autres êtres qui se trouvent dans l'état intermédiaire ou de ceux qui possèdent une vue pure. Doté d'un peu de clairvoyance, l'esprit des êtres du bardo est sept fois plus clair qu'il ne l'était auparavant. Ils dérivent comme de la laine poussée par le vent et arrivent à n'importe quelle destination en un instant.

Les êtres dans le bardo du devenir voient leur maison et leur famille comme dans un rêve et continuent à faire des choses qu'ils avaient l'habitude de faire par habitude, mais parce qu'ils n'ont pas, comme base, un corps physique, ils n'ont pas de contrôle sur eux-mêmes. Ils voient leur famille mais celle-ci ne les voit pas. Ils se sentent malheureux et seuls, en colère, haineux et anxieux. Les quatre éléments sont comme des ennemis : l'air les heurte, la terre les écrase, l'eau les emporte, le feu les brûle... en ajoutant à cela les autres apparences effrayantes induisant de grandes souffrances, ils en viennent à réaliser qu'ils se sont séparés de leur corps physique. L'immense douleur de prendre conscience qu'ils sont morts les fait s'évanouir et ils connaissent encore d'autres petites expériences de mort. S'ils voient d'autres personnes heureuses et rieuses, ils se disent : « Ils s'amusent alors que je suis ici, dans cet état misérable » et entrent dans une terrible colère.

Ces êtres éprouvent du désir et de l'attachement pour les richesses et les biens de la famille. S'ils voient d'autres personnes utiliser ce qui était autrefois leur propre argent ou leurs propres biens, ils leur reprochent la richesse qu'ils convoitent encore et une colère insupportable s'installe. En outre, en fonction des conditions de la multitude de choses qu'ils voient et entendent, leur accumulation de facteurs afflictifs s'accroît et leur courant de conscience devient extrêmement chaotique. La durée de cet état intermédiaire étant incertaine, il peut durer environ sept jours, mais c'est absolument imprévisible. Tous les sept jours, quelle que soit la manière dont ces êtres sont morts, ils revivent cette mort de la même manière à chaque fois. Épuisés de ne pas avoir de grossière base physique, ils pensent : « Ne serait-ce pas bien d'avoir n'importe quel type de corps ? »

Parfois, une noirceur terrifiante et insupportable les accueille. Un grand nombre de démons karmiques assoiffés de sang, carnivores, brandissant des armes et criant « Tuez-le ! » et « Frappez-le ! » poursuivent les êtres du bardo et ils nous poursuivront aussi.

Des blizzards terrifiants et des animaux sauvages apparaissent et nous poursuivent. Des montagnes s'effondrent, des océans se gonflent, des incendies brûlent et des ouragans soufflent violemment. Dans ces moments-là, nous nous abritons brièvement dans des huttes d'herbe, des stupas, des temples, etc., mais seulement pour un moment car notre conscience s'est séparée du corps et il suffit de penser à un lieu pour s'y retrouver. Nous consommons les odeurs de la nourriture dédiée aux morts et brûlée. Notre divinité innée et notre nuisible démon nous accompagnent de la même manière qu'un corps vivant est accompagné de son ombre.

De plus, si nous avons des visions karmiques des trois poisons de l'esprit (une rougeur, une verdeur et une noirceur insupportables), c'est un signe que nous allons chuter dans les trois funestes destinées. Si nous devons renaître dans le monde des dieux ou dans celui des humains, un signe est que notre corps est orné de lumière blanche brillant sur une brasse ou couvrant de nombreux kilomètres. Un autre signe est que nous tenons notre tête droite. Si nous devons renaître dans le monde des demi-dieux ou celui des animaux, nous avons des visions de lumière jaune, notre tête penche sur le côté et nous voyons des tempêtes de pluie et de neige comme du sang et des déchets digestifs. Si nous devons renaître dans le monde des enfers ou celui des esprits avides, nous avons des visions de noir et nous nous voyons en train de nous traîner, la tête baissée. Les apparences ressemblent à des taches sombres, à de la ouate noire, à de la fumée, etc.

Les temples et les parcs d'agrément indiquent une renaissance dans le monde des dieux. Les roues de lumière indiquent une renaissance en tant que demi-dieu. Un ciel brumeux indique une renaissance en tant que simple humain. Le fait d'être entouré d'un grand nombre de personnes indique une précieuse naissance humaine. Vivre dans un trou de terre indique une renaissance animale. Les endroits stériles et les tunnels bloqués indiquent une renaissance en tant qu'esprit avide. Les ténèbres et les pluies torrentielles indiquent une renaissance dans le monde des enfers. Des ténèbres épaisses et du blizzard indiquent une renaissance dans les enfers froids. Ces signes et bien d'autres encore peuvent apparaître.

L'endroit où nous allons naître nous semblera séduisant, notre désir pour cet endroit augmentera et nous aurons envie d'aller le voir. Ou bien, poussés par des apparences terrifiantes, nous verrons un lieu qui pourrait servir de refuge en nous y cachant mais en y restant ne serait-ce qu'un bref instant, nous renaîtrons. Nous nous mêlerons alors à la semence de nos futurs parents et, dans le ventre de notre mère, nous éprouverons un peu de plaisir avant de perdre conscience pendant un moment. En reprenant conscience, nous éprouverons toutes sortes de tourments, suivis de la souffrance de la naissance. Nous serons alors dans un corps différent de celui de notre vie précédente. Nous aurons peut-être repris naissance en tant que chien mais il n'y aura plus de retour en arrière possible.

Dans cette ébauche de description, j'ai écrit sur les expériences du bardo du moment de la mort, du bardo du Réel et du bardo du devenir. Lorsque nous ferons l'expérience de ces états, afin de ne pas craindre les hallucinations et d'éviter de prendre une autre renaissance, il existe des instructions profondes sur la façon dont nous pouvons atteindre la libération dans les champs purs du Dharmakaya, du Sambhogakaya et du Nirmanakaya, à partir des enseignements portant sur la pratique principale du Dzogchen. Ceux-ci divisent les états intermédiaires en quatre ou six : le bardo de l'existence présente, du rêve, de la méditation, du moment de la mort, du Réel et du devenir.

On y trouve des instructions pour le bardo de l'existence présente qui sont comme une hirondelle entrant dans son nid sans hésitation, des instructions pour le bardo du rêve qui sont comme une lampe allumée dans une maison sombre, des instructions pour le bardo de la concentration méditative qui sont comme un enfant orphelin retrouvant sa mère, des instructions pour le bardo du moment de la mort qui sont comme un roi accordant le droit de passage, des instructions pour le bardo du Réel qui sont comme un enfant sautant dans le giron de sa mère, des instructions pour le bardo du devenir qui sont comme la fixation de gouttières sur une section d'aqueduc dont le support est cassé. Il en existe encore bien d'autres, trop nombreuses pour être mentionnées.

Une personne aux facultés limitées qui franchit la porte des enseignements du Dzogchen peut tout d'abord ne pas être en mesure d'atteindre la libération en raison d'un manque d'entraînement dans les instructions relatives au bardo du moment de la mort, qui sont comme une belle fille se regardant dans un miroir. Elle peut ne pas avoir confiance dans les instructions relatives à la conscience chevauchant le cheval du souffle subtil et se révéler incapable d'effectuer le transfert, que ce soit par l'entrée dans un autre corps ou par le transfert de conscience. Avec la cessation de la respiration extérieure lorsque l'esprit et la sagesse se séparent, si une telle personne ne parvient à aucune reconnaissance de l'état naturel au moyen des principales instructions pour vider l'état intermédiaire, alors, dès lors que les apparences qui surgissent de la Base dans le bardo du Réel ne sont pas transformées par la technique semblable à l'enfant sautant dans le giron de sa mère, elle ne peut se libérer dans le grand espace intérieur de la Base de la pureté primordiale. Ne reconnaissant pas les sons, les rayons, les disques lumineux, les formes et les reflets des déités paisibles et courroucées comme ses propres manifestations, elle est effrayée. Ces apparences passent alors en un instant et elle erre dans le bardo du devenir. À ce moment-là, du fait qu'elle n'a pas l'entraînement suffisant pour que son corps émerge dans le Sambhogakaya au moyen des instructions semblables à la fixation de gouttières sur un tronçon d'aqueduc dont le support est cassé, elle n'est pas capable d'atteindre l'éveil.

Bien que la lignée spirituelle de ce genre de personne soit celle du Dzogchen, elle n'a pas elle-même atteint ce niveau. Cependant, il est enseigné que si elle reconnaît le processus de la mort et, lorsque celle-ci survient, fait de sa dévotion au maître un soutien solide en se rappelant les instructions transmises par ce dernier et qu'elle se dit avec aspiration : « Maintenant, je vais rejoindre le champ pur naturellement émané », juste en faisant cela, elle renaîtra miraculeusement à l'intérieur d'un lotus dans n'importe quelle Terre pure à laquelle elle aspire grâce à la vérité du Réel inconcevable et aux bénédictions de son maître.

Les qualités des champs purs naturels du Nirmanakaya, connus sous le nom de « cinq champs pour recevoir la grande confirmation de la libération », sont les suivantes :

À l'est se trouve la Terre pure Abhirati – « Joie Manifeste » – où le bouddha Vajrasattva réside dans un palais immensurable fait de précieux cristal, orné de frontons, de fenêtres et d'escaliers de joyaux, etc. Le sol entier est fait de précieux cristaux. Il est vaste et large, si incroyablement beau et attirant que les êtres ne se lassent pas de contempler sa splendeur. À l'extérieur se trouve une rivière dont les eaux possèdent les huit qualités de pureté et les malades qui en boivent sont guéris de tous leurs maux. Aux abords de la rivière se trouvent huit grands lacs où vivent des volées d'oiseaux multicolores, chacun chantant sa propre mélodie. Au-delà, des murs sont construits à partir de sept matériaux précieux.

Au centre, sur un trône du Dharma fait des sept matériaux précieux, siège Vajrasattva. Le soir, il enseigne le Dharma causal. À minuit, il enseigne le Dharma des tantras extérieurs. À l'aube, il enseigne le Dharma des tantras intérieurs. À midi, il enseigne l'inégalable Dharma résultant, le Dzogchen. Tous les bodhisattvas vivant dans cette Terre pure atteindront l'éveil après une vie, sans exception. Les richesses et les biens de cette Terre sont comparables au paradis des Trente-trois [dieux] et tous ceux qui y habitent vivent cinq cent cinquante ans. Dans cette Terre pure, le simple fait de penser à la nourriture ou aux boissons apaise la faim et la soif. Ici, il n'y a pas de souffrance liée à la naissance, à la vieillesse, à la maladie ou à la mort. La joie y est donc suprême. Le simple fait de penser aux objets de plaisir souhaités les fait apparaître ? C'est ainsi que des fleurs et qu'une myriade d'autres offrandes sont faites au Nirmanakaya.

De même, au sud se trouve la Terre pure Shrimat – « La Glorieuse ». Dans la direction de l'ouest se trouve la Terre pure Padmakuta – « L'Empilement de Lotus » –, au nord la Terre pure Karmaprasiddhi – « L'Accomplissement des Actes Parfaits » – et dans la direction centrale la Terre pure Gandavyuha Akanishta – « L'Insurpassable Terre Pure à la Dense Structure ». Chaque Terre pure est dotée de qualités merveilleuses illimitées. Chaque suite de bodhisattvas écoute le dharma de son maître et deviendra un bouddha complètement éveillé en une seule vie, sans exception. Ceux qui prennent naissance dans ce genre de Terre pure franchissent la porte de cet enseignement du Dzogchen, mais ils sont du type de personnes aux facultés limitées ou qui ne travaillent pas très dur dans cette vie. C'est donc le moyen pour eux de se libérer.

Selon le degré de facultés des êtres (supérieur, intermédiaire ou limité), chacun a sa propre compréhension conceptuelle de la mort et ses propres méthodes pour y faire face. Pour les pratiquants du Dzogchen, la mort est le moment d'atteindre l'éveil et ils en sont donc particulièrement heureux. Pour ceux qui possèdent le Dharma, la mort est comme un cygne qui vole d'un lac de lotus à un autre ; ils n'ont donc pas peur. Pour ceux qui ont commis des actes négatifs, plus la mort approche, plus ils ont peur. Il n'y a rien à ajouter à leur durée de vie, ils sont donc comme un bassin sans source d'eau fraîche pour le remplir à nouveau ou comme un grenier vide. Leur nature est celle de l'épuisement.

Chaque pas les rapproche de la mort, à l'image d'un animal mené à l'abattoir.

Il en va de même pour notre vie humaine. La mort nous côtoie, toute personne dotée d'un esprit doit s'en rendre compte. Nous devons nous préparer dès maintenant, avec une confiance sans faille, en prenant des dispositions pour ce moment pendant que nous avons la liberté et le loisir de le faire. C'est le seul moment dont nous disposons ; plus tard, il sera trop tard. Sachant que nous sommes voués à la mort, nous tous devons considérer ce fait encore et encore, et le faire sans relâche. Sinon, lorsque la mort viendra, nous nous frapperons la poitrine lorsque nous ne pourrons plus respirer et nous pleurerons sur notre lit de mort. Nos amis et notre famille nous entoureront en sanglotant et en se lamentant mais à ce moment-là, les regrets seront inutiles.

Lorsque viendra la dernière heure, ni la médecine réparatrice ni un médecin habile ne pourront ajouter ne serait-ce qu'une minute à notre durée de vie. Les activités négatives et misérables dans lesquelles nous aurons gaspillé notre vie et que nous n'aurons toujours pas achevées ne nous seront alors pas d'un grand secours. Oublions donc nos tâches inutiles et insignifiantes, la préparation d'une retraite à propos de laquelle nous ne savons même pas si nous vivrons assez longtemps pour en profiter, et donnons la priorité à la prise en compte du seul événement-clé certain que notre avenir nous réserve. C'est ainsi que nous réussirons à coup sûr à atteindre la confiance intrépide que confèrent les instructions qui permettent de reconnaître la nature de l'illusion.

Vingt-cinq
Purger la maladie chronique du dualisme illusoire

La véritable nature du corps, de la parole et de l'esprit de tous les êtres animés n'est ni actuellement ni éternellement impure. Cependant, avec nos perceptions adventices illusoires, nous voyons « moi » et « toi » comme séparés et ce sont ces concepts dualistes, étiquetant les choses « à moi » et « à toi », qui donnent lieu au bonheur et à la souffrance. Il en est de même encore pour les « beau » et « laid », « propre » et « sale », « vrai » et « faux », etc., au fur et à mesure que les fourvoyantes apparences dualistes se présentent sans aucune limite. Nous sommes trompés de cette manière vie après vie, depuis des temps sans commencement jusqu'à des temps sans fin. Nous faisons l'expérience des manifestations physiques individuelles de chacune des six sortes d'êtres, prononçant chacun de leurs sons vocaux particuliers, en ayant toutes les différentes pensées de chaque esprit différent. Chaque renaissance nous apporte une pléthore de souffrances.

Nous poursuivons cette ronde de souffrances sans fin, en tournant dans chaque monde. C'est pourquoi on parle, en sanskrit, de « samsara » ou « ronde des existences ». La souffrance inutile du samsara est vaste, sans limite de profondeur ou d'étendue. Ainsi, on utilise l'image d'un océan et on l'appelle la « souffrance océanique du samsara ». La libération de cette souffrance est appelée « transcendance de la souffrance », ou « nirvana » en sanskrit. Ce que nous distinguons comme « bon » et « mauvais » est le produit du dualisme d'un esprit confus. En conséquence, la maladie chronique du fourvoiement dualiste est diagnostiquée dans l'approche spirituelle des paramitas ou « Transcendances » selon les sutras, et la vue juste est résolue par l'autorité scripturale ainsi que par le raisonnement logique. De cette manière, l'éminente sagesse qui réalise l'inexistence de toute identité dans les individus et les phénomènes élimine la saisie d'un soi à la racine. Par la suite, grâce au samadhi curatif semblable au vajra, les obscurcissements karmiques latents extrêmement subtils de la connaissance sont éliminés.

Le sublime Dzogchen ésotérique est un chemin rapide qui comporte de nombreuses méthodes et ne présente aucune difficulté. S'appuyant sur les fondements des enseignements de la Voie du milieu et du Mahamudra, le Dzogchen se révèle être un Véhicule résultant profond et extraordinaire. Dans l'essence de la sphère unique de l'espace fondamental des phénomènes, il n'y a pas de différenciation entre le bien et le mal et c'est donc la voie que nous devons pratiquer. Tant que la maladie du fourvoiement dualiste est présente dans l'esprit d'une personne, la racine de la souffrance n'a pas été coupée. Il n'y aura donc pas de fin au continuum de la souffrance vécue. Mais si le fourvoiement de la saisie dualiste est éliminé de l'intérieur, la souffrance cessera.

Pour vaincre le démon du fourvoiement, il faut faire la distinction entre fourvoiement et absence de fourvoiement. Par exemple, si une personne est atteinte d'un trouble mental, la première étape du traitement consiste à diagnostiquer correctement la condition, après quoi il est possible de traiter sa cause. Si nous reconnaissons un trouble mental latent, la nature du trouble peut être examinée et la différence entre la santé mentale et l'état désordonné devient évidente.

De même, si nous voulons mettre un terme à ce misérable fourvoiement, nous devons d'abord reconnaître notre illusion et l'amener au point où nous ne pouvons plus nous illusionner. Une fois qu'une illusion a atteint son apogée et qu'elle ne peut pas devenir plus confuse qu'elle ne l'était, elle se fatigue et s'épuise, révélant ainsi sa véritable nature. Une fois épuisée, l'illusion s'évanouit sur place. Ainsi, en disparaissant, l'illusion met fin à l'illusion. En l'absence d'illusion, il ne reste plus que la non-illusion. Cette instruction enseignée dans les textes Dzogchen porte le nom de « Rushen » ou « Disjonction », son but étant de trancher la racine des renaissances dans le samsara. En réalité, il s'agit de séparer la pureté de l'impureté liée aux imprégnations psychiques de la saisie dualiste dans l'espace abyssal de la sphère unique du Dharmakaya.

Nous avons à présent une compréhension approximative du sens de la vue du Dzogchen mais, tout comme le fait d'appeler « lune » un dessin de cercle n'est pas comparable à l'expérience de voir la véritable lune, nous n'avons développé aucun des trois aspects : compréhension, expérience ou réalisation. Cependant, lorsque nous nous engagerons dans l'entraînement sur la voie supérieure de la pratique principale du Dzogchen, nous maîtriserons la signification de ce qui a été indiqué par des exemples. Il est dit : « Si un lien propice est établi avec le corps, la réalisation surgira dans l'esprit ». De même, en s'appuyant sur ce type d'enseignement préliminaire, la racine de l'illusion sera naturellement éliminée. Si nous pouvons atteindre notre propre état fondamental, certitude et conviction seront alors bien établies dans notre esprit.

En revanche, lire des dizaines de milliers d'écritures et étudier de près avec des centaines de géshés et d'enseignants n'apporte pas de progrès mais rend les illusions plus omniprésentes. Cependant, jusqu'à ce qu'une nouvelle graine ait poussé, nous devons nous méfier encore plus des ennemis que sont le gel et la grêle. De la même manière, nous avons beau prononcer des mots comme « vide », « non-dualité », « égalité », « saveur égale », etc., en vérité, si nous nous piquons la main avec une épine, cela fait mal et si nous mangeons un bonbon, il a un goût sucré, etc. Tant que nous ne sommes pas libérés des liens de ce corps illusoire, il n'y a aucun moyen de bloquer ces sensations de plaisir ou de douleur.

De même, il existe des visions « illusoires » d'entraves et d'obstacles. Par conséquent, tant que nous ne sommes pas libérés de la fixation selon laquelle les choses conventionnelles ont une existence réelle, nous devons assurément diriger nos efforts sur la base de la coproduction conditionnée conventionnelle (la cause et le résultat indubitables des actes vertueux et négatifs) ainsi qu'en réunissant les accumulations et en purifiant les obscurcissements.

Sur cette base, pour ne pas être affectés par les entraves et les obstacles, il faut d'abord méditer sur les cercles de protection, etc., et nous engager dans la vue et la méditation extraordinaires du Mahayana. Le refuge et la production de l'esprit d'éveil doivent être des préliminaires à la pratique.

L'ensemble de l'environnement impur et des habitants des trois mondes est appelé samsara. Les Corps de l'éveil et les Terres pures constituent le nirvana. De ces deux divisions – le samsara et le nirvana – toute vision illusoire des trois mondes impurs du samsara est la latence karmique d'une perception dualiste subsumée dans l'étendue pure du grand nirvana, dans laquelle nous saisissons ou séparons la pureté de l'impureté. Pour nous libérer de cela, nous devons nous entraîner à voir la sagesse qui surgit naturellement dans toute sa nudité mais il faut d'abord réaliser les défauts implicites des choses à abandonner. Si cela est fait, l'attachement sera automatiquement relâché. Il s'agit d'une voie qui s'accorde avec les perceptions karmiques du samsara.

Pour nous libérer de la saisie, comme on coupe le fer avec le fer, la méthode et les instructions pour dissiper les pensées discursives avec la pensée discursive sont enseignées comme suit :

Dans un endroit isolé, visualisons notre corps comme un vajra flamboyant et, au sommet de notre tête, visualisons notre lama comme dans la pratique du guru yoga ou portons l'armure des huit syllabes. Visualisons la forme de notre lama en bleu foncé, avec un visage courroucé et ses cheveux attachés sur le haut du crâne. Il montre les dents et fait rouler sa langue. Au sommet de sa tête se trouve une syllabe LAM jaune, sur son front une syllabe E bleue, au menton une syllabe SER jaune, à la gorge une syllabe KHAM fumée, aux deux seins des syllabes HA blanches, au cœur une syllabe HUM bleu clair et une syllabe P'ET noire, au nombril une syllabe RAM rouge et à la plante des deux pieds des syllabes YANG vertes.

Du centre du cœur de notre lama émane une syllabe HUM bleue qui pénètre dans le cœur du disciple. Méditons sur le fait de devenir une syllabe HUM. Considérons que toutes les actions du corps, de la parole et de l'esprit sont la manifestation du Corps, du Verbe et de l'Esprit de notre lama. Faisons plaisir aux divinités locales en leur adressant des offrandes rituelles de tormas. Ensuite, commençons par accomplir les activités physiques :

Déshabillons-nous entièrement, à l'exception d'un pagne « ong ruk », levons-nous et courons, sautons et bondissons, penchons-nous et étirons-nous, roulons, dansons et ainsi de suite. Quels que soient les mouvements physiques qui nous viennent à l'esprit, accomplissons-les librement, sans hésitation. Ensuite, transformons-les en prosternations et en circumambulations, adoptons les postures des déités, formons des mudras et exécutons les danses rituelles des déités, etc. La nuit, reposons-nous en dormant dans un lit confortable. Les signes de la disjonction apparaîtront, notamment l'absence d'attachement au corps, le fait de ne plus penser que l'on a chaud ou froid, que l'on a faim ou soif, le sentiment d'être brûlant de chaleur bienfaisante et de nous élever dans le ciel, etc. Cette pratique pacifie les obstructions physiques, purifie les négativités et les obscurcissements, permet la libération dans le Nirmanakaya et, finalement, nous rend inséparables du Corps de vajra de tous les bouddhas.

Ensuite, avec notre parole, imitons tous les différents sons prononcés par les six sortes d'êtres : dieux, nagas, yakshas, humains et démons vicieux. Entonnons des chansons mélodieuses, récitons les consonnes et émettons les sons percutants HUM ! P'ET ! et RE LE ! Poussons des cris de douleur et des gémissements de souffrance, des rires joyeux et des lamentations misérables. Ou encore, imitons les bruits des animaux : chevaux, vaches, chèvres, moutons, etc., ainsi que les bruits accompagnant la naissance, la vieillesse, la maladie et la mort des êtres humains. Produisons tous les sons qui nous viennent à l'esprit. Parfois, lançons un P'ET ! avec force plusieurs fois et terminons par les sons d'une récitation de texte du Dharma. Le soir, allons nous coucher dans le silence le plus complet.

Les signes de la disjonction de la parole sont le jaillissement de récitations du Dharma qui n'étaient pas connues auparavant, le fait de parler en sanskrit, le fait de ne pas vouloir dire quoi que ce soit et l'expérience de la béatitude. Cette pratique pacifie les obstacles à la parole, purifie les négativités et les obscurcissements, permet d'atteindre la libération dans le Sambhogakaya et, finalement, nous rend inséparables en essence du Verbe de vajra de tous les bouddhas.

Ensuite, contemplons le bonheur et la souffrance des six sortes d'êtres animés, ceux qui ont le Dharma et ceux qui ne l'ont pas, le samsara et le nirvana, et ainsi de suite, autant que nous pouvons nous remémorer. Propulsons notre esprit au cœur du ciel, au fond de l'océan, dans les montagnes et les rochers, etc., dans les lieux où nous avons et n'avons pas été, dans les habitats des six sortes d'êtres, dans les Terres pures et dans les jardins d'agrément. Pensons aux bouddhas, aux bodhisattvas, aux temples et aux stupas, aux ennemis, aux amis et à tous ceux qui se trouvent entre les deux. Pensons à tout ce qui nous vient à l'esprit. Développons le désir-attachement et l'aversion, et entraînons-nous à ne pas en laisser de traces.

Pour finir, gardons à l'esprit le sens des enseignements du Dharma et, dans cet état, demeurons dans une absolue pureté de la vue, de la méditation, de l'action et du fruit, de sorte que les fourvoyantes pensées discursives cessent, que la méditation sur la clarté-félicité non conceptuelle émerge et se développe d'elle-même. La liberté intemporelle de la réalisation semblable au ciel s'élève en tant que condition naturelle. Il est enseigné que cette pratique pacifie les obstacles de l'esprit, purifie les négativités, permet la libération dans le Dharmakaya et, finalement, nous amène à l'éveil, inséparable en essence de l'esprit de vajra de tous les bouddhas.

De cette façon, en entraînant les trois portes dans les neuf pratiques décrites ci-dessus, la disjonction externe s'opère. Il n'y a alors plus d'attachement, plus de notion de répression ou de stimulation par rapport à la température corporelle ou autre. La sagesse émerge de la méditation et des mots ainsi que des significations exceptionnels surgissent de la parole. Nous devons méditer jusqu'à ce qu'une luminosité et un vide sans obstructions s'élèvent dans l'esprit et que nous fassions l'expérience de la félicité. Si cela se produit, le point fondamental a été atteint et nous serons en mesure d'obtenir les bénéfices mentionnés. C'est pourquoi il est essentiel que tous ceux qui désirent mettre à nu les défauts de la souffrance samsarique s'efforcent d'abord de s'entraîner sur ce type de voie.

Vingt-six
Le mécanisme du souffle de la non-pensée

L'esprit des êtres animés demeure dans le corps. Ce corps naît également de la saisie fourvoyante de l'esprit et du pouvoir de l'attachement. Dans cette expérience de la vie, ces deux éléments, l'esprit et le corps, existent en tant que support et supporté mais au départ, c'est l'aspect confus de l'esprit qui est à l'origine de la naissance du corps. L'esprit, sous l'influence d'un fourvoiement inconscient, en est la cause. Les conditions sont les semences de nos parents et la conscience de l'état intermédiaire qui se réunissent. Ensuite, les six éléments que sont la terre, l'eau, le feu, l'air, l'espace et la sagesse s'assemblent pour former le corps. Les canaux subtils se forment progressivement et le fœtus passe par les stades de développement : « crémeux », « frémissant », « ovale », etc. Lorsque les mois de croissance et de développement sont terminés, les souffles karmiques retournent le bébé et il naît.

L'esprit qui dépend de ce corps est combiné au souffle subtil. Les apparences de l'esprit sont laissées à l'extérieur, la conscience demeure à l'intérieur. Entre les deux se trouve la montagne des souffles karmiques qui deviennent comme un cheval pour l'esprit qui les chevauche et ils errent dans un état de saisie dualiste sujet-objet.

La voie rapide et profonde des mantras secrets et du Dzogchen repose sur des méthodes permettant de lier les souffles karmiques qui vont et viennent et d'agir dessus pour s'attaquer ainsi aux illusions des vies samsariques successives, sans commencement ni fin. Contrairement aux méthodes des approches spirituelles inférieures, la voie rapide ne dépend pas du temps passé à utiliser une logique concentrée pour raisonner à travers le maillage de pensées fourvoyantes à partir de l'extérieur mais utilise avant tout les instructions d'une méthode énergique pour identifier la sagesse authentique innée de l'intérieur.

D'une manière générale, il existe cinq souffles dans les canaux : le souffle vital, le souffle ascendant, le souffle descendant, le souffle coexistant avec le feu et le souffle omnipénétrant qui, avec les souffles secondaires, accomplissent leurs fonctions spécifiques. La force de vie est générée par les souffles qui se connectent à travers tous les canaux. Au cours des douze périodes d'une journée, le souffle est expiré par le nez et la bouche vingt mille six cents fois. Il existe deux types de souffle : le souffle karmique et le souffle de sagesse. En utilisant le pouvoir de la méditation, le yogi purifie tous les souffles karmiques, les transformant en souffles de sagesse pour atteindre l'éveil.

Le souffle et la conscience s'associent, l'un agissant en tant que cause, l'autre en tant que condition. Le souffle déplace alors la conscience, la plaçant sur les objets des cinq portes sensorielles et c'est ainsi que nous errons dans le samsara. Le souffle est un élément ; la conscience est clarté et cognition. Ces deux aspects sont comparés à une personne handicapée, incapable de marcher, qui se déplace sur un cheval aveugle. En coupant le continuum du souffle karmique et en retenant le souffle de sagesse, les perceptions illusoires du samsara peuvent être renversées. C'est pourquoi il est extrêmement important de nous entraîner avec les souffles. Par conséquent, je vais enseigner ici, selon le Longchen Nyingthig, le *yantra* pour agir avec les souffles, à savoir les trois pratiques de la non-pensée. La première consiste à fixer l'esprit sur la non-pensée de la félicité et de la vacuité :

Dans un endroit isolé, asseyons-nous dans la posture de méditation en sept points. Visualisons notre corps creux et clair comme un ballon gonflé, au centre duquel se trouve le canal central qui possède quatre attributs particuliers : il est droit comme le tronc élancé d'un plantain, aussi fin qu'un pétale de lotus, bleu comme un ciel sans nuage et lumineux comme une lampe à huile de sésame. Au sommet de la tête, au niveau de l'extrémité supérieure du canal, visualisons une syllabe HUM blanche, et à l'extrémité inférieure, sous le nombril, une syllabe AH rouge. Avec les quatre applications, pressons le souffle supérieur vers le bas et faisons monter le souffle inférieur, de sorte que la syllabe AH au niveau du nombril brûle. Peu à peu, la syllabe HUM située à l'extrémité supérieure du canal central fond et des gouttes de nectar s'en échappent. Le nectar remplit les quatre chakras ainsi que les fins canaux secondaires. Considérons que la sagesse de la félicité-vacuité émerge. Concentrons notre esprit sur une syllabe blanche AH au centre de notre cœur, une syllabe qui coupe le continuum des pensées subtiles et donc reposante. Cela permet d'utiliser la félicité comme moyen de faire naître la sagesse de la connaissance prééminente et de la vacuité. Il est enseigné de pratiquer cela fréquemment pendant de courtes périodes jusqu'à ce que l'on atteigne la compétence.

Le deuxième entraînement de l'esprit, celui de la clarté-vacuité sans pensée, est enseigné de la manière suivante : Expulsons l'air vicié des poumons en trois ou neuf séries d'expirations car il est nécessaire de chasser le souffle impur et empoisonné. Ensuite, lorsque nous inspirons, toutes les apparences extérieures, saisies comme étant vraies et complètement solides, se fondent en lumière chatoyante et se mêlent au ciel bleu clair. Lorsque ce bleu pénètre dans notre corps, pensons que celui-ci en est entièrement rempli. Pressons le souffle supérieur vers le bas et tirons légèrement le souffle inférieur vers le haut. Scellons-les ensemble. En méditant sur ce point, nous ferons l'expérience de la clarté-vacuité. De plus, selon l'enseignement, il est important de méditer sur la sensation de chaleur de ce souffle si nous avons froid et de méditer sur la sensation de fraîcheur de ce souffle si nous avons chaud. Il est enseigné que la pratique respiratoire du vase ou rétention de Kumbhaka est la source de toutes les bonnes qualités.

« Parce que le canal central est suprême, il ne se montre pas dans l'expérience visuelle ».

Cette fois, jusqu'à ce que nous expirions, retenons notre souffle de cette manière, de sorte que le souffle passe dans les voies des canaux latéraux gauche et droit et entre dans l'extrémité inférieure du canal central, qui est comme la moitié inférieure de la lettre (ཆ). tibétaine CHA

Grâce à l'entrée du souffle dans le canal central, la réalisation de la première Terre de bodhisattva se produit de manière irréversible. En ce qui concerne l'apparition de chacun des signes des trois états : entrée, maintien et dissolution, lorsque le premier nœud du canal central est libéré et que le souffle entre, les qualités de la première Terre apparaissent. Puis, lorsque le souffle et l'esprit se maintiennent dans le canal central, les qualités de la deuxième Terre apparaissent. Lorsque le souffle et l'esprit se dissolvent complètement, les pensées liées à la dualité sujet-objet sont purifiées, à l'image de l'étendue du ciel. En outre, toutes les qualités de connaissance se développent dans leur intégralité, de sorte que pour le moment, la vie est longue, les maladies sont rares, le corps est confortable et véloce comme un oiseau. Ces qualités et d'autres encore sont les excellents attributs qui marquent l'atteinte du point essentiel de la technique respiratoire du vase ou kumbhaka.

Le Grand Maître d'Oddiyana a dit : « Toutes les bonnes qualités du souffle doivent être développées en pratiquant la technique respiratoire du vase. Alors, Tsogyal, applique cette technique comme point clé dans toutes les méditations sur les souffles ! »

La troisième méthode d'entraînement de l'esprit, la non-pensée du Réel, est enseignée de la manière suivante : détendons le corps et l'esprit. Sans bouger les yeux, dans un état libre de tout souvenir et de toute pensée, de toute prolifération ou effacement des pensées, sans faire d'effort particulier pour retenir le souffle, remplissons le souffle du milieu directement à partir du dessous du nombril. Il s'agit d'une instruction extrêmement profonde.

Le Grand Maître d'Oddiyana a dit : « Écoute, Tsogyal, assieds-toi les jambes croisées, fait monter légèrement le souffle inférieur, presse légèrement le souffle supérieur vers le bas et remplis le souffle du milieu à partir du nombril. C'est la pratique du souffle de sagesse demeurant dans sa propre condition. »

C'est utile pour le corps qui médite sur la phase de création, pour l'esprit qui médite sur la luminosité et ainsi de suite, quelle que soit la pratique. C'est une technique du souffle qui accomplit spontanément les trois : retenir, tirer et répandre les gouttes quintessentielles. Elle purifie aussi spontanément les pensées de la dualité sujet-objet, élimine les entraves à la pleine conscience tels que la somnolence, la torpeur ou l'agitation pendant la méditation, et prévient les problèmes liés aux facultés sensorielles, y compris l'apparition de la cécité, etc. Elle prévient le développement des maladies du phlegme et de la bile. Elle guérit les ballonnements et les douleurs d'estomac, ainsi que les maladies contagieuses et infectieuses. Cette pratique du souffle favorise une longue vie, durable comme le soleil et la lune.

Visualisons notre corps comme celui du yidam, asseyons-nous droit, sans nous pencher d'un côté ni nous recroqueviller, puis pressons et remplissons le souffle sous le nombril. Contemplons l'espace devant nous avec un regard ouvert. Plaçons notre conscience dans l'état de la pureté primordiale. C'est ce qu'on appelle la pratique du souffle de la grande sagesse. On l'appelle aussi la pratique du souffle de la disjonction de l'esprit et de la Conscience éveillée ou *Rigpa*. Pendant cette pratique, cambrons légèrement notre dos au niveau de la taille. Remplissons notre abdomen au niveau du nombril. Lors des inspirations complètes et de toutes les activités liées au souffle, remplissons notre abdomen. En appliquant les points clés de cette technique d'une manière concentrée, les souffles supérieurs et inférieurs sont naturellement aspirés. En remplissant toujours l'abdomen au niveau du nombril, le centre d'attention devient également le nombril rempli.

Méditons sur la déité yidam en nous concentrant également sur le remplissage au niveau du nombril. Lorsque nous récitons des mantras essentiels, aspirons aussi naturellement les souffles en nous remplissant au niveau du nombril. Méditons sur la sagesse sans pensée du Réel en prolongeant le souffle également au niveau du nombril. En pratiquant l'une des quatre activités suivantes : marcher, se déplacer, s'allonger ou s'asseoir, il est enseigné que nous ne devrions pas quitter cette grande sagesse secrète de la pratique. Il est également enseigné que ce type de souffle du milieu doit être prolongé, non seulement pendant l'entraînement de l'esprit comme dans les pratiques précédentes mais à toutes les étapes de la voie des bodhisattvas. C'est une excellente condition de soutien et la plus importante.

Depuis des temps immémoriaux, cette entité sans propriétaire qu'est l'esprit, qui a perdu toute liberté, qui fabrique une multitude de pensées aléatoires, qui est aussi sauvage qu'un cheval indompté, peut, par divers moyens, en utilisant des méthodes de dressage et d'apprivoisement, devenir graduellement contrôlable et efficiente. Pour ce faire, nous devons entraîner l'esprit à l'aide des trois pratiques de la non-pensée, de sorte que la Conscience éveillée puisse être maintenue où qu'elle soit placée et qu'elle puisse rester pendant des périodes de plus en plus longues dans un état de non-pensée semblable au ciel. C'est la pleine mesure de la maîtrise individuelle.

Vingt-sept
La paisible concentration inébranlable

Des trois portes que sont le corps, la parole et l'esprit, l'esprit est la plus importante. Depuis des temps immémoriaux jusqu'à aujourd'hui, nous errons dans le samsara. Cette errance est motivée par les facteurs afflictifs d'un esprit abusé qui, avec le corps et la parole, provoquent l'accumulation d'un karma non vertueux. Il en résulte une errance sans fin dans les trois mondes du samsara, semblables à une prison. Se détourner de cet état et espérer atteindre la pleine libération et le contentement perpétuel en se contentant de pratiques spirituelles mettant en œuvre uniquement le corps et la parole n'apportera que peu de progrès. Il est donc essentiel de faire un effort soutenu dans la méthode de méditation unique de la concentration de l'esprit.

Comme il est dit dans un sutra :

L'esprit est le chef.
L'esprit est extrêmement véloce.
L'esprit est à la tête de tous les Dharmas.

Cependant, le corps, la parole et l'esprit sont liés en tant que supports et supportés, de sorte que lorsqu'on médite, ces trois éléments sont importants. Cela étant, le corps s'assoit d'abord dans la posture inébranlable en sept points de Vairocana. Si le corps est droit, les canaux sont droits. Si les canaux sont droits, les souffles sont droits. Parce que les souffles sont droits, les gouttes quintessentielles sont droites. Parce que ces dernières sont droites, la Conscience éveillée se repose dans l'état naturel et la méditation s'élève naturellement.

Lorsqu'un débutant médite, il ne doit se livrer à aucune des activités suivantes : actions physiques, activités telles que les affaires, le travail, etc. Les activités liées au Dharma telles que les prosternations, les circumambulations, etc., ainsi que les exercices physiques ésotériques doivent également être évités. En règle générale, la posture physique doit être la suivante : plaçons les jambes en position de lotus complet. Posons les mains sous le nombril dans le geste de l'équanimité. Redressons la colonne vertébrale comme une flèche. Joignons l'abdomen à la colonne vertébrale. Fléchissons légèrement le cou. Touchons la langue au palais supérieur. Regardons l'espace devant nous, le regard dirigé dans l'axe de la pointe du nez.

Pendant les pratiques du Longchen Nyingthig, les instructions essentielles nous disent de garder les lèvres et les dents légèrement écartées et de respirer par la bouche. En outre, il existe des points clés concernant la posture et le regard ainsi que de nombreux exercices de yantra yoga (*trulkhor*) mentionnés dans les instructions essentielles des pratiques principales du Dzogchen et qui doivent tous être connus à ce stade.

En ce qui concerne la parole, lorsque nous méditons, mettons un terme aux conversations et aux bavardages confus. Cessons également les récitations et les discussions sur le Dharma. Il faut éviter les mantras et les récitations verbales, de sorte que la parole soit maîtrisée et rejetée, à l'image d'un luth dont les cordes sont cassées.

Pendant la méditation, n'employons pas l'esprit à analyser des pensées mondaines fourvoyantes. Cessons de méditer sur les déités et les yidams. Ne prêtons pas attention aux concepts de vue ou de méditation mais laissons l'esprit tel quel. Permettons au corps, à la parole et à l'esprit d'atteindre l'état authentique et de se purifier.

D'une manière générale, dans les instructions du Dzogchen, deux approches de la méditation sont enseignées : l'approche par le point d'entrée du calme mental et l'approche par le point d'entrée de la vision pénétrante. Afin d'éviter les obstructions et les entraves, nous suivons l'approche par le point d'entrée du calme mental et nous méditons sur la quiétude.

L'esprit d'un débutant est semblable à un cheval indompté. Si nous nous précipitons pour l'attraper, il est certain qu'il s'enfuira et que nous ne pourrons pas le saisir. Mais si nous utilisons diverses méthodes pour attirer le cheval près de nous et que nous essayons progressivement de l'amadouer, nous serons en mesure de l'attraper. De même, si nous nous efforçons de retenir de force cet esprit indompté, le degré d'activité des pensées ne fera qu'augmenter. C'est pourquoi, par des méthodes utilisant divers points de référence, l'esprit en arrive lentement à un état authentique et un calme véritable se développe dans le courant de conscience.

Avant de commencer la méditation, éveillons l'esprit d'éveil avec la pensée suivante : « Pour le bien des êtres animés en nombre aussi vaste que le ciel, dans cette vie et ce corps, afin d'atteindre le niveau inégalé de l'éveil qui accomplit le double but, je médite sur le dharma du Grand Véhicule ». Faisons également précéder la méditation d'une pratique de guru yoga.

Pour commencer, méditons sur le calme mental avec caractéristiques. Laissons les trois portes – le corps, la parole et l'esprit – revenir à leur état naturel et adoptons la posture corporelle en sept points de Vairocana. En prenant cette posture comme base, plaçons un petit objet devant nous, quelque chose comme un bâton ou une pierre. Fixons-le directement, sans laisser notre esprit vagabonder vers quoi que ce soit d'autre, reposons-nous simplement sur lui dans l'immobilité. De temps en temps, veillons à ne pas nous attacher à l'objet avec une intensité trop forte, restons naturellement décontractés mais ne laissons pas notre esprit vagabonder, plaçons-le uniquement sur le support de non-distraction. Lorsque nous sommes devenus sereins, relâchons lentement notre attention et détendons-nous. Pendant cette détente, ne suivons pas le flot de pensées mais, comme précédemment, empêchons notre esprit de vagabonder.

De courtes périodes de pratique permettent d'éviter que l'esprit ne sombre dans la torpeur et la somnolence, et de prévenir l'apparition d'obstacles et d'obstructions telles que des pensées discursives proliférant de manière incontrôlée, etc. En pratiquant fréquemment, une méditation libre de tout problème se développera. Nous devons donc nous entraîner ainsi, encore et encore. Une fois la session d'entraînement terminée, soyons attentifs et ne perdons pas l'état de méditation. Intégrons-le lentement à toutes nos activités et considérons-le comme la voie de la pratique.

Après avoir maîtrisé cet entraînement, entrons à nouveau dans la session de pratique comme précédemment et, dans la posture assise, ramenons les trois portes ensemble à leur état naturel. Visualisons maintenant de la manière suivante : pensons qu'à l'entre-sourcils se trouve une goutte blanche, brillante et claire, lumineuse et chatoyante, de la taille d'un petit pois, apparente mais sans nature propre. Concentrons notre attention sur cette goutte sans laisser l'esprit vagabonder. Laissons notre esprit s'installer comme auparavant, dans cette clarté ouverte et libre. Ne laissons pas nos pensées s'y immiscer. Méditons de la même manière qu'avant, en nous entraînant sur de nombreuses et courtes sessions de pratique.

Visualisons à nouveau notre corps vide et clair. Au niveau de notre cœur se trouve une goutte de lumière rouge, essence du souffle et de l'esprit mêlés, grande comme la flamme d'une lampe à beurre de taille moyenne, brillante et d'un bleu éclatant, chaude au toucher. Concentrons notre conscience sur cette goutte. Détendons-nous dans la clarté et éliminons les distractions comme auparavant.

Si le calme ne se développe pas dans notre courant de conscience, visualisons dans l'espace devant nous la forme de Vajrasattva, de la hauteur de notre avant-bras, apparente mais sans nature propre et possédant la nature d'une brillante lumière blanche. Concentrons notre cognition sur le centre du cœur de Vajrasattva et répétons cette pratique plusieurs fois pendant de courtes périodes, comme auparavant. Nous pouvons également concentrer notre esprit, sans le laisser vagabonder, sur le Bhagavan Shakyamuni, à la forme flamboyante faite d'une brillante lumière dorée, ou sur le bodhisattva Avalokiteshvara, dont la forme est d'un blanc rayonnant avec une syllabe HRIH blanche complète avec le signe ঃ au centre de son cœur.

Il est enseigné qu'au début, les pensées deviendront plus nombreuses, mais qu'à la fin, elles se réduiront et c'est un signe expérimental que la méditation se développe progressivement. Quelle que soit notre concentration, si les latences des pensées négatives émergent de l'esprit, quelles qu'elles soient (attraction, aversion, etc.) plaçons l'esprit dessus, relâchons et détendons-nous. Parfois, lorsqu'une pensée surgit, identifions-la et, ce faisant, la pensée se libèrera d'elle-même, disparaissant naturellement sans laisser de trace. Lorsqu'une autre pensée surgit, identifions-la. Son émergence et sa libération ou disparition se produiront simultanément, simplement en ne la suivant pas. Détendons-nous dans un état sans modification et brisons nos pensées de cette manière. Familiarisons-nous avec ces instructions essentielles.

Vient ensuite l'instruction relative à l'entraînement avec le souffle : assis dans la posture en sept points de Vairocana, pour éliminer le souffle vicié, expulsons trois fois par la narine droite le souffle de l'aversion. Par la narine gauche, expulsons trois fois le souffle du désir-attachement et par les deux narines, expulsons trois fois le souffle de l'opacité mentale, soit neuf fois en tout. Nous pouvons également expulser une fois par la droite, une fois par la gauche et une fois par les deux, ce qui fait un total de trois expirations de nettoyage. En même temps, considérons que toutes nos négativités et obscurcissements sortent de nos narines sous forme de scorpions qui sont consumés par un feu de sagesse dans l'espace devant nous. Lorsque nous inspirons, retenons notre respiration sous le nombril aussi longtemps que possible avant d'expulser à nouveau l'air.

Ensuite, la pratique de la récitation des trois syllabes adamantines du non-né se présente comme suit : chassons le souffle vicié et asseyons-nous dans la posture physique essentielle telle que vue précédemment. En inspirant, sous la forme de syllabes bénies par les Corps de tous les bouddhas, des OM blancs se rassemblent. Pressons le souffle supérieur, faisons monter le souffle inférieur et maintenons-le sous le nombril. Tant que le souffle est unifié, il constitue l'essence du Verbe de tous les bouddhas sous la forme de syllabes AH rouges. Restons ainsi tant que la Conscience éveillée est présente et maintenons le souffle aussi longtemps que nous le pouvons. Lorsque nous expirons, le souffle s'échappe sous la forme de syllabes HUM bleues, qui représentent l'essence de l'Esprit de tous les bouddhas. Pensons qu'il diffuse un flux incessant d'émanations pour le bien des êtres.

De cette façon, inspirons le OM, qui demeure en tant que AH et qui est expiré en tant que HUM. Maintenir cela à l'esprit avec concentration, sans vaciller, et méditer ainsi continuellement porte le nom de « récitation adamantine du non-né ». Chaque jour, le souffle d'une personne en bonne santé se déplace vingt et un mille six cents fois. Accomplir ce nombre de récitations des trois syllabes adamantines du non-né revient à développer d'inconcevables bonnes qualités et doit donc faire l'objet d'une pratique régulière.

L'entraînement au calme mental sans caractéristiques se déroule comme suit : dans la même posture physique essentielle que précédemment, regardons directement dans l'espace sans méditer sur quelque point de référence que ce soit. Concentrons notre conscience de manière inébranlable sur l'espace devant nous. Tout en restant dans cette présence, reposons-nous en elle. De temps à autre, examinons la nature de la conscience de celui qui se concentre. Concentrons-nous à nouveau, puis analysons à nouveau, et ainsi de suite. Après la méditation, cultivons une attention inébranlable dans notre courant de conscience, dans tout ce que nous faisons.

Après nous être entraînés ainsi, abaissons notre regard. Détendons notre corps et notre esprit pour rester dans un état sans référence à quelque objet de méditation que ce soit. Lorsque nous sommes présents dans une non-méditation inébranlable, dans l'état de la nature fondamentale stable, intacte et inaltérée, interrompons la méditation, puis permettons-nous de nous détendre comme auparavant. Examinons parfois la nature de celui qui se concentre et de celui qui interrompt. Si nous constatons qu'il s'agit de l'esprit, observons son essence et détendons-nous. Entraînons-nous jusqu'à ce que nous ayons acquis un bon calme mental.

Ensuite, de temps en temps, concentrons à nouveau notre conscience sans faiblir. Détendons-nous encore, en restant dans un état spacieux ininterrompu. De cette manière, alternons entre concentration et relâchement. Déplaçons notre regard de haut en bas, de droite à gauche, tour à tour, et restons détendus dans les intervalles. Observons parfois qui s'engage intensément dans la pratique et qui change d'objectif. Tour à tour, ramenons notre esprit au centre de notre cœur et relâchons-le vers l'espace omniprésent et ainsi de suite, en changeant notre regard de différentes manières. Si notre conscience est capable d'aller là où elle est envoyée et de rester là où elle est placée, alors le calme mental a été développé.

Si des obstacles de torpeur et d'agitation apparaissent, visualisons le visage de notre lama, conformément aux instructions essentielles. L'exemple d'un calme parfait est comparable à la flamme stable d'une lampe à beurre à l'abri du vent, qui ne tremble pas. Où que la conscience soit placée, elle est stable et immobile. Insensible aux défauts, elle est lucide. Insensible aux schémas de pensée adventices, la conscience reste authentique.

Si l'eau n'est pas agitée, elle devient claire. De la même manière, les trois portes deviennent limpides en étant placées directement dans la Base, de sorte que l'on n'a pas envie de bouger physiquement, ni de parler. Toutes les proliférations et disparitions des pensées dans l'esprit sont purifiées en leur propre condition et c'est ainsi que l'on demeure naturellement dans un état de concentration. Le développement d'un calme mental extraordinaire, qui s'accompagne de l'expérience de l'absence de pensées, de la clarté et de la vacuité dans le courant de conscience permet de surmonter les souffrances et les facteurs afflictifs de l'esprit.

Grâce à cela, à court terme, aucune circonstance donnant lieu à des maladies causées par la disharmonie des éléments ne se produira et les constituants physiques ainsi que les sphères sensorielles resteront là où ils se trouvent, de sorte que l'esprit d'éveil se développera. En fin de compte, la vérité inexprimable se développera dans le courant de conscience et toutes les pensées seront libérées là où elles se trouvent, de sorte que la vision pénétrante de la condition naturelle, la pureté primordiale, restera d'elle-même dans l'état de la Grande Perfection naturelle, au-delà de toute conceptualisation et de toute expression. Par conséquent, il est essentiel que tous ceux qui souhaitent atteindre le résultat en parcourant la voie par étapes s'efforcent de mettre en œuvre ces pratiques.

Vingt-huit
Le pouvoir des canaux, souffles et gouttes

Les éléments qui dépendent du corps adamantin sont les canaux subtils, le souffle subtil qui s'y déplace et les subtiles gouttes quintessentielles qui en dépendent. Si on discute de ces éléments, l'aspect de l'esprit qui comprend son essence, primordialement pure et non souillée par la confusion, est appelé « sagesse ». Cependant, par le pouvoir de l'esprit sous la coupe du fourvoiement, le karma se crée de manière manifeste et c'est ainsi que les causes et les conditions s'assemblent pour produire un corps, entraînant les renaissances dans le samsara. De manière concomitante, la semence des deux parents se joint à la conscience d'un être du bardo et se conjugue avec les cinq éléments (terre, eau, feu, air et espace). Le corps, la parole et l'esprit se développent ainsi.

Comment se forme un corps humain ? Au cœur des cinq propriétés des cinq éléments réunis se trouvent les huit consciences, à savoir la conscience du substrat universel et sept autres consciences qui restent indistinctes. À partir du substrat universel, la conscience mentale afflictive émerge alors et produit le souffle vital qui donne naissance aux formations karmiques. Dans ces conditions, le souffle karmique est instantanément produit et les étapes de croissance et de développement de la première semaine dans l'utérus prennent place à travers les forces, connues sous le nom de mixtion, de construction et de consolidation.

Le premier jour de la cinquième semaine, le canal vital qui relie à la mère est coupé. Le deuxième jour, les canaux du cœur, y compris les canaux secondaires, se forment pour créer un espace où les souffles peuvent émerger. Ensuite, le développement progressif se poursuit chaque jour. Puis, pendant les neuf mois restants dans le ventre de la mère, soixante-douze mille canaux se forment. Parmi les trois canaux bien connus et les cinq chakras, le canal principal est le canal central, qui a reçu de nombreux noms, notamment « avadhuti » en sanskrit, « toujours en mouvement », « canal de vie », « kaga muga », etc.

Ces noms indiquent que le canal central est la base du souffle vital et qu'il relie le centre secret au sommet de la tête. L'extrémité supérieure du canal central est fermée par une syllabe HUM de la nature de l'élément blanc. L'extrémité inférieure, sous le nombril, est fermée par la syllabe AH courte de l'élément rouge. Entre les deux, le canal central est rempli du souffle vital, la base de la conscience du substrat universel, et il est de couleur bleu ciel.

Il est dit qu'il existe deux canaux de part et d'autre de ce canal central : le canal stable et le canal de méditation. Appelé « rasana », le canal de droite est de couleur blanche, le canal de gauche porte le nom de « lalana » et il est de couleur rouge. Chez les femmes, ces canaux sont inversés. Les trois canaux sont reliés sous le nombril et se séparent à partir de ce point.

Dans les trois canaux demeurent les syllabes OM AH HUM qui, dans un contexte impur, forment la base des trois portes et des trois poisons, et accumulent le karma des trois mondes. Dans le contexte de pureté, elles forment la base des trois Corps de l'éveil. Clarté et méthode sont produites à partir du rasana lié à l'aspect aversion. Félicité et sagesse sont parachevées à partir du lalana lié à l'aspect désir-attachement. Le canal central de la constante pulsation, lié à l'aspect opacité mentale, forme la base pour l'émergence de la non-duelle coalescence, un état vierge de toute pensée.

Ces trois canaux subtils servent d'axe vertical aux rayons des quatre chakras en forme de parapluie, lesquels sont, à l'intérieur du corps, reliés à leurs canaux radiants, les canaux étant disposés en réseau. Parmi les quatre groupes, le chakra de grande félicité (Mahasukha-chakra) au sommet de la tête possède trente-deux canaux radiants, le chakra de jouissance (Sambhoga-chakra) au niveau de la gorge en possède soixante, le chakra du Dharma (Dharma-chakra) au niveau du cœur en possède huit et le chakra d'émanation (Nirmana-chakra) au niveau du nombril en possède soixante-quatre. Les quatre chakras forment la base des quatre Corps de l'éveil et des cinq sagesses. Au centre de ces chakras demeurent les syllabes de la sagesse purificatrice OM AH HUM SO, et si l'on ajoute le chakra du centre secret qui garde la félicité, HA est inclus, ce qui fait cinq.

Le corps adamantin comporte soixante-douze mille canaux, dont le chakra du feu brûlant des six canaux qui contiennent l'élément feu, et le chakra de l'air enflammé des six canaux de l'air complètement pur. On enseigne qu'il y a trente-cinq millions de canaux fins qui font même pousser les cheveux les plus fins.

Le souffle persistant se déplace dans les canaux présents. L'essence du souffle est celui des cinq éléments. Outre les cinq souffles principaux, il existe cinq souffles secondaires. Le premier souffle de base est le souffle vital ou souffle karmique, qui réside dans le centre du cœur, inséparablement du rayonnement de la Conscience éveillée (*Rigpa*). Il engendre ainsi la duelle activité conceptuelle qui saisit et s'attache. Si le souffle vital est défectueux, il peut provoquer des évanouissements et des troubles mentaux. Dans le pire des cas, un problème lié au souffle vital entraîne la mort.

Le deuxième souffle principal est le souffle ascendant, qui réside dans la partie supérieure du corps. Il a pour fonction de faire entrer et sortir l'air des poumons ainsi que de faciliter l'élocution au niveau de la gorge. S'il est défectueux, il s'ensuit des maladies dans la partie supérieure du corps. Le troisième est le souffle descendant, qui réside dans le bas du corps et qui a pour fonction d'éliminer les déchets. S'il est défectueux, il en découle des maladies dans le bas du corps. Le quatrième est le souffle coexistant avec le feu, qui réside dans l'estomac et sépare la partie nutritive des aliments et les déchets. S'il est défectueux, il en résulte des maladies de l'estomac. Le cinquième est le souffle pénétrant, qui génère la force du corps. S'il est défectueux, cela peut provoquer des problèmes de paralysie, etc.

Cinq souffles secondaires en mouvement sont liés aux cinq facultés sensorielles. Le « souffle des nagas » appréhende la forme. Le « souffle de la tortue » appréhende le son. Le « souffle du lézard » appréhende l'odeur. Le « souffle de Devadatta » appréhende le goût. Le « souffle du roi des dieux de la fortune » appréhende le toucher. S'ils sont défectueux, cela génère des maladies qui s'opposent à leurs fonctions respectives.

Tous les souffles fondamentaux et secondaires se déplacent dans l'ensemble des canaux du corps ainsi que dans les douze maisons zodiacales du nombril, générant leurs fonctions avant de s'échapper par le nez. Chez une personne moyenne dans la force de l'âge, dont les éléments ne sont pas en conflit, l'élément air extérieur se déplace vingt-et-un mille six cents fois au cours des douze conjonctions temporelles d'une journée. Il est enseigné que le souffle qui se déplace dans les canaux secondaires intérieurs se déplace cent vingt mille six cents fois par jour. Dans chaque grand mouvement de respiration, le souffle de sagesse se déplace cinquante-six fois et dans chaque petit mouvement de respiration, il se déplace un cinquième de fois ce nombre.

En ce qui concerne les gouttes quintessentielles qui dépendent de ces souffles en mouvement, les gouttes de bodhicitta résident dans tous les canaux du corps de la même manière que l'huile imprègne une graine de sésame. Dans le canal rasana, de la « lune » ou élément blanc (un HUM inversé), tombent des gouttes quintessentielles qui développent tous les constituants du corps, ainsi que le cerveau, la moelle et les os. Dans le canal lalana, du « soleil » ou élément rouge (un AH), tombent des gouttes quintessentielles qui développent la chair, le sang, la lymphe, etc.

Du canal central émergent des gouttes de Claire Lumière, la quintessence même. La racine de l'immuable et suprême luminosité est la goutte sans élaborations du Réel, bodhicitta support de vie, essence pure du sang au centre du cœur. Présente à la manière d'une boule de lumière, elle est reliée aux deux yeux qu'elle contacte à la manière d'un canal de lumière. Son essence à la fois vide, claire et incessante demeure sous le mode des trois Corps de l'éveil. Ceci est indiqué par la nature des choses qui ne quittent pas la dimension de vacuité tout en apparaissant actuellement de cette manière, ce qui est le signe du Dharmakaya.

Le signe du Sambhogakaya est que l'unité de l'espace absolu et de la Conscience éveillée est réellement évidente pour les sens. Le signe du Nirmanakaya est le pouvoir de perception des objets par les six consciences, sans mélange, au fur et à mesure qu'ils se présentent dans toute leur variété. La sagesse subjective est l'essence de l'esprit lui-même qui leur est connectée, libre de toute conceptualité et sans fourvoiement.

Si les canaux et les souffles sont maîtrisés et que l'on s'est entraîné avec les gouttes quintessentielles, la clarté limpide sans affliction, la connaissance réalisant l'absence de tout concept, commencera alors à flamboyer de l'intérieur. L'ignorance de sa propre nature provoque l'apparition de gouttes fourvoyées et impures avec des aspects purs et impurs.

L'élément blanc pur demeure sous la forme d'une syllabe HUM dans le canal central au niveau du sommet de la tête et l'élément rouge demeure sous le nombril sous la forme d'un AH partiel à la jonction des trois canaux. Les déchets ou essences impures des aliments et des boissons passent par les quatre canaux du foie ainsi que leur essence subtile qui se transforme en sang. L'essence du sang devient chair. L'essence de la chair devient graisse. L'essence de la graisse devient os. L'essence de l'os devient moelle. L'essence de la moelle devient le fluide régénérateur. Le fluide régénérateur fournit la force corporelle et les déchets de ce fluide tombent des portes inférieures.

Le véritable esprit éveillé, essence vide et claire du Réel, demeure dans l'esprit conventionnel. Cet esprit dépend de la bodhicitta sous la forme des gouttes quintessentielles. Celles-ci dépendent à leur tour des souffles, qui dépendent à leur tour des canaux, qui dépendent à leur tour du corps. Par conséquent, notre propre corps est un mandala de pures déités primordialement et spontanément présentes. À cet égard, le corps est un mandala de canaux. Les canaux sont un mandala de syllabes. Les constituants organiques sont un mandala de nectar. Les souffles forment un mandala de sagesse et la Conscience éveillée (*Rigpa*) est présente comme mandala de l'esprit éveillé.

Comme l'enseigne notre tradition du Dzogchen, la plante des pieds est associée à l'élément air, la jonction des trois canaux principaux est associée à l'élément feu, le nombril est associé à l'élément eau et le cœur est associé à l'élément terre. Ainsi, le corps, agrégat des quatre éléments, est un mandala de déités, un palais démesuré, doté d'une circonférence et de frontons.

Les quatre canaux du cœur où se meut le souffle sont les quatre portes du palais démesuré. La Conscience éveillée (*Rigpa*) est Heruka.

Les huit consciences sont les huit *gauris* ou déités courroucées. Les huit objets des consciences sont les huit *tramens*. Ceci, relié à d'autres pures déités et complété par les « trois sièges », constitue le corps adamantin. En appliquant les points clés du corps adamantin, les canaux, les souffles et les gouttes sont utilisés comme voie pour rendre manifeste le fruit ultime.

En outre, en ce qui concerne les préliminaires ordinaires et extraordinaires, prenons le guru yoga comme voie et recevons les quatre initiations avec une fervente dévotion. Visualisons-nous comme le vidyadhara Vajradharma. Au centre de notre corps, distinguons le canal central aux quatre caractéristiques (le Dharmakaya), le canal rasana droit (le Sambhogakaya) et le canal lalana gauche (le Nirmanakaya). Les canaux rasana et lalana se rejoignent sous le nombril, à l'extrémité inférieure du canal central, les extrémités supérieures s'incurvant au niveau de la nuque. Visualisons clairement les deux canaux se prolongeant dans les narines. Expulsons les souffles karmiques des narines droite et gauche à tour de rôle, sept fois chacune. Lorsque les souffles des cinq éléments et des cinq poisons sont sortis, considérons que les canaux sont libres de tout problème, détendons-nous et laissons la cognition s'installer dans un état naturel.

Au centre de la tente brune d'onyx (le cœur), visualisons Samantabhadra en union avec sa parèdre, de couleur bleue, en équilibre méditatif et de la taille d'un petit pois. Leurs sphères sensorielles sont extrêmement claires et distinctes. Au centre de leur cœur se trouve une goutte de lumière quinticolore, tourbillonnant autour d'eux. À l'intérieur de celle-ci, visualisons la syllabe de vie AH du non-né, limpide et claire, d'une blancheur éclatante, comme si elle était dessinée par un seul cheveu.

En suivant les points clés des quatre entraînements au souffle, lions ensemble le souffle, la syllabe AH et la Conscience éveillée. Passons par le chemin des canaux rasana et lalana pour les transporter au centre du cœur. À travers les efforts fournis en s'appuyant sur les clarifications personnelles relatives aux points clés des instructions essentielles, le souffle vital et le souffle descendant fusionnent en un seul et en maîtrisant, dans le canal central, la potentialité inhérente du trio constitué par l'entrée, le maintien et la sortie, on atteint d'inconcevables qualités éveillées. En particulier, en libérant le nœud des canaux au niveau du nombril, les réalisations de la première Terre se manifesteront. La vérité du Réel sera vue directement. Si nous ne possédons pas les points clés des instructions essentielles et que les souffles karmiques pénètrent dans le canal vital, il y a un risque de folie.

C'est la quintessence de toutes les pratiques de la phase tantrique d'achèvement. Maintenir le souffle de sagesse dans le canal central est la pratique suprême de la chaleur intérieure (*tummo*). La nature de l'esprit purifié en tant que Corps absolu est la pratique suprême de la luminosité. La fausseté fondamentale des apparences qui s'effondre sur elle-même est le degré le plus élevé de l'entraînement au corps illusoire. L'émergence du jour et de la nuit en tant que roue de la luminosité est le sommet ultime des émanations et transformations dans les rêves. Les trois portes devenues les trois vajras constituent le meilleur des transferts de conscience. Par conséquent, les aspects essentiels du Mahamudra et des Six Yogas sont complets dans cette pratique et c'est le résultat des mantras secrets.

Visualisons les trois canaux comme précédemment. Au sommet du canal central se trouve l'élément blanc dans la nature de la syllabe HUM et, à l'extrémité inférieure, l'élément rouge sous la forme d'un AH partiel. Inspirons par les canaux rasana et lalana et, à partir du AH partiel au niveau du nombril, brûle le feu vacillant de la sagesse connaissante. Son essence est la félicité, sa nature est la clarté et son apparence est une chaleur ardente qui remplit le chakra du nombril. Méditons maintenant sur le développement de cette bienheureuse chaleur. Visualisons le chakra de la grande félicité au sommet de la tête, le chakra de jouissance au niveau de la gorge, etc., et maintenons le souffle dans chacun d'eux. Lorsque la flamme touche la syllabe HUM, la félicité commence à frémir et la goutte fond pour remplir tous les canaux et canaux radiants du sommet de la tête. Des offrandes de nectar de félicité-vacuité sont faites aux dakas et dakinis du corps subtil. Les deux accumulations sont parachevées et les deux obscurcissements sont purifiés. De même, la gorge et le nombril se remplissent comme auparavant. Pensons que nous recevons l'initiation du vase, l'initiation secrète, l'initiation de la sagesse connaissante ainsi que l'initiation du mot et que nous faisons l'expérience de la joie, de la joie suprême et d'une extraordinaire sagesse.

Lorsque l'essence touche le AH partiel sous le nombril, à la jonction des canaux, le feu et le nectar brûlent indivisiblement. Le monde phénoménal est totalement envahi par le feu. Toutes les pensées discursives et les imprégnations psychiques qui saisissent un contenant et un contenu sont brûlées. Enfin, notre propre corps et la flamme deviennent de plus en plus petits et, subsumés dans un état libre de toute élaboration, demeurent dans la clarté-vacuité. Dissipons les obstacles et donnons des secousses au HA ainsi que de petits coups. Si nous arrivons de cette façon au point crucial, la chaleur de félicité brûlera comme le feu et les vêtements ne seront plus nécessaires. Nous serons en mesure de contrôler les cinq éléments. En purifiant le souffle karmique impur, nous obtiendrons des pouvoirs miraculeux et des connaissances supérieures. Si nous saisissons cela comme existant réellement ou si les obstacles n'ont pas été éliminés, nous tomberons dans l'erreur et deviendrons un puissant démon ; les maladies et autres problèmes pourront se développer dans cette vie et ainsi de suite. Les avantages et les inconvénients étant considérables, il s'agit d'être extrêmement prudent.

Vingt-neuf
L'importance vitale de l'initiation portant à maturité

Le sens exact de l'expression « conférer une initiation ou transmission de pouvoir » correspond simplement au fait que quelqu'un possédant lui-même du pouvoir le confère à une autre personne qui n'en a pas. Ainsi, au moment opportun, un puissant monarque régnant établira son fils, le prince, comme héritier du trône du royaume en organisant des cérémonies élaborées et en lui conférant des symboles de pouvoir, notamment une couronne faite d'or et de bijoux précieux, etc. Au Tibet, cette pratique est connue sous le nom d'« Initiation totale à la manière royale ». De la même manière, le rituel sacré appelé « initiation » ou « transmission de pouvoir » correspond au fait qu'une personne authentique ayant elle-même reçu le pouvoir sur le royaume du Dharma (en d'autres termes un maître tantrique qualifié) infuse des bénédictions à un disciple constituant un digne réceptacle et bénéficiant de complètes circonstances favorables, après lui avoir donné des instructions de maturation et de libération.

Lorsque nous entendons parler d'une initiation, des images peuvent nous venir à l'esprit : des mandalas carrés avec un entrelacs de substances précieuses, des vases d'or et d'argent, etc. En fait, le vase d'initiation est fait d'or et d'argent mis en forme par un forgeron. Quant au mélange de liquides et de substances à l'intérieur du vase, il n'a rien d'extraordinaire non plus. Le lama qui préside la cérémonie place le vase sur le sommet de notre tête et nous donne à boire le liquide contenu dans le vase, à l'aide de mantras et de mudras. La nature rituelle de ce processus peut soulever certaines questions, telles que : « D'où viennent les soi-disant bénédictions et comment puis-je les recevoir ? » ou « Je ne suis pas certain d'un quelconque changement en moi depuis que j'ai reçu l'initiation ». De tels doutes ne manqueront pas de surgir chez certains.

Utiliser de tels doutes comme point de départ, puis les étudier pour parvenir à une conclusion définitive et véridique, c'est ce que l'on appelle l'« investigation ». Grâce à cette recherche, nous pouvons apprendre en détail les raisons, les points clés et les problèmes associés à un sujet. Après avoir compris cette méthode, ceux qui s'engagent sur la voie du saint Dharma éviteront la foi aveugle et rejoindront les rangs de ceux qui suivent le Dharma avec des facultés aiguisées.

Pour recevoir l'initiation, deux causes et quatre conditions doivent être réunies. La première cause est la cause concomitante. Chaque phénomène individuel qui apparaît dans les schémas de pensée conceptuels du disciple, considéré par rapport à sa nature intrinsèque, est la nature de l'esprit, la sagesse auto-émergente toujours présente en soi ; ce n'est rien d'autre que cela. Il n'y a rien qui n'était pas là auparavant et qui a été nouvellement atteint. Telle est la cause concomitante : notre nature de sagesse.

La deuxième cause est la cause coopérante. Elle concerne les objets ordinaires qui constituent les instruments de l'initiation, y compris le vase et les images de la déité, etc. Il est important de comprendre que la cause concomitante des initiations individuelles (les bénédictions de la sagesse à obtenir) et ce qui y ressemble, à savoir la cause congruente de l'esprit du disciple (la sagesse originelle naturellement présente dans toutes les choses qui apparaissent au sein des pensées discursives), sont non-duelles en tous aspects en ce qui concerne leur nature véritable. L'état qui en résulte est béni par la sagesse suprême et les qualités éveillées des bouddhas. C'est ainsi que les instruments de l'initiation deviennent, dans tous leurs aspects, porteurs de pouvoir et d'efficacité.

Parmi les quatre conditions, la première est la condition causale : les imprégnations psychiques du karma positif et vertueux dans le substrat universel sont capables de se réveiller d'elles-mêmes et peuvent également être réveillées par des conditions. Ainsi, en fonction du niveau d'esprit et des facultés du disciple, il convient de conférer l'initiation à celui qui est un disciple chanceux.

La deuxième condition est la condition régente : depuis le parfait bouddha qu'est le seigneur Vajrapani et jusqu'à aujourd'hui, le fleuve de l'initiation a coulé sans interruption et c'est le maître qui a la capacité de placer ce potentiel issu de l'initiation dans le courant de conscience du disciple, de la manière adaptée au niveau de celui-ci.

La troisième condition est la condition objectale : en s'appuyant sur la réunion complètement pure des instruments rituels, des mantras et de la concentration pour réaliser ce qui doit être atteint, le maître et le disciple rendent l'initiation efficace.

La quatrième condition est la condition immédiate : en ayant purifié antérieurement le courant de conscience, celui-ci est rendu suffisamment mûr pour pouvoir recevoir l'initiation dans le futur.

Les personnes dotées de grandes facilités obtiennent l'initiation d'un seul coup grâce à leur puissant potentiel. Celles dont les facultés sont moindres atteignent progressivement l'initiation en recevant des initiations successives. De ces deux types d'initiation, à l'heure actuelle, l'initiation obtenue par un disciple fortuné à travers un suprême mandala représentatif en sable coloré ou sur tissu peint correspond à l'initiation du disciple dévoué qui fait mûrir le potentiel en mesure de se développer.

Les qualités d'un disciple apte à recevoir l'initiation doivent inclure : une foi solide, de la diligence et de la sagesse, ainsi qu'un désir ardent de méditation et d'enseignements. En outre, les réceptacles appropriés pour le Dharma doivent être très généreux envers le Dharma et doivent protéger leurs vœux comme ils protègent leurs yeux, etc.

On confère les bénéfiques initiations extérieures aux disciples qui ont la foi et les efficaces initiations intérieures aux disciples diligents. On confère les initiations de l'écoute et de la méditation aux disciples aptes à faire leur propre bien et celles de l'enseignement et des activités altruistes à ceux qui sont aptes à faire le bien d'autrui. On confère les initiations du Roi de l'Indestructible Réalité aux disciples aptes à accomplir leur propre bien comme celui d'autrui et les initiations profondes à ceux qui maintiennent l'ascèse yogique.

La personne qui confère les initiations doit être profondément érudite, très sage et toujours s'efforcer d'apporter un bénéfice aux autres, etc. Elle doit posséder toutes les qualités générales et spécifiques.

Comment doit-on recevoir les initiations ? Recevons une initiation au moyen d'un rituel authentique, de telle façon que, même si la sagesse de l'initiation ne se développe pas de manière évidente sur le moment, les souillures des obscurcissements seront nettoyées et les bénédictions permettant d'acquérir le potentiel seront obtenues. Dans le Véhicule de la délivrance individuelle, si les vœux des moines sont reçus au moyen du rituel d'ordination, la sagesse du pouvoir de méditer sur la voie ne se développe pas immédiatement mais les conditions sont réunies pour briser la continuité des comportements immoraux. De même, les vœux tantriques sont reçus lorsque l'initiation est donnée mais si, au moment de celle-ci, la sagesse ne se développe pas, elle provoque tout de même la maturation du potentiel, de sorte que plus tard, au fur et à mesure que l'entraînement sur la voie progressera, la sagesse se développera certainement.

Les disciples fortunés qui constituent des réceptacles appropriés pour entrer dans l'approche spirituelle des mantras secrets ont pour but ultime d'atteindre les accomplissements ordinaires mais plus particulièrement l'accomplissement suprême et cela se produit grâce à la méditation sur la voie. La voie elle-même est celle de la maturation et de la libération. Sa base est constituée par les vœux et les engagements sacrés auxquels elle est liée. De même, l'actualisation de la maturation et de la libération est également liée à l'initiation. Par conséquent, celle-ci constitue la porte d'accès à la voie des mantras secrets. Dans l'approche spirituelle tantrique, si l'initiation n'est pas reçue, il n'y aura pas d'accomplissements. Le Bouddha fait référence à ce principe dans les tantras :

> *Sans s'appuyer sur l'initiation, aucun accomplissement ne peut être obtenu dans le cadre des mantras secrets.*

Par exemple : « Un batelier sans rame ne peut atteindre l'autre rive du fleuve. Dès lors que l'initiation est reçue, même si rien des mantras secrets n'est pratiqué, les accomplissements se produiront quand même ».
En outre, il est dit dans le tantra-racine de l'Illusion Magique :

> *Sans plaire au maître ou sans obtenir d'initiations, commencer à assister aux enseignements tantriques et à les pratiquer ne sert à rien et mène à la ruine.*

Quelle que soit l'initiation reçue, le bénéficiaire est alors autorisé à étudier et à pratiquer cette section particulière des tantras et mantras. L'octroi d'une initiation n'est pas seulement l'entrée sur la voie, c'est aussi le corps principal de celle-ci. L'ensemble de la voie des mantras secrets se résume à deux aspects : la maturation et la libération. Après avoir reçu l'initiation, une personne dont les engagements sacrés n'ont pas été endommagés rendra généralement manifeste l'accomplissement suprême en sept ou seize vies. Il existe également quelques personnes très fortunées et aux excellentes facultés qui sont libérées au moment de l'initiation.

En général, la nature de l'initiation est la suivante : celui qui confère l'initiation, un maître tantrique dûment qualifié, entreprend la phase préparatoire pour purifier et préparer l'esprit du disciple. L'action, l'initiation elle-même, est alors conférée à ce digne réceptacle par la réunion appropriée des instruments rituels, des mantras et de la concentration méditative. L'objet de l'action de l'initiation est l'ensemble des agrégats, des constituants et des sphères sensorielles du disciple, ainsi que les objets des sens. Ce qui doit être entièrement atteint est le mandala des trois sièges des bouddhas, des bodhisattvas et des déités courroucées, ou le mandala des Corps du bouddha primordial et des sagesses. Ceci est présenté comme étant la sagesse véritable qui réside déjà en nous. C'est par elle que la part d'obscurcissements d'une personne est purifiée dans une proportion appropriée ou est affaiblie. C'est ainsi que la sagesse des deux phases tantriques de création et d'achèvement est clairement développée ou que la maturation d'une capacité appropriée pour un certain développement de cette sagesse se produit. La graine des quatre Corps résultants de l'éveil, laquelle est atemporellement présente, est à nouveau portée à maturité.

L'« initiation » ou « wang » en tibétain est appelée « abhisheka » en sanskrit, ce qui correspond au fait de s'engager dans « l'élimination », « le lavage » et « le transfert ». Il s'agit ainsi d'éliminer et de laver toutes les souillures, subtiles et grossières, du corps, de la parole et de l'esprit du disciple qui doit être nettoyé et parfait de telle sorte que son courant de conscience soit purifié. Il s'agit également de transférer ou de placer dans son courant de conscience un extraordinaire potentiel non-obstrué pour méditer sur la voie et à atteindre le résultat. C'est ce qu'on entend par « initiation ».

Il y a autant d'initiations pour porter à maturité ce qui ne l'est pas qu'il y a de mandalas des quatre ou six grandes classes de tantras et de rituels qui en dépendent : les différents rituels des écritures canoniques, des trésors révélés et des écrits issus des visions pures. Parmi tous ces rituels, dans le Véhicule suprême, le yoga suprême du Dzogchen, le courant de conscience du disciple est purifié au moyen d'initiations élaborées, non élaborées, extrêmement pas élaborées et totalement non élaborées. Après avoir reçu ce type d'initiation, le maintien des engagements sacrés représente sa force vitale.

Les vœux tantriques sont reçus lors d'une initiation. Une fois entré sur cette voie, la situation ressemble à celle d'un serpent qui a pénétré dans un tube de bambou. À part monter ou descendre directement, il n'y a pas de troisième endroit où aller. Il s'agit d'une situation qui comporte des avantages et des risques considérables, d'où la nécessité de faire preuve d'une grande prudence. Le cœur de tous les engagements sacrés est le corps, la parole et l'esprit du lama, ce qui peut être scindé en une multiplicité d'engagements sacrés secondaires. On pourra s'entraîner selon les classifications détaillées existantes (engagements sacrés sans attache, sans entrave ou atemporellement préservés, « inexistence », « ouverture », « présence spontanée », « unicité », etc.).

Les avantages liés à l'obtention d'une initiation sont les suivants : Longue vie, richesse abondante et réalisation de tout ce que nous souhaitons voir se réaliser. En outre, les conditions qui s'opposent à la pratique du Dharma sont pacifiées et des conditions favorables sont réunies. Par la suite, les obscurcissements karmiques étant épuisés ou atténués, nous ne retomberons pas dans les funestes destinées et nous jouirons toujours du bonheur et de la richesse des mondes supérieurs des dieux et des humains. De plus, quelle que soit la façon dont l'initiation a fait mûrir notre esprit, en la faisant suivre par la méditation sur la voie appropriée, maintenant ou dans une vie future, nous obtiendrons les accomplissements ordinaires et suprême, nous réaliserons le double but et atteindrons sans difficulté le niveau inégalé de l'éveil.

Trente
Épilogue : Regard sur le paysage futur du nouveau millénaire

En comptant les années depuis la naissance du Christ, nous sommes au début du XXIe siècle, à la veille de l'an deux mille du calendrier occidental général. Nous sommes donc tous concernés par les événements imprévus qui peuvent survenir à partir de ce point dans les transitions et les changements du monde.

À cet égard, certains s'aventurent à penser que les changements de ce siècle seront comme si nous tournions la page d'un magazine et que nous voyions une toute nouvelle image, entièrement différente de la précédente ; comme si nous arrivions soudainement dans un monde complètement nouveau. Mais il s'agit là d'une façon de penser enfantine. Certaines personnes sont terrifiées parce que les changements précédents dans le monde leur ont causé de terribles souffrances physiques et mentales, et qu'à leurs yeux, le chemin qui s'ouvre devant elles continuera d'être totalement effrayant. Elles anticipent les événements d'un point de vue marqué par la faiblesse et l'impuissance. D'autres, aux attentes immenses, créent des effets sans causes dans leur esprit, construisent des châteaux dans le ciel, envisagent un monde pur et nourrissent des espoirs irréalistes de jouir d'un bonheur et d'un confort futurs. D'autres encore n'ont pas de pensées ou d'idées en dehors du moment présent et n'accordent aucune importance au lendemain ou à l'avenir.

Ces différentes façons d'envisager l'avenir suscitent des espoirs très divers mais, au fond, tout le monde partage le même désir de bonheur futur. Cependant, ce que nous appelons les siècles passés et futurs ne sont que des divisions du continuum du temps en parties désignées de manière consensuelle. De minuscules fractions d'un instant antérieur à l'instant suivant, à des divisions un peu plus grossières d'aujourd'hui et de demain, et ainsi de suite. En vérité, à l'exception de l'aspect d'un changement dans la simple classification de la longueur du continuum du temps, il n'y a rien de distinctif ou de spécial à propos d'un nouveau ou d'un ancien siècle.

Ainsi, au fil des siècles, le soleil et la lune se sont levés et couchés comme ils l'ont toujours fait. Les rivières continuent de couler. Les océans continuent de gonfler. Le feu est chaud, l'eau est humide. Même à l'aube d'un nouveau siècle, les actions individuelles et les qualités des quatre éléments ne se transforment pas en quelque chose de nouveau. De même, les humains errants connaissent des périodes de confort et d'insatisfaction dans des proportions inégales, comme par le passé. Toutes les créatures vivantes de notre environnement, comme tout le reste, naissent, vieillissent, tombent malades et meurent, affligées comme auparavant par les quatre grands types de souffrance. Chaque fois qu'une expérience agréable se produit et que nous nous sentons heureux, elle est également impermanente ; le plaisir et la souffrance alternent par nature et notre expérience revient à ce qu'elle était auparavant.

Même ce qui semble immuable, reposant sur le temps et la continuité, est de la nature du changement. Par exemple, si nous examinons ce grand fleuve devant nous qui coule depuis des milliers d'années, en réalité le fleuve d'un moment antérieur n'est pas le fleuve d'un moment ultérieur. De même, le monde entier et tout ce qu'il contient possède cette nature de changement, subtilement dans les moments et grossièrement dans leur continuum. Le changement entre la jeunesse aux dents blanches et la vieillesse aux cheveux blancs est continu, instant après instant, et n'est certainement pas un changement soudain vers la vieillesse en un jour.

Cependant, les causes de notre perception erronée – notre habitude intérieure de rechercher la permanence et la similitude extérieure apparemment immuable de ce qui apparaît à nos sens – se rencontrent, et nous sommes fourvoyés. Dans ce cas, il n'y a rien de mal à dire que le « nous » d'hier et le « nous » d'aujourd'hui sont différents. À l'exception d'une base physique simplement changeante, la conscience qui relie le fossé entre les vies passées et futures dépend d'un continuum unique. Dans ces conditions, combien faibles et impuissants sont les humains dont la conscience dépend d'un corps matériel ! Il en va de même pour tous les êtres errants, qui sont assurément des objets de compassion. Si nous réfléchissons et investiguons, toutes les choses que nous voyons sont des formes de souffrance misérable. Tout ce que nous entendons, ce sont des cris de lamentation. Si nous regardons de minuscules insectes et autres, chacun d'entre eux ne vit pas plus d'un jour et nous voyons des espèces de poissons, d'oiseaux et d'autres petites créatures vivantes près d'être massacrées, faibles et impuissantes. Si un être plus fort et plus puissant que nous, doté d'une grande longévité et d'un grand mérite, nous regardait, nous, les humains, nous apparaitrions certainement de la même manière.

Pour illustrer cela de manière simple, si nous considérions notre situation individuelle comme un drame dans un film en imaginant que le film de cette vie soit monté et raccourci dans tous ses aspects, alors une vie de cent ans ne représenterait qu'un seul jour. Le temps passé à jouir de cette vie ne représenterait que quelques minutes. En outre, si le corps humain n'avait que la taille d'un pouce, nous pourrions imaginer que les expériences agréables découlant du bonheur n'auraient aucune saveur réelle, de la même manière que nous considérons les expériences des insectes et des petits oiseaux.

Malgré les progrès des sciences modernes dans des domaines tels que la technologie et les soins de santé, le recours à la science seule ne produira jamais une formule permettant d'empêcher totalement la souffrance de se manifester. De même qu'il n'existe aucun moyen de rendre la nature du feu moins chaude, il n'existe aucun moyen de rendre la nature du samsara moins insatisfaisante.

En s'appuyant sur les réalisations scientifiques d'aujourd'hui, la race humaine a certainement excellé, faisant de grands progrès pour atteindre le sommet actuel de ses réalisations. Cependant, pour tenter des exploits tels que mesurer l'étendue de l'univers ou calculer le nombre total d'êtres animés, il faudrait faire appel à d'autres facultés que celles dont nous disposons aujourd'hui, des facultés exceptionnelles. Par ailleurs, il est impératif de trouver le moyen de mettre fin aux souffrances de la vieillesse et de la mort, un moyen plus efficace que ceux offerts par la médecine et la pharmacologie actuelles. Par exemple, je pense que les expériences actuelles de congélation des corps humains pour qu'ils puissent revivre dans le futur ne sont que des jeux d'enfants crédules !

Dans le contexte du progrès scientifique, la recherche dans le champ de la psychologie est un domaine difficile, qui comporte de nombreuses subtilités et inconnues. Malgré cela, si la psyché humaine peut être explorée et comprise en profondeur, je pense que la racine de toute souffrance, le défaut sous-jacent de notre existence même, sera identifiée de manière concluante. Si cette question fondamentale est pleinement comprise, il sera alors possible de trouver des moyens novateurs pour la résoudre. Si, en fin de compte, nous pouvons atteindre un état dans lequel nous affrontons sans crainte le grand ennemi qu'est la mort, alors toutes les autres méthodes pour trouver le contentement suivront simplement.

Dans l'ordre du nouveau millénaire, les quatre saisons se succèdent comme avant et il n'existe rien qui puisse changer les choses pour qu'il ne fasse ni chaud en été, ni froid en hiver, que le jour et la nuit aient la même lumière et qu'il n'y ait pas de souffrance due à la vieillesse, à la maladie et à la mort. Les menaces telles que les guerres, les armes, les conflits et le terrorisme sont toutes causées par l'activité humaine. Par conséquent, les êtres humains eux-mêmes ont le pouvoir de les changer et de les éradiquer. La société n'existe pas de manière indépendante, elle naît grâce à chacun d'entre nous en tant qu'individu, tout comme la queue d'un yack est faite de nombreux poils et qu'une forêt est constituée d'un grand nombre d'arbres.

Théoriquement, si chacun se mettait à travailler pour le bien commun, sachant que le tout est formé d'individus, tout le monde finirait par faire de même. Après quoi, quelle que soit l'ampleur des recherches, on ne pourrait pas trouver une personne délibérément antagoniste. En ce qui concerne les problèmes de la société, il ne sert à rien d'observer de loin et de dire : « C'est le mauvais comportement d'une époque dégénérée ». Ce comportement est le fait d'individus isolés au sein d'une population de quelques milliards d'habitants. Si chaque individu travaillait dans un sens positif, il s'ensuivrait que l'ensemble de la population pourrait faire de même.

Les gens sont en relation les uns avec les autres à travers des expressions physiques et verbales mais c'est l'esprit qui contrôle à la fois le corps et la parole, et donc la manière dont les actions sont dirigées. Le fait qu'un comportement soit qualifié de « bon » ou de « mauvais » trouve son origine dans l'esprit, de sorte qu'en fin de compte, c'est la pensée bonne ou mauvaise qui est importante. En ce nouveau millénaire, la paix et le bonheur dans le monde dépendent de l'esprit. En d'autres termes, cela dépend de notre propre esprit.

En résumé, si tous les habitants de la planète, avec l'étiquette « je » de leur propre point de vue et l'étiquette « vous » du point de vue des autres, avaient un cœur totalement bon, toutes les dépenses consacrées aux armées et aux armes pourraient être utilisées pour soulager la pauvreté, protéger l'environnement, améliorer l'éducation et le progrès scientifique. Il serait ainsi facile d'atteindre un nouveau bonheur et un nouveau confort dans le nouveau millénaire pour tout le monde, collectivement.

Cependant, le contraire d'un bon cœur est une mauvaise intention. En termes bouddhistes, la cause de la mauvaise intention est un facteur afflictif de l'esprit, en particulier l'aversion. Si nous souhaitons expulser les facteurs afflictifs de leur noyau même, nous pouvons trouver dans les écritures bouddhistes des méthodes détaillées pour les abandonner, les transformer et même les amener sur la voie spirituelle. Je ne dis pas cela pour vous persuader d'entrer dans un institut d'écritures religieuses mais pour vous encourager à explorer les méthodes qui vous permettront d'accroître votre bonheur et votre épanouissement.

Parmi tous les êtres, il n'y en a pas un seul qui soit dépourvu de sentiments d'attachement ou d'aversion ; la seule différence est la force du sentiment. S'il existait une personne dépourvue de tout facteur afflictif, il s'agirait d'une personne aux perceptions sensorielles très différentes des nôtres, qui ne serait pas comptée dans les rangs des gens ordinaires. Nous désirons un bonheur et un épanouissement instantanés, mais nous n'avons pas de méthode rapide pour nous débarrasser de la cause de l'insatisfaction : l'aversion, etc. Cependant, si nous pouvons contenir ces facteurs afflictifs et exercer un contrôle sur eux, nous serons en mesure de limiter notre souffrance dans une certaine mesure. Lorsque de violents facteurs afflictifs se développent, nous devons les reconnaître et les affronter, en luttant contre eux afin qu'ils ne deviennent pas victorieux. Si nous leur cédons la victoire, ils nous contrôleront et nous serons certainement tourmentés par toutes sortes d'insatisfactions.

L'étendue des dommages causés par la perte de contrôle des facteurs afflictifs dépend de la capacité de l'individu. Si une personne dotée d'un immense pouvoir tombe sous l'influence d'afflictions violentes comme l'aversion, elle peut ne pas se donner le temps de réfléchir aux conséquences futures de ses actes. Sous le commandement de l'esprit malveillant de l'aversion, il suffit d'un mouvement du doigt pour déployer des armes nucléaires ou chimiques sauvages capables de détruire de nombreux pays. En un instant, les vies précieuses d'une foule de gens et les biens accumulés au cours de nombreuses années de dur labeur sont complètement anéantis.

Sous l'emprise d'émotions violentes, une personne disposant d'un certain pouvoir abuse de ses subordonnés et leur fait vivre un calvaire. Les misérables ôtent la vie à leurs adversaires à la moindre provocation. Les pires battent ou tuent leurs propres parents, frères et sœurs et amis. Au minimum, certains brisent la vaisselle et les biens de la maison. Après avoir commis ces actes sous le coup de la colère, ils ne manqueront pas, une fois calmés, de regretter leurs actions antérieures. Mais à ce moment-là, le regret ne pourra pas changer les actions qui ont été commises et il n'y a aucun moyen de revenir en arrière une fois que des actes négatifs sont accomplis. Ces exemples illustrent la base de la ruine pour soi-même comme pour autrui et sont autant d'expériences où la bataille a été perdue contre l'ennemi que constituent les facteurs afflictifs de l'esprit.

Puisqu'il en est ainsi, lorsque nous rencontrons ces derniers, la méthode pour pacifier les violentes afflictions ennemies est de recourir à des remèdes semblables à des armes. Par ailleurs, le moyen de transformer un ennemi en ami et de prendre ainsi le contrôle est une méthode utilisée pour transformer les facteurs afflictifs en quelque chose d'utile. À tout le moins, si ces derniers ne sont pas évités ou limités, ils deviendront certainement, à grande échelle, la base d'un mécontentement mondial. À moyenne échelle, les facteurs afflictifs peuvent causer la ruine d'un pays et à petite échelle, ils entraînent des conflits et des emprisonnements, chacun avec ses souffrances respectives.

Dans le nouveau millénaire à venir, grâce à la conscience claire que chacun se chérit autant que les autres, si les agressions commises (abus verbaux, mauvais traitements, coups et exposition des fautes...) ne donnent pas lieu à des représailles et si chaque individu prend la responsabilité de maintenir un bon cœur et un bon comportement indissociables d'une tendre compassion, alors personne ne fera de mal à autrui et un nouveau bonheur, qui n'existait pas auparavant, pourra certainement s'établir.

Depuis que l'humanité a évolué, toutes sortes de religions ont vu le jour. L'origine de celles-ci est tout aussi diverse. Certaines d'entre elles résultent de la synthèse des paroles d'une personne ordinaire. Après de nombreux siècles, des érudits et des dévots ont complété les enseignements originaux par des commentaires, des contemplations et des traités. D'autres religions sont enseignées par des maîtres extraordinaires, dotés d'un esprit remarquable et d'une connaissance pleine de sagesse. En outre, quelques religions sont fabriquées en plagiant celles qui existent déjà ou en y apportant de légères modifications. À l'exception de celles qui considèrent le fait de nuire à autrui comme un acte de foi, je pense que toutes les diverses traditions qui sont réellement bienveillantes apportent des bienfaits à la société humaine et ne causent aucun dommage. Cependant, celles qui utilisent un système de croyance religieuse en le contrôlant à des fins inavouées, constituent des exceptions. Le Bhagavan a dit : « Tant que l'esprit n'aura pas cessé de s'impliquer, il n'y aura pas de fin au nombre illimité d'approches spirituelles ». Dès lors, il n'y a pas de fin à la diversité des traditions religieuses fabriquées par le mental.

Si une personne moderne à l'esprit scientifique a besoin d'une religion, nous pouvons constater que le bouddhisme est étroitement lié à la science dans de nombreux domaines. En fin de compte, aussi proche que soit le sommet de la compréhension de la science, c'est la compréhension bouddhiste de la nature de la réalité qui s'en rapproche le plus. En outre, le Bouddha a enseigné le sens ultime et définitif des mystères de la vie : la satisfaction permanente, le chemin sans mort, etc., ainsi que de nombreux autres sujets extrêmement subtils. Parmi tous ces sujets, les enseignements du Dzogchen, hautement ésotériques et sans égal, atteignent sans exception le point le plus profond de l'investigation, ce dont je peux personnellement témoigner. Ces mots peuvent provoquer chez certains critiques des regards furieux et des paroles de reproche. Cependant, lorsque vous vous approcherez du chemin de la mort ou lorsque vous rencontrerez d'autres circonstances moins propices, j'espère que vous serez en mesure de former une véritable compréhension de cette analyse à partir de ses fondements. Si vous pouviez vivre longtemps sans mourir, plusieurs dizaines d'années, voire plusieurs centaines d'années, je pense que vous pourriez en avoir une confirmation claire, universellement reconnue, en relation avec le développement de la science.

Autrefois, dans une région isolée où paissaient de nombreux animaux de la forêt, un bodhisattva avait pris la forme d'un cerf appelé Sharaba. Il était physiquement puissant et habile. Sa force mentale était également excellente et il avait une véritable compassion, si bien qu'il ne faisait jamais de mal aux autres êtres vivants. Il se nourrissait d'herbe, de feuilles et d'eau, et vivait confortablement. Un jour, le roi du pays, accompagné de quatre troupes de soldats de son armée dirigées par les archers les plus habiles, vint chasser des animaux sauvages. Le roi montait un cheval rapide et devançait le reste de la troupe. Muni d'un arc et de flèches, il poursuivit le cerf Sharaba, roi des animaux sauvages, en galopant très vite.

Le cerf avait la capacité de riposter mais il n'attaqua pas et fonça. Devant eux se trouvait une immense gorge que le cerf traversa d'un bond, s'échappant grâce à sa force et à sa vitesse. Lorsque le roi du pays arriva soudain au bord de la gorge, son cheval ne put sauter et se cabra, si bien que le roi tomba de sa monture dans la gorge. N'entendant plus le bruit des sabots du cheval qui le suivait, le bodhisattva qui avait pris la forme du cerf s'arrêta et regarda en arrière. Il vit que le cheval avait perdu son cavalier et qu'il se tenait debout, la selle vide, au bord de la gorge. Le cerf savait que le roi avait dû tomber dans la gorge et cela éveilla sa grande compassion. « S'il s'agit d'une personne de descendance royale qui jouit d'une richesse et d'un plaisir parfaits, sa chute dans ce ravin terrifiant doit lui causer une souffrance accablante », pensa-t-il. « S'il a encore une étincelle de vie en lui, il ne convient pas de l'abandonner là pour mourir ». Même s'il savait que le roi risquait de l'attaquer ou de le tuer, l'esprit de grande compassion fut éveillé par la détresse du roi et le cerf s'approcha du bord du ravin pour y jeter un coup d'œil.

Il vit le roi dans la poussière, se tordant de douleur à cause de la chute. Le roi des créatures sauvages eut les larmes aux yeux et, s'adressant au roi en langage humain, il lui dit : « Grand roi, ton corps est-il blessé ? Je suis un animal sauvage qui vit sur votre terre et qui survit en mangeant votre herbe et en buvant votre eau. Si vous me permettez de continuer à vivre sans souci, je vous sauverai des gorges. Donnez-moi la permission de le faire ». Lorsque le roi entendit ces paroles douces et respectueuses, des sentiments d'étonnement, d'embarras et de plaisir surgirent tout à la fois, et il pensa : « Est-ce possible ? » Il dit : « Les troupeaux et les animaux sauvages que je possède m'appartiennent tous également mais j'étais un ennemi qui essayait de vous tuer ! Comment se fait-il que vous ayez de la compassion pour moi ? Je peux supporter mes légères blessures, mais tomber dans un ravin n'est rien comparé au regret que j'éprouve pour le karma négatif illimité que j'ai accumulé vis-à-vis d'un être à l'esprit aussi vertueux que le vôtre. Je vous avoue mes fautes, ne l'oubliez pas ! »

Le cerf, après avoir éprouvé sa force en poussant un lourd rocher, pénétra dans la gorge et s'approcha du roi. « Montez sur mon dos et tenez-vous bien », lui dit-il respectueusement. Le cerf bondit alors vigoureusement dans les airs et ils arrivèrent sans encombre au sommet de la gorge. Après avoir montré au roi le chemin pour sortir de la forêt, le cerf s'apprêta à partir mais le roi saisit fermement le cerf qui lui avait sauvé la vie et lui dit : « Vous, le cerf, vous m'avez donné une seconde vie. Il ne serait pas convenable pour moi de vous laisser dans cette forêt avec ses extrêmes de chaleur et de froid. Tenons compagnie et rentrons ensemble à la maison », dit-il.

Sharaba prit la parole d'une voix douce : « Grand homme, vos qualités sont dignes de mon admiration. Si vous voulez être utile, ayez de la compassion pour les troupeaux de bêtes sauvages, créatures dont la stupidité naturelle les fait souffrir, et ne les chassez plus à l'avenir. Tous les êtres animés sont identiques dans leur désir de bonheur et leur crainte de la souffrance, il est donc inacceptable d'infliger aux autres ce que l'on ne souhaite pas pour soi-même. Renoncez aux actes qui vous discréditent ou qui dénigrent les êtres saints. Travaillez encore à accroître les mérites particuliers qui vous ont valu votre royaume, fondé sur la gloire et l'excellence. Nous sommes des animaux sauvages, nous ne vivons ni dans les villes ni dans les maisons ; nous sommes faits pour vivre dans les collines et les forêts et nous ne partageons pas les mêmes objets de bonheur que les humains. C'est pourquoi je n'irai pas chez vous. Vous devriez rentrer chez vous et, avec l'esprit qui renonce entièrement à nuire à autrui et qui travaille uniquement à accomplir votre bien et celui d'autrui, vous entraîner à la conduite d'un bodhisattva afin de trouver le bonheur et d'accroître votre renom comme votre mérite. » C'est ainsi que le cerf donna ses instructions. Le roi l'écouta et, se retournant avec dévotion, quitta la forêt.

Il est impossible que des êtres ordinaires à l'esprit non réalisé ou non conscient, quel que soit leur statut, ne commettent jamais de terribles erreurs. Cependant, si nous nous entraînons à travers de nombreuses étapes progressives d'investigation et d'analyse, nous ne commettrons plus de grosses erreurs et nous pourrons progresser dans la direction de l'absence totale d'erreurs.

Lorsque nous soumettons à une analyse minutieuse le Dharma enseigné par le Bouddha, nous devons d'abord vérifier si les enseignements de la sainte Doctrine du Bouddha sont immaculés et authentiques ou s'il s'agit d'une fausse doctrine confuse et dénaturée par d'autres. S'il s'agit vraiment de la Doctrine du Victorieux, nous devons être conscients qu'il a également transmis toutes sortes d'enseignements avec des significations provisoires et définitives, en fonction de l'esprit des êtres à discipliner. C'est pourquoi, pour commencer, nous devons au moins distinguer les enseignements de sens provisoire des enseignements de sens définitif, afin de commencer à investiguer à partir des points fondamentaux.

Parallèlement, conformément à la nécessité de comprendre cette distinction, nous considérons le résultat ultime souhaité dans le bouddhisme, auquel aspire la tradition générale du Mahayana. Ce résultat est le suivant : grâce à la force et à l'aspiration des mérites précédemment accumulés, non seulement un précieux corps humain est obtenu dans cette vie avec ses libertés et ses ressources mais le Dharma du Mahayana est rencontré. Désenchantés par la ronde des existences et dotés d'une grande force d'esprit pour accomplir des bienfaits à la fois pour nous-mêmes et pour autrui, le simple fait de commencer l'entraînement extraordinaire des bodhisattvas procure des bienfaits illimités. Nous serons totalement victorieux des hordes de Mara et nous deviendrons dignes de la vénération des dieux et des humains.

Progressivement, lorsque la concentration méditative atteindra ses sommets, nous en viendrons à posséder les qualités des dix forces, des quatre intrépidités et des dix-huit qualités distinctives. En obtenant un Corps suprême orné des marques majeures et mineures, nous atteindrons la bouddhéité. C'est le Dharmakaya, qui imprègne complètement le samsara et le nirvana, la grande félicité éternelle omnipénétrante et primordialement présente, et le Sambhogakaya, la grande jouissance illimitée présente à travers les trois temps. En possédant la double omniscience et en œuvrant pour le bien des êtres animés du samsara, l'état du Nirmanakaya sera rendu manifeste. Actuellement, nous nous entraînons à accumuler les causes, ce qui nous permet d'obtenir le résultat final. L'aboutissement des Terres est le Rupakaya ou Corps formel et celui des Voies est le Dharmakaya ou Corps absolu.

Il est difficile d'être plus précis. Ce sujet est si profond et si vaste qu'il ne peut être résumé en quelques mots et ce n'est pas le moment de le faire. Cependant, s'il est nécessaire de spéculer sur l'avenir du nouveau millénaire et d'analyser à partir de là, c'est exactement ce que le Bouddha a enseigné : la somme totale des souffrances des êtres qui dégénèrent dans cet éon de déclin est illimitée. Pour les humains, dans ce monde tantôt agréable, tantôt misérable, une vie sans souffrance n'est tout simplement pas envisageable. Cependant, je pense que si, à un moment donné, toute l'humanité adoptait le même langage sur lequel fonder une politique commune pour gouverner la société et dont la majorité des gens étaient satisfaits, alors le bonheur surviendrait de temps en temps.

Il est enseigné que, dans l'ère dégénérée, la taille du corps humain, dont la durée de vie moyenne ne sera plus que de dix ans, sera équivalente à l'envergure d'un doigt par rapport à notre ère actuelle. En plus d'une durée de vie maximale de dix ans, il est prédit que les maladies, les guerres et les famines apporteront la destruction et le malheur. À ce moment-là, un roi Rigden de Shambhala viendra dans ce monde et le saint Dharma se répandra à nouveau. C'est ce qu'enseignent les écritures. Cependant, si vous n'adoptez pas une vision trop littérale et bornée de ces enseignements, si vous savez comment comprendre sa signification telle qu'elle était censée être comprise, je pense qu'il est possible de parvenir à une compréhension claire du véritable sens intentionnel.

Certaines religions qui ont gagné des adeptes sont proches du bouddhisme, tandis que d'autres semblent suivre des lignes similaires. Les pieuses personnes qui ont foi en la religion maintiennent et protègent leurs propres traditions de la contamination par les falsifications des autres. Cependant, en plus de faire cela et d'essayer de vivre harmonieusement, tous ceux qui professent une religion devraient éviter d'être sectaires et ne jamais s'engager dans des dissensions mais s'unir pour démontrer leur capacité à apporter bonheur et bienfaits. En outre, si tous ceux qui détiennent le pouvoir politique travaillaient uniquement pour le bien de toute l'humanité en faisant tout ce qu'ils s'engagent à faire, la paix et le bonheur arriveraient naturellement dans le monde.

Il est très important que les personnes spirituelles donnent l'exemple aux autres en étant de bons adeptes de la religion et que tous les autres maintiennent un esprit et une conduite purs en abandonnant les mauvaises intentions et la tromperie. C'est ainsi que nous parvenons à l'objectif ultime de toutes ces recherches et investigations : nous permettre d'offrir tout gain et toute réussite aux autres et d'assumer nous-mêmes toute perte et toute défaite. Si environ quatre-vingts pour cent de la population éveillait ce type d'esprit d'éveil au profit d'autrui, un changement s'opérerait dans le monde et le rendrait semblable à un paradis. L'esprit et le comportement des gens de cette époque seraient extrêmement proches de l'idéal bouddhiste.

Ainsi, pour parler clairement du lien entre un bon cœur et le bonheur, en connaissant la sagesse qui permet d'apporter le bonheur à nous-mêmes et aux autres, nous pouvons atténuer et réduire la base de tout ce qui est indésirable, à savoir l'ignorance. Avec peu d'attachement aux désirs égocentriques, les liens de la saisie d'un soi se relâchent. Grâce à ce pouvoir, les facteurs afflictifs de l'attachement et de l'aversion peuvent être limités et maîtrisés, ce qui permet de dissiper les obscurcissements. Avec un bon cœur et un comportement qui profite aux autres, on accomplit des actes tout à fait vertueux et on accumule des mérites de cette manière.

Sachant que tous les souhaits d'une personne possédant des mérites sont exaucés, par le pouvoir des mérites accumulés en commun, les dommages causés par les quatre éléments (tremblements de terre, incendies, inondations, etc.) sont atténués. En abandonnant les actes non méritoires, les personnes ordinaires connaissent moins de maladies et de problèmes. Même s'ils surviennent en raison du karma négatif irréversible accumulé précédemment, ils peuvent être intégrés à la voie comme méthodes pour accumuler des mérites. Dans un monde où le bon cœur serait monnaie courante, tout le monde serait heureux car il n'y aurait personne pour faire du mal, pas de meurtriers ni de voleurs. Les intentions nuisibles seraient rares et les gens vivraient côte à côte comme des parents et des enfants, des frères et des sœurs. Les armées, les armes et les frontières entre les pays deviendraient des légendes de l'histoire ancienne. Les richesses extérieures étant abondantes, chacun s'efforcerait uniquement de trouver des moyens d'atteindre le bonheur intérieur et d'éliminer les souffrances de la vieillesse, de la maladie et de la mort.

Dans un tel monde, les gens s'efforceraient d'emprunter une voie qui représenterait en réalité le sens ultime et définitif des enseignements bouddhistes d'aujourd'hui. Cependant, au moment où une telle harmonie deviendra possible, les exemples, le continuum d'enseignement, de pratique et d'expérience du bouddhisme d'aujourd'hui seront devenus extrêmement rares. Pour cette raison, ceux d'entre nous qui sont actuellement conscients de sa valeur considèrent le bouddhisme comme singulièrement important et même crucial parmi des centaines d'autres activités. En conséquence, il est important de comprendre maintenant que, par l'aspect conduite des moyens (générosité, discipline éthique, etc.) et par l'accumulation de sagesse et de connaissance, les deux accumulations de mérite et de sagesse sont réunies, ce qui aboutit à une joie intérieure immaculée. La vieillesse, la maladie et la mort n'entraînent alors aucune souffrance et certains d'entre nous atteindront même la réalisation d'un détenteur de science ou vidyadhara maîtrisant la longévité et se libérant de la mort. Nous pouvons en être sûrs.

Si nous prenons l'exemple d'une école, à l'heure actuelle, la majeure partie de l'humanité n'en est encore qu'aux premiers stades de l'école primaire à en juger par les objets matériels que nous possédons et par notre motivation mentale intérieure, notre comportement et notre apprentissage. Ou encore, si l'on prend l'exemple d'une maison à neuf étages, la plupart des gens ne sont arrivés qu'au premier ou au deuxième étage et certains sont encore plus bas que cela. Comme je l'ai déjà dit, la première des priorités de la plupart des gens est de se remplir le ventre. Ensuite, nous avons besoin de vêtements pour nous protéger du froid. Si nous avons suffisamment de nourriture et de vêtements, nous commençons à penser à acquérir des biens plus nombreux et de meilleure qualité. Très peu de personnes s'efforcent réellement de trouver les moyens d'aider les autres. La plupart continuent à travailler pour acquérir plus de biens et d'objets de valeur. Ils envient ceux qui sont dans une position supérieure, s'inquiètent de ne pas avoir accumulé assez de richesses et mettent au point des plans pour en accumuler encore plus. Leur vie s'écoule ainsi, ils atteignent la mort et finissent par s'avouer vaincus.

Si nous nous demandons ce qu'est la défaite, courir sans cesse pour le confort et mourir avant d'avoir éprouvé la moindre satisfaction est une défaite. Nous rencontrons toujours de nombreuses circonstances indésirables. Nous ne trouvons jamais de satisfaction intérieure, nous n'en avons aucune. Nous parvenons parfois à obtenir un peu de bonheur extérieur mais en ayant l'un et pas l'autre, le bonheur extérieur et le bonheur intérieur ne sont jamais en équilibre et nous finissons donc par être vaincus.

Même si nous atteignons le moment où nous avons plus que suffisamment de richesses matérielles, si notre état mental intérieur reste médiocre, l'attachement deviendra d'autant plus grand et il y aura un risque que le mensonge, la tromperie et même le vol nous conduisent sur un ruineux chemin de malheur, aujourd'hui et dans le futur. Dans ces conditions, tout en cherchant à établir des conditions agréables dans nos circonstances extérieures, si nous pouvons nous orienter vers des méthodes visant à réduire, intérieurement, l'étendue de la maladie des facteurs afflictifs de l'esprit, nous constaterons que la satisfaction extérieure et la satisfaction intérieure peuvent se développer mutuellement. Par ces moyens, indépendamment du confort extérieur, nous atteindrons un stade où nous serons satisfaits, avec un véritable bonheur intérieur. À ce stade, contrairement à aujourd'hui, des signes de qualités intérieures, comme un degré de pouvoir miraculeux, se manifesteront.

Dans ce cas, la nécessité de faire progresser les connaissances dans les domaines de la psychologie et des sciences de l'esprit est extrêmement importante pour permettre à l'humanité d'emprunter le chemin qui mène au bonheur et au confort. Chacun a ses propres espoirs. Si les espoirs de tous étaient combinés et condensés, cet espoir serait celui du bonheur et du confort. Actuellement, les gens ont le simple désir d'être heureux mais ils ne savent pas ce que sont le vrai bonheur et le confort. Qui peut les en blâmer ? C'est parce qu'ils n'en ont jamais fait l'expérience jusqu'à présent.

Un petit exemple suffit à le démontrer : lorsque nous avons faim, si nous mangeons quelque chose de délicieux, nous considérons cela comme du bonheur. Après avoir mangé ce délicieux repas, une fois notre estomac rempli, nous ne sommes plus aussi avides de nourriture que nous l'étions. Si nous n'avons pas de nouveau faim, nous ne voudrons pas de nourriture et nous ne la rechercherons pas. Dans ce cas, le vrai bonheur n'est pas la nourriture et ce n'est pas non plus le fait de l'avoir mangée. Le bonheur est l'absence de souffrance liée à la faim, l'absence de faim qui est la satisfaction. De même, s'il n'y avait pas d'afflictions intérieures, il n'y aurait pas de malaise. L'absence d'inconfort est la satisfaction.

Pour utiliser un autre exemple, se gratter à cause d'une démangeaison est considéré comme confortable, mais le confort de ne pas se gratter est plus confortable que de se gratter à cause d'une démangeaison. Il est cent fois plus satisfaisant de trouver la satisfaction intérieure que de se satisfaire de plaisirs sensoriels tels que la nourriture ou les vêtements. Une fois qu'on a tiré satisfaction de ces derniers, le plaisir des objets extérieurs ne satisfait plus l'esprit et est perçu comme une souffrance. Cela étant, notre expérience perceptive extérieure change selon notre perception intérieure et notre point de vue. Un jour où notre esprit est heureux, même si nous nous rendons dans un endroit rempli de traîtres ravins, cela nous semble toujours agréable. Un jour où nous nous sentons malheureux, nous pouvons nous promener dans des prairies fleuries au cœur d'un beau parc, nous ne sommes pas remplis de joie ; le parc ne nous semble pas attrayant. Dans ce cas, si toute l'humanité, en même temps qu'elle acquiert des objets extérieurs, fait progresser son esprit intérieur et acquiert des objets matériels, encouragée et guidée par un bon cœur, alors le monde entier deviendra uni, heureux et confortable.

Si, à partir de maintenant, nous nous efforçons tous ensemble de faire de ce monde une Terre pure et joyeuse, comme nous en avons discuté, alors, pour reprendre l'exemple de la maison à neuf étages où l'on atteindrait le niveau supérieur, nous pouvons atteindre ce but sans aucun doute.

Les yogis perçoivent le bonheur du monde et les séductions trompeuses des plaisirs sensoriels comme étant vides de toute essence, à l'image des illusions d'un prestidigitateur. C'est pourquoi ils méditent de manière concentrée sur le sens profond et parviennent à leur but. Il y a aussi beaucoup d'autres personnes qui entrent sur la voie en développant le renoncement, en percevant les défauts inhérents à l'existence samsarique, à savoir que le désir pour les plaisirs sensoriels est insatiable. Comme boire de l'eau salée, notre soif ne fait que revenir et augmenter.

Comme l'indiquent clairement les enseignements bouddhistes, lorsque la vertu augmente, la chance augmente également. Ainsi, à l'avenir, lorsque le révéré protecteur Maitreya enseignera le Dharma, la durée de vie des êtres animés augmentera au cours de ce qui est considéré comme un éon fortuné. Avant cela, tout le monde accumulera des non-vertus, de sorte que les vies seront courtes, les maladies répandues et les corps physiques petits et maladifs. Parallèlement, des guerres, des catastrophes naturelles et des famines se produiront. Par la suite, grâce au pouvoir compatissant du bouddha Maitreya et à la force de la vertu croissante des êtres animés, l'éon évoluera positivement et les maladies ainsi que les événements néfastes seront alors peu nombreux. Les gens deviendront plus forts et en meilleure santé. En outre, leurs plaisirs deviendront égaux à ceux des dieux. Les causes et les effets étant infaillibles, la longévité de dix ans des mauvaises périodes pourra assurément être augmentée par des méthodes pratiques.

Il est malheureux de constater que si le saint Dharma enseigné par le Bouddha et les enseignements donnés par d'autres maîtres authentiques pour le bien des êtres animés sont fabriqués ou mélangés à des falsifications ou des dénaturations, ce sera une perte énorme pour les générations futures. C'est pourquoi nous constatons que la protection des anciennes traditions d'enseignement est encore plus importante que la protection de sa propre vie, comme je l'ai répété maintes et maintes fois.

Dans toutes ces pages, j'ai essayé d'écrire du point de vue d'un enquêteur impartial. J'ai donné la priorité à l'investigation derrière les portes closes qui dissimulent certaines questions difficiles dont les gens d'aujourd'hui ne sont pas conscients, y compris les secrets cachés de la durée de vie et de l'énergie vitale, des renaissances passées et futures, des causes et effets karmiques, des méthodes pour accroître le bonheur, et ainsi de suite. À la manière d'un guide approximatif du saint Dharma, le nectar de l'esprit qui permet à soi-même et à autrui de trouver un contentement durable, j'ai exposé les méthodes pour guérir la source première de toute souffrance, l'ignorance fondamentale qui donne lieu aux maladies des facteurs afflictifs, ainsi que les points clés spécifiques de la voie de l'accumulation et de la purification des obscurcissements en offrant une peu de la parole adamantine du Bouddha.

Parallèlement, une brève section présente le pays enneigé du Tibet, le toit du monde, lequel est, à notre époque, l'endroit où les enseignements du Bouddha se sont répandus dans leur intégralité. Parfois, j'ai illustré le texte avec d'authentiques légendes étonnantes pour plaire au lecteur et il va sans dire qu'en même temps, ce livre est entièrement rempli de ma vision du monde, celle de l'auteur.

Bien que j'aie reçu le nom d'un saint maître incarné, tel un âne recouvert d'une peau de léopard, je ne me cache pas d'être une personne ordinaire. Cependant, ceux qui m'ont donné la couronne d'un nom sacré étaient de grands maîtres possédant les ornements du Dharma et de la sagesse. On ne trouvera aucune confusion dans leurs paroles et il ne leur est jamais arrivé de dire quoi que ce soit d'infondé ou de faux. Ainsi, juste sous l'aspect des latences positives, de la propension karmique des aspirations antérieures et de l'intention supérieure qui désire être bénéfique aux autres, je peux en venir à accomplir des activités qui répondent aux aspirations de ces grands maîtres. Je porte simplement la

ÉPILOGUE : REGARD SUR LE PAYSAGE FUTUR DU NOUVEAU MILLÉNAIRE

couronne du nom d'un saint maître mais les espoirs des êtres animés qui établissent un lien avec moi peuvent toujours être exaucés, comme le joyau exauçant les souhaits ou l'arbre aux souhaits, grâce au pouvoir des aspirations formulées par les saints maîtres du passé.

Puisse ma compassion faire que tous ceux qui me voient, qui entendent simplement mon nom ou qui établissent un lien karmique positif ou négatif avec moi soient établis dans le bonheur temporel et ultime, sans jamais retourner à la souffrance. Puissé-je à l'avenir devenir de la nourriture pour ceux qui ont faim, de l'eau pour ceux qui ont soif, des vêtements pour ceux qui sont tourmentés par le froid, un vent rafraîchissant pour ceux qui sont tourmentés par la chaleur, un ami pour ceux qui n'ont pas d'amis, un refuge pour ceux qui n'ont pas de refuge, une protection pour ceux qui n'ont pas de protecteur, jusqu'à devenir un bateau, un pont ou un médicament, etc., pour apporter des bienfaits à tous les êtres animés sans distinction !

Je prie ainsi pendant les six périodes du jour et de la nuit en éveillant continuellement la bodhicitta et en formulant des prières d'aspiration, en y associant aussi les souhaits liés à ce travail d'écriture.

Ce texte a été écrit à quelques intervalles d'une période extrêmement chargée en activités lors de laquelle j'œuvrais à faire revivre les enseignements de diverses manières. Je le laisse pour les futurs amis que je ne peux pas voir, les personnes des générations futures, en pensant qu'il pourra leur être utile.
Moi, Thupten Longdok Tenpai Gyaltsen ou Pema Kalsang, moine bouddhiste du pays des neiges – le toit du monde – offre ceci le premier jour du premier mois de l'année deux mille commençant le vingt-et-unième siècle, à la manière d'un cadeau pour chacun.

Présentation du monastère de Dzogchen

Dzogchen est un monastère renommé, un collège bouddhiste important, un centre de retraite isolé et une destination sacrée de pèlerinage, le tout enchâssé dans une vallée d'une beauté époustouflante. Pour le visiteur occasionnel, la vallée de Dzogchen est un havre de paix et de tranquillité, avec la beauté naturelle de montagnes enneigées, de forêts verdoyantes, d'une rivière sinueuse et de cascades, de fleurs sauvages en abondance et d'une faune apprivoisée, y compris des oiseaux rares. Pour le pèlerin, Dzogchen est le foyer d'une profonde tradition de maîtres réalisés et de leurs enseignements qui éveillent les êtres. La vallée du monastère regorge de lieux saints qui confèrent de véritables bénédictions et ceux qui sont dotés d'une vision pure voient en Dzogchen une véritable Terre pure, un temple et un mandala des êtres éveillés.

Padmasambhava s'est personnellement retiré à Dzogchen et l'a béni en tant que lieu de ses qualités éveillées, ce qui en fait l'un des vingt-cinq principaux sites de pèlerinage de la région tibétaine du Kham. C'est le site de nombreux trésors révélés et les maîtres ont noté que les huit symboles auspicieux sont naturellement présents dans la vallée. Padmasambhava a prophétisé que quiconque mettrait ne serait-ce qu'un pied dans la vallée ne retomberait pas dans les funestes destinées. Passer du temps à Dzogchen fera naturellement émerger la réalisation.

Il est enseigné que des centaines d'années avant la fondation du monastère, Padmasambhava lui-même se rendit miraculeusement dans la vallée de Dzogchen. Il y entreprit une retraite, dissimula un certain nombre de trésors profonds et conduisit de puissants rituels pour bénir la vallée en tant que lieu exceptionnel d'accomplissement spirituel.

À cette époque, la vallée était inondée, formant un lac où vivaient neuf frères démons. Afin de rendre la région propice à la pratique du Dharma, Padmasambhava ouvrit la rive sud du lac, permettant à l'eau de s'écouler. Lorsque l'eau du lac se vida, les frères démons tentèrent de s'échapper, mais Padmasambhava fit tomber une pluie de rochers pour les piéger dans leur fuite. C'est ainsi que les démons furent emprisonnés et soumis. Aujourd'hui encore, dans le village situé en contrebas du monastère de Dzogchen, il y a neuf petites collines de gros rochers sous lesquelles les démons demeurent. Des stupas ont été construits sur chaque monticule pour s'assurer qu'ils ne s'échapperont jamais. Le nom original de la vallée de Dzogchen est Rudam Nagpo, la « sombre vallée où les démons sont liés ».

Par la suite, à Dzogchen Pemai Thang, la « Plaine de lotus de Dzogchen », Padmasambhava procéda à des rituels pour produire le nectar médicinal du Dharma qui plut dans toute la vallée. Il prit la forme d'un fruit médicinal, le myrobalan, que l'on ne trouve normalement qu'en Inde. Dans la plupart des endroits, le fruit a péri mais sur le glacier au sommet de la vallée, la graine du fruit a été préservée. Aujourd'hui encore, si l'on se rend au bord du glacier lorsque toute la neige de l'hiver a fondu, on peut récolter ces graines sur la glace fraîchement fondue. Le centre de retraite Dzogchen Pemai Thang porte le nom de Padmasambhava, le Maître Né-du-Lotus. Les bénédictions et les prières d'aspiration de Padmasambhava sont encore fortement ressenties dans toute la vallée et même une brève visite peut apporter une paix durable dans l'esprit ainsi qu'un épanouissement spirituel.

De nombreuses années plus tard, sa sainteté le Grand Cinquième Dalaï Lama demanda à son maître, le remarquable maître Dzogchen Pema Rigdzin, de se rendre dans la région tibétaine orientale du Kham et d'y fonder un monastère.

Sa sainteté fit cette prédiction :

Comme l'a prophétisé Padmasambhava,
Vous, le puissant yogi nommé Pema,
Établirez un siège dans l'est de Dhokham,
À Gye, Rudam ou Rawaga, selon ce qui convient le mieux.
Le déclin général des enseignements et des êtres sera alors restauré
Et le Dharma disciplinera les populations des régions frontalières.

Suivant les instructions de Sa Sainteté, à l'âge de soixante et un ans, Dzogchen Pema Rigdzin se rendit à pied dans la région tibétaine du Kham avec ses deux principaux élèves, Pönlop Namkha Ösal et Rabjam Tenpai Gyaltsen. Arrivés près de la vallée de Rudam, les maîtres s'arrêtèrent pour prendre le thé. Pema Rigdzin fit une offrande de thé et plaça la coupe d'offrande sur une pierre à proximité. Alors, sous le regard des maîtres, une émanation du protecteur du Dharma Pehar Gyalpo, sous la forme d'un corbeau, descendit, prit la coupe dans son bec et l'emporta. Ils virent l'oiseau disparaître dans la vallée adjacente. Considérant cela comme un signe de bon augure, les maîtres suivirent la direction dans laquelle le corbeau s'était envolé. Peu de temps après, Pema Rigdzin trouva la coupe d'offrande sur un rocher dans la vallée de Rudam et c'est à cet endroit qu'il fonda le monastère de Dzogchen, en 1685.

Une fois le monastère de Dzogchen établi, plus de mille cinq cents pratiquants s'y rassemblèrent pour pratiquer. Au début, il n'y avait pas de bâtiments et ces disciples dévoués campaient sur les pentes herbeuses pour recevoir les enseignements et les initiations du maître Pema Rigdzin.

S'adonnant à la méditation du Dzogchen, ils restaient dehors toute la nuit, couvrant entièrement le flanc de la colline du monastère.

Par la suite, sous le patronage du roi de Derge, des temples et des chapelles furent construits. Le monastère s'agrandit et gagna en réputation. Un grand nombre de maîtres s'y formèrent et atteignirent la réalisation à travers les enseignements du Dzogchen. Nombre d'entre eux fondèrent leurs propres monastères et il n'est pas exagéré d'affirmer que Dzogchen comptait, avant les années 1950, près de trois cents monastères-branches dans les régions tibétaines de l'Amdo, du Centre et du Kham. Parmi ceux-ci figurent les grands monastères de Dodrupchen et Nyidrak Gön – le monastère du tertön Nyima Drakpa –, qui comptent tous deux plus de vingt monastères annexes, ainsi que le célèbre monastère de Shechen.

Dans les années qui suivirent 1959, le monastère de Dzogchen fut entièrement rasé, pas un seul bâtiment ne restant debout, et la vallée de Rudam resta sombre et vide de Dharma pendant vingt ans. Cependant, grâce aux efforts remarquables du treizième détenteur du trône – Dzogchen Pema Kalsang Rinpoché – et sous l'actuel abbé – le septième Dzogchen Rinpoché – le monastère de Dzogchen est à nouveau florissant. Il abrite actuellement un certain nombre de lamas de haut rang très respectés et environ trois cents moines exemplaires.

La tradition de l'ordination monastique a également été pleinement ravivée et elle est à nouveau strictement maintenue à Dzogchen. Historiquement, la lignée d'ordination du Vinaya n'était pas très répandue dans les monastères de la tradition Nyingma du Tibet oriental. Plus tard, cependant, le maître Dzogchen Gyalse Shenpen Thaye ramena la lignée du Tibet central et, à partir de Dzogchen, promut l'ordination des moines dans la région. Il introduisit également les trois bases de l'ordination, les cérémonies pratiques de restauration des vœux ainsi que l'entrée et la sortie de la retraite d'été, dans les monastères Nyingma du Kham où elles prospèrent encore aujourd'hui.

Un certain nombre de grands temples ont été récemment reconstruits pour inspirer la dévotion et accueillir le vaste programme de services spirituels réguliers. Les traditions des grands festivals annuels de prière ont également été ravivées, notamment la cérémonie de consécration du grand vase, qui a lieu chaque année à l'occasion du Nouvel An tibétain. Le même mois a lieu le rite de l'Essence du Cœur du système tantrique de Kilaya, qui s'achève par cinq jours de danses rituelles étonnantes, dont la danse rituelle du roi Gesar. Ces cérémonies attirent des milliers de pieux pèlerins et le monastère de Dzogchen redevient le centre d'une grande communauté spirituelle.

Le collège bouddhiste Shri Singha du monastère de Dzogchen

Loué comme étant « le second glorieux Nalanda », le collège bouddhiste Shri Singha, source de sagesse et d'érudition, est le collège le plus historique et le plus influent du Tibet oriental. De nombreux maîtres savants et renommés ont présidé le collège, notamment Patrul Rinpoché, le Grand Khenpo Pema Bendza et Mipham Rinpoché.

Shri Singha a attiré un grand nombre d'excellents étudiants, dont les célèbres Jamyang Khyentse Wangpo, Shechen Gyaltsab Pema Namgyal, Mura Rinpoché Pema Dechen Zangpo, Nyoshul Lungtok, Khyentse Chökyi Lodrö, Dilgo Khyentse Rinpoché, Khunu Lama Tenzin Gyaltsen, Ajön Tokden Rinpoché, Jigme Phuntsok Rinpoché et les maîtres actuels Dodrup Rinpoché et Alak Zenkar Rinpoché.

De nombreux collèges bouddhistes importants des traditions Sakya, Kagyu et Nyingma au Tibet, ainsi qu'au Bhoutan, au Sikkim, en Inde et au Népal ont été fondés par des maîtres diplômés de Shri Singha, notamment les célèbres collèges bouddhistes des monastères de Dzongsar, Katok, Shechen et Palyul. En outre, un certain nombre de textes clés qui constituent le programme de base des collèges bouddhistes au Tibet et dans le monde entier ont été composés à Dzogchen.

Fondé en 1848 par le quatrième Dzogchen Rinpoché Migyur Namkhai Dorje, le Grand Khenpo Sengtruk Pema Tashi et Gyalse Shenpen Thaye, le collège porte le nom du grand maître Dzogchen Shri Singha, l'un des principaux détenteurs de la lignée de la tradition de Dzogchen. Gyalse Shenpen Thaye le vit miraculeusement assis à côté d'un rocher, indiquant l'endroit où le collège devait être construit. Le maître laissa une empreinte sur la pierre contre laquelle il s'appuya, empreinte que l'on peut encore voir aujourd'hui dans l'angle nord-ouest du quadrilatère du collège. La réincarnation de Jigme Lingpa, Do Khyentse Yeshe Dorje, subjugua et consacra personnellement le site, traçant avec sa dague l'emplacement où le collège devait être construit.

Le programme d'études du collège s'étale sur douze ans et se spécialise dans le système des sutras, couvrant les treize textes fondamentaux de la philosophie bouddhiste, y compris le Vinaya, les entraînements des bodhisattvas, les cinq traités de Maitreya sur la sagesse transcendante, etc., ainsi que l'Abhidharma et le Madhyamaka. En outre, les œuvres de Ronzompa, Je Tsongkhapa, Longchenpa et Jigme Lingpa sont étudiées ainsi que les écrits des maîtres qui ont réellement enseigné au collège, notamment Gyalse Shenpen Thaye, Patrul Rinpoché, le Grand Khenpo Pema Bendza et Mipham Rinpoché.

Historiquement, le collège bouddhiste de Shri Singha a joué un rôle pionnier et exemplaire dans la préservation et la propagation des enseignements bouddhistes, les diffusant largement dans le pays et à l'étranger. Cette tradition a été rétablie avec la formation continue de nouvelles générations de Khenpos et de maîtres, afin de garantir l'exactitude des enseignements et la disponibilité des enseignants pour le bien des générations futures.

LES CENTRES DE RETRAITE DU MONASTÈRE DE DZOGCHEN

La vallée de Dzogchen est parsemée de nombreuses habitations isolées et idylliques pour la pratique en retraite. La plus connue d'entre elles est la grotte de Padmasambhava qui surplombe le deuxième des trois lacs turquoise sacrés. C'est là que Padmasambhava fit une retraite, bénissant la région par sa pratique et sa présence éveillée. De même, cachées dans la forêt au-dessus de Dzogchen, se trouvent les grottes de retraite de Patrul Rinpoché, dont la grotte de Yamantaka où il a écrit son ouvrage très apprécié, le Kunsang Lamai Shelung ou « Chemin de la Grande Perfection ». Située dans un magnifique endroit ensoleillé au-dessus de la vallée de Dzogchen, la grotte de retraite de Nagchung fut occupée par Mipham Rinpoché où il écrivit également certains de ses textes les plus importants. En outre, les grottes de pratique de Dodrup Rinpoché, Do Khyentse, Nyoshul Lungtok et Ajön Tokden Rinpoché sont isolées autour de la vallée de Dzogchen.

Traditionnellement, c'est dans le grand centre de pratique de Dzogchen que les méditants entreprenaient des retraites de groupe intensives de trois ans et trois mois, commençant par l'accomplissement des cinq cent mille répétitions des pratiques préliminaires en seulement trois mois. Ce centre est réputé pour le grand nombre de pratiquants qui ont atteint le niveau ultime de réalisation, avec pas moins de treize yogis atteignant le plein éveil dans le corps d'arc-en-ciel. Ce centre de retraite a été reconstruit et agrandi pour permettre aux pratiquants de s'engager à nouveau dans la « grande retraite ». Aujourd'hui, le magnifique et paisible centre de retraite de Tsering Jong reste un centre clé pour la longue retraite et des lamas dévoués s'y consacrent à la pratique de la méditation solitaire, certains pendant toute leur vie.

Plus récemment, le centre de retraite Dzogchen Pemai Thang, la « Plaine de lotus de Dzogchen », a été fondé par Dzogchen Pema Kalsang Rinpoché au cœur de la vallée de Dzogchen. Il a été construit sur les fondations du centre de retraite original du grand khenpo Pema Bendza et continue à se concentrer sur la pratique et la réalisation des profonds enseignements de Dzogchen. Chaque été, Rinpoché organise de grandes retraites de groupe, offrant aux disciples la possibilité de participer à des programmes intensifs d'étude et de pratique des enseignements les plus profonds du Dzogchen. Des enseignements et des initiations sont également dispensés à la communauté laïque et d'immenses festivals de prière réunissant plusieurs milliers de tulkus, de khenpos, de moines et de nonnes sont organisés à des dates importantes lors desquelles se regroupent des personnes de toute la région dans la prière et la pratique.

La création du centre de retraite Dzogchen Pemai Thang vient compléter les étapes du développement spirituel individuel. Après une formation fondamentale sur la tradition monastique des rituels au monastère de Dzogchen, l'étudiant passe ensuite à l'étude intensive des écritures bouddhistes au collège bouddhiste de Shri Singha. Lorsqu'une large base théorique est établie, la formation expérientielle basée sur la contemplation et la méditation est entreprise à Dzogchen Pemai Thang. Finalement, le pratiquant entre dans une longue retraite pour réaliser l'ultime Dzogpa Chenpo.

Le monastère de Dzogchen brille comme un phare de lumière sacrée. Le grand Jamyang Khyentse Wangpo avait déclaré que tous les grands et petits monastères de la tradition Nyingma étaient le résultat des activités de deux monastères clés seulement : Dzogchen et Katok. Le monastère de Dzogchen reste un modèle incomparable de gloire sacrée du bouddhisme, servant d'inspiration, ainsi que de centre de dévotion et de pratique à des dizaines de milliers d'étudiants tibétains, chinois et occidentaux dans le monde entier.

> *Une impeccable lignée d'ordination monastique, maintenue avec pureté et fierté.*
> *Une excellence scolastique d'enseignants hors pair fidèlement exposée et débattue.*
> *De saints maîtres incomparables, exemples vivants de compassion et de sagesse authentiques.*
> *La réalisation ultime du plein éveil, le vrai Dzogpa Chenpo !*

www.ingramcontent.com/pod-product-compliance
Lightning Source LLC
Chambersburg PA
CBHW021802220426
43662CB00006B/160